美籍华人资深石油经济学家讲述美国石油故事，揭示石油行业发展的奥秘

真实、精彩、传奇、鲜为人知、引人入胜……

美国石油工业的演变

THE EVOLUTION
OF THE US OIL INDUSTRY

U0728700

■【美】刘牧 ◎ 编著

石油工业出版社

图书在版编目（CIP）数据

美国石油工业的演变 /（美）刘牧编著. —北京：
石油工业出版社，2019.8
ISBN 978-7-5183-3285-4

Ⅰ.①美… Ⅱ.①刘… Ⅲ.①石油工业-工业史-美
国 Ⅳ.①F471.262

中国版本图书馆CIP数据核字（2019）第093574号
北京市版权局著作权合同登记号：01-2019-4179

美国石油工业的演变
[美] 刘牧　编著

出版发行：石油工业出版社
　　　　　（北京安定门外安华里 2 区 1 号 100011）
网　　址：www.petropub.com
编 辑 部 :（010）64523610　营销中心 :（010）64523731　64523633
经　　销：全国新华书店
印　　刷：北京晨旭印刷厂

2019 年 8 月第 1 版　　2019 年 8 月第 1 次印刷
710 毫米 ×1000 毫米　开本 : 1/16　印张 : 26.75　插页 : 1
字数 : 400 千字

定　价 : 108.00 元

谨此献给跟我一样在美国石油行业打拼的华人同胞和地大四一八〇一班全体同学。

2012年9月3日，作者与亨特石油大亨的儿子赫伯特·亨特（Herbert Hunt）在休斯敦合影

2013年1月4日，作者在美国得克萨斯州博蒙特市纺锤顶（Spindletop）发现井旧址留影

2017年7月16日，作者出席美国石油历史协会活动，在俄亥俄州历史博物馆早期的集油罐前留影

2017年10月22日，作者在东得克萨斯油田发现井纪念碑前留影

　　早在古代时期，古埃及、古巴比伦和印度等几大文明古国就开始了对石油的开采和利用。中国是世界上最早发现并利用石油的国家之一，宋朝的沈括在《梦溪笔谈》中就记载过石油。但世界现代石油工业却没有诞生在那些文明古国，而是诞生在美国，而且美国石油工业一直引导着世界石油工业发展的潮流。这不是一个偶然事件，有其必然原因。

　　世界现代石油工业之所以发源于美国，其主要原因是当时美国具备了石油工业产生和发展的条件。欧洲移民来到美洲带来了人类文明的进步，具体表现在商业社会的成熟和科学技术思想的领先。人们发现了石油的用途和其优越的商业价值，这给石油矿产资源带来了勘探开发的意义，也是商业需求诱导了石油工业的诞生和发展，石油的经济价值是推动石油行业发展的原始动力。

　　一个多世纪以来，根据地域发展重心不同，美国石油工业的发展可以划分为四个时期：1859年至1900年早期的宾夕法尼亚州时期；1901年至1930年发展中的俄克拉荷马州时期；1931年至1980年日趋成熟的得克萨斯州时期；1981年至今的海陆并进时期。前三个时期以地域命名，是因为在这三个地方出产了大量的石油，同时还有许多促进石油行业发展的事件发生，这些历史事件对整个美国的石油工业有着深远的意义。可以说每个时期都是美国石油工业发展的里程碑，没有各个时期对美国石油工业进步的贡献，就没有美国石油工业的今天。本书讲述美国石油工业的演变，就是以这四个时期为主干线来展开。石油工业的发展不同于其他行业，尤其美国石油工业的发展过程中出现了很多传奇人物和非凡事迹。

　　1859年，埃德温·德雷克在美国宾夕法尼亚州泰特斯维尔打出了第一口石油井，从此拉开了美国石油工业发展的序幕。19世纪下半叶，宾夕法尼亚几乎生产了美国原油产量的百分之九十，第一口石油井的发现突破了人们对石油在自然界蕴藏及分布的认知。在特定的地质条件下，石油可以在地下形成丰富的储藏量供人们大量开采，形成一种工业。由于石油制造的石油产品比从煤炭和鲸鱼等其他方式获得照明用油更为便宜，其优质的经济品质迅速开拓了石油产品市场，完成了生产销售的商业循环，这样就奠定了美国石油工业长期持续地向前发展的基础。并且经过石油生产实践，在石油钻井、运输、炼制等各方面都进行了改进，建立了勘探和经营模式，把整个石油工业引上了一条有章可循的轨道。同时，出现了一些革命性的创新发明，比如钻井用的套管和运输用的输油管线等石油专业技术，把石油开发生产变得更有持续性。

　　不过，在这个时期，原油生产与市场价格的剧烈波动使得从业人员认识到这个行业非常不稳定并极具风险特性，石油工业市场经营潜藏着自我毁灭的特性。石油工业需要有原油生产，但大量的原油出产又会出现产量过剩，形成行业内部的恶性竞争，这会打击石油工业的发展，造成社会资源的巨大浪费，这种供需矛盾失衡在宾夕法尼亚时期已突显，在当时这是整个行业发展所面临急需解决的难题。

　　这时美国石油行业出现了洛克菲勒和他所创建的标准石油，他从石油链的下游炼油运输入手，建立了一个高度垄断的石油企业，通过创新的托拉斯体制大大降低了石油经营的内耗，提高了整个行业的经营效率。这个似乎解决了石油过剩及价格波动的问题，但却违反了美国企业家精神，因其垄断行为扼杀了中小企业发展的机会。正当托拉斯绑架美国工业化进程时，美国民众呼吁美国政府进行干预，保障企业家自由发展的空间。最终的结果是标准石油解体，松绑了美国石油工业，让其继续向前发展。

　　宾夕法尼亚作为美国石油工业的摇篮，还有一项更为重要的贡献就是造就了一批懂得石油经营的从业人员，这些人才把掌握的先进技术和经验带到了美国其他地方。之后的俄克拉荷马州和得克萨斯州之所以能够成为美国新的石油中心，都离不开这些宾夕法尼亚石油先行者们的帮助，美国石油工业的发展就是靠许许多多的石油人薪火相传走过来的。

进入20世纪之后，宾夕法尼亚石油产量衰减，美国石油工业进入了俄克拉荷马时期。此时期，石油行业的专业化进程得到极大推进，石油勘探与生产结合更加紧密，于是出现了专业的石油服务公司，不断地提高与改进钻井和完井技术，率先使用革命性的地震勘探手段来帮助石油勘探，把石油勘探带进了一个崭新的时代。当大量油田被不断发现，人们开始认识到石油地质理论为石油勘探提供了科学的依据。在俄克拉荷马州建立了第一所石油地质专门学校，在当时的石油之都塔尔萨也建立了美国石油地质学家协会、勘探地球物理学家协会、国际石油会展等许多石油科技交流平台，于是石油专业交流变得通畅，信息交换变得快捷，大量的科技知识和实践经验得以有效传播，使得整个美国的石油工业基础得到了进一步夯实，保证了美国石油行业能够经久不衰地向前发展。

可以说，俄克拉荷马时期对石油工业发展最大的贡献是提高了石油地质理论水平和推广了地震勘探技术的应用，使得石油探勘开发产生了质的飞跃，人们对石油工业的认识也因此进了一大步，把石油工业最具有挑战的勘探不确定性和盲目性，用科学的手段降低到可控的程度，为美国石油工业进入得克萨斯的完善时期起到了承前启后的作用。

美国石油工业经历了宾夕法尼亚和俄克拉荷马两个时期后，尽管石油工业日趋成熟，但是一些行业经营的根本问题并没有完全得以解决。例如，如何对待石油勘探风险，如何做到合理的油田开发，石油生产的市场价格如何管控，经济利益与政治权力如何分配，国家政府应该充当何种角色来管理整个行业，等等。带着这些复杂的难题，20世纪30年代，美国石油工业进入得克萨斯时期，经过不断的实践摸索，加上科学知识和政治智慧的合理运用，石油人逐渐解决了一个又一个错综复杂的难题，完善了美国石油行业的经营，制定了一套成熟的石油生产规章制度，保留了市场竞争和创新发明并存的一个生态系统。

得克萨斯时期的最大贡献是造就了美国石油工业总体格局。在市场经营下的石油公司最终目的是追求利益最大化，这就避免不了在石油开发上的分歧，而这种分歧在民主制度下的具体表现形式就是政治斗争，美国石油行业利益争夺白热化，这也标志着美国石油工业进入了真正成熟期。

在得克萨斯时期末期，世界石油格局的变化给美国石油工业带来了巨大的冲击。两次中东石油危机彻底改变了美国石油工业的进程，最为显著的两个标志是美国石油产量达到了历史高峰和得克萨斯州铁路委员会失去了对石油价格的调控权，此后美国石油消费不得不依赖中东石油的进口，这不仅成为美国石油行业发展的新动力，也成为美国外交政策的重点。

20世纪80年代，美国石油工业再次出现了新的转机，墨西哥湾海上油田的兴起和21世纪初的陆地页岩气革命的产生，使得美国石油行业进入了海陆并进的新格局。美国油气产量再现高速增长，重新成为全球最大的油气生产国，基本实现了能源自给和天然气出口的局面，这可以说是人类历史上从未有过的奇迹。

本书作者为美籍华人，在中国学习石油专业，本科毕业后去美国继续接受高等教育，并且从事石油行业工作几十年，对中美两国的文化都有一定的了解。作者根据自己的亲身体验和独特的视角讲述了美国石油行业鲜为人知的故事，回顾了美国石油工业重大演变过程，把有意义的真实事件和后人的看法收集其中。本书不是一本历史书籍，只是通过历史事件来说明美国石油工业的演变，其目的可以引用易中天老师的话：以故事说历史，以历史说人物，以人物说文化，以文化说人性。

编写本书是一个非常艰辛和枯燥烦琐的工作，作者查阅了大量资料，倾注了大量的时间和精力，但写作水平有限，加之久居海外，书中难免有表达不准确的地方，恳请读者见谅包涵。

目 录
CONTENTS

第一章

美国石油工业的特征

在美国没有任何矿产能像石油这样长期受到政府和民众的关注。石油产品的广泛应用使得人们对石油的依存度不断提高，美国石油产量大多数时候都供不应求，尤其是在20世纪初期，当美国的汽车工业兴起，更是把对石油需求不断推向新的高度。此时，尽管石油勘探生产在美国各地如雨后春笋般展开，但是，石油储备的速度远远赶不上石油消费增长的速度。石油勘探的投入并不直接反映在新油田的发现，尽管大量的财力物力投入到石油行业中，可是所发现的油田储量仍然不能缓解人们对石油短缺的忧虑，仿佛石油饥荒迫在眉睫一般。

美国地质调查局、石油生产商、地质学家、化学家、工程师、经济学家和统计学家都对石油资源的储量进行了大量的研究，希望能找到更多的油气资源，但是研究结果表明美国可开采的石油储量是有限的。许多石油行业的权威人士发表过大量文章，公开呼吁有效利用石油资源，因为石油是不可再生资源。20世纪20年代，美国的内政部长富兰克林·莱恩就警告过美国国民，石油将会在今后数年内枯竭，希望引起社会各方的高度关注。

美国著名的商人、伟大的发明家托马斯·爱迪生曾经这么描述美国的石油行业："石油产品是我们工业的润滑剂，没有什么物品可以取代它。原油已经与我们的工业、国家经济命脉密不可分，我们必须把它保护起来，就像用海防保卫我们国家的海岸，舰队保卫我们的商船一样。"在美国，石油储量不像煤炭资源那么丰富，一直处于供不应求状态，因此石油行业长期成为人们投资经营的热门话题和角逐的行业。由于石油形成于特殊的地质条件，石油勘探生产具有特殊的机会成本，加上美国的完全市场经济的双重作用，美国石油工业有其独特的发展过程，形成了一些其他行业所不具备的特殊性。

　　美国的石油工业发展进程不像中国的石油工业是在政府计划下逐渐建立起来，它是在一个开放的商业市场竞争下成长起来的，主要是利益驱动的结果。由于石油行业可以带来暴利，常常吸引许多的投机商人，但是由于石油勘探开发的不确定性和风险性，令这项投资确实存在着投机和运气的成分。长期以来，在美国社会上始终都流传着许多真真假假的石油传说，连许多行业专业人士都难辨真伪。因为人们对地下石油资源的认知总是在不断地加深，一些在当时不可能的事却在后来变成了可能，突破了行业的禁区。历史上发生过许多传奇事件改写了美国石油工业的进程，这也是美国石油工业的一大特点。

第一节　商业化的石油工业

　　石油工业作为一个完整的产业链是由上游、中游和下游三个部分所组成，具体可划分为钻井和石油生产的上游产业、储存和运输的中游产业、炼制和营销的下游产业。上游产业具体包含探井、测试井和油田开发，中游产业包含仓储、石油管线、铁路油罐和油轮运输等，下游部分包括原油炼制、分馏、石油组分混合，以及产品的市场营销。在这个行业里也存在着许多的石油购销商，他们从独立的石油生产者或者运输公司那里收购原油，转运给炼油厂去炼制成品油。有些大的石油公司经营的加油站不仅遍及美国大小乡镇，甚至还延伸到了国外。他们拥有自己的运输车队，可以直接把产品运送给工厂和成品油消费顾客，同时，大的石油公司拥有自己的油田和勘探生产能力。在油价波动和原油供应短缺时，他们自营的原油生产可以保障供给，这样，自营一体化的运输和炼制让大石油公司始终保持着较好的经济效益，在市场竞争中处于一个相对有利的地位。

　　选择炼油厂的地理位置是链接整个产业链重要的一环，因为既要便于原油产品的采购和交货，也要考虑炼制产品油到销售市场的便利。美国大型的炼油企业通常会有自己的原油生产和采购部门，并且拥有输油管线运输和市场销售渠道。天然气是石油生产相关的副产品，原油生产商有时也是天然气生产者，在得克萨斯州、俄克拉荷马州、堪萨斯州等地也有许多天然气公司，他们专门经营天然气的生产和收购，并供应给周围的城镇以及相邻的州县。与此同时，跟石油和天然气相关的钻机厂商、钻井工具设备，以及套管油管井口设备生产加工处理装置等石油专业服务公司也孕育而生，他们在美国各个大型油田都有分公司和办事处，为石油工业提供后勤保障服务。

石油可以生产出无数与生活息息相关的产品，比如汽油、煤油、石脑油、焦炭、沥青、石蜡、润滑油、燃料油、凡士林、药用油等数百种相关产品。众所周知，汽油是用于汽车、机动拖拉机、飞机、水上飞机、摩托艇和潜艇等机动车辆，以及工厂农场和私人住宅中使用的各种机械的动力燃料。除此之外，汽油还有许多其他溶剂用途。煤油可用于照明和供暖，以及作为发动机的燃料等，柴油也是如此，它们都是石油炼制的成品油。当石油被炼制之后，渣油还可以被用作燃料油去烧锅炉，产生蒸汽为舰船和火车以及工厂提供动力，甚至为居民冬天供暖和用于煅烧硅酸盐水泥、砖、陶器以及制作铺路砖和公路的建筑材料。石油也可直接用于燃烧锅炉和内燃机，作为军舰、商船和固定式发动机的动力燃料。在世界战争期间，美国政府航运局发现石油加工的燃料油是最实用和最经济的燃料来源。在航运委员会一份报告中，有人总结了用石油作为燃料的优越性。石油燃油节省了百分之四十的船舱掩体空间，增加了百分之十到百分之二十的航程，而且可以更好地控制蒸汽动能，消除自燃火灾风险，并且石油没有储存变质的问题，不会在波涛汹涌的大海中晃动，不需要任何司炉工，有着煤无可比拟的优越性。这时美国政府就已经意识到石油将会是主宰海上船只的动力燃料，煤毫无疑问地将会被石油取代。不久，美国开始了将所有军舰和商船都改装成以石油为燃料的计划，于是石油就成为美国最为重要的战略物资。

由于内燃机的出现，使得汽车走进了人们的经济和社会活动，石油炼制的成品汽油成为汽车动力燃料。在20世纪初，美国的汽车数量就出现了高速增长，为了节约和有效地使用石油，汽车制造商不得不改进汽车消耗润滑油和汽油的效率。尽管从1911年到1920年年底，美国的原油产量翻了一番，但是美国的汽车数量却增长了12倍，占世界汽车总数的88%。这时，专家曾预言，美国汽车市场的未来不是受汽车制造的限制，而是会受到汽油供应的制约，因为石油产品已经成为民生的必须生活物资。虽然石油是一种自然矿产，但是它有十分突出的实用功效，为现代机械工业提供高效的动力和减少摩擦损耗，而且成为运输工具的血液。随着美国工业的发展，石油开发也带动了其他资源的利用，像各种类型的矿产和金属材料的研发推广。但是，作为一种商品，石油的生产成本与其市场价值的比率远远低于其他商品。因此，石油行业吸引了大量的资本投入，很多人进入石油行业追逐高额利润。当人们见到数不尽的机械移动车辆都是靠汽油或石油的炼制产品推动时，很容易就会发现石油具有巨大的市场需求。为了满足交通的需要，美国修建公共交通和高速公路大力发展基础建设，而石油炼制的尾料沥青恰好成为铺路的良好材料。这不仅使得石油得以充分的利用，而且更进一步增强了石油的市场价值和整个国家对石油的依赖。虽然美国一些公司意识到这一点，也采取过一些措施减缓对石油的依赖，比如在燃料油中添加一定量的煤粉混烧，但是始终改变不了石油对美国工业的重要性。

石油在地理和地质上分布广泛，开采石油机械设备也比较简单，只是需要比较特别的运输方式。石油的组分分离过程也不昂贵，通过炼制和提炼可以生产出数不尽的各种有用产品，因此，从事石油生产和炼制的人很容易赚取比其他任何行业更多的报酬。在正常的市场经济运营下，石油行业跟其他行业一样可以产生良好的经济效益，而且不需要更多的资本技能或者忍受恶劣环境，这对于所有追求财富自由的人们来说都具有极大的吸引力。传统的石油生产只雇用男性劳工，其劳动报酬相比其他行业的报酬要高许多，与那些要干又脏又累活儿的工厂相比，石油行业的待遇相对会好很多。跟银行业、零售业或者其他行业相比，在石油行业的资本投入要比这些行业的投入回报高出许多倍。美国的银行家和精明的商人们普遍认识到石油勘探开发领域的投资回报比其他行业会更多和更快。因此，石油勘探开发生产的土地变得更为有利可图，吸引许多投资者。

从19世纪80年代到20世纪初，美国的石油工业几乎是由约翰·洛克菲勒和他的标准石油公司所控制。他们垄断了美国的石油行业，其他人很难进入这个行业，只有标准石油下的公司才能经营石油。就这样标准石油集团成为世界上最富有的财团，洛克菲勒本人也成为人类历史上第一个十亿万富翁。不过，当时也有少数独立公司和从事石油投资的商人或公开交易的公司也获得了相当丰厚的石油利润回报。这在美国引起了民众广泛反响，纷纷要求美国政府进行干预，最后在1911年出台了反垄断法迫使标准石油公司解体。在当时的美国石油工业有数十亿美元的收益，大约百分之六十多又投回石油行业发展。从资金的流动来看，石油行业无疑是吸引投资最好的地方，没有哪个行业可以与其相提并论。有记录显示，几乎所有良好经营的石油公司都可以有25%到40%的投资资本年度利润回报，甚至有些运营商还获得了150%到250%的投资回报。由于原油的需求不断增长而石油供应十分有限，这种石油投资获取高额利润的现象在美国石油历史上反复出现。长期以来石油生产都是在黑暗中摸索，尽管通过实践掌握了一些科学知识和勘探经验，可以帮助有效地界定石油区块，但是能确定地下含油的地区是十分有限的，所以有油的地方就会变得非常宝贵。

石油工业的基础是勘探钻井生产石油，所以上游是石油行业获利最高的部分。相比之下，钻井所需的资金较少，把石油带上地表的工艺较为简单，不需要很昂贵的设备，运营生产费用也比较低。如果油田是靠近输油管线或铁路干线，一般就会有一个石油交易市场，几乎没有什么销售原油成本。在有石油管线的地方，把原油运送到交易市场几乎没有什么运输成本，这与其他商品的运输成本要占其价值的百分之十到百分之三十相比有很大的不同。

此外，在人力和物力投入相同的情况下，没有其他产业能像石油行业一样产出这么多的价值，通常情况下，一个石油工人就可以管理二三十口油井。原油不会因为久放或暴露在空气中而变质，也没有其他石油的替代品来取代石油。一般来说，石油生产井的生产年限是可以估算的，也就是说可以根据井的产能计算出开采储量，由此可以推算出油田土地的价值和投资回报率。炼油公司、石油商人和投资商人总是对购买半开发的石油资产或有潜力的石油资产有较大兴趣，基本上土地的价格与石油的储量成正比关系。

从经营和经济的角度看，石油生产可以分为两类：深层油井和浅层油井。

深层油井的钻井费用和运营成本的投入意味着较高的风险。而且，深层油井的自喷时间比较短，大多数情况下，深层油井几周或几个月就停止自喷生产了。相比之下，浅层油井一般生产周期比较长，可以生产十五年或者更长的时间。行业中也流行过这样的说法：深层油井是富人的赌博，而浅层油井是穷人的机会，浅层油井钻井和原油生产才是石油行业的主要生存之道。由于需要大量的资金投入，再加上地下复杂的地质条件难以猜测和把握，所以，深层油井钻井和生产的风险要比浅层油井大。不过，石油行业最大的风险是石油的租赁契约，石油商人通常必须通过支付高价来争取土地租赁，这些土地租赁价格是受附近油田或最近的生产区块情况影响。投机商人并不在乎打井，他们的主要目的是炒地或者向油田的开发管线铺设公司要高昂的价格回报。另一方面，石油井的运营商会为了勘探石油来购买土地租赁打井，这需要大量的资本和技术经验，为此，作业者会根据石油的产量来决定土地的价值。这与土地投机商不同，他们购买土地很少会做石油开发或对土地价值评估，土地就是土地，无论是价值连城还是一文不值，在他们眼里只有面积大小，没有油气价值的考虑。因此，没有地质学家的推荐，投机商出售的土地对石油生产的意义不大。不过，从投机的角度而言，油气租赁契约就像那些赌小麦价格会上涨一样，他们并不在乎所持有的租赁土地下面是否有油气，只要谁会出比他们购买租赁土地高的价格就卖给谁，这就是投机商人的目的。不管怎样，如果购买租赁土地的人在租赁地上打井，常常会觉得像被蜂蜇一样，因为多数情况下他们会发现那里没有石油。

一旦一个新的地区发现了石油，投机商人们就会蜂拥而至，把周围方圆几英里①的地都买下，然后，分成几份出售给石油经营商或石油推销商，由他们负责钻探事宜。为寻找油气藏而打的井在美国称之为"野猫井"。"野猫井"本身有很大的投机性，经过石油地质学家研究和推荐的地方，发现石油的可能性会提升，因此，在石油地质学家指导下的勘探成功的机会会高一些，在新区域的"野猫井"发现石油和赚大钱机会也就大许多。石油勘探开发土地租赁成功取决于三个因素，每个因素都是同等重要的：租赁地的地质条件；石油公司的勘探资金；作业人员的素质及野外作业的能力，包括他们的技能、经验和人品。钻井人员的忠诚和效率至关重要，常常是决定成败的关键因素。石油行业中利润最高和风险最大的上游创造财富的速度十分快，具体的做法就是靠"野猫井"和石油井的钻探。虽然，石油的上游勘探充满了商业风险，但只要在有技术和经验的经运营者管理下运作，其风险并不会比其他盈利行业的风险高很多，投资石油行业还是有一定的安全系数的。

一些在宾夕法尼亚州从事钻井作业的石油作业者，多年没有打出石油，他们迁移到美国西南部勘探，有时通过一口高产井就可以扭亏为盈。当然，高产井是勘探者们最希望的结果，井的产量越高就可以越快回收投资成本。但是，有经验的作业者更欢迎的是普通产量的油井，特别是被称为浅层油井的井。石油的发现不在于负责钻井的承包商，如果租赁土地下有油藏，他们不承担任何开采生产石油的风险。因此，石油勘探要回答的问题是那里到底是富油还是贫油的区块？这个问题的回答不是赌博，而是回答有油的可能性多少。勘探的风险很大程度是来自于人的判断。了解油气层构造，判断含油气的可能性，以及钻井的井位等因素，这些都是地质师的工作。顺利勘探出油田不仅要了解地表地质和地下地质构造，而且还要科学地选取油井的井位。一个没有成功定井位经验的地质师一般没有很高的价值，石油勘探都是聘请有经验的地质师，由他们来设计探井井位。实践证明，地质学家参与的勘探成功率要高很多，干井数

---

① 1英里约等于1.6千米。

量也少很多。不过，也必须谨防那些假冒的地质师，他们没有实际经验也不懂得石油地质理论。对于从事石油经营的人而言，很重要的是找对人。只有把勘探交给那些不断实践总结经验，勇于探索诚实可靠的行业专业人员，石油经营才会有希望和好的结果。然而这不是一件容易的事，经过调查了解，如果这个人没有理论知识和实践经验，就多半是徒有虚名。事实说明，一个人的工作效率与他从事该项工作的时间是成正比的，熟能生巧就是这个道理。成功的代价就是不断地实践和学习，做得越多就会做得越好，这就是石油行业的规律，遵循这个规律，就会把事业做大做强。

第二节　投资驱动的石油工业

如果说石油是现代工业的血液，那么，资金就是石油工业的血液。石油项目的招商一直都是人们关注和议论的话题，有兴趣的是了解石油行业的商人对那些公开招商引资的项目不是很热衷，无论招商项目广告怎么说，归根到底是要让人相信石油项目的真实性，否则就一文不值。在石油行业中经常见到一些所谓行业专家把项目描述得多么诱人，在招商说明书里几乎完全不提石油行业的风险，似乎只要把钱投进来就能保证有超乎想象的回报。在没有经验的人眼里，这种石油项目的投资看起来好像真实，感觉像是已经找到了发财的门路，但是，只要熟悉了解租赁契约或有些行业经验的话，很快就会发现这些招商项目极大地夸大其词，很多时候还会漏洞百出，一些招商项目推销的其实就是普通的土地，不存在地下有石油的可能性。作为一个在市场经济下运作的国家，美国有许多人从事石油项目的买卖，他们没有经过专门的石油地质培训，对石油资产的评估也不是很明白，往往是根据一些行业信息来定价或者按投资市场的行规来判断。比如一个油田周围的土地就会被炒得很高，因为已发现的石油成为周围土地同样含有石油的证据，让那些想要做石油投资人产生了错觉。科学经验告诉人们油田周围是会有许多的油藏聚集，但是这是需要有一定的地质条件，不是任何地方都会有油田形成。石油外行不了解这些，他们只看到大石油公司如何赚取大量的利润，听到许多社会上流传的如何用小投入换来大回报的传奇故事。有的还在招商介绍中讲述某某是怎样靠经营石油发财的，许多成功的石油商人曾经也很贫穷，由于做了石油投资，如今变得很富有，把石油投资项目描绘成"快速致富的捷径"。如果投资的资金不足，有些大石油公司愿意提供资金来帮助炼制石油和进行石油工业革命等，类似这样的虚假宣传把投资石油行业说成是难得的机会。当成百上千的投资人把他们的积蓄投入石油项目却没能获得他们期望的营利时，这些石油推广商和他们的广告就会悄然离开人们的视线，从来不会告诉投资人项目是什么原因失败的。

并不是所有的石油项目投资都不靠谱，行业内也有许多真正经营石油生意的买卖，这些项目的介绍很中肯和客观，项目介绍会详细说明资产的地理位置、地质情况以及经营情况，包括资产未来开发的管道服务或铁路运输，潜在油田的生产井数目，井与井之间的间隔，可以生产的产量，储层的厚度和深度，等等，而且还会包括油田生产的潜力以及油田开发方案。如果项目资产包含分红，也会在报告书讲明过去和现在以及来源情况，并且提供报告人员的职业资料供查证咨询。那些投机公司往往故意忽略了这些重要的投资成功要素，一味地吹嘘不能让人信服的租赁土地价值。有的时候，租赁的土地被其他契约合同分散成多块，常常不能合理利用或者贵到无法经营，这些情况都不会在招商书中陈述说明，而会在报告中提及附近的区块生产石油，但通常这些区块距离租赁土地几英里远，跟租赁区块的地质条件有很大的差别。如果推销的石油资产有油气生产，报告中会提及那些野蛮开采的产量和所获取的利润及下次分红的时间。有些招商公司在招商介绍中说他们董事会成员在他们自己的事业中取得多么大的成功，或者在政商界社交圈里多么有名气，但是，一个人可以做其他事情成功和在社会上很有名气，这并不代表他会对石油投资很了解，可能他对石油生产一无所知。公司的董事可能很有钱，这是他的个人财产，不属于公司债务范围，只有他们投入的实际资金才跟公司有关，很多时候一些名人董事持公司股份是用他们的名气换来的，并没有投入实际的现金。一些做石油投机的公司把他们的租赁区块说成地下已经发现石油，就缺一笔资金来打井开采，给人感觉发财就在眼前。实际上，可能这些租赁土地之下根本就没有石油，在1921年9月9日的纽约《时代》刊物就曾经有过一篇文章写道：尽管石油行业目前处于低谷，大多数石油公司基本停止了他们的勘探工作，但是作为小型的投资者我们仍然每天工作二十四小时在开发小型油藏，我们的坚持需要把几分钱积累起来继续进行油田会战，我们的努力得到了国家广告监察委员会和广告业其他机构的支持，为了避免一些不良欺骗事件发生，可以与当地银行进行咨询之后，再购买我们的股票或者了解我们实力之后再投入我们公司。通过联邦贸易委员会和司法部门的努力，最近有几家诈骗团伙被揪了出来，在石油贸易杂志刊物上就有列出一些最新的案例，并对这些不法分子进行了警告，希望通过宣传教育活动，让那些小型投资者能够汲取教训，在投资"野猫井"时能够小心行事。

自从1919年年底以来，投资的方法基本没有改变，印有油井证券的凭据是可以转卖的，许多文章都提到洛克菲勒和他的标准石油公司是如何从一无所有变成百万富翁的，几乎所有大公司都是从小企业发展起来的，这种成功的经验在石油行业里是可以复制的。当然，他们并不会告诉读者，当时的数字统计显示每五次钻探中就会有一口干井，1920年美国所有的石油生产井平均每天的产量不到5桶，而且，根据钻井深度的不同，单井钻井成本则在4万美元以上。为了对潜在的投资者作出承诺，石油贸易刊物还刊登了一大篇幅说明，保证每年250%的现金分红，并且采用新的炼油方法可以到达每年500%的利润率。然而，文章没有说明资产的折旧或是投资的利息如何计算，只是给出很少的维修和运营成本费用作为潜在投资者的担保。但石油招商的广告的确会做得让人十分心动，下面摘取几例。

一个推销商如何为探井筹集资金的帖子

你所要做的就是给我们10美元、50美元或100美元，来帮助我们把井打到储油层，当我们钻到黑金时，原油就会流入油管，你就可以回收你所有的投资。如果你问我的朋友，他们都会告诉你我总是给每个人公平交易。你后悔说过，如果我知道他们会开枪，我会冒100美元的风险，好吧，这可是你一生难得的机会，这比人寿保险更合算的机会。投入100美元可能会带来十倍的回报，而且你不必死了才能拿到回报，想想你亏欠你的家人，亏欠自己多少，不要犹豫了，要不就来不及了，快点行动吧，保护你自己，努力争取真正的胜利！不要冒着错失良机的风险继续等待，马上抓紧时间投入吧。

石油招商广告一：机不可失失不再来

这不是赌博，没有风险，保证250%的股息，分红按每季度支付。我们把你介绍给纽约26号百老汇大街的洛克菲勒。你如果羡慕标准石油公司的财富，现在你有个机会加入跟标准石油一样的生意，而且还有许多不为人们所知的优越性。标准石油炼制汽油的流程已经过时，他们能够继续运营的唯一原因就是他们拥有巨大的资本。你为什么不要成为百万富翁？这不仅是可能的，而且是很可能。我们不能欺骗你，也不必这样做。这里出售股票的价格是每股2美分，公司准备开始在合同区块再打两口井，虽然已打的三口井都没有商业发现，但都有石油显示。我们是否就此停止，绝望地举起双手放弃吗？啊哈！不，我们不会这么轻言失败。我们把裤脚卷起来，解开上衣脱掉外套和拉紧吊带，恶狼之所以摔倒是为了扑肉，不要懦弱，不言放弃，坚持到最后一口气。你虽然受到挫折，这可能就是你的转折点，这是大油井出现的机会。抓住这个机会，别让它从你身边溜走了，赶快挂号邮寄投资优惠券！

石油招商广告二：几乎可以闻到油了

　　另一个乐观的个人发表了对得克萨斯州石油生产项目可能性的评估看法：当时间慢慢临近那神奇时刻，我们的钻井进入了砂体，伴随着轰隆一声，石油向外涌出，然后被导入油罐给人类提供能源。这确实是一个神奇的时刻，因为它让美国上百名股东从石油投资中看到了他们的梦想如何实现，他们的投资如何创造了价值，在那个构造上只要是打到储层就没有干井，我们所打的井都是顺利完井。当然，没有人知道我们会不会打到没有油的地方，就目前的石油行业来看，我们可以肯定地说，这是整个油田最高产的生产井。你自己的命运自己把握，你只需要做一个决定，现在就是决定的时候，要不要投入。另外一位推销商这样补充说道，他最近投资一个项目，每一块投入获得了30块的回报，但这不是我值得骄傲的，我并不满足这样的成功。希望有一天，我可以给我投资的股东每100美元的投资回报3万美元，我要用我已被证明成功的方式来回报投资者对我的信任，我已经熟读地质学，加上对钻井作业非常熟悉。我把我的能力和天赋运用到石油投资上，进行石油行业有史以来的最大勘探活动，你可以寄给我50、100、200、500或1000美元的支票，现在我不再接受新的会员，信托已经筹集到执行计划足够的资金。由于我不想独自占所有石油带来的利益，因此，我准备把75%利润分给投资者，我拿剩余的25%，这毫无疑问是这个时代创造财富的最佳机会。

　　的确，在20世纪初的十到二十年中，从事石油生意的公司和个人都赚了大笔钱，一些公司也发展成为标准石油及其下属子公司的竞争对手，他们几乎每年实现20%到40%的利润增长，有些钻探项目高达100%到2500%之多。石油行业吸引了各个阶层的人员来淘金，尽管一些开采方法不一定很科学，只要发现石油就可以获得大地母亲赐予的财富。与此同时，也有一些表面上在参与石油勘探开发的石油商人，但实际上，他们并不准备打井开发油田，只是想利用租赁土地来进行投机，假装石油勘探开发的目的是为了合法出售其公司股票，以免被投资受害人用欺诈罪名进行刑事起诉。石油行业里也有一些石油开发商，尽管他们也诚实但由于缺乏经验和技能，不了解地质科学和作业技术细节，导致石油项目投资失败。不过，有的时候一些好的项目就是因为缺乏资金而没能进行下去，行业的主要投资来源并不是靠大众集资，而是靠那些从石油行业受益的富人那里拿钱投入。在投资领域里股票证券公司都倾向于投资有资历的公司，因为老公司比新成立的公司有经验，他们担心新公司失败的可能性会多一些。为什么有这样的倾向呢？是他们从事的行业和经营的产品所决定的吗？从某种程度上讲，是他们经营的产品所决定的。很多时候，人们比较关注公司员工的技能、忠诚度和经验，对一个公司而言也会有同样的考虑。石油经营成功的经验往往会被人们重视的，当一个有石油经营经验的作业者需要资金进行勘探开发时，由于公司有过成功的经历，就比较容易获得所需资金，投资商也更愿意把钱投给有经验的作业者而不愿意把机会给一位新公司。

有趣的是石油生产却是与此认知相反，比如说一口老油井开采之后就会枯竭，而一口新井刚刚投产，将会生产更多的石油。若要选择投资的话，新井应该是优于老油井，因为石油生产是一个自然递减过程，油井的初始阶段是产量最高或者盈利最大的时候。当一个公司拥有的油井都是已经生产过的老井，其产量的高峰期结束了，投资的利润已经按股息形式分配给了股东，这时的公司其实是没有太多的价值。对于一个公司拥有的是新井或即将钻探的井，生产的高峰期还没到来，这时公司的价值最大，这就是说老油井是日落西山，而新油井却是旭日东升，美好的时光即将到来。可是，当我们决定对石油项目投资时，我们的原则总是希望以最低的成本来获取最高的利润回报，为股东争取尽可能多的利益。很多石油推销商和广告公司，利用了人们对石油行业的不了解和急于致富的心理，把石油项目投资描绘得非常美好，让外行人认购他们的股票和债券最后落得钱财落空。因此，对石油项目的投资需要谨慎从事，必须深入分析投资项目，一些虚假的东西总是可以被发现出来。石油投资的规律基本上是这样的，投入项目越靠上游比如购买租赁土地或生产井，资产权益就会越大，投资回报也就会越高，相反，投资越远离租赁区块和油气生产，资产权益就会越小，利润也会越小，投资损失的风险相对也会越大。因为投资不在租赁区块或油井，资产的销售价就会越高，而且，这些价格还会经常上涨，每次项目资产的买卖和推广都会把价格上调，利润就会逐步地被上涨的价格所吞噬。

　　另外，还有一个很重要的石油投资需要考虑的问题，就是投资者能承受多少损失。比如选择投资深层油井还是浅层油井，这就需要根据投资的资金和承受风险的大小来考虑。如果投资人不存在资金问题，而且可以承受较高风险损失的话，就可以考虑选择深层油井投资。如果你对行业不了解或者没有太多办法去分析项目，考虑选择浅层油井项目会比较好些。因为深层油井可能会遇到许多机械故障和非常复杂的地质条件，会把资金像融雪一样给耗尽。

　　一个石油开发公司的成功也取决于公司的构成、流动资产的数量或资金储备、管理层的忠诚和经验，以及工作效率。如果公司的资本过于庞大，股息就会很少，从油田开发增长的股票价格就会相对有限，对于一个资金投入过多的公司，一般说来，他们会对炒作股票更感兴趣，油田开发或石油生产会变得次要了。也有一些公司利用各种名头和手段标榜自己要生产石油，有些甚至给股东分红，其实他们所拥有的土地区块并没石油，几乎没有什么价值，但是为了表现出稳定的表象，他们有时购买一些生产区块，把从生产区块的获利分给股民，这样让人相信他们的宣传，他们是一家生产石油的公司，其最终目的是销售公司股票来获利。例如，有一家公司出售超额资本股票需要支付每年26%的股息，需要用五年的生产来偿还原始投资，另加6%的本金利息。许多油井生产五年内就会枯竭，就算还能生产，也是产量非常之少，算上运营费用管理费用和人工成本之后，根本就没有什么剩余。因此，鉴于石油租赁勘探和开发中存在的诸多风险，那些提供资本的投资商就会认购最低价格的股票，这样他们才可以享有石油土地价格暴涨的红利。只要公司能从投资中获利，收回资本之后再承诺百分之一百或更多的回报，才会吸引更多的石油行业投资，石油生产带来的分红只能视为奖金或者该叫"利是"。

因此，想要在石油开发项目中进行投资的人应该对石油地质、地层中石油的聚集方式、含油地层的特性，以及勘探石油和钻井等方面有所学习和了解。掌握了这些知识，就可以提出专业性的问题，对其所要投资的项目会有清楚的认识，其成功的可能性就会很大。随着生活成本的不断上涨，只有获得剩余资金才能提供舒适生活的保障，几乎每个有抱负的人都会寻求通过一些合法的生意来投资他们的储蓄，以增加收入和改善生活，积累财富防备天灾。石油行业是投资的热点，但只有掌握它的特点的人才有可能获得成功。

第三节　石油矿税也是投资

油气契约的矿税就是要从租赁区块生产出的油气收取一部分油气作为矿产税收，这和出版商要支付作者版税是一样的道理。土地的所有者把其土地转变为油气租赁区块，一般会在合同中增加以下条款：承租人同意在他（承租人）可能连接井的管线中免费提供出租人的信贷，相当于从租赁土地生产和储存的所有石油部分的八分之一（或多或少，视情况而定）；支付出租人从出售该租赁区块所使用的天然气销售中收取的所有款项部分的八分之一（或多或少，视情况而定）。管道公司如上所述在与购买石油租赁业务权益的所有者合同中规定，所有石油支付费用应直接记录在租赁所有者名下，承租人向管道公司提供一份书面文件，称为划分清单，其中规定了租赁人的名称和邮局地址以及各方股权。由见证人在场，经过所有相关方的签字确认并签署合约，管道公司每半月结算一次所有的石油运营收益，然后将通过支票邮寄到所有者的邮局地址。如果是通过铁路油罐车或其他方式销售石油，买方在各种情况下都应按照合同的权益把支票邮寄给各方，跟管道公司的做法相同。

对于天然气租赁合约，作业方要按天然气买方协议中规定的天然气收入分成比例，来分配各方的收益。汇款一般按月支付，跟支付石油的支票一样，支票邮寄往各个权益方的邮局地址。出租人的矿税是开矿权益和其土地油气销售的经济来源，对承租人而言就是提供服务的代价，发生的费用或在钻井中支付的费用或支付的租赁费用。承租人的矿税或者百分比的产量一般明确规定在租赁合约转让给分租或作业公司的合同中，从租赁区块生产的油气按比例分成支付给出租方，不含任何成本费用。分承租人或经营者收取并享受所售石油收益支付矿税之后的余额，并承担钻井套管和装备费用以及动力安装，储油罐和相关设施的修建维护，还要负责油井生产，运营的各项开支。

石油和天然气矿税特点如下。

（1）石油或天然气的买家必须向所登记的租约土地的拥有者支付石油或天然气矿产税，承租和分承租方或作业者以及权益持有人只获得矿税之外的剩余生产收益。

（2）承租和分承租方或权益持有人负责支付在租赁区块上发生的费用，矿产税受益方只收取矿税比例的生产份额，即使是对权益持有人无利可图的生产，承租和分承租方不得以抵押或其他方式拖欠矿产税，只能抵押出售他们拥有的租赁部分权益，矿产税跟租赁合约走，就像房地产抵押贷款一样。

（3）在油气生产的租赁土地矿税是租赁契约的一部分，并且远比经营公司类似权益更有价值，是公司一定比例的股本，拥有资产的股权。公司可以用其收入购买没有价值的租赁区块，在此区块钻几口干井，公司高管自己支付高额薪水，或者油价下跌产量下滑导致无钱支付股息，但这些都不影响矿税受益人。只要有油气生产，矿税受益人就要按比例提取矿产税，不需要支付任何成本费用。

总之，油气矿税会有所保留，很大程度上是由于油气区块不合理、鲁莽和取巧的开发造成的，这给石油行业带来了负面影响。某种程度上是少数经营者所为，这些害群之马使得许多小型投资商家不敢投资石油项目，害怕成为促销手段的受害者。

无论怎样的作业者，矿产税机制都保障原始的租赁土地所有人，确保他们能分到部分生产的油气。尽管生产租赁区块的矿税价值很高，但是，如果矿税受益人想要现金，他的矿产税权益是不能协商的，也不能部分出售，这就是为什么矿税像公司股份一样不可以协商的。假如矿产税权是一笔个人财产，必须分给其财产继承人或者个别拥有者想卖掉权益套现，只能通过一些矿产税公司来提供服务实现。购买和持有矿产税权的公司通常通过发行和出售其股本来融资，购买公司的股份可以根据该公司从矿税收益中按其股份的多少得到分红。矿产税权的价值计算类似于生产租赁契约的价值计算，按井的生产年限，井的数量和抽油面积，现今以及未来产量，井可能生产的周期，以及探明未开发面积和井控资源面积来评估生产租赁区块的价值，相同的方法也用来确定租赁区块的权益价值，只是权益价值包含有运营费用。

寻求投资和项目推销的公司都会把他们要推销的石油项目说得很诱人，如果项目有什么不好的地方，他们会尽可能地回避或掩饰。对于项目的优势和好处，推销人员会不吝其词地进行宣传，耐心讲解。除非投资人知道什么是重点，石油投资成功的原则和方法，否则他就不知道那个项目具备可能成为好的投资项目要素，也就不懂得如何做一个好的石油项目投资，再加上人为因素和财务得失的可能性，投资人就会开始产生疑虑，无从选择而彷徨不前。石油项目业务和投资有其自身的规律和做法，许多实践检验和行业经验表明，在石油专业人员的帮助下科学地选择项目投资其成功的可能性还是很大的，明白这一点对一个石油投资商人而言是很重要的。学习一些实用的石油行业知识比如石油地质学、石油工程经营，以及石油行业的商业和财务特点都会给投资人评定石油投资项目有帮助，这些知识可以帮助投资人判断什么是石油项目的优劣，投资需要考虑主要方面，这里就讲讲如何获取每个阶段石油投资需要的可靠资料信息。

其实区分石油项目的好坏就像农民从农作物中选取好的种子一样，并不是很困难的事。但是，可以肯定地说，不是所有好的石油项目都会赚大钱，就像不是所有好的种子都会带来好的收成一样。石油项目的调查先要落实项目的可靠性，排除那些有问题或者是不靠谱的选项，然后，根据财务分析公司的财政状况调查出售资产的地质潜力，公司的资金来源，特别是要了解该公司的地质师在行业内的声誉，以前打井和购买土地的工作业绩如何，等等。这些工作可以确定项目的可行性程度。同时，作为一个投资人也应该知道油田管理和运营人员的名誉和个性，增加对项目推销或开采的可信度。对于那些希望很快就能获得可靠的项目信息资料的投资商们，以下是石油资产开发和运营成功不可缺少的要素。

首先是项目的可靠性，也就是查明出售资产是否具有发展为有利可图的石油生产的潜在可能性。唯一能回答这个问题的人是那些经验丰富的石油地质师或石油工程师，最好的是地质师，他们专门确定石油生产井的井位，更了解资产情况。如果这些专家不愿提供资产的地质情况，或者是石油生产的书面说明，那就停止调查，不需要在浪费时间考虑这个项目投资。如果地质师建议投资出售的资产的话，需要咨询他的信誉、能力和有无成功油井井位的经验，就像聘请其他专业人士一样去确认这个专业人员是否值得信赖。当调查了地质师具备良好的职业品质和工作经验之后，出售资产值得开发的话，就调查一下该公司的董事或受托人的信誉及能力，以及他们油田资产运营管理人员的经验和个性，这些调查的目的跟你雇用员工或与人做生意一样，要了解他们的人品如何，是否有在石油行业经营的经验，或者在石油地质、石油工程和油田服务方面的经历。当你找到符合条件的公司和有职业道德的从业人员之后，你需要自我评价一下投资的财务情况，比如，投资的资本筹集、公司的库存股、股票价格，以及可以融资的计划、负债固定费用和管理费用等。对于一个想要投资的人可能会要问，我要向谁请教，又有谁会给我提供信息？作为投资人，你应该问寻求投资的公司或他们的代表，把你的问题用书面形式提出，也要求他们以书面形式对问题进行作答。如果答复令人满意，那么要求提供证明人以便验证情况是否属实。如果存有疑问，要求提供能够解释疑问的参考资料，这样你就会得到集资公司的领导和幕后人员的答复或陈述，以及有关参考信息的可靠的书面信息。

如果所打交道的人都是诚实和值得尊敬的，这些信息资料不难核实确定，相反，如果所推销的项目是有欺骗性，或者经办人不是很"专业"，那么，这些调查很快就会让你知道真相，对于那些推迟或借口不愿意提供你咨询问题答复的推销商或代理商，最好的做法就是不要与他们做投资。老实说，三五个木匠不一定能办一个鞋厂，但是他们请一个有制鞋经验的人，他们在一起就可以创办出他们想要制造的鞋厂。

第二章

美国石油工业的摇篮
宾夕法尼亚州

宾夕法尼亚州被视为美国石油工业的摇篮主要有两个重要原因。首先，1859年在宾夕法尼亚州的泰特斯维尔诞生了第一口石油自流井之后，石油作为一种自然矿产资源逐渐地被人们认识。很快在这口发现井所在地吸引了大量石油钻探人员，他们先后打出了更多的高产石油井，石油产量开始每年大幅度上升。从1859年到1900年四十年期间，宾夕法尼亚州的石油产量一直遥遥领先于美国其他州，石油生产在这里自成体系形成了一个工业，不仅领导着美国石油工业持续发展，而且，也成为美国主要的经济支柱之一，带动了许多其他工业的同步发展。其次，当石油工业诞生之后，石油生产的不确定性导致许多供需矛盾，石油价格的巨大波动给整个行业带来了前所未有的危机。如果供需矛盾得不到解决的话，美国石油工业就会夭折在婴儿期。这时，标准石油出现了，用垄断经营的手段稳定了美国石油市场，尽管其做法不能完全符合美国企业精神，但是它确实保护了整个石油行业，稳定了石油工业的发展。随着时间的推移，人们在宾夕法尼亚石油实践中不断地摸索出一套石油行业特有的规律，从此石油经营走向了规范化。当宾夕法尼亚石油生产进入枯竭的时候，美国的石油工业已经发展成为一个相当活力的行业，体现在其完整的配套体系，上游的勘探生产与下游的炼制销售通过中游的储运环节紧密地连接一起，标志着整个石油工业走过了早期成长过程。

第一节 美国石油工业的诞生

美国是一个移民国家，早期的欧洲移民来到美洲先在美国的东海岸定居，然后不断地向西部内陆渗透，再逐步覆盖整个美洲大陆。在哥伦布发现美洲大陆之前，这里就已经居住了上百万的印第安人，他们很早就发现了地下有石油冒出，而且把石油作为照明和涂料物资。在西方人的史料记载中，石油最早出现在18世纪初期，一位西方传教士进入印第安人塞内卡部落，他见到印第安人在石油泉边举行宗教仪式，就把这个经历书写在日记当中。这个记载并没有引起欧洲移民的注意，经过一百多年之后，美国的欧洲移民才真正开始认识石油的价值，于是决定在宾夕法尼亚州的泰特斯维尔石油泉边打井找油。在此期间，从美国的纽约州向南至田纳西州一带都陆续在盐水井中发现有石油漂浮和一些地表的石油露头。也有人尝试过探寻石油的用途，由于只有简单的认识，石油仅仅被作为药品和机械润滑使用，没有发挥其最具有实用价值的用途，主要是因为石油燃烧产生浓烟和难闻的气味，这个认知阻碍了石油工业的产生和发展。

在19世纪之后，一些欧洲移民开始定居在宾夕法尼亚州的西北部，在石油泉溪采集石油，主要通过简单的装置把石油拦截在水面，然后再用木桶和布黏附将它收集起来。尽管所采集的石油数量有限，但这种采集方式提供了最早的石油样品。这些石油样品后来被送到美国的东北部大学和实验室进行了化验，人们才对石油的特性有了进一步的认识。通过科学实验证明了石油可以取代煤油成为新的照明燃料可能性，这个结论激发了纽约律师比塞尔的商业灵感，于是，他就以石油股份公司的形式创建了美国第一家石油公司。几经周折之后，比塞尔的商业设想终于在埃德温·德雷克艰苦努力下得以实现。当德雷克在宾夕法尼亚州打出第一口石油自流井时，这个被视为突破性的创举标志着美国石油工业的诞生。此后，大量的石油在宾夕法尼亚州西北部产出，石油的生产、运输、炼制销售形成一体化，使得美国石油工业在宾夕法尼亚州昌盛将近四十年，成为美国石油工业的第一个重心。宾夕法尼亚州不仅为石油工业的持续发展打下了坚实的基础，而且培养和造就了一批有经验的石油钻探队伍。当宾夕法尼亚石油枯竭时，这批从业人员把石油的钻探实践经验带到了俄克拉荷马、得克萨斯和加利福尼亚等地的新油田。进入20世纪之后，美国的石油工业重心迁至俄克拉荷马和得克萨斯。但毋庸置疑的是，宾夕法尼亚对早期的美国石油工业做出过巨大贡献。无论是在空间还是时间上，宾夕法尼亚毫无疑问成为石油工业的摇篮，它孕育了美国的石油工业。

一、自然界的石油泉

1627年，有一位法国传教士约瑟夫·德·德艾龙来到了塞内卡印第安人的领地传教，跟印第安人一起生活，见到了塞内卡人在石油泉举行宗教仪式。他把所见的过程记录在他的日志之中，写信告诉了他在法国的教会，于是，成为第一个记载美国石油泉发现史的人。一百二十年之后，一支法国军队又来到了这个印第安人的领地，看到印第安人依然保持着石油泉的宗教仪式，有人在报告中这样写道："塞内卡酋长邀请我们参加他们部落的宗教仪式，我们顺着阿勒格尼河河口向下游划行了大约四十五英里，在距离韦南戈上游九英里的一个支流停泊上岸。整个部落显得异常肃静，我们沿着支流向上游行走大约两英里，出现了一大群印第安人，这些印第安人早在几天前就到达了这里。这里四周被群山围绕，显得场面十分壮观，印第安酋长讲述着他们的祖先如何征服这片土地。在河水的表面，漂浮着厚厚的黑色油脂状物体，当印第安人把火把丢入河中时，顿时水面就燃烧了起来，形成一片火海。伴随着火焰，印第安人发出震耳欲聋的嚎叫，整个山谷都回声嘹亮。"根据这个描述和现在的地图的位置显示，应该是宾夕法尼亚州的劳斯维尔樱桃溪流入石油河的地方，四周的山丘仍然在那里，只是印第安人采集的黏稠黑色物体已经被输入油罐妥善保管，以防火灾。

关于石油泉真正具有学术价值的记载是1833年耶鲁大学西里曼教授在美国科学杂志上发表的论文，他和他的儿子都是美国石油开发的先驱（为了区分二者，这里把他儿子叫小西里曼），文章为人们科学地认识石油和发展石油工业提供了理论依据。可以说，西里曼教授的文章是最具有权威性的，这里节选他当时发表的文章内容：

　　人们所说的石油泉位于纽约州阿勒格尼郡的西部，该郡是美国伊利湖纽约州南岸的第三个郡，也就是卡塔劳格斯和肖托夸的西侧，纽约州的西南端，泉眼的位置很靠近阿勒格尼和肖托夸的交界线。我能来到阿勒格尼郡做调研，要感谢我的朋友的帮助。他九月六日带我从安杰利卡村来到泉眼处，在横渡杰纳西河之后，我们的马车朝友谊镇走了六英里，转向古巴镇后又走了八英里进入欣斯代尔镇区，三英里半的地方就是石油泉，它距离贝尔维迪尔的菲利普教堂17.5英里，距离安杰利卡村21英里。只要在希克斯客栈找一位当地的向导，基本上就会很容易找到这个地方，也就是古巴镇的西边两英里与去往华沙路的相交处。到达这里的最后半英里基本上都是森林，没有路，但有以前行人的足迹。如果没有人带很容易迷路，很难找到石油泉。这里算是山区，山脊之间的道路通向肥沃的土地，呈现一派风景如画的景色。其地质特点与这里已知的西部地区基本一样，有硅质砂岩和页岩，有些地方出现了石灰岩、砂岩和页岩几乎呈水平地层，砂岩通常是浅灰色，并且砂岩和页岩之中包含包裹体、辫状河道、珊瑚、穿孔贝的遗迹，具有次生或过渡地层沉积的地质特征。

　　石油泉从烂泥地之中涌出，形成一个大约十八英尺[①]直径的圆形泥潭，这里没有进出泉眼的水流，基本处于静止状态。只有在温度变化的时候，有气体和石油从泉眼中涌出，泥潭中的水面上漂浮着一层石油或者是矿物油，呈棕黄色，显得很脏。但是，并没有见到像苏格兰爱丁堡圣·凯瑟琳井石油泉的那种彩虹色，那里水比较清澈，石油所产生的色调也鲜艳亮丽。两者的

---

① 1英尺等于0.3048米。

区别在于圣·凯瑟琳井的水是流动的，石油只能覆盖部分水面，没有泥土溶入溪流，而这里的水是静止的，有相对较多的石油以及树枝和其他森林植物混合在泉眼之中，所以没能呈现石油的色彩。一些新喷发出的零星油点在没有与杂物混淆之前，颜色也呈鲜棕黄色。因此可以相信，如果泉眼没有杂质，石油就会有明亮鲜艳的色彩。据当地人说，在天冷的时候泉眼会被冻起来，但总有一些气孔出现在冰面，而且会喷出纯度很高色彩鲜艳的石油。这可能是冰冻过程把杂质给过滤了，由于气体轻，向外喷发时把干净的石油带到了地表，没有受到太多的泥潭混合物的污染。当地人采集石油就像用奶盘制作奶酪一样在水面上刮，因此，他们专门做了一个像刀一样的平整木条。在水面上刮一下就可以采集一些石油，然后，再装入有盖的容器之中。采集的石油显得黏稠和肮脏，可是，在加热提纯除去杂质之后，可以制成药膏，用于治疗扭伤和风湿，有时也给马服用。这里的石油泉没有人管理，任何人都可以去采集，所以经常有很多人来这里取样，很难统计每年会有多少石油被从这里取走。据说天热的时候涌出来的石油要比天冷的时候多，水中总是不停地冒气泡，如果用根棍子在稀泥中搅动一下，就会有更多的气体释放出来。我们没法采集气体也没有试图去点燃它，但我们相信气体中含有大量轻质的碳氢化合物，较重的成分被包含在石油之中。当我们对样品做分析时，我们估计会测出碳酸气体混在其中，而不是氧气或氮气。我们没有听说有人试图去点喷出的气体或者烧水面漂浮的石油，但是听说过曾经有一个身强力壮的印第安人掉进石油泉中没有爬出来，他的尸体也一直没有浮起来。如果真是这样，不知道石油是否具有防腐的性能，使尸体可以像埃及的木乃伊一样保存。

关于石油泉的历史记载不多，印第安人可能了解多一些，因为这里方圆一英里都是印第安人塞内卡部落的领地。从泉眼的地质成因来看，可以推定石油是从下面沥青煤层中涌出的，我们不知道在地下多深埋有沥青煤层，但估计地下的沥青煤层与宾夕法尼亚郡县见到的沥青煤和往西宾夕法尼亚中部的无烟煤层是相连的。石油溪（不是宾夕法尼亚韦南戈的石油溪）的一个支流在流入俄亥俄河主流阿勒格尼河之前经过石油泉附近，河水向南流入墨西哥湾，而横渡过的杰纳西河却是流入安大略湖后经圣·劳伦斯河水位升高流入大西洋东部的萨斯奎汉纳和切萨皮克湾。也就是说，这里的海拔在一千四百英尺以上，有大量的雨水供给河流，而这些河流却流向大陆两个相反的方向。我们不知道在美国东部大量出售的塞内卡品牌的石油是否来自这个石油泉，但可以确信它的源头是匹兹堡的石油溪。在韦南戈乡镇流入的一个支流后流入阿勒格尼河，在那里有大量的石油蕴藏，不断地流入水中。人们利用围坝和布来吸附收集石油，阻止其污染河水，这都是当地人的陈述。这里的西边和西南边都有许多石油泉，如果有人能够提供更多信息就会给其成因，尤其是给盐和沥青煤层的关系提供进一步的科学依据。

　　在美国东部州销售的塞内卡石油呈暗棕色，黏稠胶着状，因在不同的温度下会产生一定变化并气味很浓而闻名。在一个玻璃蒸馏器中蒸馏塞内卡石油后收集在接收器中的轻油是浅秸秆色，比石油更轻，更有气味，而且易燃。在第一道蒸馏中，少量的水通常停留在轻油底部的接收器中，很容易倾倒出来。第二道蒸馏实验是添加钾和钠进行蒸馏，把这些金属放在蒸馏物体的下方，最终这些金属会把轻油中的氧分子吸收出来，表面形成碱。如果盖子不盖紧的话，空气进入，反应会发生得很快。蒸馏后的石油残余很稠，像干胶，如果继续蒸馏，所有的残留物都会慢慢流入蒸馏器中。在寒冷天气里，残余物会变成像矿物泥一样的柔软固体，类似于干沥青，就像众所周知的著名的特立尼达岛多哈湖里的稠油。前面提到关于石油泉的来源可能与沥青煤相关的问题，并不是要暗示石油和其他沥青物质必然证明下面有煤层，因为已经观察到在许多矿物中会有一定数量的沥青存在，正如一些火山现象所显示的那样。乔治·诺克斯通过实验证明了这一点，其一系列广泛研究成果在伦敦哲学交流刊物上已发表。至于有煤层存在的可能性需要解释一下，如果在某个地区的水域或岩石中有石油或其他类型的沥青出现并在其自身的地质构造中跟煤相关一致，那么，沥青的存在，尤其是大量的出现，而且岩石本身又被浸渍的话，就是说明下面有煤层存在很好的证据。事实上，纽约州的杰纳西地区页岩含高度沥青，易燃，燃烧火焰多，由于缺乏石油泉附近的岩石样品，目前还不能下结论。有些人在离泉眼几码[①]的地方挖过几英尺深，没有见到煤层。可能由于挖掘深度太浅，不具有充分的说服力，只能说明石油是从这个地方的泉眼冒出来的，但是，证明了沥青侵入岩层并不是此处独有的。

西里曼教授生动形象地讲述了发现石油的起源和认识了石油的历史，这算是在当时最有学术价值的石油文献。首先，作者本人是那个时期美国最出色的科学家之一，他之前对石油问题做过研究，有良好的学术素质，对自然界的事物能做到科学分析，实事求是地做科研。他所论证的依据是在石油被开发之前，因此不存在任何学术造假。作为有名望的学者在石油成因与沥青煤的问题上，如果不是为了寻求事实真相，他就会像一些学术人那样倾向于否认他们最初的看法，因为最初的认识在理论上被后来的石油实践证明是不正确的。很多人在发现他们的观点不对的时候，就会尽力否定自己以前说过，而作为一位可敬的学术权威人士，西里曼教授没有去迎合流行的理论，他仍然分享他一些原先的推测。事实上，虽然石油的起源理论众多，并且所有这些理论都有可能产生一些明显无法反驳的反对意见。在上述文章中，西里曼教授所指出的理论稍加修改就会是最好的解释，充分地考虑了事物本身变化过程。起初石油的形成是被认为由沥青地层在高温下蒸馏产生的，后来学者认为是低温长时间的演变过程，前者认为石油形成已经完成，而后者则认为石油仍在含碳的地层中不断形成。沥青煤转化成煤油，类似于石油的物质，会有相当数量的气体释放，而不是形成凝析油。因此，可以推断石油的形成就像这个在地下蒸馏的过程，不可避免地产生了许多伴生气体，尽管气

---

① 1码=0.9144米。

体的产生不一定会有石油形成。假如蒸馏过程是在低温下进行，就有可能产生大量的气体。

早在1828年，伊利湖岸边附近纽约州肖托夸县的弗雷多尼亚村就开始用使用天然气照明，本以为这里的地层下面有沥青煤层，结果经过勘察地下没有找到煤层，而且在其附近的石油勘探也没有发现石油。曾经有人推断煤层在这个地区被埋藏得很深，当地的气源充裕，常常在溪边有臭味的石灰岩中打1.5英寸①直径的钻孔就会逸出天然气，沿着河溪几英里的范围都有大量的气体逸出，对于这个现象是否与石油形成相关一直令人疑惑。

在1833年7月的美国科学杂志上，希尔德雷思博士发表了一篇名为《俄亥俄山谷的盐性岩石层》的文章，提到碳氢气体与石油的关系，他认为，所有的盐水井多少都有一些碳氢气体存在，导致井中水面上升，有时这些现象表现得很强烈，成为盐岩地层的一种指示。不少盐水井就根据这个指示而定位打井，由于碳氢气体产生于盐岩地层，可以理解为什么没有见到伴生的石油。由此推断，石油可能是由沥青煤产生的。在一些深井中，打穿了沥青煤层的井里就会有大量的石油浮上来。很多盐水井都有盐水和可燃气体相伴生产出，部分井里的气体间隔10至12小时或几天就会涌出大量的气体，形成一股强烈气流把井水从井里喷向50至100英尺的空中，喷发之后，又会停歇重新聚集能量。这种现象被称为"吹气"，会给施工带来很大的麻烦和困难，有时会像爆炸一样把管线给冲断，使得井架错位，设备毁坏。在玛丽埃塔几英里外的小马斯金姆河低水位的时候，天然气和石油会从河床的一些地方渗出。

自从阿帕拉契山脉以西成为欧洲移民的第一个定居点以来，猎人和早期开拓者已经对石油有一些认识，石油神秘地由地下流到地表，很快引起了人们的注意，被这些丛林之子们认为是具有很高的价值，像是来自天堂的神奇礼物。在未开化时期，石油被认为可以包治百病，当患有风湿病、烧伤、咳嗽、扭伤等疾病

---

① 1英寸等于2.54厘米。

的人用石油当医药治好之后，石油神药的名声就远播四方，最为出名的是在纽约塞内卡湖附近盛产的塞内卡石油。由于数量有限，在广泛的需求之下，一小瓶就会卖到四五十美分，通常用于马鞍瘀伤和划伤，而且对马的伤也适用，有许多治愈的病例。由于石油的气味对苍蝇和其他昆虫有刺激作用，在夏天的时候，涂抹在家畜的伤口上可以有效地避免昆虫造成的感染。有些石油盛产地，也开始用石油取代鲸鱼油来做照明燃料，但是在燃烧时释放的气味十分难闻，不得不用焦炭将石油过滤后才使用。有时石油也被用于机械润滑，它不像动植物油含有谷胶，可以有较长的润滑作用。

在卡诺瓦的盐水井中常常会产出一些石油，石油浮在井的水面上，可以用长柄勺在井里采集后直接存放使用或出售，石油通常被收集在容量三四十桶的木桶罐中。有一次，一位工人在晚上不小心把燃烧的蜡烛掉到井里，突然点燃了井里的气体，火焰点燃了木桶罐中的石油后，人们只好把石油排入附近的小溪，当时的溪流流速很快，不久就把燃烧的石油冲走了，当时整个河面大约半英里长都像火海一样，溪流两旁的树也起了火，呈现从未有过的火海景观。

早在石油工业诞生的三十多年前，人们就发现了石油这种物质，但都是一些偶然的事件。许多现象都跟在宾夕法尼亚石油诞生地的特征类似，也有不少文章和报道，让人不好理解的是最后石油的开发采用钻探自流井的想法却从来没有人提出来。这里钻凿的盐井也深达600至800英尺深，与宾夕法尼亚州的石油井的平均深度一样，在该地区很多盐水井中也有一定数量的石油出现，然而竟然从来没有任何人会想到打石油井。人们常常忽略了那些引领探索的思维，往往把事情想得深奥而不去探索。

早在石油工业诞生之前，人们就已经认识到石油具润滑作用和一些药用功能，但想尝试利用石油来照明的人却不多，最主要的原因是石油燃烧会产生极大的臭味。虽然当时已经有人用焦炭对石油进行除味，而且还申请了专利，但是却没有人开发石油的照明属性，错过了创造石油历史的机遇。在石油工业诞生二十年之后，匹兹堡的柯尔先生回忆说，他把石油当成天然灵丹妙药分装成小瓶出售，赚了不少钱，药瓶的标签上说是从地下四百英尺处获取的。其实，他也成功地利用蒸馏的方法把石油燃烧的臭味给彻底清除了，可惜他没有想过把石油用于照明。对于柯尔先生的行为是可以理解的，他考虑的是石油的实用性，真正研究和开发石油不是他的兴趣所在，可是他抓住了利用石油药性的机会，也进行了石油的探索，这些事件不断地积累起来逐渐加深了人们对石油的认知，最终实现了所谓的石油"发现"。

二、石油价值的发现

前面所讲述的石油事件不会引导人们发现石油的经济价值，那些偶然发生的故事尽管很直观，给予人们对石油属性的真实体验，但对石油经济价值的认识并没有太大的帮助。因此，我们不得不把目光投向那些发现石油经济价值的人和事，这些人对以上石油事件一无所知，所以，真正推动石油价值的发现是石油市场对石油的需求，因为没有市场就不能确定石油的价值。当1859年第一口井出油的时候，当时的油价是50至75美分一加仑①，几乎是无利可图的。当时整个世界并没有准备好迎接石油时代的到来，而一些没有受到公众所关注的科学进步却成为石油工业发展的重要环节，这个科学领域就是现代化学科学的产生。当时没有人意识到化学可以帮助打开石油的宝库，现在回想起来让人很难接受这个现实，那时候人们的愚昧和无知阻碍了思考。

19世纪早期，科学最为活跃和发展最快的领域应该是化学科学了，现代化学的发展揭示了物质之间的关系，石油的充分利用为人们生活带来文明的进步。在1830年前后，德国化学家赖欣巴哈通过从树木中取得的沥青实验，发现了一种白色无味蜡质的物质，他称之为石蜡。因为这种物质不与其他物质结合发生反应，像法国化学家塞利格尼一样，赖欣巴哈对从德国所出产的煤和油页岩中提取照明油产生了兴趣。可是，他实验了多年没有取得显著的进展，所提取的少量石蜡成为实验室的稀有作品被保存了数年。据说当时只有他一家实验室有石蜡样品，似

---

① 1加仑约等于3.785升。

乎那时的赖欣巴哈也不完全明白是什么化学反应生成的石蜡。经过一段时间的继续研究，他与塞利格尼和其他几位科学家一起被认为是煤油的发明人，不过，他们都没有在一起工作过，各自独自实验之后在当时的科学刊物上发表，后人综合了他们的实验结果才有了煤油的发现。

尽管很难确定谁是真正的煤油发明人，但是，科学家的实验指出了一个非常重要的方向，就是炼制方法，应该说是一种科技的进步，因为通过炼制就可以使得大量的优质廉价照明灯走进千家万户。一些亚洲和欧洲城市用天然气照明的数据表明不是所有人都能负担得起天然气照明费用，穷人或者没有廉价天然气资源的地方是无法使用天然气照明的，即使在英、法、德三国，被认为是当时文明程度最高的，同样出现这种情况。这不是巧合，这是因为任何发明都必须要使得社会接受才能够推进文明的进步。几年之后，实验室里提取的石蜡引起了一位苏格兰人詹姆斯·杨先生的注意，实现了如何可以从沥青煤中提取大量的煤油，使得煤油的发明得以造福人类。1850年，他在英国申请了从沥青煤中提取石蜡油或含油的石蜡以及石蜡的制作专利，两年之后，他也在美国申请了同样的专利。在詹姆斯·杨获得炼制专利之前，欧洲其他地方像在法国和德国及奥地利等地已经出现了小规模的炼制，于是，他很快地与投资商合作建造大型的石蜡油工厂。这时还没有发明无浓烟的煤油灯，其工厂生产的重质产品加工成机械用的润滑油，轻质产品加工成为石蜡用于制作蜡烛。石蜡的制作过程是把石油中的组分分解再重组，这属于一种化学反应而不是机械地把它从石油中分离出来，这个过程包括把煤块打成鸡蛋大小的碎块，然后进行蒸馏的时候用华氏温度55度的水冷却，逐渐对蒸馏器加温，这样生产出来的就是含有石蜡的油。

对于原油的炼制是将原油放入一个容器中，并将其蒸汽加热至大约156华氏度[1]，就会把一些杂质分离，再将油液排入另一个容器中，从而将杂质留在第一个容器里，然后，将油液用铁管蒸馏的同时进行冷却，把冷却水温控制在56华氏度，再将蒸馏过的油液与10%硫酸搅拌一小时后静置十二小时，把液体再从容器

①华氏度以℉表示，华氏度与摄氏度关系为：摄氏度=（华氏度-32℉）÷18。

中倒出与比重1.300苛性钠①溶液搅拌混合，让碱合物和杂质沉淀六小时后从油液中分离出来。蒸馏掉一半的水后开始慢慢地有蒸馏物流出，轻质油由蒸汽凝析而成，可以用于照明。把剩下的油跟水分离，放入一个容器中，然后与2%浓度的硫酸混合搅拌，静置24小时后将它倒入另一个容器中，并且每加入一百加仑就添加28磅②石灰粉末用水碾成糊状物，将油液和石灰粉末搅拌在一起直到油释放出酸，存放一周后就可以当作机械润滑油，而且可以与一些动植物油混合使用。如果要获取油中的石蜡，只要把温度降低到30华氏度，石蜡就会结晶从油液中分离出来，也可以通过加压过滤获得，总之，这个过程需要与硫酸混合搅拌反复几次直到出现石蜡色。

葛克先生的方法跟这没有什么实质上的区别，只是不以生产石蜡为目的，所以在石蜡反应发生前就停止蒸馏，其目的是获取照明油，他把这种油叫作"煤油"，但其成分跟"石蜡油"没有任何区别。他也向美国政府申请了煤油专利，并把专利卖给了纽约的北美煤油气灯公司，该公司于1854年开始在纽约长岛生产煤油，但是销量不是很好。当时，炼制的整个过程还没有被完全优化，没能有效地去除难闻的气味，而且一些人怀疑煤油具有爆炸性。但是不管怎样，人们对光明的追求战胜了难闻气味和爆炸的恐惧，事实上，当时生产的第一批煤油的爆炸性并不比一般的鲸鱼油高，人们需要的只是一盏没有浓烟的煤油灯，而且可以携带出行，这个难题被维也纳的安斯丁先生解决了。

詹姆斯·杨的专利特别说明是从"煤"中提取石蜡油，由于他的炼制方法可以带来巨大的利益，很快在美国和他的祖国英国也开始用石油炼制石蜡油，他的专利权没能受到保护，于是向法庭提出申诉，要求支付每加仑3美分的专利费和部分专利权损害费。可是，这个请求受到了强烈的抵制，大多数被告人的理由是他们没有用煤，用的是沥青页岩和沥青炼制煤油，不能算是侵权，因此官司始终不能判决。这时詹姆斯发现官司打下去，费用没完没了，最后只好通过妥协来解

---

① 苛性钠是氢氧化钠的俗称。

② 1磅约等于453克。

决。官司费用大部分是用于由美国最高科学权威机构来鉴别各种煤和沥青样品，尽管有时候碳沉积在沥青或沥青物中，但是，当把它们用苯和石脑油溶解后，却被那些无知的陪审员说成是"煤"。1864年，詹姆斯·杨的专利在英国过期了，四年之后在美国也过期，所以，自从宾夕法尼亚州发现石油之后，他的专利在美国就没有收到过一分钱。在石油工业诞生之前，欧洲大陆已经准备好迎接石油的市场，当时欧洲大规模地从煤、页岩和沥青页岩中提取油品。大型工厂从德国的莱茵河岸一直延伸到法国和瑞士，油品不再是奢侈品而成了必需品。在奥地利帝国北方一些省份开始大规模生产油品，同时发明了煤油灯，这种灯燃烧时没有烟而且火苗明亮，可以随身携带，这便是人们梦寐以求的事情。很快煤油灯就传到了美国，美国政府批准了各种各样改造煤油灯的保护专利，但是，许多还不如欧洲的原版灯好。

当然，人们使用煤油灯进行照明极大地改善了照明质量，不是因为煤油灯的改进，而是因为更加完善的炼油工艺。在詹姆斯·杨开始炼制矿物油的时候，他的成功给大西洋彼岸的美国工业产生了巨大冲击，最先感受到冲击的当属美国东海岸生产动物油的制造商。他们长期垄断捕鲸行业，投入巨额资金生产各类鱼油和猪油，他们预感到垄断将会被打破，为了保持他们的商业地位，也开始了进行矿物油的炼制。不久，他们发现美国的生产能力很快就赶超了英国和欧洲地区。从地质调查来看，美国的沥青煤在世界上分布最广而且最容易开发，开采矿权也比较合理，以几美元一英亩①的价格出售。这样，石油不仅可以维持产量而且会有巨大的增长。相比之下，美国唯一不足的是劳动力成本高，是英国的四倍和德国的六倍左右，幸好廉价的土地矿权可以弥补一些，可是，很快发现土地矿权的价格在美国也在迅速攀高。

许多投资商在弗吉尼亚、肯塔基和密苏里的煤田投入了大量的资金，由于铁路运煤十分昂贵，于是在煤田附近办起了炼油作坊。在石油工业兴起之前，美国

①1英亩约等于4047平方米。

各地的炼油主要集中在中部和东部，类似这样的炼油工厂多达六十几家。在石油出现的时候，这些工厂才刚刚开始运营，面临着大量的亏损。从某种意义上讲，石油的出现挽救了这些工厂，他们纷纷改装成炼油厂，源源不断的石油供给很快就让炼厂获得了新生。与此同时，这些工厂为石油的开发利用打下了坚实的基础。如果没有这些工厂的存在，石油工业就不会迅猛崛起，石油的经济价值也不会马上被人们认识。不过，从煤提炼煤油与从石油炼制煤油有本质的不同，这是由石油的物理性质决定的。早在宾夕法尼亚岩石油公司成立之前，1855年被誉为美国石油之父的乔治·比塞尔和他的合伙人重金聘请了耶鲁大学的小西里曼教授对石油样品做了详细的分析，并且完成了详细的实验报告。

三、第一家石油公司的诞生

通过对石油样品的实验室专家鉴定和详细的科学报告后，比塞尔和他的合伙人对石油的存在和价值有了比较全面的认识。当时对一些人来说，这不是什么新鲜事物，因为在俄亥俄州和卡诺瓦河流域人们看见过石油从盐水井中产出，但是从来没有人想到去打井生产石油。在宾夕法尼亚州距离匹兹堡大约二十英里的阿勒格尼河畔，塔兰托盐水井在石油工业诞生之前就有石油从卤水中冒出。柯尔家就曾经拥有一口盐水井，连续生产了二十年都没有见到石油从井中冒出。后来他们把这口井卖给了别人，这个买井的人使用新机器把井加深，几天之后，大约就有四到五桶的石油产出。另外几口盐水井中也有不同数量的石油出现，当时这些石油没人要，就流到地表的地沟之中，有一次引起了火灾，几乎烧掉了大半个盐水井场，甚至危及井场人员的生命。

大约在1849年，柯尔想到一个办法，把石油装入小瓶当灵丹妙药出售，于是他到匹兹堡开了一家商店，以0.5美元一瓶的价格在那里销售石油药。其广告是这么写的："柯尔的石油或岩石油以其奇妙的治疗能力而闻名，这是一种天然的灵药！来自宾夕法尼亚州的阿勒格尼县四百英尺以下的井里，由塞缪尔·柯尔出售，地址在匹兹堡解放大街363号。来自大自然神秘之泉的健康膏，给人们带来健康和生命的绽放，在地下深处有魔力液体流动，它可以平息我们的痛苦，缓解我们的病痛。"广告的后面还附有一百个绝症治愈的见证，他雇用代理人到美国东部部分地区进行宣传，尽管石油药都产自于自家的盐水井中没有什么成本，每天可以采集两到三桶，但是，很长一段时间这些石油药都卖不出去，积累大量的库存，其广告费用几乎跟卖药的收入一样多。随着时间的推移，石油的药性慢慢地被一些人接受，开始有了一些销售市场，柯尔就决定不用代理商去销售，而改用在城市设立专门药店出售经营。在1852年，这个经营策略的改变使得其销量大跌，一段时间石油库存剧增。为了解决石油库存，柯尔尝试了把石油改做照明燃料，摸索石油照明之路，不过，这条路他没有走得很远。

在柯尔第一次尝试利用石油做燃料液体时，泰特斯维尔的石油泉已经开始采集石油。那时是依靠用布从水中蘸取，一个月也才生产一两桶石油，主要来自麦克林托克农场泉里冒出来的石油，那里距离石油城三英里。有些记载夸大了石油从那些泉里涌出的数量，说成是覆盖了整条石油溪，事实上，只有洪水期在弯道处才能见到石油漂浮在水面。另外一处重要泉眼是在布鲁尔和沃森公司的领地，那是打出了第一口石油自流井的地方，也是早期的主要石油生产地。第一份机械开发合同协议就是泰特斯维尔的安吉尔与布鲁尔和沃森公司签订的，该公司是由匹兹堡的埃比尼泽·布鲁尔、詹姆斯·林德、泰特斯维尔的乔纳森·沃森、雷克斯福德·皮尔斯和以利亚·纽贝里所拥有，主要是在石油溪经营木材生意。

合同协议

于1853年7月4日签订以下协议，宾夕法尼亚州韦南戈县樱桃树镇的安吉尔将修复和维护在该地的老石油泉，所花费用将从石油销售收入里扣除，如果有剩余的收入，将平分给安吉尔一半，另一半则分给布鲁尔和沃森公司，有效期从即日起，为期五年。

布鲁尔和沃森公司

安吉尔

根据此协议，安吉尔马上在老石油泉处安装了简易装置开始采集石油，他挖了几条沟槽用泵把水引到一个洼地，在把洼地的水流与布鲁尔和沃森公司的锯木厂相连，进入一个系列阶梯式水槽。在每个阶梯水槽出口处放置一块木板挡住水面的漂浮物，但让水流从下方流过，于是水面的石油就被拦截在水槽内，而水流入下一个阶地时翻滚过程使得油水进一步分离，这一阶水槽又重复上面水槽的作用。这样每个阶梯的水槽就会把石油聚集起来，每天可以采集3或4加仑的原油。同时，如果挖掘出油的地层，也可以采集到六加仑的原油，但是额外的挖掘费用会降低利润。几个月之后，原油产量就开始慢慢下降。

1854年夏天，布鲁尔和沃森公司老板的儿子布鲁尔博士，走访新罕布什尔州的汉诺威的亲戚时，带了一瓶石油样品给达特茅斯学院的化学教授克罗斯比，因为布鲁尔本人十年前是从这所学院毕业的。几周之后，达特茅斯学院的另一位该校毕业生乔治·比塞尔也来到汉诺威来看望他的母亲。比塞尔当时已经在纽约开办了一家律师事务所。有一天晚上，比塞尔来看望他的老师克罗斯比教授，闲聊之中谈到了石油，克罗斯比教授兴致高昂地谈论了一番，说石油这个物质具有非常好的特性，这次谈话给比塞尔留下了深刻的印象。这个时候，煤油才刚刚在美国东部的市场出现，主要是用于人工照明。这种用途正好石油也具备，很自然让人想到为什么石油不能像煤油一样投放市场呢？当然，他们并不知道柯尔已经做过这方面的尝试。当时，阻碍石油投入市场的最主要原因是认为石油的储量规模太小，不能引起人们关注的兴趣，具体地说，就是怀疑是否有足够的石油保障市场的长期供应，这是一个非常现实的问题。如果没有大量的石油存在，石油就不可能取代煤油成为主要的照明燃料。当时煤油的价格为一美元一加仑，如果石油泉所提供样品的地方像布鲁尔博士描述的那样可以出产几千加仑的话，这可是一笔非常可观的生意。

这两次的会面也激发了第三者的兴趣，这个人就是克罗斯比教授的儿子。小克罗斯比当时已经是成年人了，家中来客人时他也参与接待。由于他两次会面都在场，所以对石油的人和事都有所了解。小克罗斯比对赚钱的事情非常有兴趣，觉得这可能是一个很好的赚钱机会，于是，他就向比塞尔毛遂自荐替比塞尔跑一趟泰特斯维尔，亲自去考察那里的石油泉，条件是要比塞尔支付他一切费用。对比塞尔而言，最好的办法就是成立一家股份公司来开发石油，这样就可以有钱大家一起赚。于是比塞尔同意了小克罗斯比的建议，先进行实地考察，如果考察结果表明存在石油开发可行性的话，比塞尔就可以着手筹备成立一家股份公司，然后在纽约股市上市融资。结果实地考察进展顺利，于是比塞尔就授权小克罗斯比代表自己向布鲁尔和沃森公司提交股份公司的拟定计划。股份公司将拥有25万美元的股本，以每股25美元发行一万股，其中五分之一股权给布鲁尔和沃森公司，另外，再从五分之一的库存股份销售中支付5000美元给布鲁尔和沃森公司作为石油泉土地使用的补偿，剩余的五分之三股份，小克罗斯比拿五分之一，比塞尔拿五分之一，比塞尔的律师事务所合伙人埃弗莱斯先生也拿五分之一。股份公司的筹办由比塞尔的律师事务所负责，布鲁尔博士作为布鲁尔和沃森公司的代表看了股份公司的拟定计划后，写了一封回信。内容如下：

先生们：

通过小克罗斯比先生转交的文件，我们收到了你方拟定的投资合资公司的计划。我们的石油泉出产特有的原油比任何用于燃烧和机械润滑及医药的石油都要好，泉眼是位于宾夕法尼亚州韦南戈县的石油溪，靠近沃伦和克劳福德县交界的角落，占有相当大的一块面积。石油储藏丰富，据说是取之不尽，我们已经投入200美元建立了石油采集装置，每口石油泉每天可以出产三加仑的原油，但需要一个工人收油和维护，这里是我们做出的运营成本评估：

投入资金200美元，按10%的利息计算	20美元
两个月的运营费，每月20美元	40美元
总计	60美元

每月估计生产1095加仑原油，可以按每加仑75美分价格出售，可收入821.25美元，除去60美元的成本开支，可获利761.25美元。这只是一口石油泉生产情况，如果全部都算起来，应该要支付1万美元的投资权益。我只是想向你们说明石油泉的开采情况，主要投资是用于购买机械设备。就目前看来，你们的提议基本上还是可以接受的，但是比起我们所应该得到的补偿还是远远不够的。我们实际提供的投资仅占五分之一的股份，而五分之四的股份归其他人所有，我们认为股权分配缺乏合理性并有欠公平。匹兹堡也有几个商家对我们的资产有兴趣，一年前向我们咨询过。如果你们能接受以下条件的话，我们对你们的计划会更感兴趣。因此，我们建议股份公司通过股票销售或者其他方式筹集到的第一笔5000美元的资金应该先支付给布鲁尔和沃森公司作为土地补偿费，然后我们才能跟股份公司签署开发权合约。开发区域包括威拉德农场一百英亩的土地，基本上是目前所发现石油及相邻泉眼的总面积，而且石油开发权不得影响我们的木材和农业经营。这个建议只是为了提供股份公司土地条件对等或部分对等，希望股份公司可以通过出售股票来支付一切费用，除了给予上述土地资金以外，其他支付开支可以根据你们的情况优先，我们对你们的股票销售计划没有其他意见。先生们，这些是我们匆忙拟定的意见，如果这些意向符合你们接受的范围，我们可以在纽约见面时再拟定具体条款内容。

小克罗斯比先生与布鲁尔博士商谈了几周之后，就赶回汉诺威去见比塞尔，这时他才发现比塞尔已经返回纽约了。他只好把这封信寄给在缅因州的埃弗莱斯先生，而比塞尔的合伙人埃弗莱斯先生对比塞尔起草的条款不是很了解，看了信后就告诉比塞尔他的股份公司计划被接收了，可以立即着手筹办股份公司。双方的协商就这样达成了，小克罗斯比打电报通知布鲁尔博士他们的建议被比塞尔方面接受了。回到新罕布什尔州几天之后，1854年9月11日，他又写信给布鲁尔博士，这样写道："我亲爱的博士：在我离开这个城市之前，尽管我很忙，我还是决定再给你写封信，主要的事宜结果在我前面周一的电报已经告知了，其他一些事宜现在跟你报告一下。我还不能告诉你我们在纽约见面的确切时间，需要等到下周一再写信时才会有具体动身的时间。我猜想你会把原油样品带到伊利再运往纽约，这样估计你到纽约时原油样品也差不多时间到达。这个季节应该有足够数量的石油样品做展销，到时我们这边会把发行通告和股票证书以及其他一切准备完成，就可以让股票上市给热衷炒股股民认购。"

可是，纽约的股民不是像一个企业那样对任何的生意都不会放过，他们是有选择性地购买股票。埃弗莱斯和比塞尔考虑到股票上市失败的危险，反对仓促上市的计划。小克罗斯原以为十天之后就可以在股市抛售他手中股票套现，这个打算却意外地搁浅了。他跟埃弗莱斯和比塞尔"长谈"之后，小克罗斯比写信给布鲁尔博士说，如果让股票上市计划"见光"，会引起股票销售的混乱，因此决定不在近期上市。这样，小克罗斯比一夜暴富的梦想就此破灭了，他对石油的热情随即减退。不久，泰特斯维尔的木材公司授权布鲁尔博士来纽约核查合同和股票销售条款，不幸的是小克罗斯比寄给埃弗莱斯的信在邮递中丢失了，这导致双方产生了一些误会。埃弗莱斯和比塞尔怀疑小克罗斯比故意误导他们，显然事实并非如此。可是，他们开始不再信任小克罗斯比对石油泉的评估，为了应付布鲁尔博士不得不暂时撤销所有的安排。这时他们已经为股票上市准备花费了几百美元，在布鲁尔博士准备离开返回泰特斯维尔前夜，他们在布鲁尔住的酒店留言说他们需要再重新考虑股份公司，期待布鲁尔博士打电话给他们。布鲁尔博士见到留言之后照办了，通过双方的沟通原定的协议基本没有变，只是小克罗斯比没能履行他对协议的承诺而被排除之外了。为了更好地了解合约的实际情况，埃弗莱斯和比塞尔决定他们俩其中的一位应该亲自去石油泉实地考察一次，以了解那里的地质条件和地理位置。

不久，比塞尔先生就收到布鲁尔博士寄来的原油样品，他分发给了几位有名的化学家去进行化验分析。两周之后，比塞尔写了下面这封信，讲述了股份公司的筹建包括时间、金钱以及原油化验分析的费用，同时也表达了埃弗莱斯和比塞尔所遇的困难。当时他俩只是纽约的年轻律师，根本没有什么名气。当律师的收入不多，而所有的开支他们都必须自己预支，又赶上美国经济历史上最萧条的时候，可以说，没有对这个事业抱有坚定的信念是不可能坚持下去的。

布鲁尔先生：

　　我们筹建股票公司的过程中遇到了许多困难，因此我们不能按原来计划的时间完成所有的文案工作，但是埃弗莱斯先生将会尽早把准备工作做完，让双方都会满意。无论怎样，我想埃弗莱斯先生在本月十八号或二十号赶到泰特斯维尔是不可能了。我们已经做好了股票本、证书、盖章等，这些工作都是保证能够成功上市的要求。我们把几个加仑的原油样品送给了波士顿的化学师阿特伍德先生进行分析化验，他的报告给予石油的质量和实用性能很高的评价，另外，耶鲁学院的小西里曼教授也对原油样品进行了详细的分析化验，他告知我们他目前所得到的结果是石油组分中大部分是苯和轻油，在绘画涂料的用途比药用、燃烧或润滑更好。尽管这些化验分析的费用昂贵，我们认为这是值得的。我先把股票证书样品寄给你，当然，最后的印刷会用银行卷的纸张。请在方便的时候与我们联系。

你真诚的埃弗莱斯和比塞尔

纽约，1854年11月6日

　　包括光度比较的全部化验分析费用，价格在1100至1200美元之间。其中每一分钱都是这两位年轻人预支的，这封信是第一次印上宾夕法尼亚岩石油公司的印章，尽管该公司在两个月之后才正式注册成立，或许这是为了显示按公司规章办事好给收信人留下一个公司形成的印象。4天之后，布鲁尔和沃森公司发给了纽约乔治·比塞尔和乔纳森·埃弗莱斯第一份正式契约，讲述了转让在宾夕法尼亚韦南戈县樱桃树镇一百零五英亩土地的细节，其中包含松树溪和石油溪交汇的整个小岛。那里也是该公司木材生产的部分所在地，安吉尔先生已经在岛上挖过坑渠采集石油。五年后，也是在这里诞生了第一口石油自流井。在契约中说土地的价值是2.5万美元，但实际成交价是5000美元。主要考虑到资本股票太少的话，公司的股票不好销售，所以股份公司通常都会把土地的成本夸大一些。契约的签订日期是那年的11月10日，但是直到第二年的一月才正式生效，主要原因是埃弗莱斯和比塞尔还在跟纽黑文投资商谈判，因为这些商人看了小西里曼教授的原油实验报告，想认购一大部分的股票。如果谈判顺利话，股份公司的董事就会至少增加一位，把土地使用权直接从布鲁尔和沃森公司转给宾夕法尼亚岩石油公司。但是，比塞尔他们最终没能跟纽黑文商人达成协议，他们只好自己掏钱认购股票，拿出5000美元支付土地使用权，最终契约于1855年的1月1日由布鲁尔和沃森公司的泰特斯维尔董事签署。四天之后，该公司在匹兹堡的董事也在契约上签字，成为正式法律文件。在1854年12月30日，根据纽约州的法律，公司在奥尔巴尼纽约州务卿同意下正式注册成立，以下就是公司注册成立的文本：

宾夕法尼亚岩石油公司注册成立证书

纽约州，纽约市和县

众所周知，我们作为签名人，依照纽约州修订的章程第四版第十八章2D条款的第276页，在此成立一个法人公司，同时依据1853第333节关于公司的组建和管理、权力和责任的纽约法律，以下是我们的协议和公司条款：

条款一：公司名称为宾夕法尼亚岩石油公司。

条款二：成立的公司经营范围是生产、采购、制作和销售岩石油。

条款三：公司的股本为二十五万美元，分为一万股，每股二十五美元。

条款四：公司从1855年1月1日起营业，公司注册年限为五十年。

条款五：公司应该由七名受托人和董事管理，第一年的董事成员是纽约的乔治·比塞尔、埃弗莱斯、法兰克林·里德、詹姆斯·索尔兹伯里，以及宾夕法尼亚州泰特斯维尔的法兰西斯·布鲁尔和康涅狄格州纽黑文的安森·谢尔登。

条款六：主要营业所在地应在纽约州纽约市和县。

为此证明，我们印手印和盖章，1854年12月30日。

接着有七位董事的签名，其中布鲁尔博士代表布鲁尔和沃森公司签约。1855年1月16日，埃弗莱斯和比塞尔向宾夕法尼亚岩石油公司的受托人传达了他们的权利和土地所有权，但没有记录下来存档。土地的使用权表面上是在股份公司名下，但到了第二年秋天，这个使用权转让给了另外一家公司，而新的宾夕法尼亚岩石油公司获利于后来的交易。公司成立的一月份就试图把股票上市推向金融市场销售，可是股票市场反应十分冷淡。这也是情理之中的事情，公司股票被民众归为"幻想"类型股，可想而知，在纽约股市销售是多么的惨淡。各方都十分努力推销公司股票，就连小克罗斯比也帮着卖公司股票。这时，他当上了一家城市报纸的记者，又被聘为公司的经纪人，念他曾经为公司做过事，公司就给了他一些股票，之后另加一些股票是因为他的工作可以影响舆论和为公司反馈大众信息。当这两百股转入他名下之后，他对新闻报道工作就失去了兴趣，因为那项工作从未给他赚过钱。于是，他专注于销售他手中的股票，本来有股票到市场出售是一件快乐的事，但在小克罗斯比身上体现却不是那样。当时每个人都不容易，但像他那样性格的人就会感觉更难，他几乎要绝望了，而且，他的绝望没能使得他变得理智反而变得更加急躁。有一次他偶然得知埃弗莱斯和比塞尔要跟一位康涅狄格州的商人交易几百股他们的股票，售价是每股2.5美元。小克罗斯比为了套现自己手中的股票，就去找到这位商人表示愿意以每股50美分的价格把他手中所有的股票卖给这个商人，这位商人马上觉得情况不对，没有从任何一方购买股票。

得知交易失败时，埃弗莱斯和比塞尔已经在这个股份公司上面花费了七八千美元，而没有收到一分钱的回报。本想这笔交易做成之后，可以有资金帮助他们的公司经营，可是交易不但没有给公司带来收入，反而还得自己掏出更多的钱来经营公司，其困难程度只可想象，很难用文字表达。这时基本上再没有机会出售公司股票，但小克罗斯比也不放过任何抛售机会，股票已经跌至谷底。埃弗莱斯和比塞尔觉得还不如他们自己把股票收购起来，于是小克罗斯比就把手中所有的股票以非常低廉的价格卖给了他们，凑足了路费回汉诺威找他老爸去了。这位曾经的大西洋报社的记者，也是为石油发展尽过力的人，但从此永远地离开了石油行业。股份公司依然在挣扎，而这两位年轻律师也没能完全投入股份公司的经营管理，因为他们还得兼顾他们的律师事务所业务。这时没人知道这家股份公司的前景在哪里，埃弗莱斯和比塞尔不得不另开蹊径。他们找到了康涅狄格州的退休官员——谢尔登先生，让他在纽黑文的商会中推销，因为他一直关注小西里曼教授的石油化验分析，十分看好石油的发展未来。同时，他自己也买了几百股公司的股票，希望有一天能得到成倍的回报。本着靠股票赚大钱的谢尔登，拿到按底价获得的两千股四处高调推销，夸赞之词无不用到极致，犯了股票销售之大忌，结果说得越多越没有人买。最后，写了这封信表达他当时的处境：

亲爱的先生：

　　小西里曼教授对岩石油与其他燃油比较光度测试还没完成，或许要到下周才可以全部完成。昨晚的实验很不错，今晚会再重复一次并继续把剩余的测定做完。原油物质在卡罗尔机械灯上的效果不是很好，但是在崁啼灯里燃烧得很好。现在测试它们的一般用途性质方面，作为燃油，石油的价值大部分取决于其属性。从这个角度来看，检测的结果还是令人满意的。这里有几位商人表示有意向认购一些石油股票，按我们这里的市场价格购买，但我还没有决定是否跟他们成交。至于股票销售的困难不完全在于金融市场的疲软，也有部分原因是纽约州的法律，纽约法律规定公司债务要按股东拥有股票面值的多少分担股份公司债务。以前就发生过利用这项法规进行欺诈活动的例子，使得一些好的股票也难以出售，这对股票购买人的投资没有保障，普通人无法了解一家公司财务状况，除非进行过细致的跟踪调查，假如用2美元购买面值为25美元的股票，可能有一天法庭会要求你支付25美元的公司债务给债权人。

纽黑文，1855年4月11日

但当时在康涅狄格州就没有这样的法律，因此股票持有者没有义务偿还公司的债务。那年春季，公司的合伙人针对这条法律寻找解决办法，大约四月中旬当小西里曼教授的实验报告完成之后，希望通过印刷发行得到一些关注。5月11日股份公司在纽黑文的代理这样写道："小西里曼的报告基本上发给了这里的有钱人，给人的印象是专家对宾夕法尼亚岩石油公司十分看好，但是该股份公司是在纽约注册，需要遵守纽约法律。这里的投资商恐怕不会认购很多的股票，因为西方帝国公司的历史教训让人们仍然记忆犹新，许多人被那些公司害惨了，没从损失中恢复过来。基于这种情形，就可以理解为什么投资商人表现得很谨慎。这里几位最有名的投资商有意向投资宾夕法尼亚岩石油公司，愿意按康涅狄格州的法律在纽黑文注册重组股份公司，这样股东就不用对公司债务负责了。"这个插曲给埃弗莱斯和比塞尔前进的道路上增添了一道坎，当时两人并不富裕，这时为了创办宾夕法尼亚岩石油公司已经自己出资1.2万美元购置土地，进行昂贵的石油光度测试分析，加之各种各样的花费，几乎用尽了他们大部分的财富。此外，在上个秋季他们雇用了安吉尔先生打理石油泉，如今进入春季又要重新启动以保持公司的正常运行。在濒临破产之际，埃弗莱斯和比塞尔选择了重组股份公司，这样就可以有较多的人愿意认购新公司的股票。因此，新的公司就在纽黑文成立了，注册资本为30万美元，并以2.4万美元收购了宾夕法尼亚岩石油公司的资产，计划在评估之后扩大设备生产。由于先前的契约没有记录存档，只要把股票收回就可以重组公司。大多数股票都在股东手中，部分流散在几个经纪手里，很容易就全部收回偿清原股份公司，土地契约就直接与新公司签订。当转让准备就绪的时，比塞尔正巧到访泰特斯维尔，在那里遇上了阴雨天气，因此他不得不在那里的酒店多停留了一天。在酒店客厅里打发时间时，偶然看到一份宾夕法尼亚州法令读物，是宾夕法尼亚州司法人员的手册。他惊讶地发现宾夕法尼亚州重新颁布了300年前制定并实施的旧英国法令，以限制罗马帝国侵略权力过大，可以轻易操纵教会机构对领土地产权的吞噬，所以，规定宾夕法尼亚州以外的公司在该州不能拥有土地，因此，比塞尔建议在新公司的契约中把土地条款改为租赁99年。

新宾夕法尼亚岩石油公司的章程

根据康涅狄格州成文法第3篇第14章的规定，我们在"股份制企业"的名义下，在此进行修改和增添条款内容，以下是我们达成的协议条款：

条款一：公司名称应为宾夕法尼亚岩石油公司；

条款二：公司注册资本为三十万美元，分为一万二千股，每股二十五美元；

条款三：公司的经营范围是生产、收购、制作和销售岩石油、煤、颜料、盐或其他矿物，包括在泉矿发现的自然产物；

条款四：特此提及上述"股份有限公司"的法规，并作为本条的一部分：特此设立，组织并依据该法规组建的公司具有下列权力，并按照条款中描述的和规定的；

条款五：每位股东依照这些条款同意认购指定数量的股份，每股定价为二十五美元；

条款六：公司在康涅狄格州纽黑文县纽黑文市成立和注册。

股东姓名	股份数量
乔治·比塞尔	1200
埃弗莱斯	1200
阿萨赫尔·皮尔庞特	1000
西里曼教授	200
亨利·皮尔庞特	200
詹姆斯·汤森德	500
约翰·汉纳	150
埃比尼泽·布鲁尔	160
威廉姆·艾夫斯	1000
布鲁尔和沃森公司	1200

续表

股东姓名	股份数量
埃德温·鲍迪奇	500
埃弗莱斯和比塞尔	4690
总计	12000

按董事顺序排列，纽黑文，1855年9月18日

四、第一口石油自流井的出现

先入为主的思想使得人们完全忽略了事实。这是很可悲的，显然，这又是难以克服的，常常阻碍了人们对新知识的追求。这起源于古老的思辨哲学思维，当对似乎正确的事定论之后，人们就会拒绝其他可能性，变得故步自封了。往往当人们冲破了思想的禁锢，新的发现就会孕育而生。对于石油的起源是否跟煤层相关的问题，起初人们一直都认为有石油的地方下面一定会有煤层，这几乎成了定论。但是，这个推测却忽略了一个重要的现象，石油是由气体膨胀才被带到地表的，所以气体不可避免地与石油伴生，因此这些气体是把石油从地下带到地上而不是向下地层渗透。当时不断地修改"煤学说"，但没有一个说法是被学术界完全接受。石油主要是有机物组分，煤学说只能片面地解释一部分石油成因。后来地质学家又提出了"石油植物时期"的说法，在"煤植物时期"的名称上略加修饰，简化了石油的成因学说，似乎这个学说有较大程度地认同。如果仔细阅读宾夕法尼亚州的地质调查报告，就会发现宾夕法尼亚西北的煤矿延伸到高山顶几英里处就变成了薄煤层。从地质学的角度来看，在山谷处有数十英尺厚的含煤地层，专家认为山谷溪流的地下地层中丰富的沥青煤生成了石油，然后，石油顺着地层流入泉和溪水中，由于石油的密度比水轻就漂浮在水面，这是最早人们对石油成因的解释。新想法的产生给人们的认知指引了新的方向，这个方向导致了美国石油工业的产生，这个想法就是通过自流油井来获取石油。听起来很简单，可事实上却不是这么简单，历史总是喜欢跟人们开这样的玩笑。这个想法本应该由小西里曼教授或那些在盐水井中发现石油的人提出来才是，因为他们对石油有最

直接的观察，而且最有实践经验，还掌握研究的第一手资料。小西里曼教授在他做主编的科学刊物里曾坦诚说过，通过五个月的研究分析，打石油井的想法从来都没有在他心中闪过。他当时可是大名鼎鼎的石油权威人士，为了利用他的影响还专门给了他两百股的公司股份和聘请他为公司总裁。没有想到的是他研究的结果竟是石油是不可能通过打井大量获取，不仅如此他还用行动做出了回答，小西里曼决然辞去了总裁的职位，回归耶鲁大学教书。

让人没想到的是打井找油的主意是出自一个很平常的事件，就像牛顿发现万有引力定律一样完全是瞬间激发灵感产生的。在1856年一个炎热的夏天，比塞尔先生走在纽约百老汇大街上，为了避免日晒，他沿着店铺屋檐下行走，目光突然注视到街边商店橱窗里一张像纸币的广告。这家商店是柯尔开的石油药店，广告上印有像400美元的字样吸引着比塞尔的目光。出于好奇，他走近仔细看了一下，原来不是400美元的售价而是400英尺地下出产的石油。于是，他走进药店让店员把那张广告拿给他看一看，药店的人从橱窗里拿出那张广告来递给比塞尔，并且允许让他带走。比塞尔认真地看了看纸上印的井架和石油出产的深度，瞬间联想到在宾夕法尼亚的石油泉，如果要开发那里的石油资源，也许通过打井自流的方式就能实现。这听起来简单的想法没想到改变了这个世界，影响了人类进步的进程。仅仅几年的时间里，美国石油生产从无到有，石油很快就超过了谷物和棉花成了最大的出口商品。然而，这一切都源于一个新想法的产生，起初看起来似乎是不言而喻的。但是，没有经过深思熟虑是不会联想到这个主意的，就像如果万有引力理论没有在牛顿心中闪过，苹果的落下是不会激发牛顿的灵感的。当比塞尔先生把他的想法告诉公司的合伙人的时候，埃弗莱斯表现出极大的兴趣，很快他们就起草了如何进行实践这个想法的步骤。最初他们打算自己去打井找油，可是他们不能丢下律师事务所的工作，因为就算找到油了也没有能力去经营，他们也从未想过石油开发有一天会让他们成为百万富翁。在举棋不定之时，他们把这个想法告诉了华尔街地产莱曼和黑文斯公司的老板黑文斯先生，此人因修建宾夕法尼亚西部的第一批铁路而出名，在听了打井找油的主意后，他表示有兴趣参与。经过几天思考之后，黑文斯表示愿意支付500美元去租赁宾夕法尼亚岩石油公司的土地来打井，但是问题是股份公司的股东们不愿意让纽约商人参与。几位纽黑文的股东也认为这个主意值得尝试，尤其是皮尔庞特先生，表现得对此特别有信心。如果黑文斯先生做不了，他就准备接手去做。比塞尔和埃弗莱斯考虑权衡之后，还是决定把土地租约给了黑文斯先生去打井，可是这时黑文斯的财务状况出现了危机，无法履行找油合约。当时合约规定是每生产一加仑的石油，要支付12美分的矿税给宾夕法尼亚岩石油公司，有效期为15年，并要在一年之内开始作业。

当埃弗莱斯和比塞尔把契约转到宾夕法尼亚岩石油公司时，他们与布鲁尔和沃森木材公司签订了九十九年的租赁期，股份公司拥有在租赁土地上开采石油、盐或颜料的权利。可是，木材公司股东的妻子们没有签署租约授权书，这意味着她们丈夫死亡之后，她们可以收回丈夫名下的产权。之后，打井找油的主意不仅没有被人们遗忘，反而逐渐地传开了，被越来越多的人所采纳。各种现象都显示这个想法是可行的，而且很可能，是一个十分诱人的主意。不久，纽黑文的股东们就想出来一个计划来垄断石油的开发，在与黑文斯的合约规定一年之内必须作业的期限快要到期的时候，汤森德先生接替辞职的小西里曼教授，成为宾夕法尼亚岩石油公司总裁。他雇用德雷克先生去泰特斯维尔，表面上是去纠正前面合约签订所缺失的木材公司股东妻子们的授权书，其真实目的是让他去那里实地考察一番，准备到期接管黑文斯的合约。德雷克的差旅费是由股份公司出，由于当时股份公司的前景相当暗淡，汤森德叫德雷克购买了价值200美元的公司股票，把德雷克拉进这个全盘计划中来。整个计划安排得非常巧妙，但只要关注事情的发展，就可以清楚纽黑文股东的真实意图。其实，合约的法律漏洞是很容易改正的，木材公司股东的妻子们并不会反对签名。由于德雷克从来没有干过任何法律工作，为了避免差错，在德雷克离开纽黑文之前，汤森德又故意寄了几封信，信封上写的是"德雷克上校，由布鲁尔和沃森公司转交"。没有想到的是这个由汤森德凭空捏造出来的上校头衔，后来却被记入了史册，从那以后，德雷克先生在石油诞生地被称之为德雷克上校。在前往泰特斯维尔的途中，德雷克在纽约州的锡拉丘兹视察了盐水井的打井过程，大约在1857年12月中旬，他来到一个小伐木村庄，正好遇上从宾夕法尼亚来伊利的邮政马车，像是在那里准备迎接他到来似的。

在泰特斯维尔完成合约修改签名之后，德雷克又花了几天的时间查看了租约地上的几处石油显示地点，然后前往匹兹堡找布鲁尔夫人和林德夫人签名。之后，他又去了塔兰托盐水井场，就是柯尔药店广告上的那个图片描述的地方，然后才匆忙赶回纽黑文，圆满地完成了此次行程计划。1857年12月30日三位纽黑文的董事组提议把宾夕法尼亚岩石油的租约给埃德温·鲍迪奇和德雷克执行，条件是有效期15年且每生产一加仑需支付5.5美分的矿产税给股份公司。8天之后，这个决议在董事年会上被提出异议，两位董事乔治·比塞尔和乔纳森·沃森反对通过该项决议，他们的股权加起来达到公司股份的三分之二。尽管在董事会议上最终表决通过了审议，但是，由于这个决议非常不公平，比塞尔和沃森愤恨之下最终退出了董事会。于是，其他董事也觉得事情做得有点过头，如果坚持下去，可能一切的努力都会白费。权衡之下，又马上改口考虑所有生产的石油、盐或颜料都交八分之一的矿产税，做出最后让步。

契约被送到法兰克林存档，由于这个决议要比给之前黑文斯的合约有很大的不同，比塞尔先生拒绝接受这些条款，并且，扬言如果强行作业的话，他会要求法庭颁发禁令。纽黑文的董事明白如果司法介入，后果会是鸡飞蛋打得不偿失。为了不让眼看到手的果实从手中溜走，就做了一个补充协议，基本上跟给黑文斯的条款相同，只是有效期改为四十五年，这样比塞尔和沃森都很乐意地接受了。同年的3月23日，纽黑文的董事自己组建了塞内卡石油公司，为了保存在公众面前的面子，法律要求的公司章程被发布在一个不起眼的小周刊上，而且该周刊只在纽黑文县的一个村庄发行。该公司成立的目的主要是让德雷克成为这家公司的大股东，因此这家公司成立并没有发行它的股票。塞内卡石油公司与宾夕法尼亚岩石油公司其实是一种伙伴关系，依据股份公司的法律条款其公司股东可以相互制约和自我保护。尽管德雷克主管公司业务，但他没有什么决策权，因为他不持有公司的股权，而且没有出资入股，他本应该购买一些公司股票，可是他当时实在没有闲钱在手。在此之前，他是纽约到纽黑文的铁路调度员，干了大概8年左右，每月工资仅为75美元，而且一年前又炒股把所有的积蓄全赔上了。他决定接受这个打井找油的尝试是由于詹姆斯·汤森德承诺给他年薪1000美元。大约在1858年5月1日德雷克全家人来到了泰特斯维尔，在离开之前，新公司给他提供了1000美元的经费作为启动资金。安顿下来以后，德雷克处理完宾夕法尼亚岩石油公司留下的工作后，就四处寻找有打井经验的钻工。1858年7月2日他在报告中这样写道："我沿着泉眼周围寻找油和其他有价值的矿物，但今年的5月份的天气很不好，工作刚开始就遇到阴雨天气，6月的前11天也一样，之后才转晴。不过，现在基本上恢复了生产，每天可以采集大约10加仑的原油。目前的困难是很难找到钻工，现在做工的钻工只会干到今年秋天。昨天布鲁尔博士写信告我，他可以在阿勒格尼帮我找一个钻工，价钱是每尺3美元。这是目前最好的价钱，于是我回信叫他马上请那个钻工过来，昨天我让人开了口新泉眼，开始变得油水多了起来。"

在公司的合伙人眼里，他们认为已经给了德雷克充足的资金，可是情况并不是他们想象的那样。德雷克手头的资金一直都是十分紧缺，在打出油之前，他给公司的季度报告中说手上只剩280美元的现金。1858年8月16日他这样写道："8月14日星期六在伊利我收到塞内卡石油公司财务寄来的包裹，里面有472.67美元，我把收据给了邮递公司。同时，我也发了两桶原油给纽黑文的皮尔庞特先生，他说他可以销售。上周我们的井打到一个大水脉，把工地给淹了。因此，我觉得不能再用手挖了，要改用机械设备凿井。我们早该使用凿井工，可是我月初的时候告诉他，我没有准备好，因为我不知道能否筹集足够的资金。我咨询了塔兰托最有经验的打井人，已经订了一台机器准备在9月1日凿井。我还搭建了一个泵房木屋，估计本周可以建好。9月1日我会寄出我的管理运营报告，可是现在的资金只能够用到9月10日，急需1000美元来维持，请马上告之。"结果公司没有在9月10日前寄给德雷克1000美元，机器没能到位。后来，机器到位可以凿井时，钻工又到别处干活去了，只好暂停作业过冬之后再重启。1859年2月，德雷克去塔兰托找钻工，有人答应4月份过来开工，可是4月份的时候一直没人来，因为请的人在家附近找到了一份更好的工作，而且他们觉得德雷克有点走火入魔了，一心想着不靠谱的石油，就借口推辞了合约。在德雷克去找那位钻工时，遇见了卖石油药的柯尔先生，他建议德雷克去问一问威廉·史密斯，这个老人和他的两个儿子以前帮柯尔打过很多盐水井。

　　大约在那年的6月中旬，比利·史密斯大叔跟他两个儿子带着打盐水井用的工具来到了泰特斯维尔。这时，一个新的难题出现了，打自流井必须从岩石的地层开始凿井，一般开始时是先用手挖，在周边用木条围起来。在岩层几尺深的时候凿井很容易，但一些地方就几乎凿不下去，因为挖坑将导致坍塌和地下水涌入井眼，使人无法继续向下打井。为了解决这个难题德雷克不得不想个办法，于是他把一根铁管压到地下来保护井眼坍塌，这样凿井就可以继续了。遗憾的是这项发明他没有申请专利，不然他可以获得一笔可观的专利费，后来所有的井都免费使用他这项发明。直到许多年之后，当地人听说他病了需要帮助的时候，大家想到德雷克在打井方面的贡献，才捐了4200美元的钱给他。这项技术在专业术语中叫下套管，可以防止井眼堵塞。1859年8月中旬，凿井又重新开始了，以每天平均进尺3英尺的速度进行，到了8月28日下午，当史密斯和他两个儿子准备收工的时候，钻具突然下坠，像是打到空穴似的，这一般预示着井下有岩层空隙或石油储层。下坠了大概六英寸后，整个井深定格在69英尺半的深度，工人们决定收拾工具回家，打算周一再回来开工。可第二天下午比利大叔放心不下，又回到了井场，他从井口往下看去，见到井里有许多的黑色液体，他拿起一个系有绳子的管桶放入井中，捞起时发现管桶里装满了暗色的石油。于是他立即赶回村子，当晚就把这个消息告诉了德雷克，次日天亮当德雷克来到井场时，发现老人和他的儿子站在那里端着几桶石油。于是，他们马上调试泵开始从井里泵石油，每天大约可以产出25桶原油，这个消息像闪电一般迅速传开，整个村庄都沸腾了起来，随后美国各地的人蜂拥而至来目睹这一神奇的油井。

当股份公司股东沃森得知这个消息时，跳上马背直奔麦克林托克农场，签下靠近石油溪入河口处附近的土地契约。比塞尔在收到德雷克的电报后，立刻买下了所有宾夕法尼亚岩石油公司的股票，甚至获得了纽黑文股东手中的大部分股份。四天之后，比塞尔来到了出油井视察，他非常有眼光和果断地签下了周围的土地。在其他人还在查找地表石油线索再去租地时，比塞尔就沿着阿勒格尼河和溪流两旁的农场一个接一个地跟农场主签约，虽然那些地方并没有石油显示，但后来证明他这么做非常聪明和有远见。相比之下，德雷克就显得太鼠目寸光了，他得意于自己探到了石油，认为打到空隙才会找到石油，认为发现油井是一个偶然现象。当时土地签约无须付钱，只要将八分之一或四分之一的矿产税按土地的石油储量支付给农场主，就可以不花一分钱签下大片的土地。汤森德反复叮嘱德雷克去签下周围的土地，可是他没有照办，错失了这个千载难逢的机会。不久，周围的其他几口井相继出油，德雷克才意识到自己的想法太狭隘了，但一切都为时已晚。接近年底的时候，第一口油井的产量逐渐下跌，每天大概只能生产十几桶，因为星期天关井，所以平均一天生产20桶。这口井在1859年运作了105天，一共生产了2100桶油。很快在附近米德和劳斯拥有的一口新井也出油了，井深80英尺，11月时生产了两三天，每天产出不到5桶油。但是，后来加深到160英尺，于是自1860年的2月这口井开始每天生产40到50桶油。第三口井是安吉尔为布鲁尔和沃森公司打的，该井位于麦克林托克农场于1860年春开始作业，到12月中旬才出油，产量为12桶一天，但同时也产出不少水。相比之下，原油的销售没有多大的问题，柯尔以每加仑56美分的价格签约接收一部分，其余交给纽约的斯弗里兄弟公司进行加工销售。从此，泰特斯维尔吹响了美国石油工业兴起的号角，拉开了人类进步从未有过的序幕；从此，石油作为一种商品悄然走进人们的生活，成为美国现代工业的血液。

五、潮起潮落的石油工业

在这个石油溪与松柏溪相交的小岛上打出石油之后，整个小岛就被迅速开发了。小岛一直延伸到阿勒格尼河口，由于那里优越的地理位置，交通十分便利，很快就吸引了许多美国各地人们前来创业，不久这里便成了石油城，同时也是当时宾夕法尼亚的石油交易中心，那时就有8000人迁移来这里定居。石油井开始像雨后春笋一般沿着石油溪狭窄的河谷出现，最早人们是找"地表显示"，比如卵石岩石、石油泉眼等。新人就跟随一些所谓有经验的人找井位打井，经过几个月的实践之后，发现那些所谓的地表显示也不是很靠得住。一口好井可能是在半英里以外，而且石油泉下游方向的井还更高产。

1861年2月，芬克队长和菲利普斯公司开始在上马寇瀚尼农场作业，这里大约在石油中心北面1.5英里处。6月，上马寇瀚农场打出了第一口真正的自流井，石油第一次从第三砂岩层中产出。随后，又在其附近打出一口产量让人吃惊的高产井，日产300桶，完全超出了人们的预料。人们都很肯定地预测这个井的产量不会维持很长时间，结果在头十五个月内井的产量基本没有什么变化，之后才开始慢慢递减停止流出。在这口自流井停产之前，又出现了一口更高产的油井，这口新的高产井就在第一口自流井附近，日产达到了3000桶，它的出现一下子吸引大批钻井人员赶来周围打井，高产油井也频繁出现。从第一口油井到石油溪河口大约有16到18英里，据不完全统计，在这个范围内一共有43家农场，占地面积大约为105英亩，这些农场最早是由布鲁尔和沃森公司所拥有，1854年转给了纽约的比塞尔和埃弗莱斯，然后又作为资产转入宾夕法尼亚岩石油公司。宾夕法尼亚岩石油公司在1858年又将这片土地租赁给塞内卡石油公司，租赁契约是45年。可是，大量的石油供给导致石油价格下跌，使得每加仑12.5美分的矿产税变得很沉重。于是宾夕法尼亚岩石油公司在与塞内卡石油公司协商之后，于1860年终止了租赁契约。比塞尔在收购宾夕法尼亚岩石油公司股份之后成为该公司的最大股东。在支付5万美元的转让费之后，原本公司名下的土地就变成了比塞尔农场，他也没有让那些土地闲置，马上就打了10到12口油井，其中6口井出油，每天生产80桶原油，远远好于周围的租地。几年之后，比塞尔农场又被卖给了原始石油公司，在这个农场以南石油溪的两侧是格里芬农场，那里残留了几个废弃的井架，在转手卖给纽约买家和宾夕法尼亚石油公司之后才得到了较好的开发。再向南移就是溪东侧的克罗斯利农场，尽管开发得不错，但是一直没有高产的油井。这个农场的南边就是比塞尔的第二个农场，像其名下的其他土地一样，在这个年富力强人的管理者手中被成功开发利用。

在第一口油井诞生之前，汉密尔顿·麦克林托克农场的主人就在石油溪中采集石油，方法就是把简陋的木条放在水面上将石油拦住，然后聚集到一定数量以后，再把石油从水中捞起来。据说他一年可以采集几桶分销给周围的农民，有的时候采集多了就由伐木工人送到匹兹堡去卖。在这个农场的南边是克拉普农场，1859年乔治·比塞尔和阿诺德·普卢默买下克拉普农场进行开发，他们打了许多井，虽然大部分都是干井，但也有几口高产井。这时，比塞尔就筹建了当时在石油产地最大的木桶制造厂，来生产装油的木桶，目的是可以经常把石油运到市场去。其他石油生产者要么以10美分一桶的价格把石油卖给投机商，要么就让石油白白流走浪费掉，因为支付不起2.5美元的运费。

1860年6月，石油产地的产量大约是每天生产200桶原油，到1861年9月每天的产量达到700桶，之后由于自流井的出现，一下子又猛增到日产量六七千桶的水平。石油产量像一只怪兽无法控制，大量过剩的石油产量使得市场的石油价格暴跌至20美分一桶，随后再降到10美分。制桶商卖桶只收现金不愿意用油换桶，也不收汇票运油，不久，周边所有的制桶厂都不能够生产出足够的木桶来满足生产的需要。因此低产井不得不停产，许多工人灰心失望地放弃了他们的生产井。1863年年初的产量几乎只有1862年年初的一半，而1864年的产量还变得更少，1865年5月产量下降到每天不到4000桶。

1864年冬天出现了一口叫美国井的高产井，这口井在1865年1月7日出油，每天产出约650桶，它的出现引起了行业人士的注意。很多的井队也沿着这口井所在的皮侯溪打井，不断出现新的高产油井，日产量的记录也被不断打破，最好的一口井日产量可达1200桶。高产高成功率意味着赚钱的机会来了，于是人们纷纷从各地涌到这里，很快就打造出一个城市，皮侯城，这是在宾夕法尼亚州历史上最为传奇的一页。根据宾夕法尼亚州史料记载，皮侯城于1865年5月24日注册成立，不久这个城市人口从年初的几户人家发展到8000多人。当时该城市市区建有50家酒店，其中几家像宫殿般的豪华，配备着最奢侈的设施，市区房价普遍超过8万美元，城市中心几条大街有几英里长，道路两旁楼房林立，有不少银行大楼、五金工具店、杂货店、理发美容店、餐馆酒楼、教堂和剧院等。由于大批人员涌入，皮侯城邮局不断添加人手，短短几个月就成为费城和匹兹堡之后第三繁忙的邮局。城市组建了一支救火队，还计划修建铁路联通大城市，整个美国的报纸杂志都不断报道这里每天发生的变化，几乎没有人见过这样的发展速度。如果不是亲眼所见和亲身经历，没有人相信三个月的时间能把一片树林改造成一个活力四射的城市，而且富有美国一流现代化都市的特征。

可惜好景不长，这个城市的衰落就像它的兴起一样快。那年10月，皮侯城由于产量过剩油价下跌，生产商的利润空间被大幅度挤压，于是开始削减价格和减少产量。加上第一条石油管线的出现使许多石油运输工人因缺乏工作机会开始纷纷离开皮侯城，这时市区内还发生了两场大火，加速了这个城市的衰落，再加上其他地区又有新的石油发现，皮侯城的人们很快就变卖物业或拆除房屋迁移别处。到第二年的秋天，这个城市人口从接近两万人的规模，又回落到了两千人的水平，往日的繁荣景象一去不复返了。城市居民人口不断递减，到了1877年已经达不到最低城镇人口数，于是这座城市就被宾夕法尼亚州注销了。

19世纪70年代，宾夕法尼亚州的石油产地从泰特斯维尔向南发展到了下石油产区，那里发现了许多新的油田。1872年，美国的石油行业经历了一次空前大规模的市场控制和投机联合的形成和解体。那年年初，美国的铁路公司和炼油厂联合在宾夕法尼亚州组建了"南方改进公司"。由于这家公司掌握了石油的运输和炼制，就规定石油生产商要对原油和炼制的产品油的运输先付全额款再运货，私下他们再给自己联合的炼厂一定的回扣，这个规定立即遭到了石油生产商家的强烈反对，要求南方改进公司废除这项规定。随后，全美约五分之四的炼油厂联合组建了一个协会，目的是要联合起来控制原油与炼制成品油之间的差价。为了对抗炼油厂家的苛刻行为，石油生产商也组建了一个"代理机构"和一个"联盟"组织，大约四分之三的生产商加入了这个组织，基本上控制了宾夕法尼亚州的原油产量和稳定了世界油价市场，可是，经过一两次无效的管控原油售价之后，这些石油生产商们认识到没有炼厂的援助政策是不可能起作用的。于是石油生产商联盟与炼油厂家达成协议，生产商排除部分钻井和抽油成本价格，而炼油厂家同意把纽约市场的成品油降低到每加仑27美分的价格，立即向"联盟"购买了20万桶原油。价格是每桶高出市场价格的25美分，显然，这个协议是很难执行的，双方都没有真正去履行，生产商与炼油厂家的结盟不久就解体了。

在宾夕法尼亚州时期，石油井的出现无疑是美国石油历史上最重要的事件，没有人会怀疑石油工业所带给这个国家的光明。石油行业吸引了成千上万的创业者加入。从业人员开始了不同程度的焦虑，既有见到石油冒出的喜悦，也有遇到干井的沮丧。财产的丧失、翻山越岭的搬运、沾满油垢和污泥的运油船只、交易场的疯狂买卖，这些都是这个行业在这个时期的真实写照。

六、两位功不可没的石油开拓者

纵观人类历史，在任何一个伟大事件出现的时候，总有一些关键人物起了决定性作用。美国石油工业的产生也不例外，这两个对石油工业诞生做出了重大贡献的人物就是埃德温·德雷克和乔治·比塞尔，了解一下他们的生平有助于理解他们为什么会有那么执着的追求。一些看似偶然的事件，其实有其必然的根源。

德雷克上校1819年3月29日出生在纽约州格林郡格林维尔市的一个农民家庭，父母务农，虽然贫穷但很有文化，因此受人尊重。他们只有两个男孩，埃德温·德雷克是老大，他的弟弟在德雷克打第一口井出石油成名的时候，就死在了美国的西部。德雷克八岁时，他父母搬迁到佛蒙特州卡斯尔顿附近，在那里德雷克和他弟弟可以像其他的小孩一样去新英格兰的公共学校上学。德雷克度过了平淡的童年生活，但是有一件事似乎对他未来从事打井找油的工作有某种预示，或许这个预示在德雷克心中埋下了发现的石油种子，值得提一提。

这是一个梦，当然小时候谁都会做梦，这也不奇怪。奇怪的是这个梦像是一个预言，注定他会把石油带来人间。他梦见在家门口宽敞的旧门廊上，入门的走道有棚遮挡，秋天的阳光斜照在他的头上，秋风伴随着田野的芬芳，让他睡着了。他做了一个梦，他梦见了跟弟弟一起耙麦田的麦茬，他们俩耙呀耙，不知过了多久，他们把一大堆干麦茬耙到离家近半英里的一个角落，然后一把火点燃了干麦茬。弟弟高兴地看着，埃德温触摸到一根火柴推向干麦茬堆，他们看着干麦茬烧尽湮灭时，一个恐怖的画面出现了。麦茬烧完了，可是大地还在喷火燃烧，他们尽力去把火扑灭，但是无济于事。火焰燃烧得越来越高，而且不断向地下和四周延伸，追随他们后退的脚步。这时他们俩完全吓坏了，扭头就往家跑找妈妈。当他们跑到家时，埃德温气喘吁吁地坐在角落把脸夹在两腿之间，向妈妈承认自己惹了祸，而妈妈平静地把他带到门口看了火焰片刻，毫无责备地轻声说道："我的儿子，你让世界着火了。"将近三十年之后，当德雷克在第一口油井出油的几周后点燃了储油罐时，他回想起这个梦。

在十九岁的那年，德雷克离开家外出谋生，本来打算向西去密西根，投奔在那里的叔叔。然而，在布法罗他找到了一份在威斯康星渡轮上的夜班工作，渡轮在布法罗和底特律之间行驶，那份工作他一直干到轮渡季节结束才去安娜堡找他叔叔。在那里的农场工作了一年之后，德雷克在蒂卡姆西一家酒店找了一份工作，这是一家当时西方类型的酒店，围绕在宽敞壁炉的篝火旁，住客们常常停留那里讲他们有趣的故事，德雷克常常被那些故事所打动，他个性变得热情真诚。尽管这份工作他只干了两年，但这个性格却一直保留着。离开蒂卡姆西回到佛蒙特州看望父母，父母劝德雷克留在美国东部，于是他到康涅狄格州的纽黑文的一家干货店做了三年的伙计。平淡的日子使得他萌生了改变的念头。之后，他去了纽约百老汇大街，在一家零售干货店工作，在这里他娶了一位年轻女子为妻。她家是在马萨诸塞州斯普林菲尔德市，婚后不久，妻子得了一种怪病并经常复发，需要呼吸乡村的新鲜空气，于是他们搬回了妻子的故乡。在那里德雷克他申请了波士顿到阿尔巴尼铁路快递代理的职位，月薪是50美元。德雷克一直干到1849

年，然后辞职到纽约至纽黑文铁路段当调度员，他在那做了七八年，直到接受去宾夕法尼亚打井的任务。在当调度员期间，他有机会结识当地社交圈的重要人物，希望通过建立关系取得发展机会。1854年他妻子去世，给他留下三个孩子，其中两个相继去世之后，他卖掉了纽黑文的小家去酒店住。就在这个时候，他结识了纽黑文的银行家詹姆斯·汤森德。詹姆斯介绍他来通天酒店居住，因为那时他们俩都把那里当成了家。又过了几年，当汤森德先生接管宾夕法尼亚岩石油公司的时候，他一边做自己银行的生意，一边在社交圈内物色人选。他叫德雷克投资200美元购买了他自己持有的500股宾夕法尼亚岩石油公司的股票，这样德雷克开始把自己跟这个让他成名的事业联系在一起了。大约在1857年的开端，他又跟纽黑文的一个年轻女人劳拉·陶结婚，劳拉是一位优秀的女性，成为他的朋友和人生伴侣，陪着德雷克度过了许多非常艰难的岁月。1857年夏天，德雷克因身体原因被迫放弃了铁路调度工作，但正是这个时候，他并没有放弃自己的追求，他对宾夕法尼亚岩石油公司产生了兴趣，开始围绕着石油开发进行研究和探索，有空的时候他会找公司的董事了解情况，其中包括汤森德，当时汤森德已经出任公司的董事会主席。

其实，在契约土地上打井找油开发的主意之前就有人提出过，这个人就是亚撒黑·皮尔庞特先生，一位聪明而且坚定的倡议者。可是，他的生意忙得没有时间让他去说服董事会采取有效的行动，五名董事成员有三名居住在纽黑文。尽管他们人数上占优，但所代表的股份仅为总数的三分之一。他们主管的公司业务无可争议地主导着打井找油计划的实施。1857年的12月，当时汤森德是宾夕法尼亚岩石油公司的总裁，跟德雷克约定去宾夕法尼亚州韦南戈做一番调研，他回来之后就高兴地接受了打井找油的计划。在12月的最后一天，纽黑文的董事会成员（多数和法定人数）开会，通过把土地契约租赁给纽黑文最大的公司股东鲍迪奇先生和德雷克先生。由于条款对承租方十分有利，怕其他董事成员发现后提出异议。在通过这个决定之后，他们组建了新的公司"塞内卡石油公司"，德雷克成为新公司的名义总裁，同时拥有主要股份，当时公布的股份分配如下：

股东姓名	股份额
伊维斯	2680
德雷克	8926
马歇尔	394
总计	12000

在德雷克名下的8926股，据事先达成的协议只能保留656股，其他的股份要转给几位纽黑文的宾夕法尼亚岩石油公司的股东，于是，新的股份组成是：

股东姓名	股份数
亚撒黑·皮尔庞特	3334
詹姆斯·汤森德	2785
威廉姆·伊维斯	2680
埃德温·鲍迪奇	1630
埃德温·德雷克	656
亨利·皮尔庞德	521
马歇尔	394
总计	12000

原来宾夕法尼亚岩石油公司在纽黑文的股东都分到了新公司的股份，而新公司的三位大股东分别是皮尔庞德、汤森德和伊维斯。公司成立之后的那个春天，德雷克带着家人前往泰特斯维尔，计划先住在酒店里直到他们的房子盖好。他全家四口和一匹马每周六块半的房租，没想到几年之后那家酒店的房租一天就要这个数目的两倍。抵达目的地不久，德雷克就向乔纳森·沃森在泰特斯维尔购置了25英亩的土地，不幸的是，他在1863年就出售了这块土地，讨价还价才卖了1万美元。出售之后，地价很快就涨到9万美元。他抵达泰特斯维尔才发现那里物资短缺，连锄头、铲子等工具都不充足，而且发生打井的事故像家常便饭一样。当打出油之后，开拓原油市场也很困难，而且困难程度不断增加。几年间，就有一

个季度几乎以任何价格都卖不出去。由于生产出来的原油不能滞留，为了自己和公司的利益，他马上联系匹兹堡的柯尔，提供给他三分之一的土地，其余交给了乔治·莫布雷按佣金出售。在1860年，比塞尔提出按每加仑12美分的矿产税，再另加一些费用向塞内卡石油公司购买土地，面积约为岛的三分之一。德雷克后来为了清理所有的债务就出售给了比塞尔，不管他们是否赚到一毛钱，他们确实宣称没有进行交易。在那一年，德雷克当选为泰特斯维的和平法官，当时是有3000美元一年的薪水，由于每个人都在买卖土地租约，他的主要工作是起草和确认契约文件。与此同时，他还帮纽约的谢尔夫林兄弟公司购买原油，一年的收入大约5000美元。

　　1863年他变卖了所有的资产离开了石油产地，带着套现的15万美元至20万美元奔向华尔街，跟一些华尔街的股票交易所做起了石油股票。可非常不幸的是他对股票运作一无所知，而且其资本又那么有限，很快他的那点财富就被股市吞噬得所剩无几了。在石油溪过度劳累的身体没能经受起这场打击，德雷克终于病倒了，这时只能靠妻子来维持生活，利用最后剩下的一点储蓄把家搬到佛蒙特一个便宜安静的小屋。但是德雷克的身体再也没有恢复如初，因经常发病，医生建议他如果可以的话就搬到海边居住。一位好心的朋友把在新泽西郎布兰奇的木屋给他们使用，而且还帮他们搬家，可这时他们花光了所有的积蓄，生活开始变得没有着落了。

　　随着时间的推移，德雷克的病变得越来越严重，一直需要有人照顾，家中四个小孩也帮不上什么忙。为了家里的生计，他老婆劳拉只能靠做一些针线活来过活，在不用照顾丈夫的时候，她要穿过寒冷得令人窒息的海雾去做工，任劳任怨地努力工作以保证家里有面包吃。尽管如此，一些必需的开支还是满足不了，德雷克的医药费就是一个很大的问题。德雷克到纽约找熟人帮大儿子安排工作，购买完来回船票时，口袋里只剩80美分了。在他下午回来之前，遇见了泰特斯维的马丁先生。马丁见到德雷克凄惨的样子，询问了他的遭遇后十分同情，就请德雷克吃了一顿热饭，这可是德雷克非常需要的饭食，因为买完船票他几乎连喝咖啡的钱都没有了，而且饿得没有力气。饭后马丁又给了德雷克20美元，并告诉他回石油产地会为他发起捐款。

不久，大家知道了德雷克的悲惨处境，泰特斯维尔的居民纷纷解囊相助，一下子筹集到了4200美元。德雷克夫人收到捐款后，十分精打细算地花，同时依然没有放弃她的针线活来挣取生活费用。1870年在医生的建议下，她带着体弱多病的丈夫和三个小孩搬到了宾夕法尼亚州的伯利恒定居，在那里他们受到了当地人的尊敬和爱戴，德雷克幸福地度过了他的余生。1880年11月9日，这位伟大的石油探索先驱在伯利恒离开了人世，值得一提的是1873年宾夕法尼亚州立法院议会通过了一项法案，由州政府支付德雷克上校每年1500美元的终身抚恤金，直到他和他夫人去世，这不是慈善而是表彰他为石油行业所做出的贡献。

乔治·比塞尔是在早期宾夕法尼亚州西部石油产地最为杰出的先驱者。回顾石油发展史我们知道，早在1840年，石油城的北面麦克林托克维尔靠近泰特斯维的石油泉就有人收集石油，可是直到1856年至1859年期间人们才真正对石油的认识和利用有了突破性的进展。这个过程后面的推手无疑是乔治·比塞尔，没有他的不懈努力是不会有石油工业诞生的，或许人们还要在黑暗中再摸索几十年，这也许就是美国石油界把乔治·比塞尔视为美国石油工业之父的原因。

乔治·比塞尔出生于新罕布什尔州的汉诺威，他的祖先来自英格兰萨默塞特郡诺曼镇一个法国血统的家族，他的母亲有比利时和荷兰血统。他的祖辈在1628年就来到康涅狄格州温莎市定居，是最早一批在那里定居的欧洲移民，已故的康涅狄格州州长克拉克·比塞尔和伊利诺斯州州长威廉姆·比塞尔都是他的亲戚。大约12岁时，比塞尔的父亲就去世了，乔治不得不自寻门路，他边打工边上学来完成学业，从来没有任何人给过他一块钱。在学校读书时，他就做家教和给报刊写稿赚钱，不仅学习书本上的知识，而且还掌握了许多实用的技能，这些为他在日后的商场角逐打下了良好的基础。他在佛蒙特州诺维奇的军校学习过两年，在新罕布什尔州梅里登的金博联盟学院也学习过一段时间，1845年在达特茅斯学院毕业后，在诺维奇的大学当了两个月的希腊语和拉丁语教授，后来觉得收入太低就辞职去了华盛顿特区当了里士满辉格报的临时记者。

1846年春，他前往古巴然后又回到美国路易斯安那州的新奥尔良，在那里他与新奥尔良三角洲报的编辑部门建立了联系，成为他们的写稿作家。几年间，他为这个城市各大报刊的专栏提供了大量的文章。1846年，在一次高中校长竞选中，比塞尔击败了其他几位竞选对手当选为高中校长，随后他又被选为新奥尔良市公共学校的负责人。他卓越的行政能力和优秀的学者风范在工作中得到了充分的发挥，很快学校就被他治理得井井有条、欣欣向荣。尽管集公共学校的负责人和报刊编辑的职责于一身，他仍然坚持学习法律和一些现代语言。直到1853年夏天，由于新奥尔良潮湿的气候使得他常常犯病，因此他不得不放弃在那里的生活返回北方。也正是这一年，他第一次接触到石油，那是在达特茅斯学院克罗斯比教授的家，他看到了装有布鲁尔博士从宾夕法尼亚泰特斯维尔石油溪里采集的石油样品。他一下子就对石油产生了浓厚兴趣，大约六个月之后，就叫他的律师事务所的合作伙伴埃弗莱斯先生去泰特斯维尔考察，随后，他们俩一起买下了宾夕法尼亚石油的租赁产权，在支付一笔费用后获得了100英亩的土地矿权，租赁期为99年。这块土地在石油溪距离泰特斯维尔以南2.5英里处，购置费用是5000美元。1854年他们成立了宾夕法尼亚岩石油公司，这是美国第一家石油公司。这家公司是根据纽约州的法律注册成立的，注册资本为25万美元，大部分股份由埃弗莱斯和比塞尔所控制，同时也由他们负责打理公司。当时的石油开采方法是挖掘坑渠将石油泉中流出的油水，经过坑渠上架设的横条把油水分离，用这种方法所能采集的数量非常有限，一个季度只能采集几桶石油。当时的价格是每加仑1.5美元，主要是用于医药方面。1855年的春季，比塞尔雇用了耶鲁学院的小西里曼教授对宾夕法尼亚的石油样品进行化验分析，实验所需的一切仪器设备和分析化验费用由比塞尔和埃弗莱斯提供。

那年的秋季小西里曼教授的报告发表后，引起了几位纽黑文当地的投资商人的关注。后来，由于一些原因，宾夕法尼亚岩石油公司进行了重组，并且邀请小西里曼教授作为重组后的公司总裁。挖掘坑渠开采石油一直持续到1858年，在比塞尔的极力推荐下，公司对打井找油的提议进行了讨论和调研，而比塞尔的这个主意的灵感来源于匹兹堡药店柯尔先生的药品广告，该广告提到把从400英尺地下采集的石油作为药品。在讨论的过程中，纽约股东与纽黑文的股东在利益上产生了冲突，最后纽黑文的股东只好同意向宾夕法尼亚岩石油公司租赁土地开发权，并支付宾夕法尼亚岩石油公司每生产一加仑原油12美分的矿产税。之后纽黑文股东就根据这个条款自己组建了一家新公司，同时聘请了德雷克加入新公司，并且给予他大量股份和资金，由他来负责打井找油计划的实施。德雷克在泰特斯维尔遭遇了重重困难和推延，终于在1859年8月28日打出了第一口石油井，这口井就位于宾夕法尼亚州韦南戈县的石油溪旁，整个计划的实施完成都是在塞内卡石油公司旗下进行的，而比塞尔所控股的原始土地租赁公司只是做了租赁转让。之后，比塞尔和他的合伙人埃弗莱斯就开始沿着石油溪签约大片土地，又投资了2000到3000美元。从石油溪到石油中心，成倍加码的投入获得了丰厚的回报，他们在石油行业的成功使得乔治·比塞尔在美国大陆成为家喻户晓的人物。

从1859年至1863年，比塞尔先生居住在韦南戈县的法兰克林，在那里他兴建了一个很大的制桶厂，主要是为了原油运输。1866年，他又在石油中心建立了一家银行大楼，这家银行经历了许多次的金融风暴，依然巍然屹立，被誉为最靠得住的金融机构，这也是比塞尔在石油产地的一大贡献。1863年他又搬回纽约，次年他作为宾夕法尼亚州的石油交易人和纽约石油董事会代表，在华盛顿资源管理委员会论证中给出了反对原料征税的强有力论据，让国会议员明白对原油征税会有毁灭性的后果。除了开展庞大的石油生意外，他还在三家银行机构中担任职务，在石油产地修建铁路，并且还担任纽约几家公司的总裁和董事。不仅如此，在比塞尔被任命为总裁的秘鲁石油公司和秘鲁炼油公司是南美太平洋沿岸石油产品主要供应商，而且他们的大批石油产品还远销至澳洲和欧洲。比塞尔于1855年在纽约获得律师资格认可，两年之后，被允许在美国法庭出庭辩护，1861年又获得宾夕法尼亚州的律师资格认可。1855年比塞尔在纽约与奥菲·路易丝·格里芬小姐结婚，他的妻子在1867年春天突然离世。

比塞尔也是一位慈善家，向多个机构和组织捐款，其中包括给母校修建体育馆的2.4万美元。比塞尔身形挺拔匀称，长脸高眉看似平常，但他眼光敏锐让人感觉有穿透力，口角紧闭展现果断和动力，具有典型的男性特征。他不仅事业成功，而且学术上也很有成就，几乎世界上没有任何事情他干不了的。与人交往时他十分友善，也很受人尊敬，同事们对他卓越的才能和其取得的非凡成就都十分敬佩。他是一个商业奇才，无论是心理素质还是商场应变运营，他都表现得十分优异，成为当时大众议论的风云人物。1884年11月19日他在纽约去世，享年63岁。

七、宾夕法尼亚对石油工业的贡献

在石油工业诞生之前，宾夕法尼亚西北部是一个不发达地区，主要靠农业、林业、小型加工业和少量的铁厂为主要经济支柱。石油的发现给这里的生活带来了翻天覆地的变化，不仅土地价格成倍增长，还吸引了大批劳动力和资本的投入，而且经济发展得极为迅猛。

首先，由于第一口石油井的出现，让人们认识到石油在地下有丰富的蕴藏量，可以通过凿井方式来开采石油，奠定了石油工业发展的基础，掀起了第一次石油勘探热潮，那时建立的石油矿产契约模式引导着整个工业有序发展。通过生产实践人们对石油分布和行业风险有了直接的认识，同时，石油大量的产出促进了石油的开发利用，伴随着煤油灯的普及，原油被炼制成煤油供给人们照明，在成本、价格、供应量上比蜡烛或鲸鱼油有巨大的优越性，迅速成为照明的主要燃料，保证了人们对石油的长期需求，形成了石油工业可持续发展的供需关系，这种关系的产生赋予了石油工业强大的生命力，这是宾夕法尼亚州对石油工业最大也是最重要的贡献。

其次，在宾夕法尼亚州的石油生产激发了当地基础建设和相关企业的发展。石油需要从产地运送到炼制工厂，石油的储存转运行业率先在宾夕法尼亚石油产地兴起，带动了美国的公路、铁路、船舶业的发展，从制造木桶到铁罐，从马车人拉到输油管线，在宾夕法尼亚州的石油实践中不断改进完善，把石油生产与炼制市场紧密地连接起来，形成了石油工业完整而巨大的产业链，保证了石油工业体系健康稳定的持续发展。

第三，石油工业在宾夕法尼亚时期有不少的技术创新，最早的凿井工艺从简单的人工作业转为机械钻井，大大地提高了油井的钻探效益，建立起了一套完整的钻井体系，包括蒸汽锅炉、动力引擎、传动装置、井架和钻头、套管技术，这套标准化的作业方式在行业中广泛推广。同时，技术人员不断地采用新方法新技术提高油井产量和炼制工艺水平，摸索出了许多成功模式和经验，给石油工业进一步发展提供了技术支持。

第四，石油发现之后几十年的时间里，宾夕法尼亚州成为美国石油的重要生产基地，美国的第一个石油交易市场就在宾夕法尼亚石油城成立，供销买卖市场的产生缩短了资金的运转周期，加速了石油的开发利用，吸引了大量的资金投入到石油工业，使得整个行业规模不断地扩大，从业人员的队伍也不断壮大，各种人才纷纷加入石油行业，这不但提供了就业机会，还同时培养了一大批技术工人和管理人员，为日后的石油工业发展储备了力量。

第五，宾夕法尼亚州的石油实践创建了美国石油文化，自1860年至1870年，石油产地打了大约5000口油井，其中百分之八十的油井都没能被商业开采，但许多的失败和挫折没有让石油勘探者放弃，而不少勘探成功人士也没有忘记反馈社会，在每个油田附近建立了城市或社区，为美国社会造就不少精英栋梁。

宾夕法尼亚州的石油产地基本上是在韦南戈县附近，韦南戈在石油工业早期生产了美国百分之八十的原油。在短短的十年间，从1860年的年产20万桶和1862年的年产300万桶，到1870年年产五百四十万桶的规模，在其生产高峰1882年，当时的四千多口石油井共生产了3100万桶原油，充足的石油供应使得石油的价格降到历史最低点——78美分一桶。之后，宾夕法尼亚州的石油产量开始下跌，而这时美国其他地方如得克萨斯州、俄克拉荷马州和加利福尼亚州等地发现了新的更大的油田。美国的石油重心也从宾夕法尼亚州迁移到俄克拉荷马州，大量的宾夕法尼亚石油工人转战到这些新的石油产区，在那里开始了新的征程。无论怎样，在美国石油发展史上，宾夕法尼亚无可争议地成为美国石油工业的摇篮，在这里诞生了美国的石油工业，筑造了这个行业的雏形。

第二节　洛克菲勒和标准石油

原油生产出来是不能直接使用的，只有经过炼制后的产品才能到市场销售。第一口石油井的出现完全是一个偶然性事件，泰特斯维尔是位于宾夕法尼亚的西北角，属于未开发地区。在没有石油工业之前，那里主要是林场、农场以及矿厂，当时那里没有现代化交通，更不用说炼油设施。最早的时候，原油是用木桶装载从井场运送到有炼油能力的地方，比如匹斯堡、费城、纽约和克利夫兰等地，运输是当时石油生产的重大问题，也是石油产业链上的一个薄弱环节。由于人们对石油的分布不了解，早期的石油钻井几乎都是沿着石油溪进行的。当初的石油生产者最先考虑的方式是通过溪流把木桶装载的石油水运到下游的石油城，在那里转道阿勒格尼河，顺流而下132英里即可到达匹斯堡。可是，由于石油溪水位太浅而且水流不稳定，经过一些狭窄地段时不易通行，加上有夏天枯水、冬天冰冻，只能在上游的木材厂建坝放水。即便如此，也只有大约三分之一的原油可以抵达匹斯堡，因为沿途上的木桶泄漏或遗失等原因，大部分的原油遗留在河流之中。水路交通十分困难，但陆路运输也并不容易。当时最近的铁路是在石油产地北面三县交汇处的联合城，从石油溪的油井到那里要经过一些丛林山路，有些地方车辆到达不了，必须是靠人力搬运。一时周围百里的农民都带着马车来搞运输，运费也是根据路途的难易而定，高的运费十英里就要几美元一桶。有些运费比原油价格还高，于是原油运输成为很赚钱的生意。由于石油产地的基础建设太差，一口高产井所生产的原油需要几百辆马车成群结队地拉油，万一遇上恶劣天气道路就变得坑洼不平，不是陷入泥潭就是山路翻车，有时践踏农地还会引起与当地农户发生冲突。

随着石油生产的发展，石油产地的运输问题也变得突出起来。最先采取行动的是铁路公司，在石油发现不久，铁路公司就意识到修建铁路不仅可以外运原油，同时也可以把人员和物资运送到石油产地，考虑到石油产地的地理位置和已有的铁路网，有三条铁路线可以连接原油外运。一条是横穿宾夕法尼亚州的费城到伊利线，另一条是布法罗到伊利线所连接的纽约中央铁路线，第三条是衔接伊利的大西洋和大西部铁路线。很快铁路就修通到石油产地，尽管铁路通过石油产地，但是从油井到铁路站之间还是没有运输工具，仍然只能靠人力的搬运。不久，就有人想到了利用管线运输石油，原油在管线内受重力的作用产生流动，并在低洼处安装泵来提升流动，这样输油管线就在宾夕法尼亚的石油产地诞生了。管线连接油井到铁路聚集点的运输问题得以解决，到1863年已修建了三条短距离的石油运输管线，这时靠搬运原油为职业的人就意识到管线将会取代他们的工作。于是，出现了管线被割断或者遭到人为破坏的现象，管线公司和原油生产者不得不雇人持枪沿线保护。直到宾夕法尼亚州政府出面惩罚破坏石油运输行为，事端才慢慢平息，石油产地的原油运输才得到有效的解决。

在德雷克发现地下可以出产大量石油之前，人们已经知道炼制工艺可以提取照明燃料。在没有原油作为炼制原料时则采用煤炭为炼制原料，在美国的东部大城市比如纽约、费城、波士顿等地就有了这样的炼制工厂。当有了大量石油可以作为原料取代煤炭，很快这些工厂也都转变为炼油厂，形成了一条完整的石油工业链。石油炼制的煤油是当时最为经济的照明燃料，有广阔的市场前景，地处与石油产地相邻的俄亥俄州的克利夫兰市，凭借着便利的交通快速发展了石油炼制工业。到了1872年，克利夫兰成了当时美国五大炼油中心之一，炼油能力达到每天一万桶，在美国首屈一指。

这时的石油产地也沿着阿勒格尼河谷下游延伸了五十英里并向北面也推进了八十英里，覆盖了大约两千英亩的面积。石油产量也逐年快速上升，原产地的炼油加工能力远远不能满足市场需要，于是铁路成了重要的成品油和原油的运输工具，行业内开始出现多家运输公司，其中最大的只有两家——帝国运输公司和宾夕法尼亚运输公司。帝国运输公司于1865年组建，主要承担费城到伊利铁路段的运输，沿途有十几条铁路支线跟其干线相连，连通了石油产地的东西交通。这时各条支线相互竞争，有各自独立经营的政策和运营时间表，货运方每次运输都要跟每段铁路协商签订合约，有时还要中转。帝国运输公司常常要做货运方和铁路支线的协调工作，尽量使得运费更低，服务更便利可靠。在兜售货运的同时，他们也提供油罐中转服务。运输公司不制定运费价格，只是维持各支线的稳定运作，收取经营佣金和油罐中转设施租金。不过，作为运输公司，他们在评估损耗和火险方面建立了一套运营规范，1868年9月，帝国运输率先要求石油运输要包含2%的原油损耗，这一要求几乎引起了石油生产者们的集体抗议。当时的原油运输中常有盗油事件发生，而且也有过火灾事故，由于没有保险公司愿意担保火险，这样只有运输公司自己作保，双方协商后才达成协议，由货运方支付一定的损耗税来作为保险金额，这一做法后来也成为行业的规范经营模式。宾夕法尼亚运输公司则在管线运输方面比较有优势，注重于管线运输的发展和完善。在没有管线运输之前，石油的交易是由各家炼油厂的采购员到各个井场去收购，由买家负责运输费用，当然这最终也成为原油成本的一部分。由于没有完善的市场和交易渠道，买卖双方的价格往往根据不同生产和运输条件差异很大，交易风险也很高。有了管线运输之后，在火车运输停靠聚集点就出现了石油交易市场。1869年在石油城就有了第一家原油交易所，两年之后，泰特斯维尔也有了一家原油交易所。原油的采购都在石油产地的管线端进行，管线公司开始发行证券来作为运油凭证，把原油输入管线，通过买卖证券来交易的方式便形成了行业规范。

不管原油运输如何便利，最为经济的做法还是在石油产地修建炼油厂，这样就不必长途运输。在没有铁路之前，运送大型设备到石油溪附近并非易事。当通铁路之后，几十家炼厂在石油产地兴建，原油加工能力也一度追赶纽约和克利夫兰炼油中心，但是这些炼油厂之间竞争激烈，只有两三家炼厂可以勉强盈利。另外，当时美国爆发了南北战争，宾夕法尼亚受到了很大的冲击，油田生产和炼油设施建设没能得到进一步的发展。战争期间高额的税收也让石油工业经历了巨大的波动，影响了投资者对石油行业的投入。到了1872年，石油产地的原油生产依旧以外运为主，铁路运输之间为了争取业务，便各自暗地实行回扣和返利经营，完全的市场竞争主导着美国的石油行业。任何人都没有想到经过十二年的发展，人们为了追逐高额利润和财富，整个行业出现了弱肉强食的混乱局面。无论是生产还是经营都存在着巨大的浪费，行业发展变得十分低效率，这一切都给英雄的出现提供了一个很好的条件，这位举世英才就在这个历史节点上出现在克利夫兰，他不是别人，就是约翰·洛克菲勒。

一、标准石油的崛起

在1872年石油溪的主要炼油竞争对手是俄亥俄州的克利夫兰炼油中心，自1869年起，克利夫兰就成了全美最大的炼油加工基地。沿着沃尔沃思和金斯堡河道两侧，一个接一个的炼油厂拔地而起，河水散发出浓厚的石油气味。由于拥有通往美国中西部铁路和水路运输优势，短短几年之内这里的炼油厂的数目就达到了三十家之多。原油通过铁路从宾夕法尼亚石油产地运至克利夫兰，经过铁路和水路运往美国的东部和西部的各大城市。因此，在19世纪60年代许多美国人来到克利夫兰经营炼油生意，这里成为当时创业的一个热点。当然，这并不意味着没有任何风险，克利夫兰没有原油生产只能进行原油加工，因此原油的供应是没有保障的，炼制成品油市场的机制也没有完全建立。可是，对于那些敢冒风险的创业者而言，正是因为石油行业的不确定性才吸引了许多有为人士，就像在石油溪进行石油勘探开发一样，只要是有利可图，所有的风险都不会阻止创业者的脚步。在克利夫兰的创业者当中有一位年轻人，从一开始就关注着石油的炼制，当他认定炼油事业是一个可持续发展和有前途的行业时，他就果断地全身投入了石油行业，他的生意从无到有从小到大，最后垄断了美国的石油工业，这个人就是约翰·洛克菲勒。当他开始做石油生意的时候只有23岁，但他已经通过自身的努力掌握了如何经营生意，知道如何讨价还价来节约开支，有非常清晰的经营理念。洛克菲勒十四岁的时候，就到农场帮邻居挖土豆，一天干十个小时的农活，然后把挣来的工钱储蓄起来赚取7%的利息，结果四年后获得了50美元的利息。这相当于一百天所挖土豆的工钱，他从中学会了要让钱成为自己的奴隶，而自己不能成为金钱的奴隶，这后来也成为他终身的信条。

　　约翰·洛克菲勒于1839年7月8日出生在纽约州中部的一个农场，13岁的时候他父亲带着全家搬迁到了俄亥俄州克利夫兰附近的一个农场。在那里他上了三年的中学，16岁的时候洛克菲勒决定独自出去闯荡。他来到了克利夫兰城市找工作，申请了许多工作都没有被录用，最后在一家小的农产品批发店找到了一份做出纳会计的工作，这样他就在克利夫兰城市里生存下来。尽管收入微薄，他仍然能在支付开销之外还能剩下一些钱储存起来，这份不起眼的工作展现了他精打细算的过人之处。他可以过目不忘而且守口如瓶，深得老板喜爱，加上工作表现优秀，尤其在成本控制方面做得非常出色，很快老板给他加薪到每月25美元。收入增加之后，洛克菲勒还是保持已有的储蓄习惯，1859年他终于等到了一个投资机会。一位从英国来克利夫兰比他年长十二岁的朋友克拉克，要和他合伙一起在克利夫兰的码头做农产品批发生意，于是洛克菲勒就开始了他的创业生涯。两人的批发生意做得很红火，第一年的营业额就做到了45万美元。这时赶上了美国南北战争的爆发，洛克菲勒没有上前线而是抓住机会给军队供应物资，生意发展得很好而且有了更大的盈利。到了1862年时，又有一个更大的机会出现了，也是一位英国人，塞缪尔·安德鲁斯，在克利夫兰找投资开办炼油加工。安德鲁斯是一个机械天才，他设计了一套新的炼油工艺流程，可以炼制出更多更好的成品油，而且成本还不会增加。这项新的技术让洛克菲勒和克拉克很感兴趣，于是他们就拿出了4000美元的投资，帮助安德鲁斯建立了一个小型炼油厂。没过多久，这家小型炼油厂的生产工艺体现出了优越性，在炼油行业脱颖而出，在克利夫兰成为美国炼油中心的同时，他们的炼油厂也成为克利夫兰经营得最好的炼油企业。

　　如果说在1860年炼油生意是一场赌博的话，到了1865年已经可以清楚地看见石油工业是一个具有广阔前景的新领域。炼油行业不仅发展成了克利夫兰的重要经济支柱，而且按当时的发展速度其在炼油行业仍有巨大的潜力。洛克菲勒看到了这些，就决定卖掉了所有农产品批发的生意并买断了合伙人克拉克炼油厂的股份，全力投入与安德鲁斯组建炼油合伙公司。在这家新组建的公司里，由安德鲁斯负责工厂的原油加工，洛克菲勒主要负责公司运作和市场买卖，没想到这样的分工搭配让洛克菲勒如鱼得水，充分展现了他在经营管理方面的才华。在经营中，他非常注重勤俭持家，极度反对浪费和无计划、无秩序的经营，他提倡尽量简化流程，排除中间商或不必要的环节。当时原油炼制主要是生产成品油煤油，一般只有60%的原油转化为煤油，其他40%的轻质汽油和重质油渣都没有得到利用。其他炼油厂把这些炼制的废料倒入河中或者废弃，洛克菲勒从来都不让这些废料浪费，他们把轻质汽油用作炼油厂的燃料，重质组分加工成润滑油和公路建设的沥青卖给一些厂家，同时还回收工厂的废旧管线。工厂内设有专门的修理工和管线安装人员，这样不仅提高了安全系数，而且极大地降低了运作成本。在原油购买方面，他也直接到石油产地跟油井生产者洽谈，自制运油的木桶来解决原油运输，无论哪个经营环节，只要可以节约或者讨价还价的地方，洛克菲勒都会有极大兴趣和耐心，他在克利夫兰是出了名的最精明商人。他说话细声细语，但对经营可是了如指掌，成本计算精确到美分，在炼油行业这么复杂的经营，能够做到如此的精打细算也只有洛克菲勒一个人。

由于善于经营管理，很快他们的公司就发展成为克利夫兰最大规模的炼油厂，成功的管理经验使得洛克菲勒对石油行业的信心大增。在克利夫兰炼油行业蓬勃发展的大趋势下，他决定和自己的弟弟威廉在克利夫兰合办第二家炼油厂，并且在纽约市设立销售中心，推销炼制的成品油，以形成炼油加工和产品销售的一条龙经营。到了1870年6月，洛克菲勒决定把他名下所有的公司合并起来成立标准石油，当时的注册资本为100万美元，五位原始股东为约翰·洛克菲勒、亨利·弗拉格勒、塞缪尔·安德鲁斯、斯蒂芬·哈克尼斯和威廉·洛克菲勒。早在标准石油成立之前，洛克菲勒-安德鲁斯合伙公司在行业的优异表现就引起了不少同行的关注，开始人们都以为是他们由于进价低，生产的成品油物美价廉，营销效率高所造成的。可是，经过仔细计算和分析，发现虽然以上都是他们成功的原因，但是其中还有一个更为重要的因素，就是他们在运输过程中压低了运费。一位洛克菲勒的炼油竞争对手就向铁路公司抱怨说："如果你们给洛克菲勒的公司低运费，那我们就无法跟他们竞争了。"没想到，铁道公司的人毫不掩饰地回答："如果你们能像洛克菲勒公司提供那么大的运量，我们也可以给你低廉的优惠运费。"这里的优惠价格其实是一种私下交易，所有的货运公司是先要按公布的运输价格缴纳运费，比如从石油产地到克利夫兰，公司每月先把大约每桶四十美分的运费支付给铁路公司，然后，铁路公司再按每桶15美分返回给货运公司，这样下来实际运费就只有每桶25美分。在1870年标准石油公司成立时，其每天的原油加工能力已经达到1500桶，是当时克利夫兰最大的炼油公司，显然标准石油在铁路运输上有很强的要价优势。但实际上，在激烈的竞争之下，铁路运营公司都在利用给回扣的潜规则经营。

　　标准石油公司从成立的时候起，洛克菲勒就领导了一支非常出色的经营团队，五位合伙人各个都精明能干，可以独当一面又相互配合默契。他们从石油产地的原油采购到纽约的成品油销售几乎每个环节都是行业里最优秀的，再加上在运输成本上的优惠，标准石油公司已经强大到无人可及，美国没有那家公司可以与之在竞争中抗衡。作为一般的企业家而言，也许就会在这个成绩面前沾沾自喜了，可是洛克菲勒不同。此时年轻的洛克菲勒仍然充满着忧患意识，常常像棋手一样揣摩竞争对手，一直想如何才能使得标准石油立于不败之地。当时克利夫兰在美国炼油能力榜上排名第一，随后是宾夕法尼亚的石油产地、纽约、匹斯堡和费城。石油产地出产原油有天然的地理优势，这让洛克菲勒感到十分担心，主要原因是一旦石油炼制集中到了石油产地，他们在运输数量上的要价优势就会失去，很可能之后就会威胁到克利夫兰作为美国的炼油中心的地位。1871年的秋天，洛克菲勒想到一个解决办法，如果他们能形成一个大的炼油加工和运输货运统一经营，就可以要求铁路公司给予原油运输特别的优惠价格。若能获得低廉的运输成本，加上低价销售成品煤油，就可以在市场竞争中击败克利夫兰的其他炼油厂，到时标准石油就可以形成一家独大的局面。当能做到掌控市场之后，按实际的成品油需求来进行生产，把原油的价格维持在一定的价位，通过抬高铁路运输费用减少原油出口，迫使外国石油商不得不购买高附加值的成品油，把美国的石油工业引向一个利于美国的方向。若能实现这个计划，标准石油将会是唯一的原油买家和成品油卖家，彻底清除了石油行业中的投机风险，并起到稳定市场作用，提高整个石油行业的经营效率。

为了实现这个宏伟的计划，洛克菲勒和他的合伙人需要做的第一件事就是暗地里建立一个商号来承包原油的铁路运输。这时正好在费城有一家公司在拍卖，并且买家可以经营任何正当业务，由于购买一个现成的商号比重新注册登记一家公司要便利的多，于是他们就暗地里把这个商号买了下来。有趣的是这家公司叫南方改进公司，从一开始就没人知道这家公司是干什么的，更加没有人会把它跟洛克菲勒的标准石油联系在一起，因此很少人知道标准石油是这家公司的幕后操纵者。南方改进公司对外宣称他们代表美国的炼油行业，到各家铁路公司游说要求与他们签订大的原油运输合同，事实上南方改进公司炼油行业的代表性是被有意夸大的。按1872年的炼油加工能力计算，每天4600桶的加工能力仅为当时美国平均水平的十分之一。可是，三家主要的铁路公司都怕失去运货生意，尽管其代表性遭到质疑，没有一家铁路公司敢放弃南方改进公司提出的合约要求。最后只有两家铁路公司的代表有一些保留意见，他们认为原油运输合约没有反映生产商的参与，执行起来会缺乏合同的约束力。这时南方改进公司的代表只好建议起草一份协议，故意用铅笔书写而且没有留底，最后三家铁路公司还是妥协，与南方改进公司签订了原油运输合约，运输范围是从石油产地的铁路原油聚集地到当时的几个主要的炼油中心。在合约中这样规定，假如原油到纽约的运费是每桶2.5美元，南方改进公司可以收取每桶1.06美元的回扣，而且其他公司所支付的市价差额也回扣给南方改进公司，就像南方改进公司承包了原油铁路运输一样。与克利夫兰竞争炼油厂要支付每桶80美分的运费把原油从石油产地运送到他们炼油厂，而铁路公司要返回40美分给南方改进公司。

在合同规定中还有一条特别条款，每天所有的货单都要提交给南方改进公司，货单上包括交易公司的数量和交货地点等商业信息，而且为了避免法律诉讼，合同专门注明如果任何一家公司有南方改进公司的运货数量，也可以享受同样的优惠待遇。铁路方面声称这一切都是因为南方改进公司的原油运送，使得铁路公司不得不以薄利多销而为之。1872年1月2日，南方改进公司开始运营，这时克利夫兰有26家炼油厂，其中几家还具有相当大的规模，但是所有的炼厂都已经在标准石油公司的打压下苟延喘息，大多数都无法继续经营下去了。这时洛克菲勒亲自登门拜访各家炼油公司，告诉他们南方改进公司已经掌控了石油运输，建议他们加入标准石油公司或者把炼厂卖给标准石油。如果愿意加入的话，将会按资产评估给予标准石油的股份，于是很多炼油厂商选择了加入持股，但后来事实证明，入股比出售炼油厂划算许多。当然，也有个别不愿放弃炼油经营要与洛克菲勒抗争到底，可是没有多久就支撑不下去了。在短短三个月的时间里，洛克菲勒就兼并了克利夫兰的21家炼油厂，整合了克利夫兰的炼油工业，终结了炼油行业之间的竞争。同时，间接地消除了石油产地对克利夫兰炼油中心的威胁，稳定了成品油的销售价格，消除了所有的投机和中间环节。标准石油旗下的炼厂每日炼油加工能力也从一千五百桶猛增到一万桶原油，占了全美炼油总量的五分之一。

二、出师不利

在南方改进公司组建一个月之后，他们派人到石油产地进行推广活动。凭借跟铁路公司签订的合约，要求没有加入南方改进公司的生产商需要预先支付运费再运送原油。这突然而来的无理要求，立刻引起了石油产地的生产商的强烈不满。当这个消息传到泰特斯维尔时，三千多人聚集在大剧院门前进行抗议，反对南方改进公司这一做法。三天之后，在石油城又举行了一次更大规模的集会抗议，并且打算以实际行动来还击南方改进公司，生产商号召成立石油生产者联盟组织，同时宣布开始减少原油生产。联盟呼吁60天内不打新的生产井，礼拜天停止生产一天，要求不要与南方改进公司做生意，最好把原油卖给石油产地的炼油厂，抵制铁路运输原油，并建议集资修建自营铁路。然后，派出一位联盟委员到宾夕法尼亚州立法机构吊销南方改进公司的营业执照，又派另外一名委员到美国国会要求对南方改进公司就破坏正常贸易的问题展开调查。石油生产者联盟印发了三万多份传单册子，发送给宾夕法尼亚州法官和美国国会议员以及铁路和商界人士，把南方改进公司描述成了自由贸易的公敌，呼吁所有公民都应该抵制南方改进公司。此外，石油生产者联盟还要求宾夕法尼亚铁路公司开放输油管线经营，召集了一千多人等在宾夕法尼亚州立法院门口等候，只要立法院不同意他们的请求，这些人就出来抗议示威。短短几周内，整个石油产地的石油生产人员都停下工作，这次的争斗矛头还不是针对铁路运费的，而主要是要针对行业中通过控制铁路运费回扣进行的不正当竞争。

在停止原油供应的压力下，南方改进公司不得不对石油生产者联盟的行动做出回应，希望能够与联盟委员会共同探讨一个解决方案。联盟委员会向南方改进公司提出了五点要求作为协商讨论的前提：一、要求南方改进公司说明其经营范围；二、公布其公司章程；三、公司管理人员名单；四、与铁路公司所签订的合约；五、管理的整体计划。南方改进公司最终没有主动提供这些资料，但是石油生产者联盟自己进行了调查，结果发现该公司组建时间很短，而且始终没有一个清晰的经营范围。与其公司签约后，可以享受特殊的运输优惠，每年可以从铁路运输里得到许多的回扣。南方改进公司的经营目的是稳定成品油的价格，这样会有利于消费者。在石油行业中，由于原油的供应波动很快而且幅度较大，零售商们往往察觉到原油的短缺就会马上把销售价格提高。当原油过剩时，他们却只是慢慢地降低煤油价格。在正常贸易情况下，即使原油每桶上涨2美元，对成品油零售商来说也只是折算成每加仑4美分。如果维持较高的成品油价格，零售商是不会为四美分去调整出售价格，从而消费市场就免于原油生产的波动，保持稳定让消费者受益。问题是原油市场的起伏是由原油生产所造成的，南方改进公司只是为炼油行业提供运输服务，并不能代表原油生产商的利益。南方改进公司原本是要劝说生产商减少原油供应量，这样就不会出现生产过多的成品油供应，原油的价格才能维持在一个较高的水平。

　　遗憾的是双方没有基本的互信，石油生产者联盟认为南方改进公司是掠夺他们的利益，破坏自由市场机制来达到垄断市场的目的。双方僵持一段时之后，石油生产者联盟也感觉到不回归正常生产所付出的代价越来越大，也开始寻求解决方案。他们认为问题的根本因素还是运输费用不平等造成的，提出铁路公司必须废除运费回扣的潜规则，无论运量多少，必须在运费上一视同仁。呼吁全社会支持他们的正当诉求，向铁路公司施压，铁路方面也积极合作终止履行新的运费规定，并且，宣布只有在南方改进公司保证所有的炼厂与生产商达成协议后才会执行合约。公布之后的14天，各家铁路公司被召集起来讨论南方改进公司的合约，洛克菲勒与南方改进公司总裁一起出席了会议，这是洛克菲勒第一次在这场争斗中进入公众视线，但是整个会议他一言未发。石油生产者联盟在一些纽约炼厂的支持下迫使铁路公司做出了让步，最后取消了与南方改进公司的运输合约，同意不按运输货量的多少定价，一律给予相同的运费标准，而且，任何运费调整还必须在90天之前通知石油生产者联盟。南方改进公司试图统一铁路运输的努力最后以彻底失败而告终，但是，这个打击并没有打垮洛克菲勒和标准石油公司。尽管铁路运输规定取消了运输回扣，使得标准石油的原油运输成本比石油产地的炼厂每桶高出了五十美分，可是标准石油仍然可以凭借克利夫兰的地理优势和旗下的二十多家炼厂的加工能力为后盾，在铁路运输方面保持着不少的讨价还价的筹码，毕竟铁路公司的经营不可能忽视客户的运输量的多少。

　　在新规定颁发不久，当时的纽约中央干线的总裁，也就是人称铁路大王的范德比尔德就私下约见了洛克菲勒，提出承担标准石油的原油货运服务，同意比公开价格每桶低25美分的价格为标准石油做运输，最后他们秘密签下了运输协议。按许多人的道德标准，这种做法显然是不能接受的。可是，洛克菲勒并不认为他做得有什么不对，如果有错那也是铁路公司违反规定给予回扣。铁路运输的性质决定了他们要通过回扣手段来吸引和发展运输客户，不然，他们的市场经营就会走进一个死胡同。洛克菲勒只是比他当时的竞争对手更加务实一点而已，其实，他本人是一个很有道德标准和注重原则的人。他并没有因为与铁路公司秘密签约而背上心理包袱，相反他更坚定了让标准石油掌控所有炼油加工和运输环节优势的决心。

当南方改进公司的运输方案挫败之后，石油产地的人们开始普遍憎恨标准石油公司。洛克菲勒本人亲自到泰特斯维尔向当地人解释，他们不是要毁灭石油工业而是要挽救它，因为他看见太多的无秩序竞争造就了巨大的社会浪费。为此，他们组建了国家炼油商协会，代表着全美五分之四的炼油加工，许多石油溪的炼厂都加入了这个协会，由洛克菲勒出任会长。这立刻引起了石油生产商的警惕，如果国家炼油商协会控制了炼油，那么石油生产商就只剩下一个买家，这样就丧失了市场销售的主动权，于是石油生产商自己组建起了生产者协会来应对。一个是买家集团，另一个是卖家集团，他们对抗的焦点就在原油的价格上。为了保证原油的市场价格，生产者协会建议成立一个石油生产者代理公司，注册资本为100万美元，股份掌握在生产商和他们的朋友手中。当原油价格低于每桶5美元以下，代理公司就收购所有会员的原油，囤积起来减少市场上原油数量来刺激价格回升。如果原油价格在每桶5美元以上，大家就进行市场的自由交易，利用这个办法就可以同时保护石油行业中最强和最弱的生产者。这是第一次由石油生产商联合起来垄断原油供应市场，洛克菲勒感受到了潜在的威胁。等到1872年11月份，当代理公司宣布已经收购了100万美元的原油库存时，洛克菲勒觉得机会来了，于是通知标准石油公司的经纪人立刻下一个6000桶以每桶4.75美元报价的订单。没有多久生产商协会就支撑不下去了，会员们需要有现金收入，而他们只有通过原油出售才能获得，于是生产商协会讨论修改条款，派代表跟炼油商协会协商解决办法。一周之后，生产商协会的代表从纽约回来带回了一份20万桶3.25美元每桶的大订单，这是由洛克菲勒签字的。双方约定今后的价格调整需要提前十天通知对方，炼油商协会不允许收取回扣。大约又持续了五个月，当20万桶原油订单履行完毕之后，炼油商协会通知生产商协会终止合约，理由是生产商协会没有遵守协议规定，原油供应出现了过剩，市场价格下跌到了每桶2.50美元。随着合约的取缔，生产商协会就跟着解体，炼油商协会也没能维持下去，因为部分协会会员销售成品油低于协会统一的价格。洛克菲勒认为这违反了他们创建协会的目的，不能维持统一的成品油销售价格，炼油商协会对标准石油而言就没有存在的意义。

三、托拉斯的形成

洛克菲勒有着极强的学习能力，他善于从以往的实践经验中寻找可以借鉴的东西。国家炼油商协会的解散对他而言并不是一场灾难，也没有造成他的经济损失，可是他从中学习到了联合的力量，接下来又全心投入了他经商生涯的第三次会战。他知道他不能再犯南方改进公司那样的错误，在过去一年与炼油商的交往中，让洛克菲勒意识到炼油商们团结的重要性。对于生产商来说，有限制条件的合作都是短暂的，在很多人还认定给予回扣是不正当的经营手段时，洛克菲勒已经从十八个月的实践中清楚地认识到只要给铁路公司生意，他们就会把合约规定抛到脑后，合约在利益面前就是一张废纸。这些新的认识给洛克菲勒内心盘算的计划提供了方向，他来到一张美国炼油加工分布图前，凝视着他将要征服的目标，就像当年的拿破仑准备席卷整个欧洲那样，用红色标记注示他将要捕获的目标，波士顿的3家炼厂，日加工原油3500桶；纽约的15家炼厂，日加工原油9790桶；费城的12家炼厂，日加工原油2061桶；匹斯堡的22家炼厂，日加工原油6090桶；石油产地的27家炼厂，日加工原油9231桶。标准石油旗下的炼厂都用蓝色油桶标注，因为他们的油桶都是涂成蓝色的标准尺寸桶。当初公司起名为标准石油，目的就是要推广一套标准化经营。

1874年的夏天，铁路公司出台了平等石油运费政策之后，洛克菲勒和他的副手亨利约见了两位南方改进公司的董事，一位是费城的炼油商威廉·华登，另一位是匹斯堡的炼油商查尔斯·洛克哈特。四人一起共进早餐，开始谈起三年前共同筹划南方改进公司的往事，那时的想法虽好但未能有效的实施。如今的洛克菲勒不仅完善了原有计划，而且手中有了足够的加工能力，实力也今非昔比了，因此有更多的资本去说服其他炼厂加盟标准石油。这三年来洛克菲勒不仅兼并了所有克利夫兰的炼油公司，而且手下所有炼油厂都有较好的盈利，股东们每年也都能分到丰厚的红利。在经营中，洛克菲勒的标准石油坚持自己采购原油，并生产加工酸剂和木桶，控制了伊利线和中央铁路的纽约原油终端站，并且享受比其他任何货运公司都优惠的运输价格。在1873年，标准石油给中央铁路提供了超过70万桶的原油运输订单，其运营资本投入250万美元，获利超过100万美元，这只是在克利夫兰一个城市合并经营的结果。

两年前公开的协会模式被证明是不可行的，必须采取秘密联合的方式。第一步是几家炼厂先私下组建一个公司作为联盟的核心，然后逐步控制各地的炼油厂后成为唯一的原油货运公司，这样整个铁路运输就被这个秘密公司所掌控了。洛克菲勒的这个计划被这两位炼油商全盘接受，在六个小时的密谈之后，他们决定把在费城和匹斯堡拥有的炼油厂以股份形式入股克利夫兰标准石油公司，同时，还同意吸收和说服周边的炼厂加盟。条件是所有的联合都必须是在绝对保密的条件下进行，经营时仍各自保留原有商号名称。1874年10月15日洛克菲勒又完成了一项重大的并购，他买下了纽约查尔斯·普拉特的炼油厂，这可是当时纽约最大的炼油企业，跟上次一样收购是在私下秘密进行的。这次并购的战略意义深远，可以说是洛克菲勒第三次会战取胜的重要环节，因为这标志着在克利夫兰之外的其他炼油中心有了立足之地。为了收购这家纽约公司，标准石油还在1875年3月10日专门发行了350万美元的股票。当纽约重大并购完成之后，洛克菲勒就把目光投向了石油产地，1875年3月他宣布在该地区成立一个炼油商组织，名为中央协会，由自己出任会长。只要任何一家炼厂愿意租赁给中央协会经营的话，该炼厂就可以认购协会的股份。在租赁期间，炼厂的所有者依然可以继续进行生产，只是把所有原油采购和成品油销售的"不可撤销授权"交给洛克菲勒的中央协会，并由协会统一决定每家炼厂应该炼制多少原油，也由协会负责与铁路和管线运输公司协商运输费用。

　　这个消息让石油产地的从业人员又一次警惕起来，突然冒出来这么一个组织，他们的第一反应是垄断形式的翻版，于是号召当地人对中央协会进行抵制。不过，此时的市场条件跟几年前相比已经发生了根本的改变，炼油厂的联合已成为大势所趋，正如查尔斯·普拉特主管人亨利·罗杰斯对纽约报刊记者所陈述的那样，当时美国的五个炼油中心——匹斯堡、费城、克利夫兰、石油产地和纽约，每个中心都有各自独特的优势。匹斯堡有廉价的石油，费城通海运，克利夫兰拥有大量的运油装备和发达的水运及铁路网，石油产地拥有最便宜的原油供应，纽约拥有石油产品的最大市场，这里的石油供应是市场需求的三到四倍之多。如果炼油厂全力生产，成品油就会极度过剩，市场运营就会混乱无序，价格就会大幅度波动。当市场交易活跃石油供应短缺时，所有石油生意都会比较好做，大家一时享受着行业的繁荣。当石油生意难做的时候，投资商们就会采取保护自身利益的措施，立足长期经营，两年前成立的炼油商会就是这个目的，可是不久就被遗弃了，行业演变成了自由市场的经营格局，大家都在惨淡经营，现在是炼油行业组织起来改变这个局面的时候了。罗杰斯不认为从业人员自己可以改变市场需求，只有炼厂合理地减少炼油加工数量，按市场需求安排生产，石油市场才会有秩序地运营，这样所有从事石油行业的人都会受益。如今油价为每加仑15美分，按拟定的数量产生可以把价格提高到每加仑20美分，目前的原油生产商已经入不敷出了。最近五个月倒闭的企业比之前的五年之和还多，建立一个组织来保护石油投资是迫在眉睫了，石油销售价格要在每加仑25美分的水平，才能兼顾各方利益，行业才会有获利的空间。

　　可是，石油产地的人们并不认同罗杰斯的理论，他们不相信每加仑二十五美分会有市场，而且1872年由于原油价格上涨所受到的重创还记忆犹新。他们认为解决办法的出路是增加石油消费，由于低油价，现在的原油购买量创历史新高，他们需要做的是学会接受薄利经营。其实，中央协会提议中最重要的内容是把分散的货运集中起来统一安排运输，这样就可以与铁路商定一个特别的优惠价格。协会联合的目的之一就是利用低原油价格的扭曲，提高成品油售价来营造较大的利润空间。主要实施办法是让铁路运费与海运费用差别加大，减少原油出口并增加成品油外销，把炼油加工的利润留在美国。中央协会宣布的新石油运输政策要求铁路公司给予公布标准价格百分之十的运费回扣。这一要求立刻让宾夕法尼亚州铁路公司感受到了压力，他们在匹斯堡和费城的炼厂客户表示支持中央协会的回扣要求，当然铁路方面没人知道这些炼厂早已私下与标准石油结盟。之后，三家铁路公司一起商讨对策，伊利铁路公司发现其他两家已经跟标准石油有了百分之十的运输回扣协议，自己又没有得到合同规定的百分之五十标准石油的货运量。铁路方面这才明白洛克菲勒不仅控制了克利夫兰和纽约的炼厂，而且大多数匹斯堡和费城的炼厂也落入他的掌控之中。此时的洛克菲勒处于斗争中非常有利的位置，标准石油已经在纽约、匹斯堡、费城三大炼油中心站稳了脚跟，洛克菲勒的全盘计划正在一步步实现。铁路运输百分之十的回扣，不仅是行业中最低的运费成本，而且也是洛克菲勒一直想实现的经营状态，既消灭了中间人和简化运营环节，又保障了运输畅通。在这个前提条件下，他领导的标准石油又展开了新一轮的炼油行业的横向兼并，同样还是采用先礼后兵的套路。先是开出较为优惠的炼厂收购价，或者邀请炼厂加入标准石油联盟，如果遭到拒绝，就采取价格战，迫使炼厂亏本经营之后拍卖，再竞标进行收购。这样的做法遭到了不少业内人士的谴责，可洛克菲勒并不觉得这有什么不道德，就像铁路回扣一样，在他眼里这都是市场自由竞争的结果。在商言商，市场竞争的优胜劣汰法则并非标准石油所创，而是从市场经济开始就已经存在，而标准石油只是利用了这个规律而已。在石油这个起伏变化之大的行业里，只有联合才是提高整体经济效益的捷径和拯救石油工业的出路，为了达到这个目的，标准石油公司必须要做大做强。

在1875年间，标准石油在美国各个炼油中心进行了炼油行业整合，加盟的炼油厂的数目猛增，规模也迅速扩大。于是，洛克菲勒做出了一些战略调整来优化整体的炼油行业，把一些设备陈旧效率低下的炼厂收购之后就关闭拆除，对于偏远或者经济效益不好的炼厂也停产关闭，集中打造少数大型炼油厂，配置先进的炼油设备和采用最先进的生产工艺来提高生产效率，同时制定整体的全盘生产计划，避免产出过剩，以建立稳定的供需渠道来保障市场的稳定繁荣。标准石油旗下的炼油厂都有详细的操作规范，各自都必须严格按照所签订的协议和给定的指标进行原油炼制加工生产。到了1876年年底，洛克菲勒的第三次会战初显胜果，这也给其他的石油商们敲响了警钟。少数幸存的几家独立炼厂和铁路感觉到形势非常严峻，也认识到只有联合才有可能对抗日益强大的标准石油，他们开始了地下秘密商讨如何组建联合体。在中央协会宣布成立的时候，一些独立炼油商和石油生产商就关注着事态的发展，当时就有人怀疑洛克菲勒的标准石油是幕后操盘手，但是没有找到可信的证据证明中央协会与标准石油私下合作。虽然这只是猜测，可是后来发生的事情，慢慢地让人觉得这些猜测和推断并非空穴来风。

　　1876年，一些独立石油商联合要求美国国会介入调查，由于1872年在处理运输事件上引起了不少麻烦，因此重新展开石油运输不正当经营调查在美国国会没有得到积极的响应。于是，石油商人改变策略求助于州际商业管理规定的提案，这个请求在联邦众议院由来自匹斯堡的国会代表詹姆斯·H.霍普金斯提出。显然，这个调查会对标准石油的经营战略可能产生不利影响。这时克利夫兰的国会议员佩恩，同时也是国会商业委员会成员，与另一位国会商业委员会主席顾问卡姆登在美国国会共同反对提案，结果此次调查受阻，议案没有得到国会通过。而且，让铁路官员提供与标准石油签订的合约并到美国国会出席听证的要求也都遭到了拒绝。这些事件使得独立石油商人意识到不能指望美国国会来解决他们的诉求，便私下计划建立通往海运口岸的通道，开辟海外市场来寻找出路，可是经过一番折腾也没有成功。到了1876年时，标准石油联盟成为最大的石油货运商，并且掌握百分之四十石油产地的输油管线以及众多的石油储运设施，在匹斯堡、费城、纽约和石油产地的运输公司和炼油厂家纷纷倒闭或者出售，根本没有哪家独立炼油公司能够抵挡标准石油的攻击。

　　洛克菲勒心中计划是垄断炼油行业，再利用其影响去控制铁路运输。当时被竞争压得喘不过气来的帝国运输公司总裁约瑟夫·波茨就清楚地认识到，石油行业可分为三个组成部分，生产、运输和炼制销售，如果有谁绝对控制了其中的一个部分，就会对其他两个部分产生极大的影响，因此作为以运输为主的铁路货运公司，也应该发展自己的炼油企业，这样才不会受制于人。当帝国运输公司进军炼油领域时，挑战了洛克菲勒的炼油垄断，标准石油私下要求宾夕法尼亚州铁路终止与帝国运输公司的合作，但是遭到了宾夕法尼亚州铁路的回绝。于是，标准石油立刻转向另外两家铁路公司——中央铁路和伊利铁路，中断了宾夕法尼亚州铁路的运输合同，同时大幅度降低铁路运输费用来吸引独立石油商使用中央铁路和伊利铁路运输。几个月之后，宾夕法尼亚州铁路和帝国运输公司无力继续抗争下去，跑来克利夫兰与洛克菲勒及其同僚协商解决这场争端，一场无声的战斗就这样打上了一个句号。

四、第一次考验

1878年年初洛克菲勒的第三次战役以完胜结束，在美国的炼油行业已经没有哪家公司可以挑战标准石油的霸主地位。石油生产者作为炼油商的天然对手，洛克菲勒是他们的买家，他们也是标准石油的原油供应卖家，两者既相互对立又相互依存，汇交点在于成交价格。六年前，组建南方改进公司的目的就是要控制石油的价格，虽然计划没有完全实现，但是这个想法一直是标准石油的努力方向。如今通过联盟并购把美国大多数的炼厂收罗在旗下，已间接地达到了这个目的，很多石油生产商指责洛克菲勒是搞垮他们生产商联盟的罪魁祸首。可是，只要认真梳理一下就会发现，其实生产商联盟失败的主要原因是来自联盟的内部，由于部分生产商没能严格遵守限产协议，他们相互猜忌不顾大局才使得原油生产过剩油价下跌，才给洛克菲勒了可乘之机。自从1873年石油生产商联盟解体之后，完全没有了原油生产的限制，整个原油供应市场成为自由经济市场。生产商们无视消费市场和石油价格的变化，盲目地增加钻井和开采原油数量，造成了连续三年原油供应不断上升原油价格不断下滑的趋势，直到1875年年底才止跌反弹，而后炼制的成品油价格也随原油价格反弹而相应回升。这时石油生产商们意识到需要行动起来保护自己的切身利益，具体地说就是如何反抗洛克菲勒标准石油的垄断扩张。起初他们想通过宾夕法尼亚州立法院推行州际商业立法管理，但是在宾夕法尼亚州的立法机构内有许多由标准石油支持的政客，最终这个法案迟迟得不到通过。

　　这个时候发生了一件预料不到的事情，在宾夕法尼亚的北部发现了一个新的大油田布拉德福德油田。这个新油田的发现让洛克菲勒立刻意识到新油田的产量不久就会冲击到原油市场，如果不加强标准石油的垄断地位，局面很快就会失控，必须找到一个预防措施来避免事态失控。于是，他认为解决办法就是控制新油田的原油运输，计划是先修建输油管线和仓储基础设施，把管线连接到每口油井，再修建能承载上千桶原油的储油罐作临时中转之用，抢占先机是整个战略部署的关键。洛克菲勒调集了充足的资金和精干的队伍进行了大规模的油田建设，1878年到1880年在标准石油有组织有计划安排下，布拉德福德油田以前所未有的速度建设发展了起来。当布局完成之后，洛克菲勒便寻思着如何定价。1877年年底，在油田开发早期，标准石油以存储和油管容量有限为由，拒绝履行为所有生产商转运原油的义务，提出"立即外运"的销售才能获得使用他们管线的运输。与此同时，标准石油的采购部门在油田四处收购原油，"立即外运"的原油一般出价都要低于原油市场价格，越低就越快成交，没有设定底线。生产商往往不知道出价多少才能成交，因此需要向采购员询问，由于标准石油要协调整个生产和预测未来市场走向，标准石油的人员常常都不立刻回答，等到五到十天之后才给予答复。但是作为生产商是不能拖延的，因为石油生产一直在进行，需要腾出库容量给新生产的原油储存，大多数的生产商都感觉自己被推到十分被动的位置。除了降价急售之外没有别的选择，之前原油买卖双方在石油交易所或办公室是自由协商并且地位平等的，如今生产商要主动排队一个个走进标准石油办公室咨询成交价格。为了不让原油白白浪费在地面，大家只得忍气吞声贱卖他们辛苦生产出来的原油。

　　当新油田原油临时存储问题变得日益严重，标准石油和生产商都加大了储油罐的兴建力度，标准石油大约占新建容量的三分之一，生产商约占有三分之二的比例，基本上是按租用形式使用。可是，油田的生产速度比油罐的修建要快，所以还是有过剩的原油生产出现，唯一的解决办法就是关井和停止新井钻探。但是，这个做法触及了石油生产商的根本利益。没有石油生产商愿意主动接受减产，于是又出现了相互削价竞争的现象，这久而久之慢慢迁怒到了标准石油公司，但也是他们把控管道仓储运输才使得生产商们相互恶性竞争。于是，大家商定起诉洛克菲勒的标准石油公司，这时几乎没有人自我反省，他们一边诅咒洛克菲勒，一边各自不断打井开发更多石油。为了开辟新的原油市场，一些原油生产商试图通过美国东海岸港口将原油转海运去欧洲。为此洛克菲勒也计划了反制措施，要求铁路车皮不许运载独立货运商的原油，同时标准石油管线也不为独立炼厂提供运输服务。这些措施实行之后，许多油井生产出的原油由于没有及时的运输工具，白白地流淌在地表污染河流。这也激起许多生产商对标准石油的愤慨，跑到哈里斯堡宾夕法尼亚州首府找州长哈特拉夫特和监察总长投诉标准石油违反商业经营规定，拒绝履行承诺的公共运输义务，并且生产商要求铁路运输公平对待所有的货运商，不能实行回扣和拒绝提供服务。州长哈特拉夫特听取申诉后，亲自前往石油产地视察，指示石油生产商把他们的诉求书写呈报到宾夕法尼亚州立法院，结果有了两份起诉书，一份起诉宾夕法尼亚州铁路公司，另一份起诉标准石油公司。宾夕法尼亚州政府展开了调查，在泰特斯维举办听证会时，许多当地的证人都不愿意出庭作证，原因是几乎所有的生产商都跟标准石油有生意往来，没人敢得罪自己的唯一买家。尽管如此，调查还是收集了许多的证据，同时对铁路运输的调查也扩展到相邻的两个州——俄亥俄州和纽约州。最终，法庭裁决标准石油进行不正当经营活动，有以下六点证据证明：

（1）标准石油组建联盟像南方改进公司一样，是一个秘密组织；

（2）标准石油和南方改进是由相同的主要运营成员组成；

（3）标准石油的目的是控制整个炼油行业；

（4）利用联合优势获取自己货运回扣和收取其他货运费用的返利；

（5）与铁路签订廉价运费合约破坏正常的市场竞争；

（6）蓄意抬高成品油价格不与石油生产商分享所得的市场利润。

1879年4月29日，在宾夕法尼亚州克拉里恩县开庭审理此案件，陪审团指控洛克菲勒等多名标准石油高管涉嫌八项罪名成立，大致原因为：非法形成原油采购垄断以阻止他人买卖石油和获取合理营利；联合起来破坏和打压石油生产；非法阻止其他运营商从事石油炼制以确保自己的垄断地位；联合起来干扰宾夕法尼亚州铁路原油运输；无理转让货运给外州铁路并从中收到大量回扣；操纵运输来控制原油和成品油的价格；谋取不合理的经济利益等。伴随这些指控，每天都有关于标准石油的负面新闻出现，此时的洛克菲勒和标准石油的管理层经受着巨大的社会压力，如何走出困境是他们需要认真思考的问题。1879年春天，可以说把洛克菲勒的事业理想——拯救石油行业，带进了一个存亡的危险境地。尽管眼前的处境对洛克菲勒和标准石油非常不利，但是这并没有吓倒这位伟大的企业家，七年的不懈努力才取得掌控美国石油行业的成果，岂能因为这样挫折就一蹶不振。洛克菲勒的团队面对这些指控也开始了奋起反击，动用了他们在宾夕法尼亚州和国会扶植的政客，由他们向宾夕法尼亚州的司法方面施加压力，使得开庭几次被迫推延，期间洛克菲勒本人积极主张跟生产商团体庭外和解，而且试图让相关人员相信只有和解才是对各方最有利的结果。当标准石油无法与生产商团体达成和解时，洛克菲勒通过几周的谈判，跟诉求方的领导人建立了一定的私人互信，洛克菲勒给这些领导人私下协商开出条件，希望对方妥协。他同意做到以下四点：

（1）遵守运输回扣返利章程，不再进行石油铁路运输的秘密定价活动；

（2）取消所有私下制定的价格标准；

（3）放弃标准石油管线的运营限制规定，对所有货运商一视同仁，价格公开，并且对于运价调整将有三十天的预先通告。每天承运六万五千桶原油，超额部分也不得以"立即外运"为理由对原油证券价格进行折价，变相压低原油价格；

（4）承诺原油进入管线提取证券之后，证券的转卖可以作为原油实际交货，卖方不承担任何仓储等其他任何费用。

除此之外，洛克菲勒还同意支付生产商团体四万美元的法律诉讼补偿，还有一份协议是跟宾夕法尼亚州铁路签订的，要求取消对铁路公司的指控，内容如下：

（1）公布所有货运商原油运输价格；

（2）如果收取某个货运商跟公布运价不同的收费，其他货运商也可以要求同样的待遇选择不同的运费价格；

（3）不允许原油运输车皮安排对货运商有差别对待，一切都要做到一视同仁平等对待；

（4）任何允许给予回扣的大货运商必须做到合理公平。

这样生产商团体的领导人觉得洛克菲勒提出的条件可以接受，就私下与标准石油签订了这些协议，同意取消对他们的指控。这个消息传到石油产地时，许多的石油生产商感到不可接受，愤怒他们的诉求没有得到全部满足，可是不再痛恨洛克菲勒和标准石油，而是痛恨他们自己的谈判代表和那些贪生怕死的政府人员，认为腐败的利益团伙出卖了他们。生产团队领导人的努力没被人理解反而遭人恶语中伤，于是引咎辞职不再为生产商提供法律服务。其他几位领导人也无心在为诉求斗争下去，石油产地回归了以往的正常生产，洛克菲勒的标准石油经受住了这场严峻的考验。

五、一统江湖

1878年秋天，一些石油生产商计划修建一条通向大西洋海岸的石油管线来避开标准石油的掌控，设计是用六英寸直径的管线从布拉德福德油田修到威廉斯波特，再连接里丁铁路，全长109英里。由于里丁没有很多的原油运输，很乐意与费城和纽约两个炼油中心签约。原油到了费城和纽约就相当于打通了出口欧洲的大门。那年11月，他们成立了一家有限股份公司——潮水管线公司，注册资本为625000美元，股东主要来自石油产地的有名石油生产商人，修建计划是在保密条件下进行的，怕引起标准石油的注意，引来不必要的麻烦。尽管管道修建物资运输推延了几次，最后还是完成了全线的铺设。当时，已有的管线最长只有30英里，这条长达109英里的输油管线翻山越岭，最高处可达2600英尺。没有人看好能这么长距离运送原油，但在试运那天还是吸引了各界人士的关注，人们沿线围观每个泵站，七天之后原油从布拉德福德油田运送到了威廉斯波特原油接收站，试运营获得了巨大的成功，这预示着石油管线可以用作石油的长途运输工具，标志着石油工业进入了管线运输时代即将到来。

这也让洛克菲勒看到了石油的管线运输要比铁路更具有优越性，其商业价值和经济效益都是铁路运输所达不到的，他的直觉告诉他是时候发展管线运输网来减少对铁路的依赖程度了，通过把握石油运输的主动权，进一步巩固在石油行业的垄断地位。由于潮水公司在纽约有几家独立炼厂的客户，他们不在标准石油的掌控范围之内，这让洛克菲勒感到不安。大量的原油经过潮水管线连接铁路运输流入这些独立炼厂，他们所炼制的成品油就会流入市场，很容易造成成品油数量过剩，于是洛克菲勒派了标准石油人员去与这些炼厂老板接洽，希望这些炼厂加入标准石油联盟，也开出了优厚的收购或租赁条件让他们退出或转让经营，只有其中一家炼厂在潮水管线公司的支持下，回绝了标准石油开出的条件。但是，这却招来了许多不明真相的公众谴责，要求这家炼厂搬迁到其他地方。面对这样的围剿潮水公司也只好开始自建炼厂，其中一个建在新泽西州，另一个建在费城附近，同时他们把运输的原油储备起来以便择时出售。1882年1月，潮水公司准备从银行贷款200万美元修建炼厂，在贷款快要到位时，银行方面得到标准石油提供的消息，说潮水公司的财政状况不稳定，贷款给他们会有较大风险，于是又改变了发放贷款给潮水公司的主意。结果，失去了修建炼厂机会的潮水公司管理层受到了股东们的质疑，一些股东对公司发展失去了信心，纷纷出售手中的股份。这时洛克菲勒的标准石油趁机收购，成为潮水公司的股东，在股东大会上他游说其他股东考虑加入标准石油联盟，不要无畏地与强大的竞争对手为敌。没多久股东们表示接受与标准石油合并，此时的标准石油旗下的联合管线也已经覆盖了大部分宾夕法尼亚州石油产地，累计总长度达到了3000英里。无论石油开发到哪里，联合管线总是率先把输油管线铺到哪里，几乎垄断了石油的管线运输，而且没有人知道独霸输油管线运输给标准石油带来了多大的利润。为了配合洛克菲勒的全盘战略，1884年还组建了国家转运公司，经营与联合管线相同的业务，只是一个主要在宾夕法尼亚州经营，另一个是服务全美各地。在这样的布局之下，洛克菲勒基本上牢牢控制了美国的石油行业，如他所说的那样，为照明所需的石油消费市场而出售石油。但是仍然有独立经销商在石油市场的夹缝中生存，标准石油没有对此善罢甘休，标准石油的目标是把这些独立经销商给彻底清除。

约翰·洛克菲勒经营的理想状态是了解所有石油运营的细节，并且控制最薄弱的环节立于不败之地。像组织石油炼油和运输那样，他组织了世界石油市场销售，以市场竞争为内在驱动力。要想在竞争中争取主动权，市场信息和竞争对手经营情况显得十分重要，洛克菲勒很早就明白这一点，在标准石油内部成立了市场营销部门，负责为顾客提供成品油的销售和售后服务，同时收集对手的经营信息。只要发现有其他品牌的煤油或炼制的成品油流入某个消费市场，标准石油的产品就会在那个市场大幅度降价，通常会降价到低于独立经销商或零售商的成本价格。由于标准石油产品物美价廉，没有消费者可以抵御这样的诱惑。这种不可抗拒的市场竞争让全美各地的独立经销商纷纷退出经营，可怕的是在销售市场上很多代理经销商并不打着标准石油的旗号经营，因此很难有人会联想那些代理商其实是为标准石油服务，让人以为市场中还是存在自由竞争。

六、月盈则亏，水满则溢

标准石油成立之后，一直都不断地在俄亥俄州和宾夕法尼亚州以及美国国会扶持政客，为的是能够在法律和政府政策制定上保护标准石油的利益。1876年的调查案和州际商业法案屡屡受阻，主要是两位美国国会议员极力反对所致，一位是西弗吉尼亚卡姆登议员，他的石油公司后来也加盟了标准石油联盟，另一位是俄亥俄州克利夫兰议员亨利·佩恩，他儿子是标准石油的财务总监，他们都直接或间接地跟标准石油有利益瓜葛。几次国会表决中，这两位国会议员都利用他们的政治影响力否决了自由管线提案通过，导致独立石油商们强烈不满。1878年和1879年对标准石油和铁路不正当经营指控，也都是因为遭到佩恩的反对而流产，只要有制裁标准石油的法案出现，就会有政客出来反对。

每逢俄亥俄州、纽约州、宾夕法尼亚州的选举，标准石油都会积极接触那些跟他们政治主张一致的年轻政客，帮助他们竞选公职。1884年佩恩作为克利夫兰的资深政客竞选俄亥俄州的美国国会参议员，他在克利夫兰的基础深厚，是多年的民主党派政客，当过该州的国会代表和1880年的民主党总统候选人，并且在党内初选时获得了八十一票。这时他已经是七十四岁高龄的参选国会参议员，但是这次他没有获得民主党的党内提名，眼看这次竞选就要夭折时，他的儿子奥利弗·佩恩决定出资帮助老爸竞选。当时奥利弗是标准石油的财务总监和执行董事，他曾经也是南方改进公司的十三位初始成员之一，原本经营克利夫兰的一家炼油厂，后来被标准石油兼并之后加入了标准石油高管团队。在儿子和标准石油的大力帮助之下，亨利·佩恩成功当选美国国会参议员，可是败选方指控佩恩有贿选行为，要求国会取消其当选资格。在1886年，共和党主政的俄亥俄州立法院对贿选指控进行了调查，结果没有查到充分的证据说明有贿选行为，保留了佩恩的国会参议员席位，但是佩恩给人们留下了标准石油在国会的代言人称号。1887年国会投票表决州际商业法案，佩恩毫不犹豫地投下了反对票，这个行为引发了马萨诸萨斯共和党参议员乔治·霍尔的强烈不满，当面在参议院质问佩恩是否是标准石油在国会的代言人，是否是站在标准石油的利益之上行使国会议员的权力？尽管佩恩当场撇清自己与标准石油的关系，辩解他从来都是以公正和大众利益为出发点来履行参议员职责，可是他一贯的政治表现让人心知肚明，几乎没有人相信他没有在美国国会替标准石油谋求利益。

1887年，在宾夕法尼亚州立法院石油生产商又一次与标准石油发生了一场斗争，这次让人们认识到了标准石油在美国政府当中有着多么大的影响力。事情是石油生产商抱怨他们被国家转运公司给剥削了，这家公司利用仓储转运原油的垄断榨取利益。如果独立生产商还能营利的话，或许这个诉讼就不会发生，在石油生产商赚钱的时候，他们也常常愿意多支付一些费用给转运公司，像付小费那样感谢他们提供的服务。可是现在情形不一样了，石油生产商生活在水深火热之中，而标准石油公司的生意节节高升，这怎能让石油生产商人们心理平衡？！标准石油的原油收购价格已经给了相当的优惠于石油生产商了，他们能够抱怨的只有原油中转仓储运输的费用太高，损耗和火险要的折扣太多，他们感觉被转运公司给剥削了。如果不是标准石油垄断了运输，自由的市场竞争一定会产生更低的运输价格。但现在独立石油生产商们没有别的选择，因此他们要求宾夕法尼亚州立法院制裁标准石油公司。提案在宾夕法尼亚州首府哈里斯堡进行投票表决时，石油生产商们相信提案一定会通过，标准石油公司的人员也在场见证投票表决，结果是十八对二十五票，提案没有通过。消息一出立刻让等待结果的石油从业人员情绪失控，四处发泄他们的不满，不少人心中质疑到底是标准石油决定宾夕法尼亚州立法还是人民决定宾夕法尼亚州法案，于是生产商们又指控标准石油贿赂政府公职人员，败坏宾夕法尼亚州的民主体制。

　　标准石油又一次取得了政治斗争的胜利，可是这时人们开始对标准石油强大的统治地位产生了忧虑，长此以往，这个行业能健康吗？洛克菲勒本人也深感困惑，他亲手缔造的商业帝国，之前从未有人做到过。这个商业帝国严格按照市场规律运营，建立了自己的原油管线运输，按照市场消费需求控制生产稳定市场，不断地开拓海外市场来扩展石油行业的规模。标准石油的经营管理可以说是商业典范，公司人人勤奋工作、各尽其职，才有了今天的成就。谁都没有想到会出现如此令人不安的情况，面对无穷无尽的指责批评，洛克菲勒只好选择沉默。1888年，在美国民众的要求下，全国展开了大规模的托拉斯财团调查，二十多家不同行业的托拉斯被列入调查名单之列，这个最大最强的标准石油托拉斯自然是在名单之首，国会调查主要针对三个方面：（1）标准石油托拉斯是否符合法律要求；（2）是否利用行业的统治地位谋求铁路运输的优惠影响公平竞争；（3）是否在经营中调控生产和价格阻止其他商家进入石油行业。洛克菲勒本人被纽约政府叫去听证会做解释，当然他的律师多德也一同出席。多德律师也是标准石油托拉斯的创造者，标准石油托拉斯是以行业横向联盟的方式，与多家炼油厂签订协议实行联合经营，说到底就是一个协议。由五十个公司股东控股成为一个合资股份公司，各个公司的合资人分散在美国不同各州，所有的股权交给九位信托董事负责，公司的股权按资产或股份的比例转换为信托证券，每年的经营分红就按手中信托证券多少计算。九位信托董事拥有大部分股份，洛克菲勒出任托拉斯的总裁一职领导董事会，每位信托董事分管托拉斯不同的部门。按照协议规定，标准石油旗下拥有三十九家公司，每家公司在当地都有合法经营许可，分别根据所在州的法律合法经营。经营计划由纽约标准石油总部规定，而且每家公司必须定期把经营报告呈交总部，由总部负责协调各个部门之间的运营。除了协议之外，各州政府无法了解更多关于这个托拉斯机构的信息，它不是严格意义上的公司，对于调查委员会而言，这是他们以前完全没有见过的商业模式。

美国联邦议会根据纽约参议员的报告，也展开了一系列的听证活动，找到了南方改进公司的合同，在宾夕法尼亚州与宾夕法尼亚铁路案中查到了标准石油的回扣记录、标准石油管线发展扩张的历史、被迫倒闭的炼油厂商的陈述、产品价格战中的不正当行为等。听证和调查显示都涉及一个问题，就是这个特殊的商业垄断形式——托拉斯。此时的美国国会正在考虑如何在自由市场中管制托拉斯，于是颁布了禁止"行业联合操纵市场价格或规定商品生产数量"的法律。不过，即使当时有这么一条法律存在，也并不完全适用于托拉斯经营模式，就算标准石油操纵市场价格，这不能直接说明信托董事违反任何法律。他们只是持有这些合资公司股份的股东，行使着他们管理公司经营的权力，合法地获取利益。而且标准石油旗下的公司都是按自己的方式进行经营，信托董事会并不应该负直接责任。各种调查都是在没有定论中结束，广大民众没有得到他们希望看见的结果。

1887年，俄亥俄州选出了一名年轻的监察总长——大卫·沃森，他偶然在书店看到一本书，名为《托拉斯》。出于好奇他就买了一本回家，挑灯钻研。在书的末尾他发现了标准石油托拉斯的协议全文，这是他第一次见到标准石油托拉斯协议中有关俄亥俄标准石油的合约，其中清楚地写明公司股东的经营权移交给了董事会，而且这些人都不居住在俄亥俄州，违反了俄亥俄州的公司经营法律规定。这个发现让他如获至宝，他决定如果在中期连任当选，就马上向法庭控告这一违法行为，这样身为监察总长就可以有一番作为。他果然在1889年的竞选连任中获胜，于是，在1890年5月他正式向俄亥俄州最高法院呈交指控书，指责标准石油，把发行的35000股票中的34993股转到了标准石油托拉斯，而信托董事都不居住在俄亥俄州，这违反了俄亥俄州的商业经营法，因此公司的经营权应该被收回，公司必须被注销和废除。据说大卫·沃森的这一指控是受当时俄亥俄州国会参议员谢尔曼的指使，因为谢尔曼参议员在美国国会推行反垄断法案需要借标准石油案件来得到民众的支持。标准石油聘请了当时美国著名的律师为其进行辩护，声称标准石油是无辜的，而且这些年来一直守法经营，为俄亥俄州经济发展做出了不少的贡献，改进了成品油的质量和降低产品价格使得普通居民都有获利。可是，这些没能得到法庭的理解，陪审团认为俄亥俄标准石油是为标准石油托拉斯谋利，而不是广大的消费者。最后法庭判决该公司可以继续存在，但是要退出托拉斯协议，归还股权和经营权，并且支付一切的法律费用。

1892年3月2日，俄亥俄标准石油公司主管向俄亥俄州最高法院法官提交公司决定，标准石油公司不仅将解除与标准石油托拉斯的关系，而且会终止托拉斯在俄亥俄州的经营。法官也表示同情公司的处境，只要公司决定解除与托拉斯的协议，时间上法庭可以给予延长。于是，托拉斯证券持有者把各自手中的证券兑换成了二十多家公司的股票，然后成为这些公司的股东，仍然享有这些公司的盈利分红，基本没有受到影响。但是标准石油托拉斯组织受到了沉重的打击，标志着独立自由的企业精神回归美国石油工业，洛克菲勒的垄断经营也开始走向衰落。

七、经营之道

从纯粹商业经营来看，标准石油有许多独到之处和值得学习的地方，它不仅开创了现代的商业经营模式，而且以自身实践证明了这个商业模式具有强大的生命力。没有人会怀疑垄断是标准石油成功的决定性因素，但是光有垄断优势也是不能够驰骋商场多年的。洛克菲勒在经营中所表现出的能量、智慧和果敢是其他经营者所不能与之相比的。如果经营石油行业像玩一场游戏，那么洛克菲勒有超常的理智和耐心，眼观全局深谋远虑。

标准石油的组织结构类似于天主教教会和拿破仑政府的组织，自从1882年建立托拉斯之后，标准石油的经营权就交给了九位信托董事，这九位信托董事总是默契合作分工、各尽其职，相互协作充分发挥团队的作用。每天都有世界各地的信息报告传送给信托董事，只要是跟石油相关的事件发生都逃不出他们的视野。在信托董事之下设有几个委员会分管不同的经营部门，比如原油管委会负责原油的供应，制造管委会负责炼制、废料利用和新产品研发，市场管委会负责市场营销，等等，管委会委员每天都要学习分管部分的最新发展情况。信息来源不仅来自公司内部报告，还来自其他竞争对手，这样各部门都能做到知己知彼。像制造委员会委员要知道每个独立炼厂在做些什么，货源和优势有哪些，炼厂经营有什么突出的表现和面临什么困难都是委员们需要了解和关注的。再比如，运输管委会委员需要知道运输的报价是多少，各个运输管线的容量和负载情况等相关信息，以及对市场变化情况的了解。无论是新的油田发现，还是新的炼厂投产都会被及时地报告给九位信托董事，他们将根据所掌握的行业动态来制定经营方针和调整战略。

标准石油的信息渠道就像新闻媒体一样，有一个庞大的信息网络体系。自1882年，标准石油就在每个油田的城镇中都至少有一名情报员，后来扩展到世界各地的商业中心，他们也雇用大批的有名报刊记者，以及专家顾问或商人为标准石油提供信息情报。除此之外，公司雇员也要报告他们所掌握的行业最新变化情况，任何有价值的信息都会及时准确地送到标准石油高层管理者手中。

洛克菲勒开创了炼油行业的整体计划生产，这是一项提高整个行业经济效益的措施，不仅体现在标准石油的盈利上面，而且也促使成品油价格稳定下降，让更多的人用上了物美价廉的商品。标准石油的规模化经营摒弃了许多中间环节，建立了众多的行业运营标准，加强了石油工业的上、中、下游之间的紧密衔接，促进了整体工业的运营效率，在减少了社会资源浪费的同时大大地降低了行业的生产成本。值得一提的是，很多的改进并不是直接来自科技创新，而是一些简单的统一标准，比如当时石油运输计量非常混乱，各家使用不同尺寸造型的油桶，交易起来非常烦琐。洛克菲勒见到这个状况，开始自己统一生产四十二加仑大小的油桶，为了方便识别就把标准石油的油桶全部涂成蓝色，称之为"holy blue barrel"，英文缩写为"bbl"。这是至今石油行业仍在使用的计量单位。这个改变使得运输和成交计量标准化，极大地提高了整个行业的运营效率。总之，标准石油对美国石油工业做出了许多贡献，这或许就是洛克菲勒想要拯救石油行业的初心吧。

从某种意义上讲，洛克菲勒跟中国历史上三国时期的曹操十分相像，两人都是白手起家。在一个新时代诞生的早期，局势混乱群雄争霸之时，异军突起南征北战平定四方。他们最大的特点就是善用人才，打造出了一支强大的管理团队。1882年筹建标准石油联盟时，洛克菲勒首先收购的是匹斯堡最大的炼油厂，当时那里的总裁是查尔斯·洛克哈德，此人从德雷克发现石油的时候就开始从事石油生产，是一个不折不扣的石油内行，他加盟之后成了标准石油的高级主管。跟查尔斯一起投奔洛克菲勒的沃登，曾是大西洋炼油公司总裁，经营着费城最大的炼油企业，有丰富的行业运营经验，洛克菲勒也委以重任，让他担任标准石油的执行董事。与其说标准石油想要他的炼油厂，还不如说洛克菲勒更看重的是沃登的才干。在纽约那次最大的查尔斯·普拉特兼并，这家公司的总经理亨利·罗杰斯更是洛克菲勒求之不得的人才，罗杰斯在石油行业早就名声大噪，非常有自己独特的见解，他也是看到大规模经营拥有巨大的潜力才加盟标准石油。由于他十分认同洛克菲勒的经营理念，也深得洛克菲勒器重，是九位信托董事之一，帮助标准石油处理过许多非常棘手事务，他一直是石油界很有影响的人物。还有一位较早加入标准石油的大员范德格里夫特，他是洛克菲勒在克利夫兰炼油行业最大的竞争对手，他的炼油厂规模仅次于标准石油，而且经营的也非常不错，跟洛克菲勒在克利夫兰斗争了多年，最后才被标准石油兼并。范德格里夫特可是经营炼油厂的高手，当标准石油进军石油产地时，他替标准石油在那里管理收购的炼油厂，做出了十分突出的贡献。

洛克菲勒不仅从外部引进人才，在公司内部也积极选拔有能力的人来担任管理岗位。公司文化鼓励创新精神，只要在工作中提出有价值意见和业绩优秀员工都会得到奖励，许多先进工艺也在各个炼厂进行推广，提高整体的生产效率和公司的竞争优势。并且，公司员工可以按优惠价格购买公司股票，让所有员工都有机会收益，这极大地增强了公司的凝聚力和员工的忠诚度。如果说洛克菲勒性格上有什么不适合石油行业的，那就是他从不愿意冒险，他不会去做没有把握的石油勘探，他的计划之中始终没有包括石油的勘探生产部分，他宁愿把这个风险留给那些敢于冒风险的石油人，他只会购买原油或油田。当洛克菲勒感觉身体状况大不如前时，1890年他决定退居二线让约翰·阿克博尔德接替他，让阿克博尔德和十三名执行董事负责标准石油的运营。由于新泽西州的法律修改允许托拉斯的商业模式存在，标准石油1892年从俄亥俄州搬迁到了新泽西州继续经营，直到1911年美国联邦最高法院通过了俄亥俄参议员谢尔曼提交的反垄断法提案，美国全国才正式禁止在任何行业中实行托拉斯垄断经营。于是标准石油不得不分散成了三十四家独立公司，开始了各自经营。其中最大的一家是新泽西标准石油，之后改名为埃克森石油公司，第二大的是纽约标准石油公司，后改名为美孚石油公司，1999年这两家石油巨头合并成为今天美国最大的石油公司埃克森美孚石油公司。加利福尼亚标准石油改名为雪佛龙石油公司，俄亥俄标准石油和印第安纳标准石油先后被英国石油公司兼并，今天活跃在美国的大石油公司多少都有标准石油的基因。

约翰·洛克菲勒于1937年5月23日在佛罗里达海滩别墅中辞世，享年98岁。他生前有两个愿望，一个是赚100万美元，另一个是活到一百岁，显然第一个早就实现了，第二个也基本实现。这是他在克利夫兰创业初期的梦想，在那里他留下了难忘的人生经历，根据他个人的遗愿，他被安葬在俄亥俄州克利夫兰市的湖景墓地。

第三章

后来居上的俄克拉荷马州

在20世纪的头三十年，俄克拉荷马州几乎占尽了美国石油工业的风头，一举超越了宾夕法尼亚州成为美国最大的石油产地。在这段时间里，俄克拉荷马州一共生产了九亿多桶原油，产值将近53亿美元，成为美国石油历史上的第二个中心，把美国的石油工业带到了一个新的高度。俄克拉荷马州众多油田发现的背后是无数石油人的努力，这些人来自美国四面八方，有着不同的文化背景和创业目的。他们带着原有的习惯传统来到这块新土地，同时，又在这里互相碰撞产生了新的石油文化，并且与当地的印第安文化相融合，形成了俄克拉荷马时期的特点。经过历史的洗礼，大多数人的经历没有留下什么历史痕迹，因为成功的毕竟是极少数，在为数不多的人当中有三位俄克拉荷马时期代表人物，一个抱着寻找石油而来，一个是为了财富而来，另外一个是为了服务石油行业而来。尽管他们来俄克拉荷马的目的不同，但是他们的故事至今还在美国石油行业中传颂。这三位传奇人物就是马兰石油公司的创始人欧内斯特·马兰，菲利普斯石油公司的创始人弗兰克·菲利普斯和哈里伯顿公司创始人厄尔·帕尔默·哈里伯顿。了解他们的创业经历也许是学习美国石油工业在俄克拉荷马时期的发展过程的一种方式，因为他们所留下的足迹已经是美国石油历史的一部分。

石油行业中最具有挑战的领域就是石油勘探，在看不见摸不着的地下打一个孔来探寻石油，这近乎是在大海里捞针一般。哪里有油气和哪里具备油藏形成的条件充满了随机性和不确定性，不过我们以通过一些科学技术研究比如石油地质科学和地球物理手段来加强人们对地下石油分布的认识，从而对石油勘探有一定的针对性。这些科学技术研究都在俄克拉荷马这里得到了创建和发展绝对不是历史的偶然，并且它们在石油勘探实践之中成为俄克拉荷马州石油产量增长的核心动力。在俄克拉荷马时期石油勘探是石油理论与地质理论相结合，把美国石油工业引上了健康发展的道路，吸引了大批的石油从业人员来当时的石油之都塔尔萨。他们当中不乏优秀的科技人员，为了促进进一步的交流统一认识，这些科技人员与俄克拉荷马大学师生一起创建了重要的学术平台——美国石油地质学家协会，这标志着美国石油工业的科技进步走向了深入，再加上在塔尔萨举办的国际石油展会又把最新石油产品迅速地推广开来，使得整个美国石油工业发展进入了前所未有过的高度。

第一节　马兰石油公司

欧内斯特·马兰是马兰石油公司的创始人，他来自美国石油工业的发源地宾夕法尼亚州，在那里他有过成功与失败的经历。在失去石油财富之后，1908年他带着妻子来到俄克拉荷马州庞卡市重新创业，由于他对地质科学的坚信和对油气勘探的执着，经过一番艰苦的努力之后，终于在1911年，他在这片印第安人的领地上发现了石油，从此开创了他东山再起的基业。石油勘探的不断成功，让马兰的事业迅速扩充，发展到了1917年他正式成立了马兰石油公司，而且不久这家公司就壮大成了一家上下游一体化的石油公司，资产规模接近一亿美元。由于马兰早期在石油行业的实践，让他体会到石油行业有两个经营秘诀：一是要相信地质科学在石油勘探中所起的指导性作用，通过科技创新才可能在石油勘探开发上保持领先地位，因此石油地质理论成为他所追求的勘探工具；二是在石油经营上必须走一体化的道路，要复制标准石油的经营模式，把钻井、生产、储运、炼制和销售联合起来，形成一个从原油生产到销售成品的完整供应链，这样在市场竞争中才可立于不败之地。这种经营理念给他带来了早期勘探的巨大成功，发现了几个俄克拉荷马州的大油田，但也导致了后来一招不慎满盘皆输的下场。打造一个一体化的石油公司，需要许多的基础建设和大量的资金。为了扩展马兰公司的中游运输和下油的炼油零售，他不得不向银行抵押股权，可没有想到的是银行并不是省油的灯，当马兰公司经营遇到财政困难时，银行就以所持股权要挟马兰交出公司的经营权。1928年，马兰被迫离开了自己亲手缔造的企业，走上了弃商从政之路，马兰石油公司的兴衰反映了美国石油工业在市场经济下企业所面临的机遇和挑战。

一、马兰的故乡——匹斯堡

在宾夕法尼亚州匹斯堡城市的南边有一座小山名叫华盛顿山，这里依山傍水成了匹斯堡城的居民社区。最早的欧洲移民由于发现了这山脚下的煤矿，纷纷来到这里挖煤开矿，并把家安置在这个小山顶上，这样慢慢很多的欧洲移民就选择居住在这里。1874年5月8日，欧内斯特·马兰，一个英国移民的后裔就在这里出生了。马兰的父亲阿尔弗雷德是从英格兰移民到美国的，在来美国之前，阿尔弗雷德在英国靠近曼彻斯特一个乡村学校教数学和英语。这个学校是阿尔弗雷德的爷爷创办的，他们家祖上都是以教书为职业，有着非常传统的英国思想基因。由于不喜欢看见美国北方对南方文化的入侵，阿尔弗雷德意识到自己应该来美国这个新大陆发展，于是他于1862年乘船来到美国的东海岸。沿着俄亥俄河航行时，他在匹斯堡这里见到了许多的工厂，生产技术水平比英格兰落后许多，于是认为这就是自己创业的好地方。来到匹斯堡他从简单的包装生意扣做起，在赚了钱之后又做起了房地产买卖，阿尔弗雷德有着较高的教育背景和知识水平，就脱颖而出成了当地的有钱人。阿尔弗雷德在华盛顿山顶买了一块地，建了一座大房子，过着英国式的绅士生活，也萌生了组建家庭的念头。当他遇见漂亮的苏格兰移民寡妇萨拉时，就下定了决心要跟她结婚。萨拉出生在一个军人家庭，从小在军营长大而且有十分虔诚的宗教信仰，在跟阿尔弗雷德结婚时，她已经是五个孩子的母亲，他们一起住在华盛顿山顶的大房子里。婚后萨拉为阿尔弗雷德生了两个女儿，第三个才是儿子马兰。阿尔弗雷德把自己最大的希望寄托在这个儿子身上，希望他将来能成为美国的大法官，在美国弘扬英国的传统文化。毕竟是英国的知识分子，阿尔弗雷德在家里收藏了许多英国文学作品，有时间就教小孩们读书，马兰就是在这种浓厚的英国传统家庭环境里长大的。马兰不太跟邻居的小孩玩，因为阿尔弗雷德认为美国的孩子太野，没有受到好的教育，他认为这个自己寄予厚望的儿子，需要有好的英国式教育。阿尔弗雷德认为金钱不一定能培养出一个绅士，可是开始懂事的马兰却对美国成功的企业家产生了敬仰，像纽约的摩根、石油大亨洛克菲勒、本地的钢铁大王卡内基等，这与他父亲的期望有着不小的差距。

阿尔弗雷德一直和一些英国移民保持联系，在他的朋友圈里有一位爵士托马斯·休斯在田纳西开创了一个英国移民社区。在那里保留着英国的许多传统，从教堂到学校都是按照传统的英国方式建造的，阿尔弗雷德给这个社区捐了许多的善款来帮助修建。这个社区搞得有点像社会主义，每个人都必须通过劳动来创造公共财富，贯彻一种社会化发展的理念。他们办学校沿用英国的教育方式，是阿尔弗雷德理想中的地方，于是他把学龄子女送到这里读书，马兰就是在这里的学校接受了初级教育。远离了匹斯堡的工业废气，来到田纳西的清新田园，马兰喜欢上了这个地方。在这里他们不仅读书，还做许多的课外活动，比如打猎、网球体育比赛、修房子、种菜等，就这样马兰在那里度过几年之后，又回到匹兹堡的帕克学院读书。1891年，十七岁的马兰毕业了。这时的马兰越来越怀疑父亲的教诲——金钱培养不出一个绅士，可是拥有巨大财富在社会上呼风唤雨，这才是他所追求的理想。林肯和华盛顿却成了马兰心中的圣诞老人，只能给人带来一时的快乐，而不是长久的幸福。只有成为那些成功企业家才有可能拯救贫困，从那时起马兰立志一定要创出自己的一片天地，而阿尔弗雷德还没有意识到自己正在失去一个美国未来的大法官。从帕克学院毕业后，马兰进入了密西根大学的法学院学习法律，但他没有把自己的想法告诉父亲。此时，马兰的父亲决定退休，把所有的生意和华盛顿山顶的大房子卖掉了，在西弗吉尼亚买了一块地和萨拉搬到了那里居住，因为匹斯堡的污染太严重，而萨拉的身体需要好的疗养环境。在密西根大学法学院读书期间，马兰算是最年轻的学生，一般的同学都是二十岁左右。品学方面，马兰只是一个很平常的学生，没有在体育或交际中显示领导才能，唯一有突出的一点表现是在玩牌上，他非常喜欢赌博，赢了钱就去改善生活。在密西根大学混了两年之后，1893年马兰从法学院毕业又回到了匹斯堡。他父亲卖掉了房子，他只好跟已经嫁人的姐姐一起住在匹斯堡城里，这样可以减轻一些经济负担，因为这时他父亲也没有更多的能力再支持他。

通过父亲的关系马兰被介绍到了一家律师事务所，主要是做一些跑腿的事，每天忙忙碌碌却赚钱不多，但基本上够他自己开销。打了一段时间工之后，他自己有了一些经验，就跟姐姐商量开办律师事务所，他姐姐在办公室做，他自己在外面跑生意。马兰最早接了格菲·加利咨询公司的活，帮他们做煤矿调查和找人投资煤矿。很多的投资是来源于银行，具体地说，是当地一家有名的银行梅隆家族的银行贷款，他发现这间银行不仅控制了房地产的借贷，而且还掌控着矿山的开发。同时，他也发现匹斯堡这个城市的经济受到标准石油垄断的影响很大，宾夕法尼亚州铁路与标准石油的联手使得匹斯堡失去了跟俄亥俄的克利夫兰竞争的地理优势。克利夫兰距离石油产地150英里，而匹斯堡只有60英里，前者距离出海港口750英里而，后者只有350英里。标准石油却出口了美国三分之二的成品油到欧洲，匹斯堡却没能利用石油发展当地的经济。在马兰心中，标准石油是自己的商业敌人，银行是自己创业的杠杆。他开始做推销并帮人介绍生意，经常来往于州府哈里斯堡和费城等大城市。由于阿尔弗雷德之前曾经当过宾夕法尼亚州立法院议员，一些老的政府官员看在马兰父亲的面子上，时常给他一些关照。不过，这对他的生意帮助还是十分有限，他开始形成了自己的世界观，他相信上帝但也承认社会现实。他觉得卡尔·马克思的理论是让被压迫的人们起来革命掌握文明的进程，马兰认为这种做法太过于血腥，不符合他父亲教导的绅士精神。他认为另一位英国哲学家赫伯特·斯宾塞的观点比较好接受，于是开始学习斯宾塞的思想探索自己人生的道路。

　　1895年，匹斯堡市区内发现了石油，这时正赶上美国石油减产油价上升期间，大批人员来到匹斯堡寻找商业机会，城市周围都竖起了井架开采石油。在当地的石油交易所也有不少的人做起了石油投机买卖，可是这波热潮并没有持续很久，因为石油的大量供应，油价很快从每桶2.70美元降到1.85美元，幸好标准石油出手大量买入才没有让油价继续下跌。马兰没有被卷入这次石油开发热，但是他亲身感受了石油经营的魅力。他的雇主格菲·加利这个时候积累了一定的资金，正准备投入石油或煤矿开发，因为两者开发有许多相似之处，只是煤矿的运输比较容易一些。马兰仍然帮他们去勘察煤矿，在宾夕法尼亚州的西南部和西弗吉尼亚北部一带煤层有较好的发育，这也让马兰对研究煤层地质产生了兴趣，也慢慢有人知道他经常去做煤矿区块的买卖。有一天来了一位律师找他咨询六千英亩的煤层地块，他从地图上发现这些地块并不是一整块地，是七零八碎的地块组成起来的。他跑到野外实地勘察发现，很多地方的煤层由于没有公路和一些基础设施，一直没有被开发过。他知道梅隆正在和美国钢铁公司整合，不久匹斯堡的钢铁厂就会需要大量的煤炭，于是他就跟一些做煤炭开发的公司联系。有一家公司想买3万英亩的煤田区块，同意按每英亩6美元的价格接手，马兰就到这些煤炭没有开发的地区了解土地征购条件，结果这家公司支付给马兰18万美元去收购煤田区块，他从中获得了5000美元的佣金。这对马兰来说，是他做成的第一笔大买卖。当赚到这第一桶金之后，马兰对研究地质的兴趣更高了，他不仅自学地质理论，而且常常骑马到野外实地勘察煤层露头和矿脉的走向，几乎成了半个地质学家了。根据野外勘察，他发现在匹斯堡的煤层矿脉向南延伸到西弗吉尼亚北部，他追踪煤层来到西弗吉尼亚，在俄亥俄河床阶地他见到了煤层的露头，进一步证实了他对矿脉的走向的推测。他描绘当地的地质构造，选择了在一个背斜构造的翼部打一口探井，结果确实有煤层的存在。于是，他向这个地方农场的主人购买了土地，找来钻井工人来打新的探井，井打下去不久就发现了煤层，但是煤层的厚度不大。马兰想起在匹斯堡的油井也是浅层有煤层，要求把井打深一点看看下面有没有油，当井打到738英尺时，发现了2英尺厚的油砂层，起钻之后发现有油冒出来。马兰立刻意识到自己找到的是一个油藏，在这里开发石油远远要比挖煤有利可图。他找到农场主人把土地契约改为石油契约，然后把井流出的石油储存起来。发现石油的消息很快就传开了，吸引了不少人赶来这里打井，标准石油的管线公司也把原油管线铺设到了这里，这样生产的原油就可以直接卖给标准石油公司。接着马兰又在农场上打了两口井，分别每天生产200桶和250桶原油。不久，这个地方就被人们称之为西弗吉尼亚的刚果油田，油田的发现人就是欧内斯特·马兰。随后，西弗吉尼亚的原油产量迅速上升，马兰生产的原油只能卖给那里唯一的一家管道运输公司——标准石油公司旗下的子公司，而且，销售的价格被定为每桶1.78美元，马兰才发现在石油行业里，标准石油的魔掌足以遮天了。

马兰为了生意常去费城，在那里跟他父亲的老朋友山姆·柯林斯的女儿维吉尼亚一见钟情，当时维吉尼亚是在法院做速记员，她不仅漂亮还思维敏锐，深得马兰的喜欢，而年轻有为的马兰也吸引着维吉尼亚。这让马兰更加显得自信，于是他写信追求维吉尼亚，她父亲也很希望自己的女儿嫁给以前老朋友的儿子，算是两代人的世交。1903年11月5日，马兰和维吉尼亚在费城结婚，之后维吉尼亚跟随马兰来到了匹斯堡。当马兰在西弗吉尼亚发现石油时，维吉尼亚也跟马兰在西弗吉尼亚一起打拼。随着油田开发的不断深入，新的井里生产出来越来越多的是天然气，马兰很快意识到要找天然气的销路才能继续维持油田的开发，这时他发现俄亥俄河对岸有一家陶瓷生产厂，要消耗很多的燃料来烧瓷器。于是，他过河跟这家工厂联系，陶瓷厂表示愿意使用马兰的天然气，但条件是马兰必须负责解决天然气的运输问题。于是他开始雇人在那里修建从井场到陶瓷厂的输气管线，当时没有管道挖掘设备，都是靠人挖坑修到俄亥俄河边，再从河底将管线穿过到对岸。工人们工作得很辛苦，马兰支付他们的工资也很高，他非常同情和关爱为他工作的工人，常常亲临施工现场跟工人一起想办法，解决各种各样的难题。当管线连通陶瓷厂之后，他发现还有富余的天然气供应，就提议为周边居民也提供天然气。于是，他上门拜访镇长和其他官员，他们都很欣赏马兰的那股创业精神。可是，这时镇上也有另外一家天然气供应商，是标准石油下属的一家子公司，这样一来天然气供应在这个镇上就产生了竞争，马兰必须说服这些镇管委会委员使用他的天然气。为了赢得这场竞争，马兰邀请这些镇管委会委员到井场参观自己的天然气井生产，表面上是向委员们展示有足够的天然气量供应，实际上是在进行一场公关活动。在井场上，马兰准备了很多的威士忌酒和烤肉招待委员，这时生产气井已经关闭了几天，井底压力已经最大饱和，在镇管委会委员到场之后，马兰先是要求大家把手中烟给熄灭，然后，打开井口阀门，只听到轰隆的气体声和输气管线的振动，强大的气流从井里进入管线。委员们见后顿时举杯欢庆，纷纷恭喜马兰的事业成功，现场气氛十分高昂像是举办一个开幕仪式一般。当天的天气还比较寒冷，展示过后马兰邀请委员们到事先预定的酒店休息，晚上在酒店又举办了盛大的晚宴。在酒足饭饱之后，饭桌变成了牌桌让大家小赌怡情，那天晚上马兰这个牌场高手，尽然输了不少的钱，可是第二天镇管委会同意了跟马兰签约天然气供应的合约。

　　马兰的勘探成功让不少人也前来复制商业模式，他的区块周围很快出现了许多新的井架。生产井不断地在附近涌现，本来马兰的气井压力就不是很高，这样一来气井的压力就变得更低了，产气量也随之下降。有一天陶瓷厂的人发现他们窑里的瓷器只烧到一半干，令整窑的产品不得不全都报废了，于是决定要告马兰公司赔偿损失。由于供气的压力不是马兰所能控制的，结果法庭无法裁决，官司就不了了之。陶瓷厂的诉讼背后的原因主要是美国当时经济衰退，陶瓷产品销量非常不好，许多银行开始倒闭，整个国家受到西班牙和美国战争的影响，经济萧条席卷各行各业。马兰的生意也不能避免，他刚刚起步的事业受到了重创，辛辛苦苦赚的100多万美元很快就被各种债务所吞噬，而且银行破产使得他手中的支票又不能兑现，马兰石油生意很快也成了泡影。1907年的经济危机像是马兰命里注定似的，仿佛上天在有意考验和磨炼他。处理完油田的事宜之后，马兰、维吉尼亚和她弟弟小山姆·柯林斯三人一起搬回了匹斯堡，柯林斯是由于油田开发需要人手才过来帮他姐夫的忙，如今他又变得除了债务一无所有了。马兰开始了人生第一次认真思考民主政府的作用，在1904年大选他把选票投给了西奥多·罗斯福，作为一个共和党人，如今马兰不再对选举的政府抱有希望。他没有想到罗斯福总统会废除美国财团的托拉斯，但是他认为经济危机与市场萧条是跟美国的财团直接有关，因为他们没有负起避免经济萧条的责任，反而加剧了美国的经济危机。这次油田勘探开发的经历让马兰看到了石油工业的未来，他相信石油已经成为一种重要的资源，这时汽车在匹斯堡大街上逐渐取代了马车，他相信随着科技的发展会有越来越多的自动化设备需要石油。尽管他不知道会怎样发生，但他相信石油行业会是有希望的。他在匹斯堡又做回之前的推销咨询业务，等待着再回到石油行业的机会。可是，这个机会在匹斯堡是不可能再有了，20世纪初期的宾夕法尼亚州，石油开采进入了暮年，已经没有什么大的油田发现，包括相邻的几个州也是一样。希望在那遥远的美国西南部，那里才有一片未开发过的石油土地，因此，俄克拉荷马的庞卡城成为马兰的新起点，也是他人生的终点。

二、东山再起，异地建业

法兰克林·肯尼是马兰的一个外甥，是他同母异父姐姐的儿子。肯尼从小跟马兰的父母一起住在华盛顿山顶的大房子，虽然他的辈分比马兰小一辈，但是他的年龄跟马兰相当，小的时候一起玩过，还争抢过东西。肯尼长大之后，就离开家加入了军队，参加了西班牙和美国的战争，成为一名美军中尉，驻扎在俄克拉荷马境内。他结识了乔治·米勒，当地的一位知名人士，乔治和他的兄弟在当地拥有一个很大的庄园，称101庄园。乔治的父亲是一个典型的西部牛仔，他领着全家来到原本属于印第安人的地盘，建造了这个大庄园，生育了三个儿子，他们都是在这个庄园长大，继承了西部牛仔的精神，他们开朗热情大方极富有人情，乔治就是三个儿子其中的一个。他父亲在临终前，把庄园交给了乔治母亲来分配，而乔治的母亲很喜欢乔治的这位中尉朋友肯尼。肯尼经常到他们的庄园做客，当听说在俄克拉荷马州的中部发现了石油，就打听乔治家人愿不愿意把庄园的土地拿出来探油。乔治他们不懂得什么是石油，但乐意为肯尼做一些事情，就同意了肯尼的建议。当然，肯尼这都是为了帮助自己在匹斯堡的舅舅马兰，这对于马兰来说是一个千载难逢的机会。

马兰把这个消息告诉了维吉尼亚和柯林斯，他们都认为到俄克拉荷马探油是一个好主意，可是要把主意变成现实前需要先筹集一笔资金。起初他们想用"去101庄园打井找油"做广告融资，不幸的是他们连广告的钱都付不起，只好向亲友借钱。这时，他的老父亲得知马兰要去俄克拉荷马创业，就把仅剩的一些储蓄给了他这个唯一的亲生儿子，又叫他的一些老朋友支持马兰的新事业。匹斯堡的乡亲们七凑八凑筹集了一些钱给马兰，这样马兰夫妇和他的小舅子三人长途跋涉来到了庞卡城。俄克拉荷马州于1907年11月16日才正式成为美国第四十六个州，之前是欧洲移民的居住地和印第安人的领地，就算加入了美国联邦之后，在这个州内仍然有许多印第安人的保留地。刚一下火车，马兰就被眼前一望无际的平原给惊呆了，这里跟他在东部看到的地形地貌完全不同，一片平整而且一望无际的平川，只是东边被阿肯色河给切割了。庞卡城镇不大，坐落在阿肯色河的西岸高地上，沿着阿肯色河的河套方向有一座白色的大房子，就是乔治·米勒兄弟的家101庄园。由于周围没有其他的建筑，在平原上特别显眼，宛如鹤立鸡群一般。跟匹斯堡相比，这里真是地广人稀，很多地方还只有印第安人居住，保存着非常原始的地形地貌，部分地区住有一些欧洲移民，大多数的地方都是野牛和牲畜栖息之地。在美国南北战争之后，美国政府跟印第安人签订了协议，这里才开始有欧洲移民迁入，主要靠畜牧业为经济支柱，属于当时美国未开发的地区。

在俄克拉荷马州的北部有两个大的居民区，一个是庞卡城，另一个是伊尼德。从地质学的角度说，这里是二叠系的沉积中心，有几千英尺厚的红色砂岩、黏土和易碎的石灰岩。19世纪80年代，庞卡城才通火车，巴恩斯是最早来庞卡城的那一批欧洲移民，这座城市修建在铁路东西和南北两条铁路的交汇处，来这里居住的人们虽然受教育程度不高，但是都很和善淳朴。马兰很快就和当地人打成了一片，不久他就跟米勒兄弟和庞卡印第安首领签订了石油契约，被允许在这块大平原上展开地质调查。马兰组建了101庄园石油公司来从事石油勘探活动，期望在这里创建一番事业，但他必须要先找到石油。这时美国各地出现了越来越多的汽车，需要大量的石油作为燃料。经过一番地表调查之后，马兰决定在庄园的房子的旁边先打一口探井，他从宾夕法尼亚请来了打井工人，每天6美元的工钱。可是，这口井没能像西弗吉尼亚刚果油田的发现井，打了很深也没有发现油气，之后又打了七口井，也只是发现一些气。这里的红土层是二叠系地层，跟宾夕法尼亚的地层有很大的差别，连续几口干井打下来，由于没有石油发现，所耗费的资金只能自己承担。马兰又不得不想办法去筹集资金，他联系了之前在匹斯堡认识的麦克法登，一位从卡内基钢铁公司离职的高管。麦克法登是忍受不了匹斯堡的污染空气才决定搬来阿肯色，医生判断他活不了多久。马兰和乔治两人登门拜访了麦克法登，直接跟他讲明了来找他的目的，这让麦克法登感觉自己生命又有了新的意义，在1910年他把一些钱给了这两位年轻人，支持他们去找油，使马兰的第一口油井的诞生变成了可能。马兰跟麦克法登在匹斯堡时并不熟悉，他们一个是钢铁厂的高管，另一个是煤和石油勘探的推销员，但是，这次会面对他们两人都有非常重大的意义。不知怎的，这位高管的病情开始有了好转，而且对打井找油的事情更加有兴趣了。当发现庞卡油田之后，他跟马兰成为密切的合作伙伴，他俩的个性十分具有互补性，麦克法登的处事谨慎小心正是马兰所缺乏的，而马兰的大胆想象和个人的自信又激励麦克法登不断开拓新领域。

在开始新一轮打井勘探之前，马兰又做了一次地质调查。因为之前他在西弗吉尼亚的发现井就是跟地质背斜构造有关，如果再打井的话，他就该把井位定在一个背斜构造的顶部。经过四处勘察发现，当地印第安人喜欢把墓地选在山坡上，在一个土坡的地表凸起处，好像就是背斜构造存在形成的。在土坡旁边有一条小溪，洪水的冲刷把地层暴露在地表，马兰根据地层的倾向判断，土坡的位置就是一个背斜的顶部。他跟乔治·米勒商量想把这口新的探井打在印第安人的墓地附近，由于这里是庞卡印第安人的保留地，需要经过印第安人的同意才能获得土地契约和勘探权。幸好有乔治·米勒的帮忙，乔治在当地居住多年，跟庞卡印第安人首领关系不错，通过乔治的沟通得到了庞卡印第安酋长的首肯。虽然马兰觉得在墓地附近打井可能日后会招来一些非议，但这里是打井的理想地方。在达成协议之后，马兰就在墓地旁搭建了井架，为了节省费用开支，马兰只雇用必需的钻工，自己也成为钻井队的一员。此时，正赶上雨季，马车行驶十分困难，他们就改用了牛车把钻井物资运到井场。马兰吃住都在井场，全心投入，不久这口新井就开钻了，井架耸立在土坡上成为周围最高的建筑，几英里外都能看见。白天日晒雨淋，夜晚平原的疾风劲吹，马兰和工人们一起奋战在井场，他知道如果这次打井失败，或许就很难再有机会了。因为没有办法再找到钱来打井了，马兰不得不把开支压缩到了极限，而且，购买的许多生活物资还要跟当地人赊账，他心中只有一个希望，就是盼望早日打出油来。对于一个在大城市长大有钱人家的孩子，马兰为了这口井真是付出了巨大的努力。时间一天天过去，不知道多少个日日夜夜在重复劳作中度过，终于有一天，这口井打到大约1500英尺时，井下出现了异常，巨大的气体压力使得钻机发生剧烈的震动，马兰意识到这是一个好的征兆，于是，决定起钻观察。不久，见到黑色原油从井里冒了出来，泪水顿时涌出流到马兰日渐消瘦的脸庞。成功了，找到石油了！马兰跳上马背直奔101庄园，第一时间把这个消息告诉了乔治和家人，乡亲们赶来见证了这一历史性的时刻。

当成功的兴奋过后，马兰意识到发现石油只是实现自己理想的第一步。洛克菲勒的标准石油是靠炼油起家，后通过低价的运输成本和控制了原油的买卖市场，建立了庞大的商业帝国，这个商业模式在马兰心中念念不忘。这时，他心里开始盘算着要在庞卡城修建炼油厂，日后销售成品油来形成整个产业链的闭合。可是，修建炼油厂的前提是需要有充足的油源供应，那么，他需要做更多的石油勘探。这个油井的发现预示着这个地区已经有了良好的石油生成体系，下一步就是要找新的理想地质构造点，发现和探明更多的油田，为修建炼油厂提供物质基础。这次的成功也让马兰变得更自信，多少有点个人膨胀，他并不认为自己的成功是侥幸，而是觉得自己是在掌握地质理论的基础上进行勘探所取得的成果。不可否认，马兰以前的地质知识帮助他做出了一些科学的判断，选择了恰当的地方打井。可是，他毕竟不是一个真正的地质学家，他的成油理论并不很科学。他认为石油是从煤里挤出来的，而俄克拉荷马州的地质条件跟美国东部宾夕法尼亚不同，煤层在这里并不发育，这口发现井中并没有见到煤层。这一点让马兰心中产生了疑惑，这个疑惑让他正式向大学教授请教地质学，当1912年俄克拉荷马大学的教授欧文·佩林和助手来庞卡做地质调查时，马兰遇见了佩林博士，向他请教地质学问题。佩林博士见马兰虚心好学，就跟他讲了地质历史和地质系统划分，从时代的界系讲到组层是怎样来的，当地的地层名称和砂体的分布等，马兰听了十分入神而且很快就掌握了这些地质理论。马兰发现的石油砂岩储集层是属于埋藏在二叠系之下的宾夕法尼亚组地层沉积，这个砂岩地层在庞卡地区十分发育，但是在背斜圈闭构造内才有可能形成油藏。马兰的想象力被佩林博士的地质知识所激发，他要在其他石油人之前找到这些构造，把石油开采出来供应将要修建的炼油厂，建立自己的石油商业帝国，可能的话还可以跟标准石油一争高下。

这时俄克拉荷马州和美国联邦政府正在这个地区进行地质普查，佩林教授和他的助手来庞卡工作就是这个地质普查的一部分。马兰知道这个情况之后，根本等不及政府的地质普查工作结束，他跑到俄克拉荷马大学寻求合作。当时这所大学组建地质系不久，佩林博士带着他的学生在周末和假日来庞卡地区进行野外测量，确定地质构造，马兰支付佩林和他的学生很高的酬劳，因为他非常尊重他们的知识和劳动成果，他知道能用科学知识武装起来的勘探会是无敌的。在科学地运用石油地质理论方面，马兰确实是领先其竞争对手好多，他不仅喜欢地质科学和应用科学知识，而且也非常重视挖掘和培养专业人才。比如，在佩林博士所带的学生当中，有些表现突出的地质学生比如凯特和盖耶，都先后被马兰聘用为公司的总地质师，而且佩林教授带的地质考察学生大多数都加入了马兰石油公司。学习和掌握了一定的地质知识并不意味着马兰放弃了敢于冒风险的探索精神，根据佩林他们地质调查的结果，发现在庞卡地区有一个巨大的向斜构造，地层先是向西倾斜然后改为向东倾斜，而且二叠系地层向西变厚对下面的宾夕法尼亚组地层构造影响不大。马兰相信那里有存在油藏的潜力，在庞卡城到西边的落基山脉之间，有一大片宽阔的平原地，是蕴育油气田的有利构造。这个平原地带是未开发人烟荒芜之地，土地契约的费用很便宜，石油勘探土地成本较低。对于马兰这个生性好赌的人来说，这可是一个难得的勘探机会，同时也是创建发展公司的好地方。在地表毫无构造显示的地方，野外地质普查就变得缺少了方向，马兰需要更多的时间去研究如何展开下一步的勘探。自从马兰在这个地区发现石油之后，增加了在庞卡城周围的油气勘探，先后又发现了几个油气田，终于，马兰就在庞卡城的西南角修建了一个小型的炼油厂接收所生产的油气。最早101庄园石油公司主要经营天然气，后来打出了一些高产油井才有了石油的经营。马兰公司早期的合作人是三位宾夕法尼亚州佬，麦卡斯基曾跟他一起在匹斯堡做推销，麦克法登是前钢铁公司的高管，山姆·柯林斯是他的小舅子，现在发展又吸收了三位新的公司董事：他的外甥肯尼、101庄园的乔治·米勒和一位当地有影响的银行家及政客吉姆·麦格劳。由于公司的业务发展迅速，原来的101庄园石油公司被分解成了马兰炼油公司和凯县天然气公司，前者主要经营石油业务，后者主要经营天然气生产。101庄园公司不仅发现和开发了新油田，而且通过实际钻井证明了印第安人保留地奥萨奇地区的潜在油气前景。

当美国内政部解除钻井限制之后，这里很快就成为美国中部大陆的重要石油产地。马兰和他的合伙人积极为开发这个地区的石油资源做准备，他们不断地修建基础设施，同时继续深入地展开地质调查收集资料。马兰还雇用了一位当地的年轻人约翰·奥尔康，由于工作表现出色，不久他便成为马兰的重要助手。直到1915年，马兰预计美国的下一任总统将会是共和党人，因为威尔逊总统的表现不太符合选民的期望，没能发展好石油工业和经济。在这种情况下，人们往往会希望有一个改变，马兰相信到了1921年新当选的总统会是共和党，新政府下的内政部就会开放奥萨奇的石油勘探开发，现在做的工作就是为五年后打下基础。此时，庞卡城的石油发展对马兰的事业十分有利，他们在庞卡附近的纽克尔克和布莱克威尔又先后发现了油田，需要一段时间进行开发。后来，在1917年又发现了加伯油田，唯一需要竞争的是比林斯油田，这也是俄克拉荷马州和联邦政府地质普查发现构造基础上打井证实的油田，位于庞卡城的西南方向。按地层的倾斜判断，该油田的砂层应该埋藏较深，在最西边的加伯油田，出现了多套砂层产油，这让马兰对这个地区的石油分布产生了浓厚兴趣。他派新聘请的总地质师凯特前去调查，凯特发现比林斯油田也有多组产油层，而且埋藏深度略浅于之前推断的地层深度，马兰对这个现象十分的不理解，怀疑那里可能有断层出现，受到断层的影响才形成多层油层在油田范围内分布。这个推测让马兰在心里勾画出想象的地下地质构造，他把自己的想法告诉了凯特，叫凯特继续对这地区的地质构造进行更深入的研究，并且经常过问地质研究的结果。虽然很多时候没有得到满意的回答，但是，马兰的支持对年轻的地质学家起到了莫大的鼓舞作用。马兰始终坚信地质科学是打开石油勘探的钥匙，他一直有这种石油人的胸怀，放眼于未来的经营理念。经过几年的打拼之后，马兰算是在庞卡站稳了脚跟，他决定在庞卡城中心大街上为自己修建一个大房子，向世人宣告自己事业上所取得的成功。

早在1912年时，马兰就呼吁拥有土地的人把土地拿出来进行油气勘探，在西弗吉尼亚时，他就发现很多农户都愿意在他们的土地上打井，这样可以证实土地的潜在价值和获得开发地下矿产的收益。马兰的动机是想通过土地契约协议获得更多的石油勘探领域，当一些印第安人把土地移交给欧洲移民时，欧洲移民在居民区保留着很大一块学校用地，这些土地是由一个管委会管理，而这个管委会又是州政府下属的一个部门。那年的夏天，马兰就到俄克拉荷马城州府去拜会学校土地管委会，希望获得学校土地的石油勘探契约，他先后获得了三个县的学区土地契约，总共面积为十三万七千七百英亩，契约合同的有效期为五年，需支付八分之一的油气矿产税，且合约规定必须在两年内打20口井，每个县境内不得少于一口井，这20口井必须全部是探井，深度必须大于油藏储层的埋深，如果有了油气发现，要按管委会的规定要求进行开发生产。由于这些学区土地契约区块十分靠近发现的油田，马兰就把这些区块分割出来，再另外出租给其他商家进行勘探，收取2000美元的契约金，这样他光靠招标一项就获得了几万美元的租赁契约金。这种做法都是他在匹斯堡那里跟标准石油、宾夕法尼亚州铁路和梅隆银行那里学的，这里作为美国新开发的地区，人们几乎不懂这种经营手法，马兰利用自已丰富的经验从事在俄克拉荷马的经营，显然，比其同行要略高一筹。不过，1913年春天在州议会的要求下对此进行了一次调查，调查委员会没有发现马兰有欺骗政府的行为，只是发现学区土地管委会与马兰签约显得不够聪明，在探明油气产区周围的土地价格被严重低估了，而且在马兰出租土地给其他公司打井是转移了契约合同的工作义务，把属于州的资源交给一个企业或个人开发，这些做法都是不合适的。政府的资源是公共资产，应该造福子孙后代，不能让个人或公司独吞利益，最后政府建议收回所有州属土地的矿产权。马兰得知这个决议之后，求见了州政府官员，同意有效期结束后取消所签署的土地契约合同。当五年的有效期结束时，多位管委会成员对马兰的做法表示高度的赞赏，认为他在处理这件事情上非常灵活，考虑周全。

1917年7月，学区土地管委会决定以公开招标的形式拍卖马兰之前开发的区块，当时的州长建议管委会设立一个中标的下限价格并争取做一个区块的评估，同时他帮委员会指定了一位评估员进行评估，这位州政府的油气评估员要把评估结果直接报告给州长。马兰带领了他的法律和地质团队参与了竞标，他们划除了其中6万英亩的土地，愿意支付给州政府140万美元的契约金买下其余的土地，管委会高兴地接受了马兰的倡议，这不仅显示了这块土地所包含的石油价值，而且，巨额的契约金成为当时第三任俄克拉荷马州长的重要财政来源，这也算是马兰为自己第二故乡做出的一点贡献。尽管这笔支出不小，但并没有给马兰造成任何的财政负担，他已经摆脱了经济困境，石油经营给他带来了源源不断的财富。马兰不仅自己过上了好日子，还出钱帮助自己公司的员工，在庞卡城里修建了许多住房，低息分给员工，仿效当年在田纳西的英国移民社区，自成一个社会大家庭，让所有公司员工共享公司经营成功的果实。他计划把庞卡城打造成一个美丽的家园，为了实现这个梦想，还需要继续努力开拓。他开始了对整个庞卡城重新规划，在他住的中央大道末端修建了高尔夫球场和花园，专门从路易斯安那州引进他喜爱的奶白色的木兰花，整个城市的面貌一点一点地被改变，马兰是一个完全的社会主义者，他认为马兰公司从地下获得的巨额财富，不仅应该属于股东和公司高管，而且也应该让创造这些财富的所有人一起享有。在新的油田投产之后，更多的石油财富滚滚流向他们，马兰就把一些公司股票分给员工或他们的亲属或秘书甚至那些跟他们去打猎的伙伴。每当有人提出要花钱改善生活的主意，马兰从来都不犹豫地出钱支持，更不用说谁有什么困难需要帮助。马兰经常在家开派对邀请朋友和员工到他家做客，他的所作所为深得当地人和公司员工的赞赏。在第一次世界大战1914—1918年期间，为支援欧洲战场马兰公司提供了大量的油料，马兰也因此成为俄克拉荷马的杰出公民。当他搬迁新盖的大房子时，他把姐姐和维吉尼亚的外甥乔治及外甥女莉迪从宾夕法尼亚州接来跟他们一起住，由于马兰跟维吉尼亚没有生育，1916年他们收养了乔治和莉迪为他们的养子和养女，为他们提供了良好的成长环境。他母亲萨拉去世之后，他父亲也来到了庞卡城，可惜没有等到他事业有成就于1914年4月就去世了。马兰虽然没有成为父亲所期待的大法官，但始终感激父亲对他人生的影响。

三、潮起潮落，极盛而衰

第一次世界大战结束之后，美国的原油价格上涨到每桶3美元以上，马兰非常幸运有两个大油田源源不断地为他提供原油。从战场回来的士兵把加入马兰石油公司成为他们的首选，马兰也尽量接受他们，不管公司需不需要，因为这些士兵是为国打仗的英雄，再说其中不乏有才干的年轻人。在马兰的眼里好像原油供应永远都赶不上原油的需求，总是有人愿意花钱购买更多的石油。他只担心一天的时间太短，没有时间计划所要做的事情。美国农牧业的萧条对他根本没有什么影响，因为他只关注石油行业和他的石油经营。当他去到庞卡城西边野外视察时，他见到战时种植小麦的供应基地都被人遗弃了，这些本来就不该开垦的千亩土地，现在又回归了自然。马兰觉得美国总统应该为振兴经济做一些努力，希望在威尔逊总统之后能迎来一位会有所作为的共和党人。由于马兰的公司影响越来越大，不少政客开始把目光投向了马兰，希望他能发挥政治影响力并为竞选捐款。马兰很期待新一届政府的内政部长是一位石油商人，最好是俄克拉荷马的人来当，最主要的原因是在印第安人保留地有丰富的油气资源，需要有人去开发，这个州的印第安人很多，而印第安人的事务归美国内政部管，从广义上讲，开发印第安人保留地的油气资源也是一种爱国行为。马兰不仅给政治捐款慷慨解囊，而且自己还以共和党总统候选人的身份投入了与沃伦·哈定的总统大位的角逐，当然他是不可能竞争过哈定的。马兰的目的并不是要当选美国总统，而是想通过选举增加他的知名度，让政客们了解他的政治抱负，希望在哈定当选之后，提名他为新组阁的内政部长，因为他了解石油行业和俄克拉荷马州印第安人情况。后来哈定当选了美国总统，但根本没有考虑请马兰主管内政部，马兰没有实现自己的愿望，不过这次经历为马兰日后弃商从政埋下了伏笔。

　　不管怎样，第一次世界大战的发生刺激了对石油的需求，在新政府组阁之前的两年奥萨奇印第安人保留地西区就已经开放给石油勘探开发，1918年11月9日西奥萨奇实行了石油土地的公开招标，马兰期待已久的时刻终于到来了。马兰带着地质团队一行与来自英格兰、墨西哥、荷兰、纽约、宾夕法尼亚州、堪萨斯、得克萨斯州和加利福尼亚州等地的竞标者一起坐在奥萨奇部落的榆树下，等待投标的开始。现场周围站满了许多的围观者，第一轮土地投标是几个160英亩的区块，由于之前的地质研究和投标的充分准备，马兰十分看好这轮招标区块的油气潜力。马兰旗下的两家公司——马兰炼油公司和凯县天然气公司对这些区块志在必得，以一百多万美元的价格拿下了所有西奥萨奇的区块。1919年5月，举行了第二轮招标，有20个160英亩的区块，由于竞标空前的激烈，区块的标价从70万美元涨到90万美元，有的超过了一百万美元，最高甚至达到了199万美元一个区块。马兰团队觉得他们可能投得太高，因为他们比其他的公司或竞标人投得都高，可是马兰觉得自己是在跟荷兰壳牌和标准石油这样顶级的石油公司在竞争，不能轻易认输。自从1919年秋天的奥萨奇区块招标之后，尽管这时他还在努力打造一体化石油公司，马兰感觉真正开始了跟标准石油公司的竞争。因为在这轮投标中他们的标价高于标准石油旗下的卡特石油公司，这家公司没有想到作为一家独立公司的马兰会开出这么高的标价，卡特公司事先也没有做好投标的准备，公司内部只规定了一个上限价格，马兰的独立公司率先突破卡特公司的标价。在第79区块投标时，剩下马兰公司跟卡特公司两家竞标，区块标价来到60万美元时，卡特公司叫了61万，在快要敲定时，马兰投了62万美元，之后标准石油公司的代表就起身离场。这不是像一次玩牌赌博的输赢，马兰从来不是那种不能接受输赢的人，这是他表现一种对标准石油长期打压的反抗，他就是为了出一口恶气，这也显示了马兰事业成功助长了他的傲慢。马兰旗下的凯县天然气公司拥有与奥萨奇部落的35万英亩的土地契约，再加上马兰炼油公司中标的区块，让马兰感觉伯班克油田就是自己的，或者他可以无视内政部对最大区块的限制自行安排油田的运营。其实，这个油田还有另外三家公司经营，他们也获得了1919年10月的那次中标，不过，在1922年马兰石油公司把这三家公司给收编了。

对于美国地质调查局和俄克拉荷马地质调查而言，西奥萨奇地区的地质是一块难啃的硬骨头。但是，马兰团队有自己的地质构造图，他们觉得自己对这里的地质情况更加了解。盖耶作为马兰公司的总地质师可能不是最优秀的地质学家，但却是一位优秀的商业地质师。当马兰跟佩林教授学习地质学时，他就很欣赏佩林教授所带的学生，凯特就是一个很好的例子，后来凯特离开马兰的公司回俄克拉荷马大学完成学业，盖耶才加入马兰公司接替凯特成为总地质师。在马兰的眼里，盖耶应该是最好的土地契约交易人之一，他的评标策略是完全不考虑区块的地表限制，每个区块都是由4个880英尺边长的正方形组成，投标是按区块的地表面积划分，没有考虑地下地质条件。而盖耶正好反过来，他评定时不考虑地表条件，只考虑地下地质构造。投标之前，他跟马兰一起研究了地下地质构造，把地下的地质构造投影到招标地图上，这样他们就知道哪里是有地质构造的区块，哪里是没有构造的区块。根据石油地质理论，油田的形成必须是要有地质构造的地方，这样他们下注的胜算就会高很多。盖耶在俄克拉荷马大学还是学校橄榄球队的明星，创造了许多的赛事纪录，作为运动员，他有一种天生的冒险精神，这一点让马兰很欣赏，因为马兰自己也有这样的特性。因此，在公司里盖耶深得马兰的器重，很多的决策都让盖耶参与，而且他的工作表现也非常让马兰满意。用马兰的话说："盖耶不一定是这个国家最好的石油地质学家，但他一定是这个国家最伟大的风险石油地质师。"1919年12月2日，凯县天然气公司开始了在西奥萨奇打井，这是一个未开发的印第安人居住地，所有的钻井物资都是靠马车运输到井场，条件相当艰苦，又赶上严冬时节，在碳酸岩地层钻井变得十分困难，1920年5月14日，这口井深度达到了2965英尺，按地质师的预测应该是一口气井，可是在这个深度的储层里却含有大量的油，头24小时就生产了680桶油。

　　由于凯县天然气公司没有石油契约，只好把这口井移交给马兰炼油公司，这口井就成为伯班克油田的发现井。随后，大量的生产井就在伯班克油田出现，起初是根据地质构造的地层打井，后来发现油田的砂体是一种浅海沙坝沉积，油气储存在这种沙坝的砂体之内，并不完全受地质构造的控制，这口发现井是非常幸运地打到了一个沙坝砂体，就像当年在西弗吉尼亚发现刚果油田一样。不过，这里的砂体比较发育，在背斜构造地带打出油的机会还是相当大的，若不是这个背斜构造，他们也不会在这个油田范围打井。马兰的石油勘探活动也发现了通卡瓦大油田，这个油田跟伯班克油田相隔很近，之前有一家公司在这个地方打了一口干井。到底是马兰的运气好呢，还是他的眼光独到？无论人们怎么看待这些油田的发现，基本都承认马兰对地质科学的认识有一定的独到之处。当庞卡油田南部浅层的油层被开采完了，马兰就认为深层应该还有油层，于是，于1918年在那里试探着打了一口深井，当时设计深度是4000英尺，这已经算是很深的油井了，结果又发现了深层油藏，随后许多公司也在深层油藏中获得高产，人们才认识到庞卡油田是一个多层油藏组合油田，大家都惊叹马兰的勘探水平之高。后来的政府地质调查报告结果跟马兰的探井发现高度吻合，探井都在地下有利于油气藏形成的地方，在这个地区地下存在一条花岗岩隆脊，西南走向分布，导致宾夕法尼亚组地层被断裂隆起，使埋藏深度发生了变化。马兰后来也认识到正是这个地质原因让布莱克威尔和加伯油田的储层深度发生了变化，形成了浅层油藏，马兰对隆脊的地质研究产生了浓厚的兴趣，因为许多俄克拉荷马州的油田都跟这条大隆脊构造有关。

在庞卡地区的勘探开发成功，让马兰的野心加速膨胀，他又把目光投向了墨西哥和中美洲的萨尔瓦多，花费了大量的资金去那里建立关系。可是后来发现这些地方早已被一些大石油公司所控制，不仅是美国的大石油公司，而且还有许多欧洲的大公司，他们最终没能获得有利的石油勘探区块。从墨西哥回到庞卡，马兰公司的石油产量有所增长，由于市场对石油的需求强劲，原油的价格又进一步上扬，面对这个大好形势，马兰需要做出一个决定，把握这个发展机遇。是否要扩建自己的炼油厂来满足加工奥萨奇和通卡瓦油田的生产，还有与其相配套的运输管线和油罐车皮、原油和成品油的销售等？简单地说，他的问题就是要不要把企业做大，如果本地的石油市场饱和了怎么办？这里的原油价格由普雷里管线公司制定，就像标准石油公司做法一样，位于内陆的油田，没有什么其他的出口渠道，唯一通道就是通向休斯敦从墨西哥湾入海出口。在美国墨西哥湾沿岸的油田和炼油厂能够抵挡标准石油控制的主要原因就是有海上通道。1919年1月，马兰派人去考察从庞卡到墨西哥湾运输通道的可行性，这时墨西哥湾有利于修建港口的地方已经被其他公司占有，剩下的地方要么远离庞卡和俄克拉荷马油田，要么就是不适合修建出海港口。当时马兰的思路并不是很清晰，只是觉得需要有一个出口来保证公司的独立性，不能被标准石油给控制了，结果自己修建通道的想法搁浅了。直到1922年，马兰才在墨西哥湾找到一个成品油的出海口岸，就是在休斯敦南边的得克萨斯城进入墨西哥湾。这是向美国得克萨斯公司购买的使用权租约，花了14.1万美元租用那里的码头和管道设施30年，这个合同租约要比圣达菲铁路公司从庞卡城到墨西哥湾港口运输路线要好些，至少不会受到铁路调运和港口货运的影响，保障了马兰公司经营的独立性。随后，马兰增加了原油产量和油罐储量以及炼油加工能力，他订购了24个8万桶容量的储油罐，总油罐出容量达到了192万桶，同时投资了160万美元扩建了炼油厂，使得炼油加工能力从每天8千桶增加到1.4万桶。

1920年1月6日，马兰开办了第一家汽油零售站，由山姆·柯林斯负责公司的成品油销售。这时，一位英荷壳牌知名的地质师加入了马兰石油公司，这让马兰有了跟欧洲和英国的联系，帮助把公司的石油产品销往欧洲。这位壳牌地质师还帮马兰公司做了一个估算，根据公司的资产和石油储量，按1922年2美元一桶，1923年2.5美元一桶，1924年3美元一桶的油价，马兰石油公司1922年的商业价值为1975万美元。

到了20世纪20年代，石油地质理论开始被普遍接受，马兰觉得需要有更新的方法来进行勘探，他想起以前在宾夕法尼亚州和西弗吉尼亚探煤时使用的取芯钻井，想把这个技术应用在打石油探井上，他跟盖耶一起秘密研发着这项新技术。尽管后来在业内有一些针对取芯钻井的争论，但是可以看出马兰是在有意发展技术创新的。当地震勘探技术从欧洲传到美国，马兰就对这项技术产生了兴趣，积极地学习和尝试使用，壳牌加盟的地质师之前使用过地震技术，马兰就委任他为副总裁，主导开发地震勘探技术的应用。他们还从德国引进了一支地震队伍，1924年和1925年在俄克拉荷马州、得克萨斯州东部和美国墨西哥湾沿岸进行了许多地震勘测，马兰是第一个将地震技术用于石油商业的。在美国大多数地质师都不知道地球物理勘探是怎么一回事时，马兰已经运用这项技术去寻找油气构造了，他还建立了一个科学研究部门，做对储层进行注气增压来提高原油产量的实验，最终发现保持缓慢的储层压力下降可以提高原油最终采收率。在招聘的退伍军人之中，有一位将军是美国空军派驻法国的指挥官，他特别喜欢研究飞行器，在欧洲他见到德国人用氦气制造飞艇，当他得知奥萨奇的气井生产的天然气中含有氦气，于是就跟马兰建议利用这个氦气制造大型飞艇。马兰对氦气并不了解，但知道英国人想买，就跟他们签订了合同，可是美国国会当时不允出口氦气，合同就没有得到执行。如今有人建议他去尝试建造飞艇来作为未来的交通工具，他对此很感兴趣，哈定政府也鼓励私人企业加入投资飞艇的研究，马兰就同意和支持飞艇的研发。有趣的是，气体检验报告结果表明奥萨奇气井里的氦气含量不到百分之一，尽管如此，马兰和这位将军还是成立了一个公司，注册资本为5000万美元，还有几家大公司一起参与了投资。1926年，飞艇终于制造出来了，在庞卡城附近进行试飞，这是一个1000英尺长可承载一百多人和承载50吨货物的巨型飞行器，对场地和环境要求十分苛刻，虽然没有什么实用的商业价值，但是成全了马兰心中一个飞天梦想。

尽管马兰从不公开承认他内心惧怕被标准石油吞噬，甚至可以说是害怕到了骨子里，为了避免宾夕法尼亚州的悲剧重演，他尽量跟英荷壳牌结盟来对抗标准石油，因为标准石油在美国中部大陆的势力还不是很大，他们的垄断经营主要集中在美国东北部地区。在俄克拉荷马州的石油经营基本上还是以独立石油公司为主，1920年马兰重组马兰石油公司是为了有一个中央集中的管理，并不是为了增加他个人资产，因为在此之前他已经赚到他要的钱，他的目标是打造一个完全的一体化公司，在石油行业里能跟标准石油公司展开市场竞争。在成立马兰石油公司时，他把大多数的股票都给了马兰炼油公司的股东，让他们成为马兰公司的董事，那时公司每位员工都可以有机会购买马兰石油公司的股票，而且，还是可以按优惠条件购买。

马兰公司真正的发展是在1921年，那一年马兰公司发现和开发了伯班克油田和通卡瓦两个大油田，每个油田都日产10万桶以上的原油，这让马兰石油公司的资产得到迅速扩充。1921年夏天，马兰去伦敦访问了壳牌总部，在那里参观了壳牌的勘探开发成果，感觉壳牌的技术比美国石油公司先进，就跟壳牌成立了一家合资公司，各占50%的股份。这家小公司投资不到100万美元，但是，在五年之中的石油产值却给马兰石油公司带来了超过2500百万美元的效益。到了1923年，马兰石油公司的原油产量大大超过了公司的炼油加工能力，马兰才决定跟新泽西标准石油公司签署长期销售合同，平均每天供应3万桶原油给标准石油，这个销售合同给马兰石油公司开拓了美国东海岸的炼油渠道，并且带来了非常可观的营利，同时马兰石油公司的输油管线得以充分利用，这对美国的石油工业发展十分有意义。

马兰石油公司销售市场的扩大，为公司的石油仓储运输发展起到了极大的促进作用，反过来储运能力又可以调节石油生产的供应。由于有良好资产基础，马兰石油公司在俄克拉荷马、堪萨斯城、圣路易斯、芝加哥和纽约的银行的贷款达到了500万美元，但是这跟马兰石油公司的营业收入相比仍然是非常小的数目。这时的马兰开始像洛克菲勒一样思考问题，格局已经变得很大，针对铁路运输的瓶颈问题，他准备自己修建通往芝加哥的管线。在1921年马兰石油公司就要支付给圣达菲铁路公司100多万美元的运费，为此，他准备修建成品油运输管线来摆脱铁路公司的控制，他也曾经跟庞卡城的商人和俄克拉荷马州公司委员会政府部门向华府申请修建铁路许可。可是，圣达菲铁路公司管理层提出了抗议，结果政府介入听证会之后，申请没有得到批准，因为已经有足够的商业竞争存在。20世纪20年代上半期，可以说是马兰石油公司的鼎盛时期，他利用石油带来的财富改造了庞卡城和当地人们的生活，成为每位居民心中伟大的英雄，现实生活中的救世主。

四、在劫难逃，身不由己

为了开辟产品的销售渠道，马兰一直在努力修建油田设施和运输管线，资金开始变得越来越紧张，他向各地不少银行贷款的同时还试图求助于壳牌。当资金出现缺口时，他就会跟壳牌拟定协议进行融资或者出售土地区块，马兰的公司在美国中部大陆地区变得越来越重要，不仅在于它可以保留石油行业在这个地区的独立性，而且作为壳牌和标准石油这两大世界级石油公司势力范围的平衡点。如果有任何一方需要扩大其势力范围，就一定不会放弃对马兰石油公司的争夺。当时标准石油看中马兰公司有三个原因：一是公司非常年轻有活力并且前景广阔；二是马兰石油公司需要大量的资金，这可以是一个很好的切入口；三是标准石油不愿看到马兰石油公司投入自己竞争对手的怀抱。标准石油没有采取正面的收购，而是通过与美国最大的银行摩根财团合作，从金融关系入手接管马兰石油公司，然后再转给标准石油旗下的公司经营。由于美国反垄断法的实施，在1911年标准石油公司已经解体为34家公司，不过在标准石油解散之前，它旗下在美国中部有一家公司经营标准石油的产品，这家公司叫做大陆石油公司，后来简称为CONOCO石油公司。

　　大陆石油公司1875年年底起源于犹他州的奥格登，主要是经营煤油销售，这里是美国铁路东西两大运输网的交汇处，也是在第一条横跨美国大陆的铁路线上。在这条铁路修成之后，大陆石油公司通过铁路运输，把美国东部的成品油进货到奥格登后，再分销到美国的中部大陆地区。1885年时这家公司发展到一定的规模，引起了洛克菲勒的关注，就把它兼并到了标准石油大家族里，但其一直保留大陆石油公司的名称。当标准石油公司解体重新洗牌时，摩根银行负责帮这些从标准石油分离出来公司的上市，并且与标准石油各个子公司有着非常密切的经营关系。作为美国最大的银行，他们对石油行业的动向是十分关注，大量的石油资金流动给摩根银行带来了丰厚的收益。尽管这家银行不像梅隆银行那样直接参与石油经营，但是他们一直都坚持发展石油金融服务，从资金周转到股份转让都在他们的经营范围之内，就是不直接参加石油经营与标准石油公司的作为，一直作为标准石油的合作伙伴。

　　马兰石油公司的迅速崛起，很快就吸引了摩根银行的注意，很遗憾马兰石油公司从来没有跟摩根银行打过交道。一方面是在石油公司早期的发展不稳定，摩根银行不愿冒风险投入一家没有什么资产的公司，另一方面马兰不愿意跟东部的银行资本家打交道，因为他在宾夕法尼亚州的亲身经历没有让他对那些金融大鳄产生什么好感。因此，马兰一直都是从本地或者俄克拉荷马临近州的小银行融资借贷，但是由于油田和炼油建设的金额巨大，他通常是向多家银行申请贷款，银行手续十分烦琐和耗费精力。1923年秋季的某一天，他在纽约出差时突然接到一个做生意朋友的电话，问马兰愿不愿意跟摩根先生见个面。当然，摩根跟马兰见面的目的是想向马兰了解俄克拉荷马那边的石油进展情况，以及看是否有机会跟马兰石油公司建立一些银行业务关系。马兰当时感到相当意外，摩根大名鼎鼎的银行家，多少企业家排着队想跟他见面，他居然主动要求接见自己。顿时一种虚荣之心油然而生，心里虽然有一些戒备，但是他觉得这是一个与偶像见面的机会，就答应了这个安排。

　　会面定在第二天上午，地点在摩根银行办公室，马兰见到摩根和银行的几位高管，讲述了俄克拉荷马石油发展的近况。摩根银行的人都表现对马兰的讲话非常感兴趣，而且对马兰所取得的成就非常敬佩。会后摩根留马兰一起吃午饭，饭席间摩根告诉马兰，他们银行在俄克拉荷马那边业务很少，对于摩根银行而言，被置身在俄克拉荷马石油发展之外显然与他们在行业内的地位不相符。因为俄克拉荷马州的石油生产在美国石油工业所占的比重越来越大，他们很想开展那里的银行业务，很希望有机会和马兰这样的成功人士合作，为俄克拉荷马的石油工业做一些贡献，于是问马兰可不可以在他们银行开设一条贷款专线，让摩根银行成为马兰石油公司的银行，进行一些石油业务联系。马兰心想自己这么大的资金流动，需要跟多家银行借贷，不仅条件苛刻手续烦琐，而且遇上金融危机，小银行破产的机会要比大银行大很多，而摩根是美国最大的银行，倒闭的可能性接近于零。于是，回到庞卡城之后，马兰把公司的银行业务从各家的小银行转到了摩根银行，资金供给问题似乎得到了解决。马兰对公司的发展变得更加有信心，感觉就像站到了世界石油舞台的中心，是时候大干一场了。他决定追加投资规模，扩大在得克萨斯州、加利福尼亚州和新墨西哥州的业务，到那里修建炼油厂。这时，在加利福尼亚州刚刚发现一个新的油田，马兰准备投资500万美元进行开发，在得克萨斯州也投资500万美元修建炼油厂，同样再投资200万美元在新墨西哥州修建炼油厂，外加投资200万美元扩建庞卡城的炼油厂，这样一个庞大的投资计划就被拟定出来。马兰知道借贷会有挺大的风险，而且这些投资项目是不会在两三年内能产生回报的，还清这些款项需要较长时间。在公司的董事会商量之后建议通过发行1200万美元马兰石油公司的股票来融资，摩根银行得知这个消息后，决定独家认购所有新发行的1200万美元股票。当马兰把这个消息报告给公司董事会时，他这么说道："新股票发行极大改善了马兰石油公司的财务状况，他们有了强大的银行做后盾，公司可以有机会开发和发展一些新的石油项目。"

在1924年1月份的一次股东大会上，马兰又征得公司股东们的一致同意，把没有发行的公司股票出售给了摩根银行，一共300万股，每股30美元。另外，1925年2月10日，摩根银行又购入马兰石油公司33.5万股的上市股票，每股39美元。这时业界就有传言说摩根银行是要控制马兰石油公司，但是很快就被马兰石油公司的高管给予了否定。后来又有传言说是标准石油要兼并马兰石油公司，但显然这个传言没有什么实际的根据。不过，在不久后召开的马兰石油公司高管会议上，出现了摩根银行的三位投资合伙人，他们与马兰石油公司各个部门的经理和大股东们一起听取了马兰的公司经营报告，包括石油产量、炼油加工量等公司各项运营指标，同时也为马兰石油公司财务管理献谋献策。这次会议之后，摩根银行的董事代表认为摩根·马兰联合董事会不应该有这么多人参加。一方面把一线高管招来开会耽误了他们的工作时间，另一方面会议人员过多就会降低效率和分散会议主题，建议双方派对等人员出席。摩根银行出三名代表，马兰和公司的两位大股东董事参加，于是之后的董事会就由马兰、麦克法登和弗农·泰勒参加。从那以后摩根银行的董事渐渐在董事会上占据上风，因为马兰石油公司的董事跟马兰有同样的经历，对公司的经营都是听马兰的，而在董事会上，很多公司政策方向的问题摩根银行的董事就显得更有发言权。

随着时间的推移，双方的分歧开始加剧，比如在石油行业常用的资金运作方法就是买卖一些石油资产，把认为低产出的油田或区块出售来换取流动资金，投入到有发展潜力的项目之中。当公司需要资金马兰方董事提出出售资产时，基本上都受到摩根银行董事的反对，他们认为如果其他人能买来经营的资产，那么为什么马兰石油公司自己不能经营呢？需要资金的话，摩根银行愿意追加投入。这样在得克萨斯州西部和加利福尼亚州南部的资产没有出售，摩根银行投入了2000万美元来进行开发，两年之后获得了相当可观的投资回报。摩根银行董事在这次的决策上，被后来的结果证实是做对了。在摩根银行的支持下，马兰石油公司在美国中部大陆地区发展得很快，在得克萨斯州、加利福尼亚州和新墨西哥州成为超过标准石油的行业引领者，就像标准石油在俄亥俄、宾夕法尼亚、纽约、肯塔基和西弗吉尼亚一样，马兰石油公司在科罗拉多、堪萨斯、新墨西哥、得克萨斯州和怀俄明等地成为极具影响力的公司。当马兰石油公司发现洛杉矶盆地的一个新大油田时，大家一致认为马兰石油公司将会成为美国最大的独立石油公司，公司拥有2200万股发行股票，多数都是用于集资的投资项目。

当马兰有一次到伦敦去促销马兰石油公司炼制的汽油时，他向哈得逊湾公司介绍了石油勘探开发技术，同时与这家英国公司组建合营公司进行勘探，双方各持一半的股权。马兰想把自己的经营范围进一步发展到欧洲，冲出美国。他心想自己有了美国最大的银行支持，几百万美元的资金投入已经不是什么问题了，回到美国把他的想法报告了董事会，发现摩根银行的董事对他的想法一点也不感兴趣，而且他想兴建更多管线的提议也没有得到董事会的批准，他不理解为什么不争取管线运输的利润，把石油开发的利润拱手让人。他认为不让他出售资产是为了扩大公司的经营，但是兴建管道没有理由反对才是。于是，他自作主张在得克萨斯州西部油田地区设置了两家公司。一家公司由他的养子负责，另一家由马兰石油公司的三位董事负责，主要目的是把得克萨斯州西部油田的原油运到得克萨斯城的墨西哥湾炼厂，从那里出海销往欧洲。马兰估计这条管线每年可以为公司节省300万美元的运费，而且修建费用只有500万美元。可是马兰把这个计划报告给董事会时，遭到了强烈的反对，主要原因是标准石油公司已经在得克萨斯州进行了布局，这条管线很难与其展开正面竞争。马兰石油公司向管道公司支付每天2万桶每桶1.20美元的运费，摩根银行可以从标准石油那里收到一定的分红，这个利益的冲突让马兰感到十分愤怒，也开始察觉到自己的公司被别人掌控了，沦落成了标准石油的服务商家。马兰的横穿得克萨斯州的输油管线计划搁浅之后，他董事长的权力也被进一步削弱，越来越像是一个摩根银行的傀儡，他想跟另外大石油公司联手，但没有哪家公司愿意跟他一起对抗标准石油。他思前想后干脆把公司出售算了，按当时的市场作价，能收购马兰石油公司的恐怕只有标准石油和英荷壳牌公司，他试图开价5900万美元把公司卖给壳牌，没有得到董事会和股东们的批准，他的自尊心备受打击，一时间跌入了事业的谷底，与自己伟大的石油梦想渐行渐远了。

商场失意又赶上家庭生活的改变，1926年马兰妻子长期病后去世，孤独的日子让马兰度日如年，幸好有他的养女莉迪相伴。两年之后，1928年马兰觉得自己再也离不开莉迪，就跟她在宾夕法尼亚州结婚成为正式夫妻。在这两年里，尽管公司发展受到一些挫折，由于之前打下了良好基础，马兰石油公司经营业绩仍然不错，马兰在公司管理层中还是受人尊敬，但是他与摩根银行的关系再也回不到蜜月期了。经过几年的投资借贷，摩根银行已经成为马兰石油公司最大的股东和债主，很多决定都是摩根银行说了算，马兰在董事会完全成为摆设。当新的董事成员加入老的董事成员离去，摩根银行董事觉得马兰不在适合坐在董事长的位置上，就建议他辞去马兰石油公司董事长职务，给他一笔较为丰厚的退休金。面临当时的选择，这个具有个人英雄主义色彩的马兰，也感觉到公司再也不是当初自己理想的公司，也没有必要继续待在那里，于是就选择了辞职离开马兰石油公司。当马兰宣布这个消息的时候，公司员工都不敢相信这是真的，这可是马兰十几年的努力创造出来的公司，没有马兰的公司就像失去舵手的航船，公司上下都不知道明天会是怎样。马兰也看出了大家的忧虑，力劝公司经理以上的高管留下继续为员工和庞卡城作贡献，履行公司的社会责任，尽管如此麦克法登和马兰的养子乔治当天也跟马兰一起辞职了。

很快公司就进行了全面的改组，摩根银行接手马兰石油公司之后，也就意味着直接进入了石油行业，这与其银行主业和经营理念相冲突，于是他们找来了自己石油界的老顾客标准石油协商。这时的标准石油虽然已经解体成为多家石油公司，但是各家公司的传统地盘格局还是没有发生根本的改变，美国中部大陆地区仍然是大陆石油公司的地盘，而且该公司正有意向南扩展，尤其是在俄克拉荷马州，因为其石油产量已经是高居美国首位。大陆石油公司一直未能在这里勘探发现油田，只是经营一些成品油的经销，摩根银行的提议对大陆石油公司来说是一个绝好的发展机会，同时这也许是摩根银行最好的选择。就公司资产而言，马兰石油公司是大陆石油公司的数倍。但是，在摩根银行的支配下，1929年6月26日大陆石油公司正式收购了马兰石油公司的3万口油井和在美国30个州的上万家加油站，改名为"CONOCO"，成为美国一家大的石油公司。直到1981年下半年才被杜邦以74亿美元全资收购，成为杜邦旗下的石油公司，1998年杜邦又把大陆石油公司分离上市，成为一家独立的一体化上市石油公司。

五、弃商从政，落日黄昏

马兰辞职离开之后并没有对董事会成员有多少怨恨，在大环境下为了竞争生存把公司做大做强才找银行借贷，这是市场竞争的法则也是马兰成功的条件。只是快速的增长导致了问题像肿瘤一样伴随着公司的发展，马兰认为自己是一个知道市场生存法则的竞争者，相信自己也是具有冒险精神的石油人。但是，这些特质不能阻止过快发展所产生的恶果，对于马兰来说就是太过于依赖资金来发展公司。

1929年3月，马兰又成立了一家新的石油公司，希望东山再起，公司名称为庞卡城石油公司。一些庞卡的旧部迷信马兰的才干就加入了这家新公司，这个举动似乎是对马兰公司经营的总结。新公司再也不要投资银行的资金，再也不想被银行家给控制，如果需要资金的话，宁可向社会集资也不会再从银行贷款。明文规定不允许银行成为公司的董事，因为银行董事是不会同时顾及自身利益和股东利益的，这是马兰总结出的经验教训。不过，这种看法并非是站在客观的立场，很多是由于他自己的遭遇而产生的个人偏见，马兰忘记了是自己过于乐观才导致失去了独立性，他没有认识到在石油行业经济条件下任何人的财力都是有限的，他太过于相信自己的超凡能力。

一个月之后，他又把公司改为欧内斯特·马兰公司，完全用自己的名字命名。公司雇员都是以前跟他一起共事的高管，人员更换也很频繁。1931年5月，马兰自己出任公司董事长，他的养子乔治也正式加入董事会。在公司刚组建的时候，马兰利用他的知名度和影响力筹集资金没有太大的问题，可是到了1929年的下半年，美国经济进入了大萧条，再去筹集资金就变得很困难了。面对经济萧条和石油行业不景气，马兰也只得像政府的应对方针一样紧缩开支经营，本来是买进土地区块的好时候，但是由于缺乏资金也做不了太多的经营。另外，经济萧条还导致油价暴跌到每桶只有20美分或25美分的价位，整个石油工业也正在经历一场严冬。生意难做就想一些其他的财路，马兰发现之前自己的油田资产被美国政府多征了税，便要求美国政府退160万美元的税款，但经过两年多纠缠，只收到14万美元的退税。此外，他在庞卡城曾经为公司员工修建的住宅区被城市接管，马兰诉讼城市管委会支付7.8万美元。在与管委会协商后，庞卡城市只同意支付一半的费用。这些要是在几年前，马兰是根本不会计较的，如今破落了连小钱也不得不看得这么重要。

20世纪上半叶，俄克拉荷马州的经济主要靠石油工业支撑，许多人都是从事石油生产或者相关的经营。马兰作为这个行业的风云人物自然有很高的知名度，庞卡城市民对他的贡献还是心存感激的。这为马兰从政建立了较好的民众基础，1932年5月马兰作为民主党代表竞选美国国会议员，他竞选誓言是替民众说话。可是，他诉讼政府退税之事被人拿出来反对他，于是他承诺当选后核查政府税制体系。之后，他又抨击银行财团控制了美国经济，需要政府做出一些具体的改变措施。他认为胡佛总统是一个国际商人，胡佛关心欧洲事务多于美国民众的生活，言外之意是共和党的竞选对手不适合做国会议员，这时正赶上民主党的总统候选人是法兰克林·罗斯福，美国东部人，跟马兰有一种特别相似背景。马兰不仅相信罗斯福会是一位好总统，而且希望自己像罗斯福一样有政治魅力。马兰开始在竞选演讲中效仿罗斯福，并且与罗斯福的施政纲领保持一致。不久，马兰在他的选区变得深受选民的喜爱，他的施政纲领和讲演方式慢慢地被大多数人所接受，结果马兰成为第一位赢得这个选区的美国国会议员的民主党人。

当选之后，马兰确信自己是为选民服务的国家公务员，他的前任在美国国会是州际商务管委会成员，也是一位石油商人出身。马兰很高兴接替这个国会议员的工作，这也是美国政府管理石油行业的机构，作为一个新人，他就怀着为人民办事的心情到了华盛顿特区。这一年的总统大选，美国人民选举了罗斯福为新的总统。作为民主党的总统上任之后，罗斯福就出台一系列的国家改革方案，称之为新政。马兰认为一些新政是值得在石油行业推行的，他在国会发言指责美国大的财团垄断了石油经营，剥夺了许多中小公司生存的机会，讲述了马兰石油公司的亲身经历，是如何被投资公司所掌控，石油行业正在失去经济自由和创新活力。

马兰认为投资银行用民众的金钱来控制民众的做法需要改变，但显然这种极具个人成见的发言是不会受到大多数议员支持的，也不像是一个成熟政客所为，马兰的民众情结远胜过他的政治智慧。在美国国会他的主张和纲领没有得到认同，觉得美国国会就像是一个合唱团，再好的歌手也显示不出音乐天赋。

一年之后，马兰决定不寻求两年一届的连任，也不想在美国国会浪费时间，他返回俄克拉荷马参选俄克拉荷马州州长，承诺选民当选就会把罗斯福的新政带到俄克拉荷马州。由于他有国会议员的身份，很快获得了民主党内州长候选人的提名。当时罗斯福的新政给美国经济带来了不少新气象，人们也愿意民主党人执政解决俄克拉荷马的民生问题。加上凯县和庞卡城又是俄克拉荷马州最富裕的地区之一，选民普遍觉得马兰执政会比共和党人要好一些，选举结果是选民们再次选择了马兰。1935年1月15日迎来了马兰政治生涯的顶峰，马兰宣誓就任俄克拉荷马州第十任州长。当选之后，他在俄克拉荷马州推行被称之为"小新政"的施政方案，积极配合罗斯福的联邦政府发展就业。但这与当时俄克拉荷马州议会的目标不一致。立法院是主张削减开支来降低州的巨额财政赤字，同意家庭免缴资产税，增加教育基金和增加2%的州销售税，而马兰却想用增税的收入去帮助残疾人、老年人和儿童福利。此时，俄克拉荷马有15万失业人口和70万靠政府救济人员，马兰要求立法院通过发展基础建设和多种经济，通过修建水坝和植树造林等方式来解决就业人口，结果高速公路修建创造了几万个就业岗位。到四年州长任期结束时，马兰创造了9万个就业岗位，但是总生产税率上升到了5%。在石油生产方面，马兰提倡跟六个石油生产州达成保护性开采协议，建立了稳定的原油市场价格，其实这是跟几十年前的标准石油做同样事。马兰站在州长的立场上对这种做法从反对到支持发生了根本的转变，他奔走各个油田去说服那些中小石油运营商们支持定额生产，但没有收到很好的效果。尽管他一心想为俄克拉荷马的民众谋福利，但是作为一州之长，马兰并不是一位受人称赞的州长。卸任之后，他又试图竞选国会议员，但败选给了共和党人。1941年10月3日，马兰在庞卡城家中心脏病突发病逝，享年67岁。

第二节　菲利普斯石油公司

菲利普斯石油公司也是在俄克拉荷马州诞生的一家一体化石油公司，主要创始人是菲利普斯兄弟两人——哥哥弗兰克·菲利普斯和弟弟李·菲利普斯。兄弟两人1903年开始投身于石油行业，非常幸运地在他们打的第一口井就发现了石油。在开发石油的同时，他们也涉足了银行金融业务，通过较为稳定的银行经营来平复石油勘探开发的风险。他们曾经一度要放弃石油经营时，赶上了美国新一轮的石油浪潮的兴起，于是他们及时调整策略重新定位在石油行业，1917年6月13日成立了菲利普斯石油公司。从那以后，在陆续的石油勘探中又发现了几个大的油气田，成为石油行业中天然气生产的主力，而且最先开创了从天然气中提取轻质汽油的技术。在取得商业成功之后，菲利普斯石油公司不断地扩展石油化工方面的探索，也收获了非常傲人的业绩。总之，菲利普斯石油公司是美国石油行业中极具特色的石油公司，2002年与CONOCO公司合并，成为美国第三大的石油公司。

一、进军石油行业

菲利普斯一家有八个兄弟姐妹，他们的父母都是欧洲移民。由于美国的南北战争，他们一家人从东部迁往西部，之后在爱荷华州安顿下来，在那里过着农场生活。弗兰克出生于1873年11月28日，是家里的第一个男孩，李是1876年8月8日出生的第二个男孩。他们都是在爱荷华农场长大，弗兰克从小跟父亲一起劳动，只上过一段时间的乡村小学，14岁那年就进城当理发店的学徒，他天生就有很强的独立创业精神，不久就掌握了剃头的手艺自立为生。年轻的弗兰克对外界充满着好奇心，决定出去闯荡一番，他凭借着理发的手艺云游到了科罗拉多的矿山和犹他州的奥格登东西铁路中心。1895年22岁的弗兰克又回到了爱荷华的克雷斯顿开理发店，这时经过历练的弗兰克已经知道如何做生意，很快在镇上开了三家理发店，成为镇上的理发大王。正值适婚年龄的弗兰克，爱上了镇上一个银行家的女儿简·吉布森，开始时简的父亲不同意他们的婚事，但并不是嫌弃弗兰克人不好，相反很欣赏弗兰克的才干，只是不希望他继续做发廊生意。为了跟简结婚，弗兰克答应了她父亲的要求，在他们结婚之后就把所有的理发店给卖了，加入了简父亲的银行做职员，跟岳父一起上班学习银行业务。之后慢慢开始帮助岳父到美国东部和附近的一些大城市出差，日子过得算是平稳，也深得岳父的赏识。1898年12月9日他和简的第一个孩子出生了，取名为约翰·吉布森·菲利普斯，用的是简父亲的名字和弗兰克的姓组合而成。1903年弗兰克出差从芝加哥返回克雷斯顿顺道去了密苏里的圣路易，因为那里正在筹办世界博览会修建了很多的展馆。他来到爱荷华的展馆巧遇了他们镇上教会的传道人拉腊比，这位传道人刚从东俄克拉荷马回来。拉腊比在那里的印第安人地区传教，跟弗兰克提起那里发现了石油，有不少外来人员到那里去打井，以及他亲眼见到石油从地下流出来的情景。这让有经商头脑和寻找机会的弗兰克内心冲动起来，经过交谈弗兰克了解到这个印第安人的地方叫巴特尔斯维尔，距离自己居住的克雷斯顿不是很远。在乘火车回家的路上，弗兰克就想好一个计划去说服岳父，让他亲自前往巴特尔斯维尔考察一次，看看这个地方是否可以有投资的可能。

回到克雷斯顿的第二天，弗兰克就到他岳父约翰·吉布森的办公室跟他讲述自己从那位传道人听到的事情，巴特尔斯维尔在印第安人的保留地之中，吉布森对这个地方也产生了兴趣。虽然之前没有听说过，但是这也意味着知道那里情况的人不多，这就是他们眼里的商业机会，越早进入那里就越早占有先机。于是，他们两人决定先到这个地方考察一次，很快两人就乘火车来到了俄克拉荷马的巴特尔斯维尔，一下火车他们就见到了四处耸立的井架和繁忙的人群，跟传教人拉腊比所描述的一样。石油工业正在这里悄然兴起，一片朝气蓬勃的景象呈现在他们面前。这个由欧洲移民巴特尔斯于1875年建立的定居点，迎来了它高速发展的机遇。这完全是由于1897年4月15日一口探井，在1303英尺的地下打出了石油，这也是俄克拉荷马第一口石油井。当时俄克拉荷马州还没有成立，印第安人不允许石油出售和外运，这口油井就被封了。但是，它证明了这个地区蕴藏着石油，后来，联邦法院立法允许石油开发和交易，1903年8月圣达菲铁路公司开通了到这里的铁路，通过油罐车把原油运送到堪萨斯的炼油厂，这样这口被封的井才开始生产，很快就吸引了大批的石油创业人来这里。随着更多的油井出现和运输中转的需要，巴特尔斯维尔就变成了这个地区的商业中心。

由于石油的开发也给当地的印第安人带来了新的财富，因此印第安人也没有反对和破坏石油勘探开发，一切都按照自由市场经济发展。弗兰克目睹了这里的一切之后，认为这是他百年难遇的机会，跟吉布森返回克雷斯顿之后，就去找他最要好的弟弟李·菲利普斯商量。当时李已经成家生子，住在离克雷斯顿不远的地方，做煤矿投资生意，经营得不是很好，没有赚到什么钱。听了弗兰克讲的石油开发，他虽然不是很明白但觉得是一个机会，出于对哥哥的信任，就答应跟弗兰克一起去做石油生意。有了弟弟的加盟之后，弗兰克回到银行跟吉布森商量计划，但是做石油生意要从打井找油开始，这需要一笔相当大的前期投入，而且这笔投资会有很大的风险。吉布森作为一位资深的银行家，不愿意完全自己掏一笔钱去做这个风险尝试，于是建议弗兰克组建一家公司，先投资1.5万美元，然后发行股票融资来进行公司运作。弗兰克采纳了吉布森的建议，成立了锚石油公司注册资本为10万美元，运营资金1.5万美元，由吉布森出任公司总裁。一些吉布森的亲戚朋友购买了这家公司的股票成为董事，其中弗兰克和李兄弟两人都是公司董事，弗兰克兼任财务总监，由于兄弟两人没有出资，他们必须出售5万美元的股票来换取董事资格，但这对他们来说并不是什么问题。

印第安人保留地的石油勘探最早是美国东部的银行家族开始的。这个家族的兄弟二人亨利·福斯特和埃德温·福斯特先是在堪萨斯修建了一条铁路，然后把这条铁路延伸到了奥萨奇印第安人领地，利用铁路运输促进了与印第安人的商业交往。1891年，美国国会通过允许印第安部落出售他们土地的矿产权。一位跟印第安人做生意的商人约翰·弗洛勒结识了当地的印第安人首领，当时印第安人对欧洲移民是怀有戒心的，但是他们跟弗洛勒交往多年，已经建立了一定的信任。弗洛勒在奥萨奇印第安人的领地中见到过油气露头，相信那里地下蕴藏着石油。如今印第安人保留地的矿产允许和印第安人一起开发，弗洛勒就去找大商家亨利·福斯特，告诉他在印第安人领地里有石油。国会又通过了法案允许印第安人出售他们土地的矿产权，看看福斯特有没有兴趣向印第安人购买油气勘探开发权益。

美国东部人都知道石油生意是非常营利的，福斯特表现得很有兴趣。在弗洛勒的帮助下，1896年3月16日，亨利·福斯特跟奥萨奇印第安人首领签下了土地矿产契约，支付了30万美元的签约费。土地矿产契约合同规定福斯特兄弟拥有奥萨奇地区的油气勘探权益，为期十年，但是，如果生产石油，必须向印第安人缴纳产量十分之一的矿产税，若只是生产天然气，只要向印第安人缴纳50美元，这样印第安人就可以从奥萨奇的石油资源中获取一定的收益。结果，印第安人部落成员平分矿产税收入，福斯特兄弟获得了油气开采的专有权。有了在印第安人地区开矿的权力之后，福斯特在西弗吉尼亚注册了一家石油公司来进行油气勘探。1896年夏天，开始了在奥萨奇印第安人地域打井，第一口井并没有什么发现，到了第二年春天才打出了第一口石油发现井，后来在河溪的对面又打出了一口日产20桶的油井。这样，这家石油公司就开始了奥萨奇的石油生产，但是再往后打的七口井全是干井，于是这家公司就停止了勘探，原因是钻井费用太高和石油产量太低，并且缺乏存储设施和运输、销售渠道。之后福斯特就把精力转向建设原油运输方面，把印第安人地区生产的石油运送到堪萨斯的炼油厂。1899年他们修建了到巴特尔斯维尔的铁路，一年之后第一批奥萨奇生产的原油被运送到了堪萨斯的炼厂。当时的石油销售价格是每桶1.25美元，从那之后印第安人领地的原油产量逐年提升，百万美元的矿产税流入了印第安人手中。1896年和1902年福斯特两兄弟先后去世，他们手中的区块和公司没能顺利移交给儿子。亨利的儿子对石油生意兴趣不大，无心做更多的石油风险勘探开发。因此，不少公司纷纷向他们购买土地区块，他们就把原来整个印第安人领地的矿区分割成许多小的区块，只要有公司愿意购买这些小的区块，他们就出售给这些公司。

当有了资金之后，弗兰克又来到了俄克拉荷马东部的印第安人保留地，这次他受到了拉腊比的热情接待。这时拉腊比已经从传道人升为当地新建教会的牧师，他很希望弗兰克能到这里投资发展，这样他们教会就可以扩大和得到家乡人的支持。他带着弗兰克四处寻找石油投资机会，两人是第二次交谈，都觉得对方跟自己挺投缘的。弗兰克把自己的教会关系转到了拉腊比的教会，这样他们就可以在巴特尔斯维尔定期见面。与此同时，弗兰克开始密切关注石油行业，尤其是在这个地区的石油开发动向，比如土地区块买卖的消息。返回克雷斯顿之后，弗兰克把收集到的资料报告给吉布森和其他董事，董事们听了之后一致同意继续参与那里的石油开发，还一起前往巴特尔斯维尔决定投资项目，弗兰克和李也跟随这次考察。在考察中他们见到一家石油公司在巴特尔斯维尔打出一口高产井，日产300桶原油，这给锚石油公司的董事们极大的鼓舞。在访问了当地银行和与一些商人会面之后，吉布森代表公司签下了几份土地区块契约，表明锚石油公司将参与这里的石油勘探。

有了勘探区块之后，1905年2月，弗兰克和李兄弟两人租了一间小办公室开始雇人打井。他们的第一口探井叫荷兰一号，是在一个没有石油发现的区块，但这口井非常幸运地就见油了。虽然好景不长，荷兰一号没有生产多久就不出油了，但这毕竟是他们打的第一口发现井，这个消息传回克雷斯顿总部，大家都欢欣鼓舞。接着，他们又继续勘探打井，第二口和第三口井全都打空了，没有任何油气显示。兄弟俩像一下子从云端掉了下来似的，开始对石油行业产生了怀疑，犹豫是否还要继续尝试，因为筹集的资金所剩无几了。弗兰克不是一个轻言放弃的人，尤其是他觉得不能辜负岳父苦心栽培的期望，决定用最后的钱再做一次尝试，但是需要换一个新的地方打井。在印第安人的保留地上，他们看中了安娜·安德森部落分的80英亩土地，这块土地是安娜部落按人头分配的土地。安娜是一个八岁的印第安女孩，她跟爷爷奶奶一起住在那里，爷爷有一块同样大小的土地在安娜的土地旁边。弗兰克和李找到安娜购买她土地的矿产开发权，成交之后，他们就在这块土地上找了一个最接近周边石油生产井的地方，打第四口探井，这几乎就是背水一战，一切的希望都寄托在这口井上，生死存亡在此一举了。

1905年9月6日，上天再次眷顾这两位年轻人，安德森一号是一口高产井，日产达到250桶原油。消息传出之后，锚石油公司股票有一百多人抢购，公司又融资10万美元，同时这口井让这位八岁的印第安女孩成了这个部落最富裕的人。这次的成功真正让菲利普斯兄弟品尝到了石油行业的甜头，决心继续在这个地区进行石油勘探开发。不仅如此，这口高产井也还只是一个开头，兄弟两人继续增添钻井队人手抓紧勘探，结果打了81口井都见油，没有一口井落空，这成为石油行业的奇迹。这时弗兰克觉得巴特尔斯维尔当地的银行对石油行业的借贷太苛刻，自己在克雷斯顿岳父银行工作多年，熟悉银行业务，考虑到石油行业需要大量的资金运作，就和李商量开办银行为当地的石油行业服务。这样他们的生意就可以有两条腿走路，石油生意不好时可以有银行经营，石油的营利又可以帮助银行的资金流动，并且有自己的银行提供资金，就不用向公众集资。1905年7月，兄弟俩投资5万美元组建了公民银行和信托公司，该公司根据阿肯色银行法规登记注册，因为俄克拉荷马州还没有成立而印第安人保留地又没有银行法规。这家银行可以做大部分的生意，只是在印第安人保留地不能做威士忌酒的生意，这对菲利普斯兄弟没有什么影响。

弗兰克出任这家银行的总裁，李成为银行的财务总监，霍尔姆出任公司的副总裁，他同时也是巴特尔斯维尔的城市议会议员，之前在多家银行任过职了解行业业务。一个月之后，他们又在市区买了一块地修建银行大楼，到10月份修建完毕之后，他们搬进这两层建筑，底层为银行大堂，办理银行常规业务，二楼是他们的锚石油公司的办公室。这家银行于1905年12月5日正式开张，当地商界人士纷纷前来祝贺，这时迎来了一位印第安酋长，这位酋长看到这崭新的银行把各项工作都做得井井有条，看到弗兰克在门口迎送每位客人，对弗兰克的银行非常满意，一下子就存了8万美元在弗兰克的银行。第一天开张就遇上了贵客，从此弗兰克和这位印第安酋长成为忘年之交的朋友，他们优质的银行服务，吸引了当地众多的居民把钱存入他们的银行，也引来了三家竞争者，但是菲利普斯兄弟的银行还是当地居民的首选。由于这三个竞争者都是做石油行业的金融，一家银行经不起行业的波动被迫倒闭，另外两家经营的也不是很好，菲利普斯兄弟银行就把他们兼并了，之后成为巴特尔斯维尔的主要银行。当时美国内政部有规定，不允许任何一家公司经营超过4800英亩印第安人的土地，菲利普斯兄弟只好在他们自己的银行开了许多的账号户头。生意发展得很快，这时他们有十五家不同的公司从事石油经营，每家都需要有一个银行账号户头。兄弟俩开始分工管理，弗兰克主要负责石油经营，李负责银行业务的同时兼管这些公司的银行账户。

在经营银行期间，他们经常遇到一些印第安人的顾客，有的是来存他们从石油矿税的支票，有的是来银行借钱。由于当时的印第安人受教育程度不高，被很多白人认为是野蛮人，经常干持枪抢劫银行事，声誉在白人当中很不好。一般的银行都不愿意接待他们，其实就是歧视当地的印第安人，加上一些历史原因，欧洲移民和印第安人相处的关系不是很融洽。但在弗兰克眼里从来都没有这样的偏见，他以前曾云游美国西部做理发生意的时候，跟社会上各种各样的人打过交道，得到过很多陌生人的帮助。他习惯善待每一个人，尤其是当地的印第安人，因为他知道他们是来印第安人的地方讨生活，要是没有安娜·安德森的石油契约，他不可能在这里站稳脚跟的。他的这种做法跟其他人不一样，慢慢地在印第安人中间也传开了，人心都是肉长的，印第安人知道谁对他们好。说来也奇怪，菲利普斯兄弟银行就没有被印第安人打劫过，而且印第安人也没有做一些不守规矩的事，他们的银行业务也一直保持正常运营。不仅对印第安人如此，弗兰克还雇用了许多有犯罪不良记录的白人。一些白人罪犯喜欢跑到印第安人保留地躲避法律制裁，因为当时的美国联邦法律是管不到印第安人的保留地。这些人在油田上打井干粗话和重活可是好手，一般的人对这些人都避而远之，但弗兰克却不同，他喜欢跟这些人打交道，相信只要是管理得好，这些社会不良分子是可以成为好钻工的。弗兰克知道这些人的规矩，尽管他们像是黑社会的人员，但他们也知道有所为和有所不为的道理。正是因为掌握了这个道理，弗兰克才大胆使用他们，与他们相互尊重，给他们一个做正当工作的机会生存下来，这在当地一时传为佳话。弗兰克的名声在当地渐渐地流传开了，社会上各个阶层的人都对他有好感，越来越受人尊敬。但是，弗兰克在石油经营上仍然是"独狼"作风，保持着高度的独立性。身为家中最大的男孩，弗兰克对家人和父母还是很照顾的。1906年菲利普斯兄弟的事业发展很快，需要更多的人手时，他就叫小弟韦特来巴特尔斯维尔加入他们，手把手地教韦特如何经营石油生意。韦特也聪明好学，任劳任怨地在几家菲利普斯兄弟控股的石油公司干活。一年里做过各种油田的活，从打井到铺设油管线，帮了弗兰克很多的忙，使得他们的石油生意越做越好。

由于不断地发现新的油田和大量的油气产出，外运的六英寸的原油管线也从印第安人保留地铺设到了堪萨斯和印第安纳州。在那里连接通往大西洋海岸的管线网，使生产原油的销路保持畅通，这对石油开发有极大的促进。同时，石油生产销售给印第安人地区带来了大量的资金流入。1905年奥萨奇的矿产税收入就达到十万多美元，而且之后一直在持续快速地增长。这给石油和银行经营带来了绝好的发展机遇，就是在这个节点上，菲利普斯兄弟的经营是银行和石油并重，两条腿走路。

福斯特当初跟印第安人签的是十年的契约合同，这个合同就要到期了，福斯特公司决定不要这个奥萨奇的勘探开发权，只保留领地东边的油气生产地区。这样可以重新签订十年的土地契约，这个协议在1906年3月7日签订，美国政府的内政部开始并没有同意，经过修改后才在美国国会得到通过。协议包括福斯特的土地分租给其他公司的条款，印第安人的矿产税从总油气产量的十分之一涨到八分之一。领地的矿权归印第安人部落集体所有，地表土地按部落人口平均分给个人，这样个人就可以买卖地表的土地，这对石油开发生产有益处。新的合约有利于奥萨奇印第安人，因为在那里1906年就生产了500万桶原油，如果按人口计算财富，奥萨奇印第安人是最富有的人群。福斯特重新签订了十年的土地契约之后，他们就把土地分为了348个区块，每个区块是南北向半英里长，东西向三又四分之三英里长，从堪萨斯州界向南到阿肯色河，而另外的奥萨奇土地区块被拿出来公开招标。菲利普斯兄弟的公司大多数是在巴特尔斯维尔周围，随着更多的区块被出租和打井数目的增加，又有新的油气田被发现及开发，1907年这里的油田生产原油一天就达到500桶，天然气500万到1500万立方英尺。不久，宾夕法尼亚来的马兰在西边的庞卡城发现了石油，一些油田相继在南边的塔尔萨周围被发现，巴特尔斯维尔、庞卡城和塔尔萨成为俄克拉荷马州的三个石油中心，菲利普斯兄弟的石油公司和银行在三处蓬勃发展起来。弗兰克见到巴特尔斯维尔的发展潜力，就收购了其最大的银行竞争对手巴特尔斯维尔国家银行，资产一下子上升到100万美元，盈利达到了15万美元，成为俄克拉荷马州最有实力的银行之一，声称为一家为所有人民服务的银行。

二、摸着石头过河

菲利普斯兄弟的事业发展几乎是在很好的时间点上，除了他们善于与人打交道外，石油生意的经营是有很多的运气成分的。这与兄弟俩喜欢打牌赌博的特性很相似，不过石油勘探在早期没有成熟的地质理论指导时，就像是一场赌博。所有具有冒险精神的石油勘探人才能进入这个行业，跟菲利普斯兄弟一起来印第安人地区打井找油的人，大多数都是像菲利普斯兄弟那样相信命运多于科学方法，相信只要是敢来这块新的地方拼搏，就会有可能成功。不少成功人士都像弗兰克那样没有接受过良好的教育，很早就在社会中闯荡，他们在社会实践中学习商业经营，敢于冒险的精神符合了石油行业特有的需求，这或许是他们成功的必备条件。石油所能创造的财富一直对弗兰克有很大的吸引力，可是他几乎不懂石油地质科学。在20世纪20年代之前，石油地质学没有在石油行业流行开，只有在宾夕法尼亚石油产地的人有一些实践经验。在这个印第安人居住比较落后的地区，几乎没有什么人知道石油地质科学，更不用说运用科学手段来指导油气勘探。与其说弗兰克是一个石油商人，不如说他更像是一位传道人，他跟人打交道的能力远远胜于打井找油。那时，兄弟两人花钱请好的钻工，不管有没有科学根据，他们都有自己的主观判断。有时他们甚至听从那些算命人的话，但更多的时候是跟随那些石油发现井去打井，在距离一口产油井一两英里的地方打井，常常有较高的成功率，因为地下的油藏构造往往是有一定的范围。早期的油气开采基本上也没有什么科学性，大家都是遵循捕获者原则，在谁井里开采出来就是谁的石油，因此效率成为生产的一个重要因素，这给钻井作业快的公司提供了先机，这一点可能是菲利普斯兄弟略强于竞争对手的地方。弗兰克从来都不吝啬在钻工身上多花钱，总是支付高的薪酬来吸引有经验的优秀钻工，也很愿意听取别人好的建议，敢于做一些新的尝试和工艺上的改进，另外良好的信誉加上充足的资金，给弗兰克的石油经营提供了许多竞争优势。

1912年在俄克拉荷马州的中北部发现了库欣大油田，这个油田的出现改变了俄克拉荷马州的产油格局。菲利普斯兄弟没有参与这个油田的发现，由于这个油田具有极大的潜力，需要大批的钻工到那里去开发油田，成千上万的石油从业人员从得克萨斯州、堪萨斯州、印第安纳州和宾夕法尼亚州赶往那里，但是俄克拉荷马州仍然出现了钻工短缺。库欣油田发展迅速，原油产量极快上升，三年之后，该油田就有了710口油井，年生产7200万桶原油，占那年美国全国石油总产量的百分之二十。但是，这个油田所创造的石油财富并没有聚集在当地，而是流到了附近的塔尔萨石油中心，间接地被一些石油商人所掌控，其中菲利普斯兄弟通过银行业务也获取了一些利润。弗兰克和李见到这个新的变化，就商量是否要转型放弃石油经营专注于银行业务。这个想法被他们的小弟韦特知道以后，他对两个哥哥非常失望。当时韦特已经31岁了，经过了油田经营的磨炼，不仅掌握了石油生意的经营，而且对石油行业有了足够的信心。他相信俄克拉荷马地区的石油行业会有很好的前景，所以决定自己先退出菲利普斯兄弟的公司，然后自立门户继续从事石油经营，他不想生活在兄长的阴影之下过日子。这个决定让弗兰克很不高兴，他理解韦特的想法和感受，但是作为兄长他总是喜欢和自己的兄弟一起打拼，他真不愿意看见韦特离去，是他们兄弟的性格不合决定了他们的命运。弗兰克喜欢什么事情都自己做决定，李不太喜欢做决定而喜欢跟随决策者贯彻执行决定，所以李没有什么不能接受弗兰克的，但是韦特的性格跟李不同，他不愿意总是跟随大哥。尽管他也很尊敬和佩服弗兰克，但性格上不能接受被别人使唤一辈子，想积累实力自己干一番事业，他觉得如今这个时候到了。于是，韦特把手中的股份全部卖给了弗兰克和李，和老婆一起离开了巴特尔斯维尔。韦特先到阿肯色州用手中的钱购买一家石油销售公司，一年之后又转手卖掉赚了一点钱。1915年秋天，他回到了俄克拉荷马州，做起了石油土地契约买卖，在他购买的一块土地区块中发现水中冒气泡，观察之后发现气泡中含有油斑，凭他之前的经验推断地下有油，就打井试探，果然打出一口高产油井。接着，又打了几口油井之后，韦特不仅涉足了石油经营，而且慢慢地越做越大。经过几年的努力，韦特拥有了一些油田、输油管线、炼油厂和销售渠道，成为在美国中部大陆地区成功的石油商人之一，实现了当初的梦想，跨进了百万富翁的行列。韦特之后一直在俄克拉荷马州、阿肯色州、得克萨斯州和堪萨斯州从事石油经营，在石油行业也算是混得小有名气。

在韦特离开之后，弗兰克陷入了事业的抉择，金融还是石油？因为这将决定他后半生努力的方向，他找李商量和探讨何去何从。兄弟两人常常一谈论就到半夜或者凌晨，讨论是否应该趁石油行业好的时候把所有石油资产出售了。这些年来他们已经亲身经历了几次石油行业的兴衰，知道这个规律是他们左右不了的，石油行业就是这么一个充满风险的事业。通常是打十口探井才有一口井出油，市场对石油的需求基本保持不变，可是一旦有了发现，所发现油田的产量就会很快上升，市场的原油价格就会下跌，随之石油投资的回报就会降低，而发现石油很大程度上取决于运气而不是人的智慧。1915年，在一次跟李长谈之后，弗兰克就对李说："我们不是石油人，我们是银行家，韦特喜欢石油行业就让他去折腾吧，我们专注银行经营。"他们准备开始出售他们的石油资产，打算离开巴特尔斯维尔到堪萨斯去开一家大银行。凭借他们手中的资产，他们的银行将会是那里最大的银行，而且他们还准备办成连锁覆盖整个美国中西部地区，估计到时将会是在美国全国有影响力的银行。

1915年12月，他们先是把所有区块分别出售给当地的几家石油公司，有一些在奥萨奇的土地契约是从福斯特那里买的，需要奥萨奇印第安人同意才能转卖或者转让。没有想到奥萨奇管委会委员不同意，因为在合同期土地是不能转卖或转让的，这样他们去堪萨斯城的计划只好推迟，等把这里的石油产业处理完了才能去。本想这不会花很长时间，可是1916年3月发生了美国与墨西哥边境战争改变了这一切。事情是墨西哥军队到美国新墨西哥州抢劫，美国就派军队越境追杀这些墨西哥军人，俄克拉荷马的国防军加入支援美国的军队，出动了大量的机械化运输，一下子就把俄克拉荷马的石油价格给炒起来了。油价在很短时间内就翻番了，紧接着石油资产的价格也水涨船高，弗兰克见到这个突奇而来的事件又不觉得有些动摇了。再三考虑之后，他把李叫到自己的银行办公室，跟弟弟讲他认为美国的未来将会朝现代工业方向发展，石油会变得越来越重要和越来越被需要。他改变主意还是不要放弃石油行业，问李有没有什么意见，李沉思了很久，还是点了点头表示勉强同意，弗兰克就趁热打铁地说，想把奥萨奇的契约土地再勘探一下，如果打井没有找到油的话，再收手也不迟呀。现在我们还是石油人，没有成为银行家嘛，弗兰克幽默地跟李说。征得李的同意之后，弗兰克马上召集手下做石油经营的人员开会，告诉大家不再出售石油资产，要在奥萨奇的区块打新井探油，要求大家各自去准备投入会战。

菲利普斯拥有的奥萨奇区块是在巴特尔斯维尔以西十英里的地方，以前那里可是土匪出没的地方，没有什么人进去那里勘探过，更不用说有人在那里打过井，完全是一块没有开发过的处女地。1916年，菲利普斯公司开始到那里打井，弗兰克把自己的命运放在了钻头上，他几乎每天都到井场察看，看看有没有任何好的征兆，也许是越怕什么就会越来什么。第一口井打完没有见到油气，接着，叫井队继续打第二口又是干井，之后一连打了6口井都是干井。这个结果激发了弗兰克不服输的精神，就像赌场的赌徒那样，越是输钱就越要下注，坚信下一盘幸运之神就会光顾。他始终相信奥萨奇区块下面有油，打井一直没有停止。这时，弗兰克得到了一个更坏的消息，福斯特续签十年的合约快到期了，如果区块没有出油，土地契约就要归还给福斯特和印第安人了。这时打井是在跟时间赛跑，直到1917年2月13日，奥萨奇区块的第七口井终于见到了油气，虽然只是一口日产100桶的中等井，但是这给了弗兰克极大的鼓励和一口喘息的机会。

在与福斯特的合约中规定，如果谁在区块中第一个打出油来，可以有机会获得相邻区块的选择权。弗兰克选择了在这口油井西边打第八口探井，两周之后又开始继续钻井，这口井寄托着弗兰克的去留，也是他石油生涯的一次生死考验。十几年前的安德森一号井出油的情景历历在目，他内心时时刻刻都在祈祷着奇迹再发一次，让他有一个机会留下来成为一个真正的石油人。每天的钻井对弗兰克来说是那么漫长，煎熬到了3月21日，这口井打到了1790英尺的巴特尔斯维尔砂岩。当钻进砂层七英尺之后，强烈的油气显示出现在井下，弗兰克就守在井场一整夜，第二天白天起钻时还没有把全部的钻杆取出，井喷就发生了，短短不到一个小时就灌满了两百五十桶容量的油罐。原油开始流淌在地上，不得不挖坑来临时储油，这可是一口名副其实的高产井，产量超过了当年的安娜·安德森发现井，弗兰克的好运再次出现在生死关头。他长长地松了一口气，因为上天已经为他做好了安排，弗兰克注定这一辈子是跟石油打交道了，巴特尔斯维尔再次让菲利普斯兄弟重生，他们的命运又开启了新的篇章。

这口井的出油实际上是一个油田的发现，弗兰克的井队在周围接着继续打井，又接连打了8口井，而且每口都出油，大都日产30到150桶之间，第十六口井又是一口高产井，日产高达1200桶。这次石油会战取得了超乎预期的效果，菲利普斯兄弟的石油生产创下了一个新高峰，一下子又把他们拉回了石油生产商的行列。弗兰克见到滚滚而来的石油财富，跟坚守银行经营的李商量是否应该做一个长远规划，利用这个勘探成功的契机制定一个长期发展的部署。弗兰克的意思是继续两条腿走路，银行和石油经营并举的方针，整合石油资产归为一家来统一管理，把银行作为资金流动的蓄水池，抵消石油行业的起伏波动。李对弗兰克的这个想法十分赞同，也认为这是一个非常好的战略方案，同时建议最好现在组建一家上市公司，把整合的石油资产作为这家上市公司的资产向社会融资，让巴特尔斯维尔居民参与他们的公司成长，也希望通过自己的努力给巴特尔斯维尔股民带来实际的利益。弗兰克也觉得这是一个既十分可行又非常符合自己理想的做法，就是不知道这家公开上市的公司该叫什么名字。当初来巴特尔斯维尔创业的锚石油公司显然早已过时，之后用老婆、父母名字命名的石油公司也不适合再继续使用。他们希望新公司能让人从名字上就知道是谁经营的公司，同时最好非常独特让人感觉与众不同。要符合这两个条件一时间兄弟两人没有想到合适的名字。两人下班回家以后，弗兰克吃过晚饭站在门口向往外望去，看见了巴特尔斯维尔修建了许多新的房子，也回想起当年是自己把李叫来打拼创业的，后来韦特又加入他们，这一切都是源于大家是在一个屋檐下生活的一家人。

兄弟手足之情是凝聚他们的纽带，这些年来当地人也早已接受了他们。他们的名字算是家喻户晓了，所以公司的名字应该用他们家族的姓菲利普斯，如果叫石油公司的话，弗兰克觉得用"PETROLEUM"听起来比较有专业味道，让人感觉特别一些。因为"OIL"这个词是泛指，而且被很多公司使用了，巴特尔斯维尔镇上至少有几百家公司用了"OIL"在他们的名称中，想到这里弗兰克决定把公司定名为"PHILLIPS PETROLEUM COMPANY"，即菲利普斯石油公司。第二天到办公室见到李，弗兰克把这个公司名字告诉李，李听了之后也十分满意，一听起来就知道是他们的公司，而且包括了自己一份，因为他也叫菲利普斯。

1917年6月13日，43岁的弗兰克·菲利普斯在纽约签署了所有公司成立文件，出于税率的考虑，公司就在美国东部特拉华州注册登记，资产为300万美元。公司注册登记之后，第一件事就是要确定公司高管人员，当消息传回巴特尔斯维尔时，人们感到十分意外的是，第一任菲利普斯石油公司总裁竟然不是弗兰克·菲利普斯，而是罗伯特·斯隆，李当时也觉得不理解，怎么找一个外人来当总裁。弗兰克回到巴特尔斯维尔跟大家解释这是由于当时法律要求，对于一家新公司需要由专业律师先帮助建立一些公司章程，符合上市公司的经营规范之后再移交给真实的运营商。罗伯特·斯隆是一家纽约律师行的大律师，是他们律师行帮助菲利普斯石油公司上市的，所以需要他帮助菲利普斯石油公司过渡一段时间，再由弗兰克和李接手。

1917年8月8日正好是简·菲利普斯40岁的生日，菲利普斯石油公司召开了第一次董事会。这时公司名下的雇员人数是27人，十几个土地区块契约面积为15500英亩，分布在堪萨斯、俄克拉荷马、和肯塔基等地，油气生产有4口气井和68口油井，平均每日产量为380桶，主要集中在奥萨奇印第安人地区。这次董事会也完成了总裁的正式移交，罗伯特·斯隆辞去了菲利普斯石油公司总裁职务，由弗兰克·菲利普斯接任，李·菲利普斯当选为公司副总裁兼股东董事，亨利·库普曼出任财务总监股东董事。他们三人共持有公司发行原始股75000股，其中弗兰克持有59925股，李拥有15000股，库普曼只有75股。董事会还有两位非股东董事，其中一位是弗兰克19岁的儿子——约翰·菲利普斯，他协助库普曼兼管公司财务，不过，当地人说他是一个被惯坏的富家子弟。

几个月前，未满19岁的约翰就跟当地一个有名银行家的独生女在堪萨斯城结婚，女方的父亲是弗兰克和李银行生意的竞争对手，双方家长都住在巴特尔斯维尔，所以结婚之后在父母的关照下，把家安在巴特尔斯维尔。约翰想用工作能力来证明自己，由于他从小就被简宠坏了，他是父母的唯一亲生骨肉，在简的眼里这个儿子是完美的，从来不会做错事的。可是，作为父亲的弗兰克并不这么认为，他认为约翰成长期间没有机会得到好的历练。日后不管自己的事业发展如何都要传给后代，他希望约翰结婚后能给他生几个孙子做接班人。他叫约翰来公司打工，给约翰一些责任和事情做，一方面可以锻炼约翰，另一方面可以让约翰学习石油经营，懂得如何管理石油公司。可是，约翰从来就没有把心思放在石油生意上，至少是没有显示出对石油行业的兴趣，弗兰克经常叫约翰到他办公室询问公司情况，约翰很多时候都答不上来。

公司成立三个月之后，弗兰克召集了一次特别的董事会议讨论公司的经营方向和出售公司的优先股。大家同意弗兰克发行15000菲利普斯石油公司的优先股的建议，按比例的普通股作为附加股发给公司股东。当然菲利普斯兄弟拿了大头，优先股被83位有钱人认购，他们中间有101庄园的扎克·米勒、美国第三十四任总统艾森豪威尔的哥哥阿瑟·艾森豪威尔、威斯汀豪斯电器公司的创始人威斯汀豪斯等众多社会名流。当时，石油行业的波动是很大，很多公司成立没有几年就消失了，弗兰克和其他几位董事都努力地工作，不断寻找机会发展生存下去。对于公司一般员工没有什么太大的变化，基本上还是照常打工干活，公司是否上市对他们也没有什么影响，但是弗兰克很希望自己的公司能有最好的员工队伍。他善待公司员工的同时，四处招聘好的人才加入公司，工人的待遇和福利都要比其他的公司好，在当地人心目中能到菲利普斯石油公司打工是一件很开心自豪的事。此外，弗兰克积极鼓励员工创新发明，当时很多时候天然气都是在井口被烧掉。菲利普斯公司的人见到焚烧天然气实在是太浪费了，他们建议弗兰克修建天然气设施利用这个资源。弗兰克采纳建议之后，投资修建输气管线和加工设施，他们成了第一家把天然气转变为运输燃料的公司。尽管这个项目没有赚到什么钱，但是这为他们后来进入天然气加工行业打下了基础，在油田上人们普遍觉得菲利普斯公司是一家很有前途的公司，看好弗兰克能把公司经营下去。

三、承前启后继往开来

在菲利普斯石油公司成立一年之后，印第安人保留地石油区块的招标改为定期举行，而且每次招标都演变成了石油商人的聚会。俄克拉荷马的石油商人基本上都会出席，弗兰克几乎每次都到场但很少竞标。他知道盲目的花钱买进土地区块会有潜在的风险，他们打的探井都是在已有石油发现的地区，很多时候的勘探成功菲利普斯兄弟并不明白其地质成因，运气成分占了很大的比重。早期弗兰克只是观摩和结识当地的石油同行，不像马兰是区块投标的热门人物，菲利普斯公司唯一中标是李·菲利普斯的一次事故。那次李·菲利普斯坐在竞标席上，当一块土地区块的标价涨到10万美元时，一只苍蝇飞到李的鼻尖上，他用手指赶了一下这只苍蝇的动作被招标的主持人认为他同意这个报价，因为这是石油商人接受标价的示意。当招标主持人叫到李的时候，他愣住了，回头四处张望，看看有没有其他人出更高标价。遗憾的是没有看见任何人举手，他只好接受了这个不情愿的中标。弗兰克知道后笑话李，白白浪费了公司10万美元。尽管菲利普斯公司对印第安人新开放的土地不感兴趣，但是油价的不断上升，刺激了许多投标的石油商人，一些区块的标价甚至超过了100万美元的契约金。每次奥萨奇土地招标都给当地的印第安人带来成千上万美元的矿产权出售收益，加上油气生产的矿税，当地印第安人收入猛增到富得流油。一年每人几万美元的额外收入，一时都不知道怎么花了，可是对于石油勘探生产而言，无论是技术风险还是经营风险成本都增加了许多。金融行业出身的菲利普斯兄弟，一贯都是以保守经营为方针，不到万不得已的情况下，是不会铤而走险的，石油经营也以求稳为上策。1919年菲利普斯石油公司正式在纽约股票市场上市成功之后，通过以公司收购股票的方式兼并了山国石油公司，新增22处资产。虽然公司的石油平均每天的产量不到6000桶，但是已经拥有了450口油井，并正在建设的第三家汽油厂（这种工厂是把天然气中的液体物质分离，其分离出来的组分跟炼制的汽油成分相似，可以当作普通汽油使用，因此称这样的加工厂为汽油厂，跟炼油厂有本质的区别），成为一家极具潜力的上市公司。

公司上市之后，弗兰克不得不经常去华尔街跟投资商和股票交易所打交道，花每年接近三分之一的时间待在纽约，一半时间在巴特尔斯维尔处理银行和石油事务。为了扩充实力，他们决定再兼并一家当地的银行，于是花费了42.5万美元收购一家银行，使得他们的银行资产达到6500万美元。不仅如此，20世纪20年代的原油价格也呈上涨势头，1918年是每桶2.25美元，两年之后涨到每桶3.50美元。俄克拉荷马的原油产量也超过了美国最大的两个州——加利福尼亚州和得克萨斯州的原油产量。在这非常有利的形势下，弗兰克决定在纽约设立菲利普斯石油公司长期办公室，于是就在曼哈顿百老汇大街115号租了一间写字楼，把菲利普斯石油公司的第一位雇用的女职员调到纽约负责那里的办公室管理。1922年2月，弗兰克没有继续租用这间写字楼做办公室，而是搬迁到对面街41层的大楼办公。当时就在23层租了1200平方英尺的办公室，尽管开销费用很大，但是，公司正处于上升发展阶段，这些费用也就不算什么了。公司成立头六个月的收入是21.8万美元，利润为3114美元。五年之后，公司的年收入增加到了1250万美元，利润为300万美元，公司总资产达到5000万美元以上。1922年6月28日的印第安人的区块招标，菲利普斯石油公司花费了450万美元购买土地，这时公司拥有了1160口生产油井，平均每天的石油产量为21014桶。七家菲利普斯天然汽油厂平均每天生产7.5万加仑的汽油，而且还购买了300个运送汽油的专用铁路车皮。公司规模的迅速扩张，摆在菲利普斯兄弟面前的难题就是人员的管理和安排，幸好弗兰克之前闯荡社会的经历让他练就了知人善任的本事，他很会雇用、辞退和让人代理，这些技能在管理公司方面派上了很大用场。石油工业是一个非常务实的行业，每个独立运营商都会看中人力成本，能力所创造的业绩跟所获得的报酬是直接相关的，什么样的人拿什么样的钱是分得很清楚的。如果你干得好，你就会获得老板的奖励，反之，你就要准备卷铺盖走人，基本上是没有什么第二次或第三次犯错误的机会，这就是这个行业的特点。

　　菲利普斯石油公司的高管组成大致分为两种类型，一些是跟弗兰克和李一起打井找油创业的老臣子，另一些是公司在纽约上市吸引的银行投资商人，他们持有大量公司股票成为公司董事。这些人不仅年龄偏大，而且又缺乏知识和精力带领公司发展。为了公司能够顺利地发展下去，弗兰克和李提拔了一批较为年轻的管理人员进入公司的高层管理队伍，培养他们到时机成熟的时候接替自己。在这些新一辈的接班人中没有菲利普斯兄弟的后代，李的子女没有一个在公司服务的，只有弗兰克很早把他的儿子约翰放在公司董事会，但是经过一段时间的考察，弗兰克发现他儿子根本没有能力接自己的班。虽然约翰跟这些年轻一辈管理人员相处还好，也跟他们一起出席公司重要决策会议和油田视察，但是约翰从来都是对喝酒的兴趣大于钻井找油，弗兰克也就放弃了把事业交给儿子的打算。进入20世纪20年代，菲利普斯公司面临发展瓶颈，需要招聘受过高等教育的新人，同时这些新人要能够融合到公司文化之中。因为这时菲利普斯公司已经不是几个人的公司，而是一家有几千人规模的上市公司。这时一个很偶然的机会，公司招聘了弗兰克的接班人——肯尼斯·斯丹利·亚当斯，人们更喜欢叫他靴子·亚当斯，因为他小时候特别喜欢穿雨靴。

　　亚当斯于1899年8月31日出生在堪萨斯州霍顿一个铁路工程师的家庭，是家里的独生子。为了儿子的前途，在亚当斯两岁的时候，他们家搬到了堪萨斯城，父母希望儿子长大成为牧师或者律师，要不成为一个大公司的老总也行。上中学时，亚当斯就长得一表人才，是一个天生的运动健将，深受女生的喜欢。1917年，高中毕业之后到俄克拉荷马亲戚家玩，这个亲戚是做冰冻冷饮的，暑假亚当斯就帮忙卖冰棒打零工。这时亚当斯已经被堪萨斯大学录取了，暑假之后就回大学读书，同时他也加入美国预备军训练。由于第一次世界大战结束，他也就没有继续军训而在大学里学习商业，学校放假他就来俄克拉荷马亲戚家打工，一是可以赚一些钱，二是实践一些经商知识。工作之余他经常跑到当地的体育俱乐部打篮球，他从小喜欢打篮球锻炼身体，而且打的还挺好。在篮球场上，他遇见了菲利普斯的员工比尔·菲斯特，他们一起打球，并且菲斯特希望亚当斯跟他们一伙菲利普斯员工一起打篮球，不要回堪萨斯上学了，亚当斯当时就婉言谢绝了，等暑假一完就回堪萨斯。可是就在暑假快要结束的时候，有一天菲斯特告诉亚当斯他们公司招人，月薪是125美元，这对当时的亚当斯来说可是挺多钱了，他心想要不先工作一段时间赚够了钱再回学校完成学业也不迟。于是，他就辍学留在了巴特尔斯维尔，1920年11月17日正式到菲利普斯石油公司报到，没想到这一干就是45年。加入公司之后，亚当斯开始对菲利普斯的经营产生了浓厚的兴趣，一心一意地学习各个部门的业务，无论是打井挖坑的粗活，还是钻具修泵的技术活，他都学习而且掌握得很快，在公司的表现深得上司的赞许。同时他被当地的一位大小姐看中，这个女孩是最早来巴特尔斯维尔定居的欧洲移民后代，祖母是当地印第安人，父亲是第一个在巴特尔斯维尔打井的人，两人算是一见钟情，于是就在巴特尔斯维尔结婚安家。

　　成家之后的亚当斯更是以事业为重，很快从仓库物资供应部门调到了生产部门，然后来到财务部门出任主管。除了工作和家庭之外，他还仍然坚持到体育馆去打篮球，就在亚当斯加入公司不久，菲利普斯公司就组建了一支篮球队。这是弗兰克手下两位年轻高管的主意，这两位高管可以说是公司的未来之星，他们主要是想通过这只篮球队来打造公司文化，为以后公司的健康发展打下一个基础，其中一位高管温还是弗兰克最喜欢的年轻人。篮球运动培养人的勇敢果断和团队合作精神，这正是菲利普斯公司所寻求未来领导人的素质。在公司上下的大力支持下，菲利普斯篮球队购买了服装，显赫的公司名字印在球衣上倍显精神，温亲自出任球队教练，每场比赛队员们都认真尽力地打拼，屡屡告捷，名声在当地渐渐大噪起来，吸引了许多篮球业余高手都想加入他们。

1923年，又来了一位堪萨斯的篮球高手加入菲利普斯篮球队，名叫保罗·恩达科特。他是在堪萨斯大学当地长大的男孩，从小就勇敢果断，喜欢篮球运动，高中毕业进入了堪萨斯大学的篮球队，成为大学篮球队的后卫。他在校期间为堪萨斯大学校队打了三个赛季，最后一年还是球队队长，率领球队赢得美国大学比赛冠军，是全美大学最佳后卫，被选入1923年度篮球名人堂。而且他工程专业的成绩也非常优秀，靠获得全额奖学金完成学业。毕业之后，他从来不担心找工作，由于一次李在堪萨斯大学的演讲，恩达科特开始关注菲利普斯公司，当时李对学生说我们菲利普斯公司是从事石油经营而不是石油游戏，这让恩达科特产生了兴趣。当菲利普斯石油公司录用恩达科特的同时，另外一家大的石油公司海湾石油公司也录用了他，比较之后他更喜欢巴特尔斯维尔，毕业的第二天就乘火车来菲利普斯公司报到。当然，他选择菲利普斯公司的另外一个原因，就是可以继续打他喜爱的篮球。在这名篮球明星的带动下，菲利普斯公司篮球队取得了非常骄人的成绩，他们参加了全美业余联赛并取得1543场胜利，获得过11个桂冠并培养了一批公司的高管，其中四位总裁都在这只篮球队里打过球。此外，这支球队为菲利普斯公司做了很好的公共宣传，收到许多意想不到的效果。对于靴子·亚当斯和保罗·恩达科特而言，打篮球只是他们引起公司重视的一块敲门砖，他们知道温是弗兰克眼里的大红人，温会把他认为有潜质的球员推荐给弗兰克大叔，培养成为公司高管。在20世纪20年代，弗兰克常常往返于纽约和巴特尔斯维尔之间，非常需要有年轻人帮他管理石油经营。

1920年5月14日，弗兰克的老朋友马兰发现了伯班克油田，这是一个非常大的油田，坐落在巴特尔斯维尔以西50英里，面积有两万多英亩。第一口发现井就是一口高产井，这引起了同行们的高度关注，当然菲利普斯公司作为当地的石油主力军之一是不会放过这个绝好的发展机会的。尽管油田发现之后，土地契约从原来的10美元1英亩涨到了1万美元1英亩，在1921年6月，14块土地契约售价就高达325.6万美元。1922年，两块伯班克油田区块拍出了133.5美元和116万美元的天价。不过这没有阻止弗兰克进军这个油田的决心，他跟合作多年的合作伙伴比尔·斯凯利一起联手投资，无论多少代价，也要拿下一块伯班克油田分一杯羹。1923年，弗兰克在纽约股市融了一大笔资金来开发伯班克油田，几周之后又在油田修建了75个新的钢造储油罐，不久菲利普斯公司就成了油田的主要运营商之一。这一年伯班克油田年产量将近3200万桶原油，也是这一年保罗·恩达科特接受了菲利普斯公司指派的第一项工作。民用工程师出身的他，感到有机会施展自己的才干，就带着行李就来到了油田，才发现那里还只是一片空地。第一个晚上他就是在荒野地度过的，艰苦的生活条件并没有让这位年轻人退缩，他很快放下了大学生的架子跟工人打成一片。渐渐地他得到了油田工人的认可，那种生活很少有工程师或地质师能适应。油田工人生活非常粗犷，大家来自五湖四海，多数是俄克拉荷马当地人，不少是因为逃避以前的恶行、女人的追讨或法律的惩罚等而来到这里的。这里的领班有权力雇人或炒人，不需要什么手续章程，没有社会保险制度，只需要一个名字就可以到油田打工，没有人检查有无犯罪记录。这些人来到油田就像获得新生一样，努力工作拼命赚钱，风吹日晒变得粗黑豪爽，由于有经验的工人不好找，他们经常不高兴就炒老板鱿鱼到另外的井场去干活，过着随心随意的生活。

在20世纪20年代中期，伯班克油田生产达到顶峰的时候，整个油田有超过1000口油井，一天的产量可达12.5万桶，油田地区居住了4.5万多人。油田周围发展成了许多的小镇，最大的镇子上有一万人之多，开设了许多的服务性产业，给石油工人提供一些消费场所。有一次周末的晚上，菲利普斯公司的一名焊工在舞池跟一位女孩子跳舞，他不知道这个女孩是奥萨奇县警察的女人，这位警察见到菲利普斯的工人跟自己的女人跳舞醋性大发，一把推开这个工人，用枪指着他叫他滚开。这个工人回到工房，把经过告诉了工友，一会儿150多个菲利普斯的工人拿着刀枪棍棒赶来酒吧，有人事先通报了这位警察，他便从后门逃之夭夭了。当菲利普斯工人赶到时，现场只剩下一些小孩和女人，不过这是一个比较极端的事件。弗兰克也不愿意用暴力解决问题，他专门组织了一些人在油田维持治安，持枪在井场营地巡逻。当地的警察不可信，一些警察就是被人雇用的杀手，只要有人肯出钱，他们就无所谓法律不法律的，完全跟黑道没有什么两样。在油田工作生活艰苦单调，并不是完全没有娱乐的时候，经常有歌舞妓女来油田演出，给油田工人带来欢乐。当时有一位金发美女，不仅人长得漂亮，而且唱歌也非常好听，成为所有油田工人的梦中情人。她有一次穿着肥大的钻井工人的衣服，没有穿任何内衣在里面，跑到井场又蹦又跳，美丽的身材忽隐忽现地展现在这些饥渴的工人面前，让所有在场的工人把口袋里的钞票都砸向了这位美女，很多看过她表演的工人表示终生难忘那次经历。这个消息传到了巴特尔斯维尔，简·菲利普斯还重金邀请她给公司的单身汉举办一场慰劳专场演出，表演定在儿子约翰的生日晚会，结果是挤得水泄不通。一些人只好爬到屋顶上看，由于屋顶上聚集的人太多，把屋顶都给压塌了。随后，巴特尔斯维尔城市出现了好多家风情酒吧和娱乐场所，菲利普斯石油公司的收益也翻了几番，从1917年的资产300万美元，到十年之后的13000万美元，是美国石油行业增长最快的公司之一。一年的人工支出就达到535.5万美元，菲利普斯兄弟非常高兴公司取得如此傲人业绩。

在这期间，公司发展最好的部门应该算是天然气销售，天然气在当时的油田开发中是一种没什么人要的副产品。弗兰克见到了这种现象之后，把身边的高管叫来商谈解决办法，开始时把油田开采的天然气作为天然汽油的原料和生产碳黑的燃料，大家建议公司投入研发从天然气中提取液体的技术，还专门成立了一个天然气销售部门。到了1925年，菲利普斯公司成为美国最大的天然汽油供应商，一直在这方面保持着领先优势。可是，在一年之后，引发了一场著名的专利争夺官司。联合碳化物公司也一家主要的天然汽油生产商，他们指控菲利普斯公司侵犯他们的知识产权，声称他们拥有天然汽油生产技术的专利，菲利普斯公司需要向他们支付专利费。这让弗兰克非常生气，决定法庭应诉，经过一番现场调研之后，先是成立了一个研究机构去证明菲利普斯的生产流程跟联合碳化物公司的技术不同，不仅证明了联合碳化物公司的指控不能成立，而且还从中发现了菲利普斯的生产流程还有许多需要改进的地方。从此，研究开发技术产品成为菲利普斯石油公司发展的核心竞争力，也开始寻找合适的专业人员来应对法律问题和领导公司在石化方面的研发。没过多久，公司在塔尔萨找到了俄亥俄大学毕业的化学师乔治·奥伯费尔，他是第一次世界大战期间的美军化学师，帮助研发气体防毒面具，同时发现了天然气吸附汽油的现象。第一次世界大战结束后，他来到塔尔萨给石油公司当顾问，撰写了《天然汽油》一书，让他成为这个领域的专家，而且他是一个纯粹的科学研究者，他很乐意帮助菲利普斯打这场官司。因为这不仅可以给他带来一笔咨询费用，而且可以显示他的科学才干。弗兰克很高兴地雇用了奥伯费尔来带领一个团队进行诉讼准备，这个年轻的团队组成有三个共同的特点：一是每个人都是很聪明和有很好的教育背景；二是都喜欢钻研复杂问题的解决方法；三是都还是不到30岁，非常有创造能力。在菲利普斯内部称他们为奥伯费尔的神童团队。没有多久，这个团队就实验出了一个方法展现联合碳化物公司的技术，1926年在法庭上把这个技术过程呈现给法官看，表明了联合碳化物的天然气分解技术专利是无效的。分离天然气组分的方法并不是什么创新，早在古埃及就有与其相类似的分离法，结果法院判决联合碳化物公司的指控不成立，菲利普斯公司无须赔偿任何专利费用。这场官司的胜利不仅让弗兰克看见了科技的力量，也让他认识到了知识的重要性，必须要有自己的科研队伍提高科技水平。于是整个奥伯费尔的团队就成为菲利普斯公司第一批研发人员，继续为公司开发新的石化产品。菲利普斯公司也开始大量招聘院校毕业的地质师、工程师和化学师等，保证公司在技术上有先进的人才储备和可持续性发展。

尽管1925年是菲利普斯石油公司的一个里程碑，但是跟1926年的业绩相比又显得逊色了许多。这一年得克萨斯州的北部与俄克拉荷马接壤处发现了博格特大气田，菲利普斯凭借着气田开发优势加入了这个气田的开发，这一年公司的资产到达了26600万美元，净收入为2140万美元，生产井达到了2300口，平均日产量为5.5万桶。博格气田的开发过程跟伯班克油田很相似，大批的年轻石油工人涌入那里找工作，城市人口突然暴增起来。保罗·恩达科特又被菲利普斯公司派往这里，在气田的一个区块负责开发，这次他负责公司的基础建设和开发规划。他把这个开发区块改造成一个城镇，后来就干脆把它命名为菲利普斯镇。他们雇用了社会上各种各样的人在那里工作，其中有不少是逃犯，后来都被恩达科特改造成合格的石油工人。城镇的发展也成就了许多服务性行业，包括一些酒吧、妓院等娱乐场所。在恩达科特的领导下，菲利普斯镇顺利地修建了起来，成为公司一个重要的天然气生产基地。一次弗兰克带领公司高层视察之后，高兴地交给了恩达科特1400美元的奖励，对这个每月只挣190美元的工程师而言，这是很大的奖励。从这个时候起，菲利普斯石油公司的上游生产发展似乎到达了一个极限，虽然有许多油田资产和一些油气管线，但是始终没有接触到最终的消费者。如果没有自己的炼油厂和加油站，就不能算一家标准一体化公司，仍然只是一家上游生产的石油公司，弗兰克和公司高管都琢磨如何继续发展成为一家一体化大型石油公司，在行业激烈竞争中立于不败之地，这成了菲利普斯公司第二个十年的挑战。

四、别出心裁，开拓经营

1927年是菲利普斯公司成立十周年，在这一年世界飞行史上发生了一次壮举，美国飞行员查尔斯·林德伯格在5月20日成功地从纽约长岛的罗斯福机场起飞，经过33.5小时的长途飞行，于5月21日飞抵法国巴黎。他使用的是单引擎单座飞机，飞行了3600英里，成为第一个跨越大西洋飞行的人。一下子林德伯格成为世界人民关注的飞行英雄，在获得了2.5万美元的奖金之外，还被美国国会授予有史以来第一枚杰出飞行十字勋章，这件事在美国影响巨大。弗兰克在纽约报纸上从头到尾一直关注着这次飞行，成为他日常与人交谈的话题，很快在他的商人圈里就有人开始讨论未来的商业飞行。在一次商界朋友的午餐聚会上，有人提议举办一次飞行比赛，弗兰克似乎看见了航空工业的未来。林德伯格对弗兰克产生了深远影响并不是那么奇怪的事，飞机虽然在美国诞生时间不是很长，但是作为一种新型的交通工具有着巨大的发展潜力。第一次世界大战期间，机械化作战在战场上就显示出了极大的优越性，而且带动了汽油销量。这让弗兰克和菲利普斯公司注意到这将会是公司的发展方向之一，他鼓励奥伯费尔领导的研发团队继续在开发汽油和研发航空燃油方向努力。1927年菲利普斯公司研发出了一种更轻的航空产品，称之为新航空燃油。这款新产品的出现后，虽然有一些飞行公司使用，但是在市场的知名度还是非常有限。菲利普斯公司没有什么名气，一般美国人都不知道菲利普斯石油公司，拥有汽车的人士也没有听说过菲利普斯石油公司，而且一般的人只知道去加油站加油，他们并不知道自己所加的汽油中就有菲利普斯生产的汽油混合在里面。当然，加油站的商号从来都不是菲利普斯，因为他们只是把生产的石油卖给了其他炼油厂商。菲利普斯石油公司是当时世界最大的天然汽油生产商，但是只批量销售给其他的商家做炼油混合和生成成品油，所以公众普遍不知道菲利普斯石油公司。这让弗兰克觉得很郁闷，必须改变这个被动局面，要拥有自己的炼油厂和成品油零售行业，再也不能依靠其他商家来销售自己的石油，是时候跟最终消费者直接发生联系了。打响公司名气，争取广大公众认可，弗兰克相信菲利普斯公司是可以做到的！

　　就在这个时候，外界谣传菲利普斯作为一家独立生产商要和一家大的一体化石油公司合并，弗兰克对于这种传言给予了公开的否定，声称如果是有兼并发生，那一定是菲利普斯公司兼并别人而不是被别人所兼并。不过，私底下弗兰克还是承认跟具有炼油和销售能力的大公司合并的可能性，后来弗兰克解释说，如果能保持公司的财务健康，他会考虑这个选择。尽管他和李不愿意把自己亲手打造的公司交给别人控制，但是从经营和公司发展的角度考虑，这是当时他们的选项之一。事实上，他们是跟德士古石油公司洽谈过，经过两年多的磋商之后最终没能达成协议，其中一个原因就是菲利普不同意搬离巴特尔斯维尔，抛弃公司的大部分员工。虽然兼并的传言平息了，但弗兰克已经是五十多岁的人了，说老实话，他自己也感觉老了不适合再继续经营这家石油公司了。因此业内有人预言，一年之内菲利普斯石油公司将会消失，弗兰克听到这个说法只好用实际行动来回答。

在林德伯格的历史性飞行事件之前，弗兰克和公司的经营和研发专家就拟定出了一个开拓计划，其中就包括炼油和销售部分。当林德伯格完成飞行的两天之后，这项计划就被提到实施之中，他们出手购买了俄克拉荷马州最大的天然气公司——俄克拉荷马天然气公司，耗资2500万美元。当时这家公司陷入了财政困难，弗兰克收购之后迅速扭亏为盈，同时让菲利普斯公司成为天然气市场的主要经营者。可是，五个月之后，美国天然气公司开价4000万美元，经过协商争取到了通过输气管线从北得克萨斯州到塔尔萨的供气合同，然后把俄克拉荷马天然气公司按4000万美元卖给了美国天然气公司，获得了1500万美元的收益。但是，弗兰克想要的是打响菲利普斯公司的品牌，让汽车拥有者知道他们使用的是菲利普斯的产品，为了实现这个目的，弗兰克受到了林德伯格飞行的启示，走从天到地的战略来促进产品市场的开发。要实现这个计划需要有一次全国性的大型活动，大西洋已经被人飞越了，剩下具有挑战性的飞行只有从美洲大陆飞往太平洋的夏威夷群岛，其难度不亚于林德伯格的飞行，这个想法跟詹姆斯·多尔——夏威夷的菠萝大王不谋而合。多尔是想借林德伯格的东风推进美国大陆到夏威夷的商业飞行，提高他们公司的知名度，他决定公开举办这次飞行挑战。同样，设置2.5万美元的奖金给第一位能从美国本土飞抵夏威夷的人。当时他首先想到的是邀请林德伯格参与，可是林德伯格觉得飞往夏威夷的目标大小，如有偏差就会掉到大海里，十分危险，就婉言谢绝了。也正因为如此，更加刺激了多尔举办这项活动的决心，相信重赏之下必有勇夫，在美国从来都不缺乏风险的挑战者。当弗兰克看见多尔张贴从旧金山飞往檀香山挑战告示，他认为自己的机会来了。不仅可以向世人展现菲利普斯新航空燃油的优良品质，而且这也是一个非常难得的推销菲利普斯品牌的机会。他立即行动起来去寻找合适人选来完成这项任务。

在巴特尔斯维尔菲利普斯有一个航空部门长期从事航空燃油的研发，其项目的负责人是比利·帕克。帕克是俄克拉荷马城的本地人，父母1889年把土地捐出来才有了那个城市的建造。帕克从小就喜爱飞行，1908年母亲带他参观了在多伦多世界博览会，他亲眼见到了各种各样的飞行器，这让他开始对飞行着迷起来。尽管那时怀特兄弟发明飞机还不到五年，很多的飞行器还十分原始，帕克14岁那年就把他的飞行梦想就实现了。当时他们家搬到了科罗拉多，在那里有一个很大的农场，帕克在父亲的工具房里自己建造了一架双机翼飞机，在朋友的帮助下，他成功地飞行了几英尺，尽管不算是很成功，但是对帕克来说是实现梦想的第一步。几年之后，帕克就加入了英国皇家空军，作为飞行队长参加了第一次世界大战。当美国参战的时候，他被转送到美国空军回到了俄克拉荷马，协助美国联邦政府在俄克拉荷马建立飞机制造厂和飞行学校，帕克被任命为工厂经理、总工程师、试飞员和教官。1917年的圣诞节，菲利普斯公司刚刚成立6个月的时候，帕克进行了美国第一次国产飞机的商业飞行。新年的那一天，他带着巴特尔斯维尔镇创始人的儿子做了表演飞行，这个活动激发了当地人们对飞行的热情，就把镇上北面的土地捐出来用于飞行事业。当时的飞机制造厂很小，只有30来人，大战期间也只生产了十架飞机就停产了。帕克就继续经营飞行学校，到了1919年驾驶他的双翼飞机开始了环美国飞行，1925年又回到了巴特尔斯维尔。第二年弗兰克就聘请他为菲利普斯公司的第一飞行员，他的工作是运送消防人员和消防器材到火灾井场和带菲利普斯高管巡视新油田，同时帕克也帮助公司新航空汽油的研发测试。这时帕克并不在巴特尔斯维尔，而正在做新航空汽油的全国推销，弗兰克火速召回帕克商讨实施方案，商量的结果是由帕克负责地面指挥调度，由俄克拉荷马城的班尼特·格里芬负责驾驶，飞行导航员由阿尔·亨里担任，同时，代表菲利普斯石油公司，飞机命名为俄克拉荷马。他们先开始了燃料测试，测试结果表明燃料足够飞到夏威夷。于是，菲利普斯的飞行团队就开始了积极准备，最终定于1927年8月16日开始这场飞行壮举。

消息传出之后，好莱坞特技飞行员阿瑟·戈贝尔也想参与这次历史性的飞行，戈贝尔当时年龄31岁，已经驾驶过各种类型的飞机。飞行技术算是无人可及，而且他不惧怕风险，有丰富的应变经验。虽然作为一个特技飞行员财力相当有限，但是他认为这是一个出名难得的好机会。他专程到堪萨斯的飞机制造厂考察，要求为他特别定做一架飞机来飞越太平洋，他留下了5000美元定金后就回加利福尼亚州筹款和准备飞行。尽管他的不少朋友都解囊相助，可还是没有筹集到足够的资金。这时，他的一位朋友告诉戈贝尔，俄克拉荷马有一位石油商人叫弗兰克·菲利普斯也在筹备多尔的飞行挑战，而且他们公司新研发出一种新航空燃料油，或许弗兰克可以资助。无论怎样都是值得试一试的，于是戈贝尔联系了弗兰克，解释了他的来历和意图。听了戈贝尔的说明之后，弗兰克就去找帕克征求意见，赞助戈贝尔航空燃料油和他的飞行成为菲利普斯公司的双保险。无论谁先飞抵夏威夷，用的都是菲利普斯的航空汽油，广告的效用是一样的，只是公司品牌的影响力会有一点差别，不过参与这次飞行的目的是为了推广产品，赞助戈贝尔飞行还是值得的。弗兰克向戈贝尔提出了一个赞助条件，要求他把飞机命名为伍拉罗克，即弗兰克庄园的名字。对于飞机的命名戈贝尔真是无所谓，他关心的是如何实现这次历史性的飞行被载入史册，二话没说就完全同意了。戈贝尔的飞机是单人机，他不需要跟人分享奖金，飞机的燃油也可以飞行更远的距离，可是多尔在挑战中明确规定必须是双人飞行，需要有驾驶员和导航员，戈贝尔不得不改变原定计划，招聘一位导航员。戈贝尔的一位朋友向他推荐年轻的海军上尉威廉·戴维斯，这是一位从海军学院毕业的导航员，有丰富的陆地和海上导航的经验，曾经在美国的第一艘航母上做过飞行导航，可以说是戈贝尔能找到的最理想导航员。

当戈贝尔在加利福尼亚州圣地亚哥海军基地找到戴维斯时，戴维斯也很激动地表示愿意参加这次飞行，就跟基地请了几天假去做飞行。那年的8月初，两支菲利普斯赞助的团队一起来到堪萨斯拿飞机,弗兰克要求他们一起飞到巴特尔斯维尔,要亲眼看看自己赞助的"多尔德比"的飞行。菲利普斯全体员工都非常激动,给予他们英雄般的欢迎。大街小巷就开始议论纷纷,很快这种议论不仅传遍了巴特尔斯维尔市和整个俄克拉荷马州,也慢慢地传遍了整个美国,菲利普斯公司一下子登上了公众关注的舞台,公司的名字也变得家喻户晓。弗兰克大叔变得老当益壮,焕发出高涨的飞行热情。由于戴维斯通晓导航器材,他要求在飞机上另外安装一个地球校正指南针,这个仪器可以帮助校正偏离航向,对于这次飞行十分重要。他们又从圣地亚哥飞到奥克兰做了最后的调试飞行,一切准备就绪之后,伍拉罗克和俄克拉荷马两架飞机定于8月16日早晨出征。伍拉罗克飞机装满了417加仑的菲利普斯新航空燃油,外加17加仑的石油用于救生艇的动力和信号,飞机的重量总共为5520磅,需要飞行2437英里到达夏威夷。原本有25架飞机参加这次飞行挑战,但是,快到飞行的日期时,只剩下15架飞机参与。在飞行开始之前,又有几架出现故障不能飞行,最后只剩下8架参加本次挑战飞行。格里芬的俄克拉荷马排在第一位起飞,伍拉罗克被安排在第七位起飞。出征的当天清晨,奥克兰被浓雾笼罩,机场的能见度极低。当雾散去之后,八架飞机整齐地排列在跑道上,一大群围观的人们都在猜想哪架可以飞到终点,格里芬和亨里正坐在驾驶舱内等待出发的信号,快到中午的时候塔台发出了起飞信号。俄克拉荷马号滑行了3000英尺之后就飞上了蓝天,之后转向西开始了飞往夏威夷的航程。接着第二架飞机起飞时,发生了事故退出了比赛,第三、第四、第五、第六架飞机相继起飞,到了第七架伍拉罗克已经是最后一架起飞的参赛者了,它的起飞时间是下午12点36分。

可是,所有飞机起飞完毕不到一个小时,几架飞机就陆续返航回到奥克兰机场。多数飞机都是由于飞行故障放弃了飞行,不久俄克拉荷马号也安全在机场着陆。一下飞机,格里芬就说他看见引擎发热,可能是由于菲利普斯的燃油引起的,很快这个说法就被比利·帕克给否定了。因为他们是完全测试过菲利普斯的燃油,而且在美国国内飞行过无数次,没有发生过燃油问题。帕克怀疑与飞行员的不良驾驶有关，不管怎样，安全着陆平安无事就是一件好事。一番解释之后，人们这才关注到另外一架菲利普斯的飞机现在在哪里，伍拉罗克号的一切都在戈贝尔的掌控之中，正在飞向夏威夷群岛。戈贝尔坐在前面的驾驶舱，跟后面的戴维斯之间是分隔的，戴维斯不断地收听无线电通信和查看释放的气弹测试风向，不停地告诉戈贝尔的飞行方向，几小时之后头顶的太阳渐渐地消失在水平线上，迎来了漫漫长夜。在黑暗中飞行，下面是一片茫茫大海，戈贝尔只能看见窗外漆黑黑的前方，仿佛是自己一个人在黑暗的空中行走一般，没有尽头。经过一天的飞行之后，戈贝尔开始感觉到十分孤独，无法用言语形容的恐惧悄然而生，还好飞机上所有的设备都工作正常，他们每人都有一个保温杯和三明治面包，但是他都没有胃口。戈贝尔始终按照戴维斯给他的指令保持在4000英尺的高度飞行，一直注视着前方，云层不断地在飞机下方掠过，戴维斯凭借着北斗星的位置判断飞行方向，到了半夜戴维斯叫戈贝尔爬高到6000英尺，保持在云上飞行。不知不觉之中天边又泛起一缕曙光，清晨到来，但很大雾气看见不到下面是什么，在东北风的推动下飞行节省了许多的燃油。后来，戴维斯告诉戈贝尔调转向南飞，开始戈贝尔不愿意，可是又找不到夏威夷的方向，只好服从戴维斯的建议。当他们的手表指示下午两点时，在海面上出现了一个小岛，不一会儿变成了一座山，他们终于飞到了夏威夷。戴维斯的导航准确无误，戈贝尔把飞机对准檀香山飞去，就见到从夏威夷军用基地的军机前来护航。从机窗望去，对面的飞行员伸出一个手指，表示他们第一个飞到，这时戈贝尔和戴维斯才意识到他们赢得了这场挑战。当戈贝尔的飞机稳稳地着陆之后，一看表从奥克兰飞到夏威夷用时26小时17分。两个小时之后，另外一架飞机也安全在夏威夷着陆，这两架飞机完成了这次历史性飞行比赛，除了两架飞机失踪之外，其余的都返回了奥克兰机场。

　　当戈贝尔和戴维斯从伍拉罗克号机舱爬出来时，两万多人在场等候欢迎。一些观众是前一天就来这里，整个晚上都在那里期盼。詹姆斯·多尔当场就把2.5万美元的支票交给了他们，夏威夷的军事指挥官也前来祝贺。按当地人的习惯给优胜者献了花圈，现场跳起了夏威夷舞蹈，人们沉浸在一片喜悦之中。记者采访戈贝尔时，他对着麦克风说道："我们使用了很好的汽油，新型的航空汽油，由俄克拉荷马巴特尔斯维尔的弗兰克·菲利普斯提供的，而且他也赞助了我们这次飞行。"采访之后，他们做的第一件事不是去吃东西，而是跑去打电报回美国本土给弗兰克大叔，电报是这样写的："我们飞抵夏威夷，菲利普斯的航空汽油把我们送到这里，赢得了多尔的奖金——戈贝尔。"弗兰克收到电报之后，手上拿着雪茄像是预料中的那样，对周围的人说："我们对航空事业的未来非常有信心，我们今后要参与把航空燃油做得更好。"李看了之后，拍了份电报给多尔说他们几位菲利普斯高管前来夏威夷，结束时写道："戈贝尔的勇气，多尔菠萝的奖金，加菲利普斯的汽油就是成功的秘方。"当林德伯格听说伍拉罗克号取得了这次飞行挑战的胜利，高度评价了戈贝尔和戴维斯的飞行能力，在太平洋当中找到了夏威夷小岛真是了不起，从加利福尼亚州飞到夏威夷是一次伟大的飞行壮举。当机组人员把伍拉罗克号拆卸装船运回美国本土时，菲利普斯的名字登上了美国各大报纸的头条。伴随着戈贝尔赢得多尔大奖的消息，菲利普斯的新航空燃油也随之进入了公众的视野。不久，波音航空运输选用了菲利普斯的"高压"汽油为所有邮件飞行的燃油，不仅是菲利普斯的航空燃油，而且通过这次挑战飞行，菲利普斯石油公司的品牌也被越来越多的人所了解。弗兰克的市场推广策略获得了巨大的成功，公司航空燃油优质的声誉在天上建立起来，下一步就是如何在地上树立起汽车用油的品牌。

美国中部大陆的汽油市场已经被印第安纳标准石油公司所主宰，汽油零售市场的竞争非常激烈。不仅有印第安纳标准石油，还有新泽西标准石油、德士古石油公司和一些其他大石油公司都在这个地区角逐。菲利普斯石油公司要进入这个市场，需要极大的勇气和优质产品才有可能站稳脚跟。这时菲利普斯还只是一家大的独立石油生产公司，没有炼油厂和中转站以及销售渠道，如果不是疯了，这一定是一个十分冒险的决定，可是弗兰克决意去做的事是没有人可以阻止他的。敢于承担风险是弗兰克的一大特点，但是在每次重大的风险面前弗兰克都会进行深入的调查和精心的准备，这次也不例外。调查发现当大的炼厂和营销公司接受菲利普斯的产品时，都不是很精确的要求组分，销售的汽油没有很好的质量说明，这给弗兰克抓到了有机可乘的机会。他召集研发部门人员协商，其实，在伍拉罗克号赢得多尔大奖时，菲利普斯的研发人员就找到了一种新的汽油配方，可以保证汽油的质量。最早公司生产的航空燃油是从伯班克工厂的原油分离装置把轻质的丙烷和丁烷在天然汽油中分离出来，这样剩下的天然汽油就只有稳定的石油燃料组分。菲利普斯在伯班克厂修建了大型的加工设备，在奥伯费尔带领的科研人员指导下，进行汽车汽油生产。然后，跟市场销售的汽油进行分析对比，采用不同的组分混合，在各种品牌的汽车上测试。根据实验的结果，研发人员把菲利普斯的天然汽油跟轻油混合，生产具有高品质的汽车燃油，这是菲利普斯产品跟其他汽油产品不同的地方，基本上就是把井口的天然气提取的汽油与原油炼制的轻组分油混合形成菲利普斯汽油。

弗兰克的研发人员开发的这个产品被弗兰克认为是不同于市场出售汽油的优质机动车燃油，销售部门需要给这个产品一个名字，跟研发人员一起讨论。研发人员首先想到的是这个新产品的"高比重"，建议取名为"66"。不少研发人员觉得这个名字很好地说明了这个产品与众不同的地方，但是市场销售人员觉得这没有什么品牌效应。一个数字对普通人而言，不能说明其所表示的含义。有人建议使用菲利普斯66来作为汽油品牌，就像海因茨57那样，这个名字组合关键还是在这个数字上。弗兰克举棋不定就召开公司高管会议讨论，这时其中一位高管刚从俄克拉荷马城出差回到巴特尔斯维尔，使用的就是菲利普斯新研发的汽油，作为汽油测试的一部分。司机在66号高速公路上把车开到了限速60英里，觉得还是不够快就加到66英里，汽车仍然行驶得很平稳，高管记录下了这个数字。66号高速公路是跨越美国三分之二面积，从芝加哥起经过多个中部州到达洛杉矶，全长2238英里，横跨三个时区双车道，经过不少俄克拉荷马和得克萨斯油田，其中一些是菲利普斯公司的油田。而且，这个66号公路覆盖的地区也是菲利普斯市场销售部首先要进行汽油零售开发的市场，各种巧合都联系上了66这个数字，高管们也觉得利用"菲利普斯66"来创品牌显得跟其他公司不一样，应该会是一个不错的选择，于是就采用了这个名字来做品牌。不久，在堪萨斯州就出现了第一家菲利普斯66加油站，为了配合新产品的推销，销售部雇用了美女模特穿着飞行服装给人加油，人们很快就联想起多尔举办的夏威夷飞行挑战。机动车驾驶员觉得飞机能够使用的产品质量一定不错，很快菲利普斯66的加油站排起了长龙，开张的第二天1927年11月20日就销售了2.4万加仑的汽油。巨大的市场成功使得菲利普斯公司不断地沿着66号公路开设新的汽油零售站，到了1928年数量多达1800家。两年之后，1930年在美国的6个州有将近7000家菲利普斯66的加油站，这样的发展速度前所未有过，完全是由于戈贝尔的那次历史性飞行营销，让弗兰克的这次冒险尝试收获了超出预料的效果。

菲利普斯公司1927年11月1日正式在得克萨斯州的博格开启了第一家炼油厂，每天加工能力为1500桶，一年之后增加到7500桶，到了1929年达到1.5万桶。这时菲利普斯石油公司拥有了炼油销售，成为一家名副其实的一体化石油公司。菲利普斯的研发人员不仅研发了汽油的生产，也对当时被认为从天然气中提取的丙烷和丁烷为主的无用液体进行开发利用，这些石油组分熔点太低，不能添加在汽油中，太容易挥发会使得汽油性质发生改变，但是却可以作为家庭日常做饭燃料。开发利用这些被视为无用的产品不是一件容易解决的难题，很多公司都因为无法解决易挥发的问题而放弃利用石油气。弗兰克认为菲利普斯公司值得去探索，奥伯费尔团队开始寻找这些石油液化气供应、储存、运输的解决办法，成立了一个专门的部门由公司高管亲自抓。在公司上上下下的配合下，一位化学家发现这种无色无味的气体泄漏不容易被发觉，这使得使用时留下非常大的安全隐患。于是，找了一种气味很浓的化学物质添加在石油液化气中，只要有泄漏就很快可以闻到。这只是一点小的改进，真正的难题是如何解决储运问题，负责博格开发的高管恩达科特见到火车运输原油采用油罐，就建议研发人员采用铁罐装载石油液化气，由于石油液化气具有高度的腐蚀性，必须采用能抗腐蚀的容器。不仅如此，液化气还有一个特点就是在压力下成为液体，当压力降低时就会气化，这样采用合金钢材制作液化气罐既可以方便携带，又可以安全在家庭住宅使用，经过反复的实验终于找到了解决办法，并且申请了专利。石油液化气罐就是菲利普斯公司发明的产品之一，通过这个方法他们把废弃的石油液化气变成了有用的居民和工业燃料，也成为菲利普斯公司的一个创利手段。仅仅1929年间使用石油液化气的客户就从800户增加到8000户，公司专门组建了一个石油液化气销售部门负责分销石油液化气。1928年国内的零售额为36.8万磅，第二年就猛增到295.7万磅，批发和特殊产品销售也从1928年的300万加仑增加到1929年的600万加仑。石油液化气不仅供应给了美国国内市场，在1929年和1934年的南极探险，也都是使用菲利普斯的石油液化气作为燃料，为南极探险提供了支援。菲利普斯公司是一家非常注重开发石油化工产品的公司，他们在美国申请了大量的各种石化产品专利。

五、世代交替，风雨同行

1929年应该说是菲利普斯公司成立以来发展最好的一年，不仅油气生产屡创新高，而且新开辟的汽油零售市场也是火成一片。年度机动汽油销售从1000万加仑增加到1亿加仑，一年间就增长了十倍。公司每天还出产80万加仑的石油液化气，这在美国石油行业从未有过，就连菲利普斯公司自己的炼油和销售经营都不适应这么高速的发展，更为重要的是公司创下了1300万美元的盈利记录，这个数字比1928年多一倍。可是，这一年的10月份美国股市出现了波动，华尔街的投资商们议论美国经济是否会出现危机。弗兰克此时也密切地关注着美国股市的走向，菲利普斯公司毕竟是一家上市公司，股市对公司的经营影响还是很大的。观察了半个月股市的起起伏伏和听到一些知名的华尔街股市投资人的看法，弗兰克以为这些都属于股市的正常波动范围，就从纽约返回俄克拉荷马参加一些社交活动。10月24日星期四，弗兰克从报纸上得知纽约交易所一天就抛售了1300万股的股票，在几家大银行和公司出手购买后才止跌。弗兰克马上打长途电话给纽约办公室询问情况，更为悲观的消息从电话的那头传来，华尔街传言有军队介入和投资商人跳楼事件发生。弗兰克开始预感这次股市的问题会很严重，打算周末参加完养女和侄儿的双重婚礼和办理一些商务之后就赶回纽约。周一开市还算平稳没有什么大的变化，周二10月29日纽约股市出现了历史上最为黑暗的一天，被称为"黑色星期二"。纽约股市崩盘引发全球金融危机，大量股票抛售使得很多公司的股票当天结束的售价不到开盘时的一半，菲利普斯公司的股票也未能幸免，股价暴跌引起了股东的恐慌。弗兰克立即召开公司高管会议商讨应对策略，告诉出席会议的高管，公司的运营一切正常。股票下跌是由于股市崩盘造成的，呼吁大家不要出售自己手中的股票，那样就会给自己造成经济损失。听完几位高管的提议后，弗兰克拟定给6000名菲利普斯石油公司的股东每人发通知，告诉他们菲利普斯公司经营正常，股票价格会回升到之前的价位。这番努力算是收到了一定的效果，菲利普斯公司的股票没有像其他股票下跌得那么厉害，报界评论说菲利普斯兄弟是真正配当百万富翁的人。

股市灾难之后，美国经济进入了大萧条时期。起初人们以为这次也会像以前那样很快就会重新恢复，没有想到一天天过去，一个月一年过去都没有见到明显的好转。这次经济危机在美国历史上持续时间最长影响最大，导致1930年大约400多万美国人失业，到了1931年12月失业人口增加到了1350万，增加了三倍之多，占当时美国劳动人口的三分之一。经济持续衰退，物价不断下跌，国家财政崩溃，但是这对于弗兰克个人而言，没有太明显的影响，他还是游离在纽约芝加哥和巴特尔斯维尔之间，继续经营菲利普斯石油公司。为了增加竞争实力，他打算修建自己的输油管线，从炼油厂修到美国中西部的大城市，菲利普斯在北得克萨斯州的炼油设施到芝加哥的距离是600多英里，这会是很大一笔工程费用。面对当时经济不景气的情况下，许多工程技术人员提出了反对意见，这对独断专行的弗兰克没有起到什么作用，弗兰克指定自己喜欢的高管亲自负责，自己想办法去筹集资金来完成这项工程。1930年4月22日，弗兰克在庞卡城出席盛大集会遇见了自己的老朋友马兰，对马兰被摩根银行赶出了马兰石油公司深表同情，老友相见触景生情长谈了许久，马兰把自己跟摩根银行打交道的一些内幕告诉了弗兰克，这让弗兰克对投资商人产生了警觉。他不想自己重复马兰的悲剧，菲利普斯公司绝对不能被其他银行家所控制，告诫自己无论怎样都不会向摩根银行借钱。

1930年9月20日，菲利普斯石油公司以交换股票的形式，即76股菲利普斯股票兑100股独立公司股票的方式，兼并了独立石油公司。合并之后的公司资产达到了3.16亿美元，有3600口生产油井、54家汽油厂、11600家零售店，还新增了两家炼油厂。在美国十个州有油气勘探区块，销售市场从南边的得克萨斯州扩大到北边的加拿大，从西边的落基山到东边的俄亥俄州。这次兼并不仅是一次商业整合，而且还是菲利普斯兄弟的重聚，因为韦特·菲利普斯是当时独立石油公司的执行官。1925年韦特出售他的公司之后，把得到的资金投入和朋友组建的石油公司，1927年韦特购买了独立石油公司大部分股票之后，就合并了跟朋友组建的石油公司。一下子经营范围扩展到石油生产、炼油和营销等领域。当老总裁卸任新总裁上任时，由于韦特成为大股东和董事会成员，不久就被推选为独立石油公司的执行官。当时油气杂志是这么说的："菲利普斯兄弟是被视为石油行业最聪明的石油人，他们的银行经营遍及纽约、堪萨斯城、塔尔萨和巴特尔斯维尔，菲利普斯和独立公司的合并，是能人组建了一个实力强大的机构。"合并之后两家公司的管理结构基本保持不变，只是韦特不想再参与新公司的运营，选择了退休做自己喜欢做的事情。其实，菲利普斯家人都知道弗兰克和韦特的性格太相似了，两个人是无法在一起共事的，韦特的退休算是一个明智的选择。

相比其他石油公司，菲利普斯公司的股票还算基本稳定，跟独立石油公司的合并成为原油生产和销售的主要增长因素。尽管1930年的秋季在圣路易斯发生了劳资纠纷，损坏了几家菲利普斯加油站，整体的公司经营还基本顺利，仍然是俄克拉荷马州的第一大原油生产商。但是，公司兼并和输油管线的修建给公司带来了许多的负债，菲利普斯公司的利润也开始下滑，从1926年的2140万美元和1929年的1320万美元，下降到了1930年的300万美元。在1930年最后的几个月，原油和成品油的价格急剧下跌，创下了1917年公司成立以来的最低水平。面临严峻的盈利下降，弗兰克开始担心菲利普斯公司的财政运营，借贷了资金扩建基础设施会造成原油生产销售成本过高，他发现修建运输管道的成本费用超出了他当初的预料。不过，弗兰克始终相信修建油管线和兼并独立石油公司是应该的，债务的攀升是意想不到的事情，就像一场赌博一样，下注的时候是不知道结果的。在弗兰克眼里，石油经营本来就是一场赌博，之前的成功哪一次不是冒着风险去做的。事到如今，弗兰克不能确定自己是否做出了正确的决定，也不知道公司是否能够生存下去，度过美国这场有史以来最大的经济危机。这种担忧不仅弗兰克和李有，其他高管董事也同样担心菲利普斯公司的前途，兼并公司和修建管线都是为了公司的发展，出发点是好的。但是，这会耗费大量的财力，像所有公司一样，在经济危机之下资金都是最短缺的商品。弗兰克常驻纽约跟那些公司投资商们打交道，不少投资股东批评他的经营决策让公司陷入财政困境，他很难给予这些质疑有力的回答。当初公司经营好时，怎么做都是对的，在面临困难时，一切都是错的，这让弗兰克感觉很压抑。他常常独自一个人思考，只是偶尔跟好友合作伙伴斯凯利倾诉一下苦水。一年前他跟斯凯利对行业的看法就有过分歧，他们争吵过但仍然保持着朋友关系。经济危机发生之后，两人变得更加亲密了，弗兰克后悔没有听进朋友的意见。这次金融危机给他造成了很大的精神压力，很多银行纷纷倒闭使得他们经营的第一国家银行也陷入了借贷危机。年底他们开了一次全体董事大会，一些银行董事串通对弗兰克的管道项目采取一些限制措施，停止向弗兰克发放公司急需的贷款。没有这些贷款菲利普斯公司就无法继续修建管道和建设一些其他重大项目，弗兰克在会议之前就跟李和一位多年信赖的公司董事商量，准备用以退为进的策略向公司董事摊牌，以辞职为借口来逼公司董事会让步。但这是一步非常冒险的棋，考虑再三之后，他还是决定放手一搏。

在公司的董事大会上，弗兰克宣读了事先准备好的辞职信。内容大致是说经营公司多年，年事已高，身体不如从前，不适宜继续引领这家积极进取的公司，想把他的去留交给董事会决定。他跟每位股东打交道都是愉快的，每位董事都很合作并尽力搞好公司经营，非常骄傲公司能取得如此辉煌的业绩。对公司的经营政策和发展方向没有产生过怀疑，公司大幅度的投入是为了发展的需要，也是必要持续发展的保证。一些对公司发展的批评是某些董事的短见，弗兰克掌控不了石油经济的变化，也控制不了财政经济的波动。这不是个人说了算的，他认为有必要继续坚持既定的发展政策，相信以后的公司决策层应该这么做。如果拿从纽约银行借贷的资金跟公司的收益相比，那些钱就只是一个小数目，公司经营一直是向银行贷款发展建设项目，而且借贷还款保持平衡，有不错的银行信誉。如今正在建设的项目资金是之前银行保证提供的贷款，银行是不应该断绝提供贷款资金的。有一家大银行仍然同意向菲利普斯石油公司提供贷款，但一些银行停止发放贷款，主要原因是银行倒闭或出现资金链断裂，这直接影响了公司项目的建设和经营，竞争对手可能会利用这个机会取得竞争优势，这是目前公司所面临的困境。弗兰克表示自己不是一个逃避责任的人，为了公司股东的利益才提出辞职。或许大家知道，他今天第一次出售公司股票，从公司组建起弗兰克就持有大量的公司股票，没有在危机时的40美元一股出售，而在30多美元一股才卖掉1.3万股，主要是为了支付个人所得税。讲这些情况是不想让大家感觉弗兰克在逃避，股东的利益始终是第一位的，请大家相信。弗兰克继续为公司充当顾问，直到找到公司继任总裁，完成当前发展的计划项目。对于未来的总裁人选，弗兰克希望不是菲利普斯家族成员，公司可以改换名称，但也不反对继续使用菲利普斯这个名字作为产品品牌，这毕竟是一个被消费者接受的优质品牌，市场增长就是最好的说明。最后，弗兰克说下周圣诞节将回俄克拉荷马与家人团聚，新年回来时希望能得到董事们的意见，也希望各位保守会议机密。当时20多位董事出席了会议，弗兰克心里没有把握董事会是否会接受他的辞呈，要等待一个星期之后才能知晓。如果真要让他辞职，他将失去这个亲手打造的公司。但是，如果不让他离开公司，将是一次重大胜利。不管结局如何，弗兰克有一点是肯定的，所冒的风险是值得的。

　　弗兰克的冒险又成功了。新年之后，他返回了纽约看看董事对他提出的辞职有什么样的反应，发现没有纽约的董事识破他的计谋。他们都认为弗兰克对菲利普斯公司太重要了，如果让他离开总裁的位置，公司就像失去了掌舵人。从某种意义上讲，菲利普斯石油公司就是弗兰克·菲利普斯的公司，两者在人们的心目中几乎成了同义词。在当前美国经济大萧条下更换弗兰克总裁，无疑是让菲利普斯石油公司自断前程，因此在纽约银行家董事的提议下，董事会没有同意弗兰克的辞呈。银行贷款发生了松动，公司经营的资金和管线项目的贷款得到了银行批准，但是这些银行资金并不是没有代价的，银行要求成立一个新的菲利普斯财务委员会监督公司经营，允许弗兰克行使总裁职权。不过，管委会将与弗兰克一起做公司的重大决策，再也不允许弗兰克一人独揽大权，管委会有对公司经营的否决权，而且管委会大多的成员是来自纽约银行的董事，这样能保证他们不受弗兰克的影响，对弗兰克会有制约的作用。并且，指定了一个银行家们信任的人给弗兰克当私人顾问，这人叫阿摩司·比蒂，之前当过德士古公司的董事长，退休之后成为美国石油协会主席，而且他还和银行界保持密切关系。这样，比蒂成了银行跟菲利普斯石油公司的联络人，也是代表银行看管弗兰克的眼睛，这个建议得到了菲利普斯董事们的赞同。

弗兰克认识比蒂很多年，对比蒂的石油经营手段有一些怀恨在心。几年前他们曾经一起讨论过德士古与菲利普斯公司合并的可能，当时是德士古公司想要控制菲利普斯公司，比蒂和一些德士古的人查看过菲利普斯公司的财务情况和油田资产。弗兰克极力否认这次合并商谈的真相，最后拖了很久没能达成协议，并购就胎死腹中了。如今比蒂又得到了一次机会可以影响这位菲利普斯石油公司的掌门人，这对弗兰克是一种侮辱，让一个外人了解自己公司的财务状况，参与公司的内部战略讨论，这简直是不可想象的事。可是，这是董事会做出的决定，弗兰克没有任何选择余地，只能接受。他需要银行的资金去完成管线建设，同时保证菲利普斯品牌在消费者心目中的地位。弗兰克的妥协还有一个不能告人的原因，就是不想让马兰的悲剧在自己身上重演。不久，弗兰克的让步就得到了回报，1月21日他们收到了一笔2000万美元的银行贷款，这是管线铺设急需的一笔资金。拿到贷款之后，弗兰克向华尔街宣布由于受美国经济危机的影响，石油行业受到很大的冲击，菲利普斯公司将会出现一些经营亏损，股票分红将根据公司营利以及行业的经济状况和总的财务情况而定。本想尽可能地说得婉转一些，因为早就知道董事会将要决定不分红了，除非有什么奇迹出现。在20世纪30年代，美国人都清楚奇迹是不会出现的。事情正像弗兰克预见的那样，整个美国的经济变得越来越差，越来越多的人失去工作，失业率不断攀升导致消费者的购买力不断下降，钱变得更值钱而商品价格就变得越低。在经济大萧条期间，石油生产商为了保持收入稳定加大了原油生产，使得原油价格一跌再跌，从1920年的每桶3.50美元，跌到1930年的每桶0.95美元，甚至在1931年掉到只有每桶0.22美元。

这期间菲利普斯公司的股票也下跌不止。1931年年初公司股票还是16美元一股，年底时就跌到只有3美元一股，很多股东和公司员工都非常失望。1930年时公司股票从32美元开始下跌，不少股东就抛售了手中的股票，到1931年年底股票跌到3美元一股，很多工人开始准备躲藏起来，避免被持有菲利普斯公司股票的家人或朋友追杀。3月份菲利普斯公司董事会做出不分红的决定，这是菲利普斯公司成立以来第一次不分红，这对公司的股东是一个很大的打击，股息是公司股东的重要收入来源之一。弗兰克对董事会的这一决定很失望，但是他清楚地知道这是完全迫不得已而为之。1931年3月31日，弗兰克在1930年菲利普斯石油公司经营年度报告中有这样的描述：尽管石油行业最困难的时候已经过去了，相信对股东最大的利益还是节约公司的流动资金，直到经济情况得到进一步改善，公司正在继续完善汽油和天然气管线的建设。当这些工程完成之后，不仅能增加和稳定公司的盈利能力，而且会通过新的销售渠道扩展公司的经营市场。当前整个石油行业都在经受一次严峻的考验，菲利普斯公司采取的对策就是完成这些建设中的项目和合理使用资金，力争在经济萧条中加强公司在生产、炼油、运输和销售中的市场竞争力。可是，这番激励股东的言辞并没有被所有股东认可，一些股东还是抛售了菲利普斯公司的股票，没有等到三年后的股票恢复分红。

经历了许多的风风雨雨，弗兰克和比蒂的关系也慢慢地磨合好了，双方建立了某种默契和相互尊重。比蒂也被选举为菲利普斯公司的董事会董事和公司决策层成员，成为公司决策层中唯一的外来人。当时，一些菲利普斯公司的高管并不知道比蒂是代表纽约银行家的利益，以为他只是弗兰克的总裁顾问，因为他是从石油公司总裁位置退休的。而且，他在巴特尔斯维尔公司总部还有一间挨着弗兰克的办公室。弗兰克也没有向公司的人员解释比蒂的特殊身份，不过没有多久少数几位公司年轻的高管察觉到了比蒂的来头，因为在重大决定找总裁弗兰克商量时，比蒂都在场给出他的看法和意见。大多数时候，弗兰克不仅采纳，还要去征询比蒂的首肯。弗兰克是尽量想在公众和员工面前表现出他是公司的决策人，让人们继续对菲利普斯公司有信心。弗兰克知道自己的公司跟银行和比蒂的关系不会永远这样维持下去，他相信总有一天菲利普斯公司会打破这种关系。在此之后的几年里，菲利普斯石油公司慢慢地减少了负债。从1931年开始，公司辞退了几百名员工，推出全家只能有一人在公司打工的政策，并且在取消了分红之后还进行了减薪。弗兰克自己做出了表率，把个人工资降到象征性的1美元。这些措施缓解了公司的债务负担，也让弗兰克从银行手中赎回了公司的独立性。当弗兰克主导的油气管线完成之后，菲利普斯石油公司在美国中部大陆占据了有利的市场地位，改变了汽油运输供应格局。公司度过了20世纪30年代美国经济大萧条最困难的时期，公司的营业从亏损转为了营利。在1931年公司经营首次出现亏损之后，1932年就开始盈利77.6万美元，1933年又增加到了150万美元。

所有修建管线的银行贷款在管线运营后三年内基本还清，菲利普斯石油公司的银行董事也退出了公司的董事会，作为一家石油公司又重新找回了新生的感觉。比蒂跟弗兰克成为好朋友，两人通过这些年的一起工作建立起了深厚的友谊，双方家人也有很多的往来。随着美国经济的逐年复苏，菲利普斯石油公司的前景也变得一片光明。1935年比蒂也退出了菲利普斯石油公司董事会，辞去了所有的公司职务，彻底结束了监督弗兰克的使命。20世纪30年代的岁月在弗兰克心中可以算是刻骨铭心，是他一生中非常特殊的一段日子，不仅是因为菲利普斯公司经历了一次生死考验，还因为这些年里几位家人和好友先后离世，其中包括对弗兰克影响最大的他的岳父约翰·吉布森的离去。吉布森是弗兰克生命中的贵人，他的成功是跟吉布森的帮助分不开的，他想起自己当年创业的历史，似乎已经是非常遥远的事情了，自己已经老了，应该考虑退休了。其实，弗兰克在公司接班人问题上早有考虑，公司架构上有副总裁兼公司总经理亚历山大·克莱德，还有公司财务总监温，也是弗兰克最欣赏的年轻人。另外一些年轻的副总经理高管，都在弗兰克的考虑范围之中，其中亚当斯可以说是最想竞争总裁宝座的人选，没有之一。

　　亚当斯作为温的公司财务总监助理，非常想成为这家公司的老大，无论付出什么代价，他都极力去讨好弗兰克大叔和简大婶。在经济大萧条期间，他只身一人提着100万美元现金去跟零售商谈判，走遍整个美国中部大陆。几乎每天24小时都在为公司争取各种机会。1932年他有一次跟弗兰克一起乘火车从纽约回巴特尔斯维尔，在与弗兰克共进晚餐时，弗兰克看见眼前这位为公司事业玩命奔波的青年，就推荐他为公司董事会成员，这样亚当斯就获得了助理的头衔，负责公司的财务计划委员会。在菲利普斯公司经营过程中，这些年轻的高管对公司的经营产生了不同看法，许多意见由于没有得到弗兰克大叔的采纳，先后离开了菲利普斯石油公司。到20世纪30年代末期，只有克莱德和温排在亚当斯接班顺序的前面，按道理讲克莱德是公司总裁的第一位顺位接班人。可是，工作中克莱德许多的意见跟弗兰克不和，常常流露出对弗兰克和公司经营的不满，这让菲利普斯兄弟挺不愉快的，后来这种不愉快演变成了克莱德与弗兰克之间的矛盾。在一次他和弗兰克争吵之后，第二天克莱德就到弗兰克的办公室呈交了他的辞职信，弗兰克也没有挽留他。只是后来在公开场合说克莱德是想花时间去做自己事情，外人都清楚这是什么意思。

　　让人意想不到的是他跟弗兰克一起多年奋斗的深厚情谊就以这种方式结束了，不得不多少令人惋惜，这也展现了弗兰克独断专行的一面。当克莱德离去之后，亚当斯即位菲利普斯公司最高职位又进了一步，成为弗兰克最后可以选择的两位高管之一。一次大病之后，弗兰克跟温和亚当斯进行了一次长谈把自己交棒的想法告诉了二人。温是弗兰克喜欢的爱将，从当年组建公司篮球队起，他就很欣赏温，感谢他通过篮球运动培养公司管理人员和打造公司文化。经过前几年的困难考验，菲利普斯公司始终有一批忠心耿耿员工与公司同进退共患难，温显然是这批人中的领导者。可没有想到的是，温也突然病了，医院检查是癌症晚期。尽管弗兰克心里认为温是要接棒的人选，一直把温视为自己的儿子一般，可面临这个突发事件，只能把菲利普斯石油公司的担子托付给亚当斯。1937年6月13日，在菲利普斯石油公司成立20周年纪念日时，弗兰克提拔亚当斯正式接替温的财务总监的位置并成为董事会成员。亚当斯从大学辍学入职菲利普斯仓库职员，经过了16年的努力，终于走到了离公司总裁宝座一步之遥的位置，最后这一步于1938年4月26日在巴特尔斯维尔召开的公司董事会上完成了。弗兰克推举亚当斯为新任公司总裁，自己担任公司董事会执行主席，董事会一致通过，这样年仅38岁的亚当斯成为美国几大石油公司当中最年轻的执行官。

六、商海沉浮，合则共存

退居二线的弗兰克大叔渐渐地淡出公司事务，菲利普斯石油公司也开始发生了改变。亚当斯保持公司在石油化工方面的科研投入，这使得菲利普斯公司的化工产品在第二次世界大战期间派上了用场。他们发明了从石油中提取丁二烯和炭黑的生产工艺，这是两种合成橡胶的重要原料，而橡胶又是制造轮胎的必要材料。由于日军入侵东南亚占领了印度尼西亚和马来西亚两个世界重要的天然橡胶产地，切断了美国军工橡胶供应的来源，美国人只好自己生产合成橡胶来满足军工的需要。丁二烯和炭黑作为合成橡胶的重要原料变成了国家急需物品，菲利普斯公司积极配合生产这些战略物资，为第二次世界大战的胜利做出了贡献。此外，战争期间菲利普斯的优质航空燃油也提供给了英国皇家空军，他们在保卫英国本土作战中使用的就是菲利普斯的航空燃油，后来美国空军参战也同样使用菲利普斯航空汽油，菲利普斯石油公司为第二次世界大战的胜利提供了重要的物资支援。第二次世界大战结束之后，菲利普斯石油公司仍然专注于自己的优势领域，积极开发利用天然气和石油化工产品，成了美国油气行业最大的天然气供应商。1948年，又成立了菲利普斯化工公司，利用石油原料生产化肥，与此同时，在石油勘探、炼油、天然气钻探和石油化工厂等方面也投入了大量的资金。

1939年11月28日是弗兰克·菲利普斯66岁的生日，这是一个特殊意义的数字。由于菲利普斯公司的汽油市场销售获得巨大的成功，菲利普斯66已经深入人心，弗兰克本人也赢得了"66先生"的美誉。亚当斯和恩达科特为弗兰克举办了一个别开生面的生日大会，恩达科特已经成为亚当斯总裁助理，他们像当年准备重大的篮球比赛一样精心筹办，邀请了各界人士参加。不知情的人士还以为弗兰克仍然经营菲利普斯石油公司，担心弗兰克的离去会导致公司走向衰退，因为在人们的心目中弗兰克的地位是不可以取代的。弗兰克非常高兴见到自己的接班人能够管理好自己亲手创建的公司，对菲利普斯公司的未来发展也充满了信心。在答谢发言中，他把成就归功于菲利普斯公司的管理层和公司员工，公司的事业要靠年轻人去完成，自己已经把最好的年华奉献给了这家公司。从44岁成立菲利普斯石油公司到66岁，在22年间公司资产从300万美元增加到2.26亿美元，从井口的原油生产到汽油零售，经营整个石油产业链，菲利普斯加油站遍及美国23个州，一年销售成品油十亿多加仑。此外，石油液化气产量也高居美国第一，同时也成为美国石油行业的主要油气生产商之一。公司从原来刚成立的27人发展到了3万多员工，建设了150多个现代化实验室。虽然在重大决策上弗兰克还是为公司把关，但是他将更多的时间和精力都放在慈善事业上。他们兄弟三人经常出席慈善募捐，为公共事业和政府号召出钱出力，美国的篮球和棒球的发展都得到了菲利普斯兄弟的大力支持。1940年，在老朋友马兰去世之前的那一年，弗兰克得知马兰由于财政困难而变卖收藏的油画文物，于是他出高价从马兰手中购买了那些自己并不需要的文物，而且出席了马兰的葬礼。马兰由于晚年当州长期间的一些政策和他的第二次婚姻而备受争议，很少有朋友出席他的葬礼，弗兰克始终尊重和伴随这位石油商人直到他的人生终点。

第二次世界大战爆发，菲利普斯兄弟也都积极支持罗斯福总统的主张，鼓励公司加大生产支援前线作战。尤其是在日本偷袭珍珠港事件之后，弗兰克更是走向幕前参与了美国政府的能源政策制定，以实际行动来表达他的爱国热情，甚至在菲利普斯加油站打出这样的标语："关心你的车也要关心你的国家，行驶不必要的行程就是帮助我们的敌人，每节约一点轮胎和汽油就是支援前线的打仗。为了胜利，请购买美国战争债券。"1942年4月28日，弗兰克亲自到亚当斯的办公室，要求菲利普斯石油公司全力支持美国政府战争的需求，尽可能地提供合成橡胶、航空燃油、爆破产品等国防军需物资。6月13日赶上菲利普斯石油公司23周年，弗兰克亲自送生日蛋糕给每位菲利普斯停职上前线的员工家属，表达他们对国家支持的感谢。战争期间，李一直身体不好，不过他也仍然为战争出力。他帮助韦特管理红十字会战争筹款活动，1943年接连两次中风之后，行走生活变得十分困难，好在他妻子子女日夜陪伴他。1944年4月16日，67岁的李·菲利普斯在家病逝，弗兰克和韦特兄弟出席了李的葬礼。李是弗兰克最为亲密的兄弟，几十年一直跟弗兰克风雨同舟，支持陪伴着弗兰克事业的发展，他的每一步几乎都是在李的帮助下走过来的。回想当年自己把年轻的弟弟叫来俄克拉荷马巴特尔斯维尔一起创业，多少曾一起共事的好友先后离世，这让弗兰克内心十分伤感，明白他们创造的石油事业需要由后人去继续完成。

此时，石油行业的变化也让弗兰克感到不适应了，弗兰克对许多亚当斯出台的经营政策很不理解也不太喜欢，但是他始终还是相信亚当斯和自己培养的菲利普斯高管。老实说，这给亚当斯在公司经营管理上带来不少的困惑，亚当斯为了公司总裁的位置忍气吞声十几年，不仅是为了公司的发展，更多的是为了权力。他的野心与弗兰克的独裁产生了碰撞，造成了菲利普斯公司高管选边站队。弗兰克想在董事会扶植一股势力阻止亚当斯的野心膨胀，而亚当斯是希望就这样在总裁宝座上拖延下去，因为弗兰克毕竟年事已高了。随着时间的推移弗兰克也越来越觉得留给自己的时间不多，把精力都投入在菲利普斯博物馆和自己庄园的修建。几年之后，这些都已修缮完毕，弗兰克也老到只能坐在门前的椅子上观看。1950年8月中旬的一天中午，弗兰克在大西洋城海边修养，突然感到肚子剧烈疼痛，就被紧急送去医院做手术，手术过后，身体虚弱的弗兰克坚持呼吸到了1950年8月23日下午1点20分。就这样，76岁的弗兰克·菲利普斯走完了他人生的全部历程，被美国石油工业史册记载为最杰出的俄克拉荷马石油人之一。

弗兰克的去世让亚当斯的策略取得了成功。1951年，亚当斯接替了弗兰克董事长和执行官的职位，成为菲利普斯石油公司的真正老板。保罗·恩达科特当选为公司总裁，另外两位个堪萨斯大学的毕业生斯坦利·勒尼德当选为执行副总裁，比尔·基勒当选为董事副总裁，菲利普斯公司正式进入了一个崭新的时代。不久，两名菲利普斯化学研究员发明了用石油原料制造塑料，开创了公司的石化业务。同时公司率先获得了美国内政部在阿拉斯加钻探的批准，这使得菲利普斯石油公司在阿拉斯加投资2亿美元修建天然气项目，并与其他大石油公司参与普拉德霍湾油田开发和跨阿拉斯加输油管线建设。之后，菲利普斯石油公司进行了大规模的加油站零售的市场推广，菲利普斯66加油站遍布了美国50个州，1967年加油站总数达到2.34万家。这一年亚当斯从董事会主席退位，由比尔·基勒接替。这时菲利普斯的原油生产已不能满足自家炼油供应，因此试图收购只有原油生产没有炼油销售的阿梅拉达石油公司（也就是今天的赫斯石油公司）。收购失败之后，公司加强了油气勘探，把范围扩展到了全球。1969年在北海挪威海域发现了埃科菲斯克油田，成为北海油田勘探开发的先驱，与多家欧洲石油公司一起投资67亿美元开发当时最大的海上油田——埃科菲斯克油田，20世纪80年代早期又跟其他公司在加利福尼亚州近海发现了大油田。

在中国的改革开放影响下，菲利普斯石油公司参与了中国南海珠江口盆地的第一轮招标，赢得了西江区块的勘探开发权。1983年率先作为外国石油公司作业者，在珠江口盆地发现油田，西江油田成为中国海上对外合作开发大型油田之一。菲利普斯公司与中国海洋石油集团有限公司建立了较为长期的合作，给中方不仅提供了先进的技术转让，而且为中国海洋石油集团有限公司培养了许多优秀的管理人员，它是第一家让中国人当油田开发总经理的外国公司。傅成玉先生曾经是西江油田菲利普斯公司总经理，他的成长过程从某种意义上讲反映了菲利普斯石油公司对中国石油工业的贡献。20世纪80年代中期，菲利普斯公司分别收购了得克萨斯州通用美国石油公司和美国独立石油公司，耗资分别为11.4亿美元和16亿美元，造成了公司大量的负债，但逃过两次被人强行收购的厄运，公司总部一直保留在俄克拉荷马州的巴特尔斯维尔。到了90年代末期，菲利普斯公司把管道运输业务分离，与杜克能源油田服务公司合并组建了一家新的中游公司，又把菲利普斯化工公司与雪佛龙化工经营合并形成雪佛龙·菲利普斯化工公司。在整个美国石油行业的大并购趋势之下，菲利普斯石油公司的规模越来越难与其他大石油公司竞争，而这时兼并马兰石油公司的大陆石油公司也面临同样的处境。庞卡城和巴特尔斯维尔相距不到一百英里，近邻结盟变成了非常符合情理的事情，于是两家石油公司在2001年协商合并，终于在2002年8月正式达成协议合并为康菲石油公司。合并之后的康菲石油公司是世界第六大石油公司，也是美国第三大石油公司，总部设在美国得克萨斯州休斯敦市。

第三节　油田服务先驱哈里伯顿

在1920年1月份，俄克拉荷马的威尔逊附近油田有一口私人油井，由于井下压力过大，造成了流体从井里不停地向外喷发。经过多次的尝试制止井喷都没能成功，眼看这口油井即将报废。在走投无路的时候，油井的主人接到了一个陌生人的电话，对方说有办法可以制止井喷，挽救这口失控的油井。这位打电话的人叫哈里伯顿，是一家专门做油田服务公司的小老板。他掌握了一项套管固井新技术，可以将水泥泥浆通过钻杆注入井底，利用强大的压力把水泥挤入套管与井眼之间。当水泥凝固之后，套管就被固定在井内，井下石油流动就不会和地下水或其他流体混合，也就确保了油气从储层中顺利产出。听了哈里伯顿的一番解释，油井主人不是很相信这个办法会产生好的效果，但又没有别的好办法。只好死马当作活马医，给了哈里伯顿尝试这项新技术的机会。其实，这个机会哈里伯顿已经盼望很久了，因为当时行业中没什么人采用固井技术，大家都只是注重短期的经济效益。在油田开发的早期，地下能量足以把油气带到地表，几乎没有人会愿意花钱提高采收率，对油井进行固井保护做法通常是被生产商所拒绝。而且，很多石油人都认为固井工艺是在做无用功，还有可能会导致油井损坏，也就是说，固井工艺是被认为非常不靠谱的事。哈里伯顿成功地把握了这次机会，向世人证实了固井技术的作用，把这口失控井给制伏了。这个事情很快在俄克拉荷马的油田中传开，人们开始相信油井固井的重要性，从那以后越来越多的人找哈里伯顿提供固井服务。结果正像哈里伯顿所预见的那样，每一口油井都应该进行固井来保证油井的质量。经过数年的努力，哈里伯顿的固井工艺和公司品牌渐渐地被石油钻井工业所接受，固井工艺成为石油钻井的一道必不可少工作流程。哈里伯顿开创了油田服务的专业公司，进一步地细分了石油行业，让石油工业又得到了深入的发展，同时他所创建的哈里伯顿公司也成为全球最大的油田服务公司之一。

一、白手起家，艰苦创业

厄尔·帕尔默·哈里伯顿于1892年9月22日出生在田纳西的一个农场，父亲毕业于美国名校范德比尔特大学，做过教师、作家、商人和农民。在父亲的影响下，哈里伯顿从小读书就很好，只用了八年的时间就读完了小学和高中。他从小就对机械原理特别感兴趣，喜欢修理或拆解东西去了解机械原理。在他十二岁的那一年父亲去世，家里剩下母亲、姐姐和四个弟弟，生活变得十分贫困。哈里伯顿十四岁就离家四处闯荡，几年间干过很多种工作，也掌握了不少的技能。1910年年满十八岁的哈里伯顿加入了美国海军，接受了工程动力驾驶的培训，在美国海军第一艘机动泊轮上当驾驶员。五年之后，他从美国海军退役来到了洛杉矶，在一家水利灌溉公司当主管，负责当时世界上最大的压力灌溉工程，每月收入100美元。在那里哈里伯顿跟维达·塔伯结了婚，维达不仅始终支持哈里伯顿的事业，而且还成为公司的合伙人。1918年哈里伯顿看见一家石油固井公司招聘卡车司机，就去应聘并且得到了那份工作。哈里伯顿并不是喜欢开卡车，而是对这家的石油固井工艺流程很感兴趣，这家公司叫帕金斯石油固井公司，是阿蒙德·帕金斯的私人公司，因为他发明了固井技术并且申请了专利。哈里伯顿认为这项技术会在石油行业有巨大的发展潜力，因为它可以提高油井质量和改善井下条件。简单地讲，这项技术就是把水泥跟清水混合形成泥浆。然后，再把这些泥浆泵入井底，挤入套管跟井眼之间，让油井更加密封。哈里伯顿很快就学会了这门技术，被帕金斯提升为固井操作员，不久哈里伯顿对这项技术的改进想法跟帕金斯产生了意见分歧。帕金斯不喜欢别人告诉他自己发明的专利有何瑕疵，结果这种意见分歧就演变到了他们水火不容的地步，作为老板的帕金斯就干脆把哈里伯顿给解雇了。许多年以后，哈里伯顿回想起这段经历时，说在他的事业生涯中有两件事是影响最大的，一件事是帕金斯固井公司雇用了自己，另一件事就是帕金斯解雇了自己，迫使他走上创业之路。

在帕金斯固井公司工作的经历给哈里伯顿打开了一扇了解石油工业的窗户，让哈里伯顿看到了固井技术在石油工业发展的潜力。离开帕金斯固井公司之后，哈里伯顿就从加利福尼亚州搬到了得克萨斯州威奇托瀑布城。因为那里靠近两个刚刚发现的新油田，需要打很多油田的开发井，所以哈里伯顿能够接到一些油田服务的业务。可是由于没有资金和设备，他只能借邻居的马车，购买简易的装置来混合水泥泥浆，做非常简陋和原始的固井工作。尽管哈里伯顿自己很相信固井会帮助油井生产，但是石油行业里基本上无人赞同，几乎没有什么上门做固井施工的需求。当地的石油商只是关注如何尽快地收回成本赚钱，没有人有兴趣做额外的投资。执着的哈里伯顿只能说服他的四位朋友投资他成立的公司，新方法石油固井公司，让四位朋友一起持有公司一半的股权。石油行业的人都知道这种小公司是没有什么资产做抵押的，一旦施工失败油井报废，他们都无力偿还赔偿，一般的人是不会冒风险找他们服务的。在走投无路的情况下，哈里伯顿不得不再次搬迁到俄克拉荷马的威尔逊。由于威尔逊当时发现了新油田，大批的人员涌入使得居住生活变得十分短缺和昂贵。哈里伯顿只得在城外通往油田的公路旁租了一块地，与一个木匠两人在租地上动手搭建房屋，一间住人，另一间成为吃饭和办公的地方。好在不远的地方有一口水井，他们自己可以用桶取水。为了做生意，哈里伯顿购买了一辆拖车电泵设备，同时在家里安装了电话。每天自己开车到油田上找活赚钱，维达在家带小孩和接电话联系生意，晚上这对年轻夫妇都进行一天的结账，总是最后没有什么结余。夫妻两人一起讨论如何勤俭创业，在煤油灯下探讨固井工艺的细节，维达甚至想出如何计量固井深度的办法。她把主意告诉了哈里伯顿，当时由于没有钱，哈里伯顿只好把结婚戒指当掉去换钱添置器材，他们最先想到在测量的绳子上绑一个布条做记录，这样就很容易知道井下深度。这个方法既简单又实用。后来哈里伯顿把这个方法改进在机械上，还申请了技术专利，这个方法唯一的缺点就是时间长了标记就会脱落，需要重新在计量绳子上做标记。尽管他们早期就在很多的细节上加以改进，但是公司始终没能实现较大的盈利。有一次，哈里伯顿没有足够的钱发工资给工人，他想起了在加利福尼亚州四间房子的里家具，于是打电话回加利福尼亚州托人变卖之后，把钱寄来发工资。就是在这样艰苦的条件下哈里伯顿夫妇一起创业，非常让他们感到欣慰的是再苦他们都是自己扛着，从来没有欠别人的钱，更不用说是工人的工资。

　　到了1920年1月，他们的经营情况才有了好转，当哈里伯顿拯救了失控的油井之后，生意就开始逐渐地好了起来。他们买了第一台固井用的拖车，并雇用了几位全职帮手。维达每天都接到不少要做油井服务的电话，她不得不把哈里伯顿的固井活安排得满满的，越多的电话打来就意味着越多的生意，一下子把维达忙坏了。当然，哈里伯顿在外面也没有轻松过，他带领员工每天起早贪黑地忙碌在油田上。随着公司业务的增长，哈里伯顿开始探索如何把固井工艺流程做得更有效更加快捷，比如水泥和水混合是靠人工在搅拌罐里进行，批量混合好了之后才注入井中，而且还必须在水泥凝固之前，否则就会固井失败。为了加快水泥和水的混合及注入油井的速度，哈里伯顿发明了混合注入机，用这个机器只要把水泥倒入一个大容器里，混合注入机就自动加水搅拌，之后直接注入井底挤入套管和井眼之间。这不仅简化了工作程序，而且提升了固井的质量，成为哈里伯顿早期固井技术的一个重大改进。由于机器代替了部分的人力，他们的固井数量增加了很多，这样在不增加人数的情况下，满足了当时油田固井需求的增长。真可谓树大招风，从哈里伯顿开始做固井生意起，其实就侵犯了帕金斯的知识产权，哈里伯顿并不是完全不知道自己是侵权行为，只是当初实在是没有钱去购买专利，同时也没有会想到固井生意这么快就火了起来。哈里伯顿曾经跟律师说："别告诉我因为侵犯别人的专利，有些事情我就不能做了，我一开始就是在利用别人的专利经营的。"哈里伯顿是有意选择了帕金斯的发明作为自己的生财之道，但这是有代价的。1922年帕金斯的律师通知哈里伯顿他们不能继续容忍哈里伯顿的侵权经营，结果经过一番协商之后，双方达成了互惠协议，帕金斯允许哈里伯顿在美国中部大陆地区使用固井工艺技术，而哈里伯顿准许帕金斯在加利福尼亚州及附近地区使用哈里伯顿的混合注入机。虽然哈里伯顿的公司有很多独特的地方，但是侵权并不是他们公司的特点之一。到了1920年年底，哈里伯顿的固井队在威尔逊周围的油田固了五百多口井，固井车也发展到了三台，这里的油田打井数量慢慢地减少了。这时在威尔逊西北大约五十英里的邓肯附近又发现了新的油田，哈里伯顿就决定举家再次搬迁。1921年3月21日，哈里伯顿把公司搬到了俄克拉荷马的邓肯市，这个决定后来证明是非常英明的。哈里伯顿公司的名声在油田和石油商人中间传播开之后，公司的业务又更进一步地扩大，哈里伯顿开始增添更多的设备和车辆，把泵安装在充气轮胎的卡车上，这样固井服务范围就可以覆盖方圆几百英里。不久，在得克萨斯州的西部和东南部以及俄克拉荷马的北部和阿肯色南部陆续发现油田，邓肯城正好位于这些地方的中心。1923年，公司拥有了20台固井车。

　　虽然新方法使石油固井公司发展壮大了，但是运营得还不是很规范化，生意都是以口头承诺方式进行的。如果油井没有油气显示，固井承诺常常就不会得到落实，公司收入就会受到影响，有时哈里伯顿还得想办法来弥补毁约的损失。为了解决这个财务上的不稳定因素，哈里伯顿想出了一个绝好的主意。在1924年哈里伯顿就向七家最大的石油公司客户提议，跟他们一起组建一家油服公司，这七家大的石油公司都同意这个建议，因为他们需要哈里伯顿的专业服务技术。于是，他们在1924年7月1日按照特拉华州的法律注册了哈里伯顿石油固井公司，发行3500股公司股票，每股为100美元，这样一来原来的顾客就变成了自己公司的合作伙伴。当时最早购买哈里伯顿公司股票的石油公司是马格诺利亚（即后来的美孚）、德士古、海湾、亨布尔（即后来的埃克森）、太阳、纯石油公司和阿科七家石油公司。其中6家都购买了200股，太阳公司只买了100股，七家油公司总共持有1300股，哈里伯顿夫妇拥有1700股，公司持有500股，由达拉斯的共和国家银行信托管理。如果哈里伯顿跟石油公司之间有经营分歧，这家信托银行跟石油公司可以联合否决哈里伯顿夫妇的决定，因为他们加起来的股票为1800股，多于哈里伯顿夫妇所持的股票数目。由于这个安排，哈里伯顿夫妇没有投入资金，而且1924年7月23日从石油公司那里收了13万美元资金购买公司设备和申请固井工艺技术专利。公司成立之后，选举了三位公司高管，哈里伯顿作为公司总裁和执行官年薪为15000美元，格洛克勒作为副总裁年薪为4200美元，克雷恩作为财务总监年薪也是4200美元，此外新公司还雇用3名办公室人员、17名采购人员和37名野外工人。公司董事会由7名董事组成，每年在达拉斯马格诺利亚石油公司开一次董事会，股东每年也在邓肯哈里伯顿公司开一次年会，这样哈里伯顿经过多年的努力终于获得事业上成功的第一步。

二、前路崎岖，执着探寻

1924年，俄克拉荷马州和得克萨斯州两地相继发现了很多油田，哈里伯顿正好赶上了这股石油浪潮，迎来了巨大的发展机遇。公司成立之后，他们先是在邓肯买了一间房子做办公室，这间房子成为哈里伯顿公司总部。维达管理公司的事务也逐渐地由专业人员接替，他们雇用了专业会计和秘书等办公人员，作为总裁兼执行官的哈里伯顿将主要精力放在了制定公司的运营政策。当时是这么描述哈里伯顿公司的使命的："我们打算建设和保持一个完整的组织，经营石油固井服务的每个环节，我们将继续保持大力的研发投入，争取做到统一服务质量，无论在什么地方，我们都要提供优质服务。"哈里伯顿很清楚公司必须保持技术领先才能成功经营下去，所以从来没有停止新技术的设计和新生产方法的尝试，总是着眼于未来考虑，预见未来石油行业油井的技术需求。不管油田在哪里始终都把油井服务做到客户满意，哈里伯顿公司的员工就像油田的影子一样，只要有油田发现，他们的服务就会出现在那里。常常是在一个地方三个月之后，就迁移到下一个打井的地方，几乎所有在油田干活的人都认识哈里伯顿的固井员工。不过，每次搬迁都不是一件容易的事。20世纪20年代，美国的公路大多数还是泥土道路，路面时常坑洼不平，尤其是在恶劣气候下，哈里伯顿的野外卡车携带设备进行长途跋涉经常会遇上一些意外。很多时候固井工人还得自己排除路途障碍，把设备工具和固井材料及时送到井场。

当时那条著名的66号公路只有不到三分之一是柏油路，尤其俄克拉荷马州和得克萨斯州地段还都是泥土路面。哈里伯顿的工人有时不得不用马车来拖固井器材，一到冬天他们的卡车一般还不能熄火，因为当时没有防冻剂，而且卡车烧的是凝固点很高的重油。最早的时候，哈里伯顿购买的是军用卡车和四轮驱动卡车，使用充气轮胎来满足哈里伯顿的野外作业，这为哈里伯顿固井队伍提供了一定的便利。但是有些时候还是会在路上发生一些事故，比如卡车翻到沟里或掉进沼泽地，但他们只要能排除故障，就会第一时间奔赴井场。几年下来，石油行业的业内人士都认为哈里伯顿的人是好样的，非常有敬业精神。这也是哈里伯顿自己先做出了表率，他本人就是不顾一切地要把工作做好。作为一家专业油服公司，服务的质量是公司的生命线。作为一名哈里伯顿的员工，专业素质是极高的，不仅要熟练掌握机械操作，而且要了解一些简单的地质知识来进行固井，还要能够指挥和带领井上的帮工一起完成整个现场施工。哈里伯顿知道如何做好服务和树立公司的良好形象，在注意节省开支的同时善待自己的员工，夫妇俩对待公司员工就像对待家人一样，鼓励他们维护好公司设备，因为固井工作是连续的、不能中断的，一旦开始施工，大家就必须紧密配合直到固井作业完毕。

哈里伯顿在人员管理上有自己独特的一套。有一次，三位哈里伯顿员工偷了公司的工具，当场被他们的主管抓到，要解雇这三位偷东西的员工。哈里伯顿知道后就召集大家开会，问在场的员工有没有拿公司的东西，无论是一支铅笔还是一个信封都算，当然不少人都多少有一些拿公司东西的习惯，就是最好的员工都有犯错误的时候，大家将心比心觉得这三位偷东西的员工还是可以原谅的。于是，哈里伯顿当作大家的面又欢迎这三位员工回来，这让在场的员工都很感动，觉得老板很信任自己。公司的信任对于哈里伯顿的员工是非常重要的，因为他们常常要在井场独立作业，没有哈里伯顿对他们的信任是很难做好油田服务的。哈里伯顿的领导艺术也表现在经常到工作的第一线探访员工，体察员工的需求和帮助改善他们的工作生活条件。在20世纪20年代的后半期，哈里伯顿公司的股票分红超出了许多人的期望。1925年3月15日，每股就可以分得30美元，到了10月1日，每股又可以分得50美元，再过四个月之后每股分红达到了75美元。1927年1月1日，哈里伯顿公司的股票分红为100美元，当然哈里伯顿夫妇作为最大的公司股东享受了最多的公司红利。

1926年哈里伯顿公司就开始了一些海外业务，第一起海外经营是跟英国公司合作在缅甸的钻井服务。之后，他们的海外市场就逐步扩大，同时哈里伯顿的两个兄弟也加入了哈里伯顿公司到加拿大开展固井业务，哈里伯顿在美国为他们提供技术支持。只是1936年的一次车祸，让哈里伯顿的一个弟弟不幸遇难，哈里伯顿就同时兼顾他们的加拿大公司，直到1948年加拿大公司才并入哈里伯顿的美国公司。公司业务发展良好，哈里伯顿也变得越来越有钱，财富又给探索新的机会提供了物资条件，哈里伯顿把目光也投向了石油行业以外的领域，他最为感兴趣的是航空飞行。从20世纪20年代中期哈里伯顿就已经利用飞机作为交通工具，从邓肯公司总部飞到固井现场去视察。到了1927年，查尔斯·林德伯格做了一次飞越大西洋的历史性飞行之后，哈里伯顿对飞机的兴趣更是暴涨，预见到了商业飞行在不久的将来就会普及起来。不久，他就购买了8架福特三引擎客机，开展了商业飞行业务，主要是为油田地区人员服务，固定航线是从俄克拉荷马的塔尔萨飞往得克萨斯州周围的油田。当时由于没有无线电或雷达装备，天气预报只能通过电报在机场之间传递，飞行安全记录非常差，后来又赶上美国经济大萧条，很少人能够负担起昂贵的旅行飞行。哈里伯顿的航空业务也开始面临财务困难，哈里伯顿当时就想改做美国邮政飞行，但是这需要拿到美国政府的投标。哈里伯顿的投标金额太低，没能得到美国政府的邮政合同，而他并没有就此罢休，跑到华府去说服政府官员。几周之后，还是没有任何希望，让哈里伯顿非常失望，他从那以后就再也不信任华盛顿的官员了。结果，只好把航空飞行业务给卖了，变成了后来美国航空公司的一部分。但这不能算是完全的失败，由于飞行领域的尝试，让哈里伯顿发现了铝合金的特性，因为当时的飞机都是用铝合金材料来做机翼的，哈里伯顿就想到了用铝合金制作行李箱，他发明的铝合金行李箱曾经风靡一时。

尽管哈里伯顿公开承认自己是在帕金斯的固井工艺基础上改进，才创建了哈里伯顿公司，但是他对其他公司效仿他侵权哈里伯顿的专利是绝不容忍的。如果他发现有人试图模仿哈里伯顿的技术，会毫不犹豫地用法律手段给予回击，并且大多数时候还都是胜诉的。哈里伯顿的第一起知识产权之争是关于混合注入机，这项发明在1924年3月18日获得美国专利局批准的专利。可是后来哈里伯顿发现在俄克拉荷马州有几个工匠在仿制这项专利，他立刻就向当地法院提出侵权指控。当法庭开庭时，哈里伯顿和他的律师赶到当地，没有想到被4个大汉围住，哈里伯顿个子很小，只好跑回酒店打电话给自己的员工。哈里伯顿的工人都很彪悍，他们过来保护哈里伯顿到法庭出庭，结果法官判决对方是有侵权行为，于是这家公司就自动消失了。不过，对付这些低级的模仿者还是比较容易的，1926年哈里伯顿跟路易斯安那标准石油打了一场产权官司，因为这家公司侵犯了哈里伯顿与帕金斯商定的固井业务的地域划分，按他们的协议路易斯安那是哈里伯顿的经营地区，享有固井专利的专属权。结果哈里伯顿胜诉，路易斯安那标准石油必须支付每口井75美元的专利费给哈里伯顿，这个专利直到1928年12月12日帕金斯的固井专利过期才终止。1926年哈里伯顿听说了一项有潜力的油井服务发明，亲自跑到了阿肯色埃尔多拉多油田去看这项发明。这是一种钻杆试油方法，这个装置可以节省石油公司的时间和金钱以测试储层是否有油气，观看之后，他就觉得是一项很有用的发明，就找到这项技术的发明者约翰·西蒙斯，花了1.5万美元购买了这项发明。

在打完井之后，这个试油装置可以放入井内，打开和关闭容器阀门捕获地层流体带到地表进行分析，这对石油公司而言，显然是最快和直接的方法去证明地下流体组分。哈里伯顿买了这套装置之后，带回了邓肯公司总部跟公司的技术人员一起分析测试，结果这个装置测试成功，但是不幸的是这个试油装置在井下取不出来，哈里伯顿只好赔钱给这口油井的主人。这给哈里伯顿的技术人员提供了改进的空间，于是他们就制造出一个改进版的钻杆试油装置，完善了钻杆试油技术，并且成立了一个专门的钻杆试油公司。钻杆试油也叫中途试油，是一项非常有价值的试油测试，通过这个测试可以知道地下流体的成分，从而决定是否值得作业，因为完井过程不仅耗时，而且费用十分昂贵，这样就体现出了中途试油的价值。由于其具有很高的商业价值，因此引来了许多人的模仿，引发产权之争。1926年哈里伯顿在申请这项专利的时候，美国专利局就发现了有类似专利也在申报，于是就只好召开听证会来裁决。因为哈里伯顿不是这项专利的发明者，所以必须要让西蒙斯出庭作证，证明是他把这项专利卖给了哈里伯顿。可是，这时哈里伯顿怎么也找不到西蒙斯，自从他拿到钱之后，分了一些给老婆，自己就离家出走了。哈里伯顿找到他老婆得知这个情况之后，只能自己出庭解释这项专利的来龙去脉。由于这件产权之争上了报纸，西蒙斯知道之后就给哈里伯顿写信，说愿意为哈里伯顿出庭作证，但是他在澳大利亚把钱花光了，如果哈里伯顿为他提供路费，他就返回美国出庭。哈里伯顿寄给了西蒙斯路费，在专利局证明了是西蒙斯把发明专利卖给了哈里伯顿，结果判决西蒙斯是最先发明这项专利技术，应该享有这项专利权。由于这项专利已经卖给了哈里伯顿，只有雇用西蒙斯从事中途试油，哈里伯顿公司才可以拥有这项技术专利。

　　本以为这项产权之争会到此结束，没有多久哈里伯顿又见到其中一家申请专利的公司无视专利局的决定，仍然使用这项中途试油技术。哈里伯顿就把这家公司告到了联邦地区法庭，结果哈里伯顿胜诉，要求这家公司停止使用中途试油技术，不允许继续经营钻杆试油业务。可是，这家败诉的公司并没有就此罢休，他们跑到加利福尼亚州用兄弟的名字又注册了一家公司，又继续经营中途试油的生意。哈里伯顿得知以后非常气愤，尽管为了这项知识产权官司已经花费了许多的时间和金钱，但是该项专利侵权仍然没有得到有效解决。哈里伯顿改变了策略，给每家加利福尼亚州的石油公司写信指控这家中途试油公司侵权，还威胁这些石油公司，如果使用这家公司的服务同样会受到指控。没有想到这引起了石油公司对哈里伯顿的反感，因为这些石油公司被推到了哈里伯顿的对立面，哈里伯顿只好又在加利福尼亚州的联邦地区法庭控告这家公司侵权，同时也指控其中一家石油公司使用侵权产品。哈里伯顿出庭作证表现得非常愤怒，法官感到哈里伯顿几乎是不可理喻，最后加利福尼亚州法庭判哈里伯顿败诉。这样两个联邦地区法庭的判决产生了对立，得克萨斯州跟加利福尼亚州法院有不同的判决，在这种情况下只得把官司移交至美国最高法院。这个案子拖了很多年。到了1939年4月17日，美国最高法院才宣布哈里伯顿拥有的钻杆试油专利是无效的，这个决定让哈里伯顿气愤至极，当时就扬言说："如果法庭不维护我的专利，我将不会尊重任何人。"不过，哈里伯顿的员工并没有受到官司的影响，一直都在油田上尽职敬业，同时创建哈里伯顿的公司文化。由于油田服务必须是以团队形式进行的，哈里伯顿就想到棒球运动是最好体现和培养这种文化的体育活动，于是在1927年就组建了一支公司棒球队，出钱购买了球队服装和专业客车，参加了各个级别的比赛。本来比赛是一种竞技游戏的娱乐形式，可是哈里伯顿骨子里就有争强好胜的特性，无论是在棒球场还是在油田作业，哈里伯顿都不愿意见到自己的队伍被打败。这只棒球队打了14个赛季，在1936年的全美半职业联赛夺得了冠军，实现了哈里伯顿对球队的多年期望。

三、逆流而上，创新取胜

1929年10月29日美国股市崩盘，被称为华尔街的黑色星期二。随后美国经济进入了有史以来的最大和最长的萧条期，这场经济危机影响到了每一位美国人，在美国经济最不景气的时期，哈里伯顿石油固井公司依然保持盈利。尽管美国的石油钻井大幅度地减少，哈里伯顿公司从来都没有倒闭的危险，当时的数据表明哈里伯顿公司有很强的抵抗金融风险的能力，在1929年经济危机发生的那一年，美国打了26356口油气井。这一年哈里伯顿公司的盈利为71.6万美元。到了1931年美国经济进入了严重萧条期，美国的钻井数目减少到了12432口，哈里伯顿的盈利也随之降低到了28.7万美元。即使在经济危机最为严重的1933年，美国打井数目降低到12312口时，哈里伯顿的盈利反而上升到了44.9万美元。之后的1934年，美国的钻井数目开始回升到18197口，哈里伯顿的净利润第一次突破100万美元。到了1937年时，美国钻井总数首次超过经济危机之前的水平，哈里伯顿的盈利就超过了200万美元。哈里伯顿是怎样做到这些的呢？首先是哈里伯顿在石油行业建立了良好声誉，他们在经营上尽可能以薄利多销的方式来占领油田服务市场。与七家大石油公司结成伙伴关系，让哈里伯顿的油田服务成为石油行业的首选，还有最重要的成功因素就是在材料和工艺方法上不断创新发明。每年哈里伯顿公司投入大量的研发经费，把研究出来的新技术不断地投入应用和推广，产生良好的经济效益来持续盈利发展。此外，哈里伯顿不像其他的富人，在经济困难期间不愿意援助别人，相反他表现得非常慷慨。在经济萧条期间，他为邓肯当地居民提供就业岗位，让他们有固定的经济收入来维持家庭生活。在就业很困难的时候，他雇用了60人去维护棒球场和打扫街道，帮助邓肯城市的公益建设，他从自己的口袋掏钱给这些人发工资，还出钱为城市的医疗买单，让贫穷的家庭也能看得起病。很多在邓肯成长的新一代人，长大后都记得哈里伯顿当年对他们的恩情。其中不少人加入了哈里伯顿公司，并且爱公司如爱家，为公司的发展做出了不少的贡献。不过，这些都不是哈里伯顿真正的核心力量，其最大的秘籍还是在于技术上的发明创造，因为他们毕竟是一家技术型的石油服务公司。

1930年1月，哈里伯顿在邓肯成立一间化学实验室，主要是进行各种水泥成分性质的测试。组建的初期没有什么规模，但是后来发展成为石油行业的著名化学研发实验室。哈里伯顿始终坚信化学在石油领域的应用价值，以及科学的进步就是石油服务公司的竞争力。短短三年间，这间实验室就有了技术上的突破，哈里伯顿的化学师发现用强酸可以打通含油储层的孔隙，把盐酸或其他类型的酸液注入石灰岩或含碳酸岩储层，可以酸化孔隙和增加联通孔隙，使得原油更容易地从地层中流出。1934年，哈里伯顿把这项技术称之为酸化压裂，进行商业推广，随后这项技术成为固井之后的常规作业流程。同时，还推出了一套新的测试装置，这套仪器是针对深井弯曲井眼所设计的，把它放到井下就可以把地层流体带到地表进行分析化验，给石油公司提供了一种简易有效的测试手段，这也是哈里伯顿对技术完善的不断追求。同年，哈里伯顿也开始了电测录井服务，电测是将电子仪器放入井下，测量地层的电阻率或其他电性指标来间接地反映地层流体的物性，由于油气在地层中的电阻物性不同，这个方法可以帮助鉴定井下的含油气情况。这项技术是法国的两兄弟最先发明的，早在1919年他们就在法国巴黎成立自己的测井公司——斯伦贝谢石油服务公司，拥有了这项技术的发明专利。哈里伯顿的卷入免不了知识产权纠纷。1938年斯伦贝谢就指控哈里伯顿侵犯了两项他们的电测专利，开始时双方希望庭外和解。斯伦贝谢派高级代表团到休斯敦跟哈里伯顿公司谈判协商解决办法，会谈开始时，斯伦贝谢代表友好地表达了他们想解决产权纠纷的意向之后，在会的所有人都把目光投向哈里伯顿，看他的表态。哈里伯顿看见大家都安静地等待，就站起身来说："你们法国人最好还是回到属于你们的地盘去，让美国人自己经营美国的石油服务行业。"说完之后，谈判不欢而散。很快斯伦贝谢的法律诉讼就进入了司法程序，有幸的是不久第二次世界大战爆发，官司一直拖到1940年中期，最终美国法庭还是判哈里伯顿胜诉。但是，从那时起一直到今天，哈里伯顿和斯伦贝谢相互视对方为石油服务行业的最大竞争对手，哈里伯顿在固井和压力方面有领先优势，而斯伦贝谢几乎垄断了测井领域，在石油服务行业中他们既是对手，又各有侧重。

哈里伯顿公司成立十周年时，就已经完成了7.5万多口油气井的固井，公司从57名雇员发展到了432名，公司的业务也增长了数倍。到1937年年底，哈里伯顿拥有了100多辆固井卡车，都以红色为主题颜色，车上安装巨型的固井专用设备以及各种仪表阀门，显得十分的专业。在邓肯的公司总部还有设备机械的修理厂，形成了一整套自行运营的石油服务链。由于哈里伯顿长期坚持推广固井工艺，这项工作流程成为美国和海外石油钻井的一项标准作业程序，不再是锦上添花的工序，被认为是稳定油井保护油藏防止地下水污染的必要手段。哈里伯顿生意的经营范围覆盖了美国17个州，从西边的加利福尼亚州到东边的宾夕法尼亚州，从南边的路易斯安那州到北边的怀俄明州，占领了绝大部分的美国油田固井服务市场。在从事固井专业服务的13年间，哈里伯顿不断改进了固井方法和设备，做到了多级和多次固井来满足油井或钻井的复杂设计，使得钻井质量不断提升和钻井深度也不断加深。由于技术的改进，不仅提供了固井质量，而且同时也降低了运营成本，提高了公司经济效益。哈里伯顿对公司的专利保护极为重视，从20世纪20年代中期到40年代，哈里伯顿的专利律师一直都在申请发明专利和打知识产权争议官司。产权争议通常都在庭外和解，但也有一些是通过法律程序解决，哈里伯顿在产权保护下，收取了不少专利费用。1938年哈里伯顿第一次在美国墨西哥湾海上进行了固井，他们通过驳船驶往井场，完成了第一口海上油井的固井。在此之前，他们在路易斯安那州的恶劣沼泽环境下作业过，但是海上作业还是头一回。有了这次的经验之后，哈里伯顿公司发展了一支海上油田服务队伍，第二次世界大战之后利用改装的退役军舰作为他们的海上交通运输工具。20世纪40年代美国不少石油公司都到南美洲进行石油勘探开发，哈里伯顿公司也开设了海外办事机构，第一家海外公司是在委内瑞拉，之后扩展到了哥伦比亚、厄瓜多尔和秘鲁等国。这一年哈里伯顿公司发生了一件具有历史意义的事件。1940年3月7日，公司董事会在达拉斯召开，通过了一项决议，收购哈里伯顿学习固井的商家——帕金斯石油固井公司，他们以55万美元收购了帕金斯公司在加利福尼亚州和怀俄明州的全部资产和经营产权。22年前，哈里伯顿被帕金斯解雇时根本没有想过有朝一日他能收购这家雇用自己的公司，真可谓三十年河东三十年河西。也是这一年，由于钻井的深度不断加深，井下温度不断升高，给固井水泥黏合凝固造成了困难，哈里伯顿的实验室就开发了多种固井添加剂与水泥混合使用。原有的现场混合水泥泥浆作业已经无法保证添加剂跟水泥充分混合，于是哈里伯顿就开设了固井水泥的泥浆制造厂，事先把水泥泥浆混合好，然后根据需要运往井场。这个改变既节约时间又保证了固井质量，成为后来固井作业的标准做法。

在第二次世界大战期间，哈里伯顿公司不仅生产油田服务设备，而且也制造一些战争物资。他们夫妇俩还把自己的游艇捐献出来支援战争，这艘游艇被用在太平洋军事基地的气象观察站，成为观察员的交通工具。公司在邓肯的水泥生产厂同时也为美国海军生产防御工事材料，工程师和技术员也制造了许多电子机械设备提供给军队，也为美军提供了许多的炸弹制造原料。战争期间最为需要的资源就是石油，哈里伯顿公司为油田的石油生产提供众多的产品和服务，保证了美国石油生产的正常运营，并且研发出了快速凝固水泥缩短了钻井时间，同时开始提供油井的射孔服务，让油井能更快投入石油生产。哈里伯顿的油田服务得到了进一步的完善，他们提供从移动高压泵设备到固井添加剂和井下工具一整套的油井服务，在收购帕金斯公司之后，哈里伯顿公司的经营地区也进一步扩大，服务项目也增加了很多。随之而来的员工工作时间加长，当意识到这些变化之后，哈里伯顿主动提出给员工加薪，而自己的工资保持不变。为了保证员工退休之后生活有保障，哈里伯顿早在1938年就提出了员工退休保险计划，但是由于战争的爆发没有得以执行。直到1944年12月20日才在股东大会通过哈里伯顿员工福利计划，保障了他们退休之后仍然可以从公司经营之中分得一些收入来保障生活。员工福利计划就是公司支付大约工资的百分之十七作为退休基金，以公司股票形式进行投资。由于公司股票一直呈增长趋势，哈里伯顿公司的员工退休之后都可以每月领取金额相当多的退休金。这比起其他的退休保险基金，这个计划是最有利于员工的选择，哈里伯顿确实造福了那些为公司发展做出贡献的员工。

哈里伯顿公司都是用公司的资金来生产战争物资，尽管可以通过向联邦政府申请纳税人的钱去生产军需物资，可是哈里伯顿公司从来都不去申请，没有拿过政府一分钱。他白手起家时没有靠政府的资助，如今公司盈利时就更加不需要政府的帮助，何况这是为国家出力。此外，还有另外一个原因就是哈里伯顿一直反对政府加税，他是一个自由主义者，不希望政府把企业管得太严，喜欢企业有较大的自主经营权力。第二次世界大战结束之后，哈里伯顿公司加快了公司发展的规模，在美国墨西哥湾沿岸扩建了整装水泥工厂，从达拉斯共和国家银行贷款了300万美元，在路易斯安那州修建油田服务基地和改建军用船只。当石油公司的海上作业增加时，哈里伯顿的这些服务基地生产制造海上作业物资，给海上钻井和油田生产提供了及时的服务。1947年是哈里伯顿公司发展最快的一年，这也让哈里伯顿感到自己已经不适宜管理这样一个庞大的公司，他决定从位子上退下来，让当副总裁的弟弟约翰·哈里伯顿接替自己成为第二任公司总裁，自己转为公司董事会主席。不过，他的个性还是没能让他完全不管事，时常插手一些自己有主意的项目，给公司内部造成了一些管理混乱，还好没有造成公司太多的损失。随着20世纪40年代的结束，哈里伯顿自己创业过程也算告了一个段落，独立自主的企业家精神逐渐在这家公司褪色，半退休留出的空间很快就被那些财会师、银行家、和公司律师们充填了，哈里伯顿公司翻开了新的一页。

四、超越传统，灵活经营

早期的石油固井是用泵把水泥注入井下，水泵的压力可以达到600磅每平方英寸，这个压力对于浅井来说足够了，可是随着时间的推移打井的深度不断加深，需要有更大的泵压才能完成钻井的固井作业。1944年10月，哈里伯顿研公司发团队开始了超强固井设备的研制，起初的目标是制造最大泵压在6000到8000磅每平方英寸的设备，后来研发的T-10泵系列可以产生泵压12000磅每平方英寸，超出了原有的目标计划。制造出了第一台超级固井车，安装了两台T-10系列的水泥泵，卡车使用了两台123马力的柴油发动机，可以同时作为卡车的发动机和水泥泵的动力。1947年1月19日，在阴雨天的俄克拉荷马油田上，哈里伯顿公司首次推出这台超级固井车，由总工程师亲自驾驶到井场，进行了一次固井作业，完成得非常漂亮。可是，在离开井场的时候，卡车被陷入在井场的泥地中，以前是要靠另外的拖车来把固井车拖出来，这次总工程师把两台柴油发动机加足马力一冲，固井车就从陷入泥地里走了出来，在场的人员无一不被眼前的情景惊呆了。这个超级固井车不仅能很好完成固井作业，而且还可以在地面条件不好的井场工作，强大的动力配置给油田服务提供了更广泛的使用范围。一年之后，哈里伯顿公司使用同样的T-10泵和柴油发动机建造压裂装置，在拖车上安装两千加仑的酸液罐进行油井的酸化压裂施工作业。这样的配置在当时是非常先进的。第二次世界大战之后，印第安纳标准石油公司发明了一种新的方法去开发老油田，通过把超高压含颗粒物的流体注入储层，在高压力作用下流体和颗粒被挤压进入储层裂隙。当高压释放之后，这些颗粒比如像砂子、核桃壳或其他的坚硬小颗粒就会夹在裂缝当中，增加储层的连通性和渗透性，从而可以增加油井的油气产量，后来石油行业把这个方法叫作水力压裂。

通过跟印第安纳标准石油公司协商，这家公司把这项技术的专利权给了哈里伯顿独家经营，水力压裂的设备和施工在当时是非常昂贵的。这意味着搞水力压裂投资会有相当大的风险，尤其是这个方法并没有完全被证实是否可行。经过一番公司内部讨论，大家还是认为这是哈里伯顿公司需要发展的领域，公司的宗旨是为油田生产服务。一旦这个方法证明成功，那就是无限的商业发展机会，并可以巩固哈里伯顿的核心技术，也将会奠定哈里伯顿在这个领域的绝对领先地位，权衡之下，冒这个风险投资是值得的。于是，哈里伯顿就组织专人进行科研，并在伊利诺伊州的塞勒姆镇设厂兴建水力压裂装备，并于1949年在俄克拉荷马州的一口油井进行了首次水力压裂试验。这是一口4882英尺深的油井，哈里伯顿用原油汽油跟砂子混合作为流体高压注入油层，经过压裂之后，150磅的砂子对储层的物性有了明显的改善，这次试验获得了圆满成功。哈里伯顿继续完善了水力压裂技术，加大流体的数量到75万多加仑，250万磅的砂子，以及几千磅每平方英寸的压力。这项技术开始在许多的老油田进行推广，让很多的老油田焕发了青春。一些油井经过水力压裂，每天可以生产500到700桶原油，很快水力压裂跟固井一样成为哈里伯顿的主要经营业务，据统计当时北美有三分之一的石油产量是通过压裂生产出来的。

第二次世界大战结束之后各国经济开始复苏，对石油的需求出现了高速增长，美国的石油工业迎来了前所未有过的黄金时期。哈里伯顿的业务也随之迎来了快速增长，美国国内以每年4%的速度递增，国际业务更是每年以两位数百分数的速度增长。为了配合这个大好形势，哈里伯顿拟定了海外业务拓展计划。1951年在加拿大、委内瑞拉、秘鲁、哥伦比亚、沙特阿拉伯和印度尼西亚开设了服务中心。1957年哈里伯顿又在墨西哥、阿根廷和意大利开设了全资子公司，在奥地利、西德、古巴、利比亚、伊朗、土耳其和美国阿拉斯加也设有分公司，纽约和日内瓦两地设有销售办事处。1951年，公司的海外收入为700万美元，到了1957年就翻了近四倍之多，达到3200万美元。这一年哈里伯顿在美国22个州有200多个办事处和服务点，总的营业额从1951年的9450万美元增长到1957年的1.94亿美元。哈里伯顿公司总部也一再扩建增加人员，管理层人员也从第一代创业人员开始过渡到第一批公司培养的雇员。1953年哈里伯顿仍然是公司董事会主席，那年的5月1日被定为俄克拉荷马的哈里伯顿日，以表彰他为邓肯和俄克拉荷马州所做出的巨大贡献，当天俄克拉荷马州长称哈里伯顿为美国自由经济下创业成功之典范。1957年10月13日，厄尔·哈里伯顿在洛杉矶去世，当时他个人资产达到了几千万美元，哈里伯顿公司雇员超过了一万多人，公司市值超过了2亿美元，这是非常了不起的成就。但是他所创造的价值远远不止是这些物质的，他还拥有30多项专利发明，而且最重要的是哈里伯顿改变了油田服务，革命性地影响了整个石油勘探开发生产过程。

哈里伯顿为石油行业开创了一条新的发展道路，这位在美国石油工业具有传奇色彩的人物总是谦虚地这么评价自己："我很早的时候就建立了我的个人哲学，所有我从生活中得到的幸福，都是别人真心的付出，没有朋友的帮助，我会是一事无成，当人们称赞我的时候，其实是在赞颂那些帮助我的人。"创始人离去，哈里伯顿公司成长的新一代管理层在经营上开始更加注重多样化经营，自从1940年收购了帕金斯固井公司之后，他们就再也没有并购固井公司。直到1957年10月15日，哈里伯顿以交换股票的形式并购了一家油井射孔公司，扩展了油田服务的内容。同时，引进了HT-400系列泵来替换T-10系列泵，酸化压裂能力变得更强。可是，1958年美国的石油行业进入短暂的停滞，哈里伯顿公司的收益有所下降，国际石油市场出现了过剩，钻井工业也随之减少，面临业务不足的困境，哈里伯顿公司不得不注重成本管理，裁减了1500名公司雇员。1959年行业开始复苏，哈里伯顿兼并了得克萨斯州达拉斯的奥蒂斯工程公司。这是一家油田服务和设备公司，专门从事油气井压力控制和设备生产，主要是防止或排除井喷的专业公司，通过调节生产井的压力帮助优化油田生产，这样哈里伯顿公司可以为石油生产提供更完整全面的油田服务。到了20世纪60年代，哈里伯顿公司的油田服务范围早已超出了原有的固井，增加了压裂、酸化、测试和制造各种工具等服务，成为一家综合性油田服务公司。因此，公司决定把名称从哈里伯顿石油固井公司改为哈里伯顿公司。

改名后的哈里伯顿公司经营业务又进一步扩展，从油井泥浆填塞到高压阀门控制不断向相关领域渗透。他们的服务也不仅限于油田，而且发展到了基建工程和炼油化工厂等能够使用哈里伯顿产品和服务的地方。20世纪60年代，哈里伯顿公司涉足了机械电子自动化控制的研发，建造了用燃烧天然气作为动力的压裂卡车，采用像得克萨斯州的二叠纪盆地油田出产的天然气作为燃料，解决油田服务的动力来源。这些发展都离不开科技的研发，哈里伯顿始终非常重视新技术的研发和应用，研发部门还拿到了许多美国国防军工合同，研究和制造导弹通讯自导等先进科研项目。1961年哈里伯顿实现了一个重大并购，迈出了石油行业的一大步，他收购了休斯敦的大型工程建筑公司——布朗和鲁特。这是当时美国最大的工程建筑公司，布朗和鲁特有2.5万余名员工，资产40亿美元，年收益也到达2.5亿美元。公司规模比哈里伯顿公司还要大，但是由于创始人布朗兄弟年事已高，无意经营公司才决定卖给哈里伯顿。成交之后，两家公司的经营还基本上保持相对独立，因为他们业务几乎没有相交的地方，哈里伯顿公司专长是油田服务而布朗和鲁特主要从事大型工程建筑。不过20世纪70年代石油工业再次发生巨大变化，石油公司进入了海上勘探开发领域，这两家公司的经营终于走到了一起，他们开始联合建造海上平台和海上石油服务基地，哈里伯顿公司变为了世界著名的石油工程服务公司之一。尽管如此，哈里伯顿公司一直都在寻找并购机会，在

1972年又收购了总部在休斯敦的IMC钻井泥浆公司，同时也增加了电测录井和地球物理服务部门。到1988年，公司雇员达到6.14万人，收入增加到了48亿美元，海湾战争期间哈里伯顿公司参与了油田的恢复建设。1995年聘请老布什时期的美国国防部长迪克·切尼为公司执行官，后来小布什参选美国总统时，迪克·切尼成为他的竞选伙伴，之后迪克·切尼又做了八年的美国副总统。1996年哈里伯顿公司又收购了兰德马克地震软件公司，将公司业务延伸到信息数据领域，1998年哈里伯顿兼并了德雷瑟工业公司油田设备的专业公司，到了2014年试图兼并油服三巨头之一的贝克休斯，遭到美国政府的反垄断法规抵制而收购失败。总之，哈里伯顿公司已经不像从前只有单一服务，而变成了提供全套服务的油田服务公司。

第四节　石油科技的圣地俄克拉荷马州

现代石油工业是在宾夕法尼亚州诞生的，石油作为一种地下矿产，人们通常只是认识到石油的商业价值。在俄克拉荷马时期之前，石油勘探没有任何的科学依据可寻，像盲人摸象一般全凭感觉和运气，几乎不清楚在什么样的地质条件下会形成油气藏，更不知道油气在自然界是如何分布的。早期的石油钻探都是在有河溪的石油露头沿着河溪打井，因为在泰特斯维尔的第一口石油井就是这样的地表地形，随后也确实根据这样的地形特征发现了不少油田。而且在石油探勘历史上还曾经流行过河溪学说，认为石油的形成跟地表的河溪有关。这个谜直到20世纪初才慢慢有了科学的解释，人们在勘探的实践中产生了石油地质学的理论，奠定了美国石油工业的科学依据，在这个基础上才有了后来的重大突破，石油勘探开发才不断地进入新的领域有了新的发现，可以说美国的石油科技是在俄克拉荷马时期得到了快速提升。在俄克拉荷马时期，一批极具创新的地质学家们努力探索了石油勘探开发的奥秘，形成了石油地质科学的专门理论和权威组织，让人们了解了石油如何在自然界存在和分布。把科学知识运用到了实际的石油勘探开发中，在推动石油工业发展的同时，完善了石油地质科学理论体系。这汇集了石油行业从业人员的集体智慧，承传和发展了石油科技，提高了石油经营的效益。具体表现在专业学术组织的形成，以及石油商业展会的出现，新的思想和新的技术能够很快被交流普及。石油工业在俄克拉荷马得到了长足的进步。因此，俄克拉荷马州成为美国石油行业的科技圣地，至今保留着主流石油科技出版刊物和高水平的学术组织。

一、第一所石油地质学校

美国地质调查局自成立起，其主要任务就是对美国境内的地质矿产及水文资源进行普查。在俄克拉荷马还没有加入美国联邦之前，欧洲移民早已渗透到了当时的印第安人的领地，对于地质资源的调查已经有人开始进行了。其中最有名的一位地质学家就是查尔斯·牛顿·古尔德，他为了普查俄克拉荷马地区的水文资源，带着学生骑着马赶着马车走遍了俄克拉荷马州境内的加拿大河流域，对俄克拉荷马的野外地质情况十分了解，有俄克拉荷马地质之父的称号。后来，古尔德被委任为第一任俄克拉荷马州的地质调查局负责人，不仅仅是因为他从事地质调查多年了解当地的地质情况，更主要的是他在1900年就创建了俄克拉荷马大学的地质系，开始传播和培养地质学生从事地质普查工作。地质调查局是美国联邦地质调查局的延伸，常常是联邦调查局提供一半的经费给州地质调查局进行地质普查，州政府出另外一半的经费共享地质调查成果。联邦调查局还提供地质技术指导，这样地质普查的工作人员可以学习到地质科学技术。作为地质调查局的负责人，古尔德利用在俄克拉荷马大学地质系的便利，让大批的学生参与了联邦地质调查工作，学习和实践地质科学知识，更好地掌握地质技术实际运用，成为合格的专业技术人才，这也符合当时古尔德的办学理念。

古尔德于1868年7月22日出生在俄亥俄州的一个农场，在那里和姐姐一起接受过乡村教育。1887年他们家把农场卖了之后，全家搬到了堪萨斯居住。古尔德进了一所师范学校并考取了教小学三级的教师证书，开始了他的教学生涯，几年之后还当上了小学校长。不过，他并没有打算一辈子教书，而是在春夏没课期间继续求学深造，于1899年6月获得了理学学士学位。在求学期间，古尔德听了一堂堪萨斯地质故事的课，让古尔德对地质学产生了浓厚的兴趣，开始收集化石和岩石标本给堪萨斯大学的地质教授。这位教授见古尔德对地质有如此浓厚兴趣，就建议他应该寻求地质行业的工作，学习更多的地质知识。在老师的鼓励和帮助下，古尔德来到了内布拉斯加大学继续深造，跟着当时美国有名的地质学教授学习。在1900年6月获得了该校地质学硕士学位之后，正好赶上了建校不久的俄克拉荷马大学招聘地质老师和开办地质科系。古尔德觉得这是一个发展地质事业的好机会，就应聘来到了俄克拉荷马大学施教，同时创建了第一所地质学校。

后来由于俄克拉荷马的石油工业发展，使得这间地质学校成为美国第一家专门的石油地质研究的学校。在地球物理被广泛运用在石油行业时，这所学校又改名为地质和地球物理学院，始终是以石油地质科学为主要研究对象。古尔德来到俄克拉荷马大学，开始是教授一般的地质理论，没有一个针对性的地质研究方向。俄克拉荷马作为一个内陆平原州，水源的分布对这个地区的经济发展有重要的影响，为了搞清这个地区的水文地质资料，联邦政府出资邀请俄克拉荷马大学的地质学校进行地质调查，并且提供技术指导。这对古尔德来说是一个很好的野外地质学习工作机会，暑假期间他带着学校的师生开展了野外地质填图，收集地质资料和编写地质调查成果报告。1903年到1905年期间，美国地质调查局水文分局聘请古尔德，负责进行俄克拉荷马西部印第安人领地与落基山脉东侧的地下水资源调查，包括得克萨斯州北部加拿大河流域。古尔德又带着师生骑着马拉着车走遍了这段加拿大河地区，绘制了这个地区的地质图，对这个地区的地质情况有了深入的了解，尤其是地质构造发育分布，完成了重要的学术报告。1906年6月内布拉斯加大学为此授予了古尔德地质博士学位，不久他又出任新成立的俄克拉荷马州政府下属的地质调查局局长。

通过对水文地质的研究，古尔德发现油气作为像地下水一样的流体，油气的分布应该有跟地下水相似的地方。这时石油工业在俄克拉荷马迅速崛起，石油勘探成为石油商人们最感兴趣的创业热点，同时也让古尔德和他们的地质学校产生了兴趣。尽管没有针对石油地质的研究存在，但是从收集到的油气资料表明油气分布还是遵循某种特定的规律，比如受到某些特定的地质条件所制约，油气就会像地下水一样在某些地质构造中发生聚集，这是可以按科学规律所推断的。由于油、气、水的比重不同，在自然界会形成气、油、水从上向下分布，这样，背斜圈闭构造是形成油气藏最为理想的地质条件，渐渐地就形成了一套石油地质的假说。在石油勘探摸索中，这个地质假说不断地被成功发现的油田所验证，对于石油地质理论和油气成因这些直接涉及油气勘探的挑战课题，开始成为古尔德地质学校研究的中心。石油公司越来越重视石油地质学，学校的地质学毕业生毕业后加入地质调查局或石油公司，从事资源普查和油气的地质勘探工作。地质学校的毕业生渐渐地变得供不应求，石油公司也乐于雇用地质学校的毕业生来做石油勘探，经过实践摸索不断地证实他们的石油地质假说，这些地质毕业生逐渐在石油行业崭露头角，成为石油勘探的生力军和各家石油公司争抢的对象。加上当时俄克拉荷马的石油工业正在蓬勃兴起，这让古尔德也有跃跃欲试的冲动，但作为大学老师和政府官员是不可能去直接参与石油勘探经营的，唯一的办法就是脱离这个体制。

在1911年，古尔德辞去了所有的大学和政府工作，到俄克拉荷马城开设了一家咨询公司。由于他在地质界的名气和丰富的地质理论及野外考察的经验，很快许多的石油商人就上门咨询，让古尔德指点石油勘探的方向。其中有一位在得克萨斯州北部阿马里洛的杂货批发商老板，十分想做石油生意，找古尔德做勘探找油咨询。因为古尔德曾经在这个地区做过大量的野外调查，很了解这个地区的地质情况，觉得这是一个很好检验石油地质理论的机会，他不仅提供了咨询服务，而且，还积极参与了他们的勘探活动。这位得克萨斯州商人在阿马里洛当地找了十位投资合伙人，每人出资1000美元成立了一家石油公司——阿马里洛石油公司。这家公司让古尔德做地质顾问，给他十六分之一的油气权益和1000美元的服务费。这家公司根据古尔德的建议，在当地买下了6.4万英亩的土地区块，经过详细的地质构造制图，古尔德就把探井的井位定在了一个背斜构造的顶部，根据当时的石油地质理论，背斜构造的顶部是最有可能发现油气的地方。

当时的阿马里洛地区完全是一块石油勘探的处女地，最近的油气田都在200多英里之外，打的第一口探井是一个极为风险的勘探井。按之前的河溪露头找油理论，这里是不具备油气勘探价值的地方，古尔德根据的是石油地质学说，这口井是最好的一次实践检验。因为新的认知必须通过实践的检验才有普遍性，同时也会是一个最有效地推广机会。结果，这口井在2300英尺的深度打出了高产气流，虽然当时没有巨大的经济价值，但是证明了石油地质理论的正确性。其实际意义远远超过了气田的商业价值，让人们看见了科学的石油地质理论作用，在认识石油勘探开发上产生了一个飞跃。古尔德对美国石油发展的贡献并没有被广泛地宣扬，不是因为其影响力不够，而是很大程度上是由于石油勘探存在着太多的不确定因素，即使是再好的石油地质理论都不可能有百分之一百的成功率。正如古尔德自己对石油地质的评价一样，油气勘探就像是一场赌博，没有打井证实之前，没有人知道地下是否有油气存在，油气勘探始终充满着风险，受多种地质条件所影响。石油地质师能做到的就是降低风险，尽量回避一些地质条件不利于油气藏形成地方勘探，从而提高勘探的成功率。

不过，这次勘探的成功却揭开了得克萨斯州北部的石油工业开发的序幕，随后大量人员的涌入，展开了更大规模的油气勘探，先后发现了不少的油气田。其中包括著名的伯格油田，这里也成为得克萨斯州石油工业的重要油气产地之一。古尔德自身在石油勘探中的实践跟许多俄克拉荷马大学培养的石油地质学生一样，证实了石油地质理论的科学性。但是，这并不意味着掌握了石油地质理论就能一定找到大油田，石油勘探中的不确定因素很多，石油地质学说只能给出一个石油勘探的方向。在许多的石油地质学家和从业的地质师们对石油理论的验证和对地质科学不断探索，到了20世纪20年代这所地质学校率先开办了石油地质学科，发展了一套石油地质理论用来指导油气勘探。这跟之前通过河溪油气露头来进行勘探有本质的区别。在石油地质协会和一些行业组织的推动下，石油地质理论成为石油行业的主流思想，后来的地球物理科技在此基础上得以发扬光大，成为今天石油勘探的重要手段。古尔德所在的俄克拉荷马大学从那时起就培养了一批又一批的石油地质专业人员，他们许多人成为石油行业的精英，几乎所有美国大的石油公司都有俄克拉荷马大学石油地质专业的毕业生，古尔德在俄克拉荷马大学建立的地质学校也在行业中被视为石油地质学家的摇篮，以及美国石油地质学家协会的准会员基地。

二、地震勘探的应用

科学家们很早就观察到地震产生的地震波会在地下地层中由震源向外传播过程中发生反射和折射。地球物理学家可以通过制作的地震仪器接收和检测地震发生的地点和强度，进一步说，就是可以根据这些地震数据来推断地质构造和地层的岩石性质。由于天然地震是随机发生的，不能有效地进行地质研究，于是，有科学家想出了通过人工地震把地震波送入地下，再通过周围安装的检波器收集其反射波信号。这样就可以对某个特定的地区进行地下地质研究，了解地下地质构造的空间分布等。到20世纪初期，石油地质理论的发展让地质学家认识到油田的形成离不开特定的地质构造，比如早期最常见的背斜穹窿等构造，这为地震反射技术在石油勘探开发领域的应用提供了用武之地。毫无疑问地震反射技术可以极大提高石油勘探开发的有效性，大量的石油勘探经费又可以为地震反射研究提供商业开发的物质条件，但是把这种想法变为现实还是有一段相当坎坷的历程。

除了美国石油行业特定的条件外，一些个人在当中所发挥的作用是非常重要的，这毕竟是在创新发明与商业推广并行的一个过程。具备扎实的科技知识和灵活的商业头脑，才可能通向成功的捷径。俄克拉荷马州在地震勘探技术的应用方面起了十分关键的作用。最先运用地震反射手段的人并不是美国人，而是一位叫卢德格尔·明特罗普的德国矿山勘测师。早在1914年，明特罗普就发明了机械的地震记录仪，这台仪器可以通过人工地震来检查地下地层的地质构造。在德国，他利用制作的仪器成功地测试了一个盐丘的地下构造，并且于1919年申请了技术发明专利，不过直到1926年这项技术专利才被认可。早期的地震反射技术的精度和敏感性较差，只适合在地层变化差异较大的地方使用才比较有效，比如盐丘构造的探测就是一个最为理想的应用地方。这种构造的形成是由于底下的盐层，在地下温度和压力作用下，发生了塑性变形，盐体就会在地层的断裂带或薄弱带向上挤压隆起，形成地质构造的穹窿形状，盐层和上覆的沉积地层的物性差异很大，地震波的反射信号就有明显的不同。这样就比较容易在地震剖面上显示出地质构造，而且在美国的墨西哥湾沿岸发育了许多盐丘构造，这些构造往往和油气田相伴生，找到盐丘构造就意味着找到了勘探打井的目标，于是这项技术也有了很高的商业价值。1921年，明特罗普成立了一家地震测量公司，受到美国海湾石油公司的邀请来美国墨西哥湾沿岸进行地震测量，并且在美国申报了他的地震仪器技术专利。

地震反射技术的原理最早是由一位加拿大裔的美国发明家雷金纳德·奥布里·费森登在美国专利局申请了技术发明专利。费森登被视为美国无线电之父，拥有上百项发明专利。这个专利当初是为了利用声波反射在水中传播来检测水上冰川而设计的，因为1912年发生了震惊世界的泰坦尼克号碰撞冰川沉没事件，让费森登看见了声波反射技术的可能应用领域。于是，发明了声波仪器也就是后来的雷达科技，通过发射声波来探测水下障碍物的方法，这项技术在第一次世界大战就被用来探测潜艇。这个反射原理推广在地层媒介的传播就是地震勘探，1914年费森登在美国专利局申请了地震勘探专利，1917年这个专利得到了美国专利局的批准。由于战争的爆发，这项地震勘探技术没有得到进一步的研发，也就中断停滞不前了。可是，在这期间另一位美国人约翰·卡拉伦斯·卡切尔也独立发现了地震反射技术的实用性。第一次世界大战期间，卡切尔就职于美国标准局，被派往法国去测量声波来计算炮弹阵地，这项工作任务让他认识到反射波可以用来测量反射物体的形状和距离。当时，卡切尔就读的俄克拉荷马大学对石油地质理论有很高的研究水平，地震反射技术很容易跟石油勘探开发联系在一起，其应用有着巨大的商业价值。

返回美国之后，卡切尔回到了俄克拉荷马大学进行了这个方面的技术研发，同时继续进行了博士学位研究。1919年，卡切尔制作了第一台反射地震仪器，准备申请发明专利时，发现早两年费森登已经申报了这项发明专利。不过，这项专利并没有被开发利用，于是卡切尔就登门拜访了费森登，向费森登购买了这项专利。尽管费森登拥有地震反射技术专利，但他不知道哪里有合适的商业应用，不像他在无线电方面的技术发明，很快就可以用于电话电报和广播等领域，于是就同意把专利卖给了卡切尔。得到地震反射的技术专利之后，卡切尔就开始了把地震反射技术进行商业化，跟大学一起做研究的老师合办了第一家地震勘探研发公司。在俄克拉荷马大学的师生帮助下和俄克拉荷马石油商人的赞助下，卡切尔在俄克拉荷马城附近的一个已知的花岗岩入侵的地质剖面进行地震测试，结果花岗岩入侵的范围被清楚地反射在地震图上，实验获得了圆满的成功。为了纪念这次划时代的历史事件，在实验的现场立有一块碑，上面写着"地震反射技术被证明是寻找石油的有效手段"。

约翰·卡切尔于1894年4月15日出生于美国印第安纳州，五岁的时候全家搬迁到了俄克拉荷马州，1912年高中毕业进入了俄克拉荷马大学读书，四年后获得该校的电气工程和物理专业的双学士学位。大学毕业之后，卡切尔来到宾夕法尼亚大学继续做物理研究员，同时开始了研究生学习，他的博士课题就是关于X·射线方面的研究，但他慢慢地发现自己对地球物理，尤其是地震反射技术的应用产生了特别兴趣。在得克萨斯州大学和俄克拉荷马大学地质和物理教授的鼓励下，就开始做这两个学科结合的研究，卡切尔设计制作电子仪器去采集地震反射波的信号，发现可以通过人工地震产生震波传入地下，部分震波会遇到地下不同的岩层会产生反射和折射的物理现象。接收这些反射波可以推断计算出反射地层的深度，这对石油勘探的地质研究会是很有用的手段。不幸的是，他的这个想法被第一次世界大战的爆发给中断了，卡切尔的研究没能继续深入。不过，被美国标准局派到法国的工作经历，帮助卡切尔学习到了制造地震仪器的可行性。当回到美国之后，在大学制造出地震仪器并且测试成功，就遇上了俄克拉荷马州的石油大发现。在塔尔萨附近相继发现大的油田，石油产量出现了过剩导致石油价格大跌，三个月内从1美元一桶跌到15美分一桶。尽管地震反射技术可以帮助石油勘探，但是，石油产量过剩期间不仅勘探减少，甚至根本没有人愿意出钱去尝试地震反射手段找油，这项新发明的勘探技术只好被搁置起来。

之后，卡切尔又返回了美国政府的标准局工作，后来加入了西方电气公司从事海底电缆的研究。不久，第一次世界大战结束后的美国经济开始复苏，市场对石油需求的增加转变成了对油气勘探的需求，1925年石油价格回升到了战前的水平，又进一步突破了3美元一桶的大关，石油商人开始积极寻找石油储备。这时有一位达拉斯的石油商人埃弗雷特·德格勒，也是俄克拉荷马大学的毕业生，学习石油地质之后开始石油勘探经营，做得非常成功，创办了自己的石油公司。德格勒对石油勘探技术十分着迷，听说了卡切尔在俄克拉荷马大学进行的地震反射实验，就找卡切尔一起研发地震反射技术在石油勘探上的应用，专门为地震反射研发成立了一个公司——地球物理研究公司。卡切尔被德格勒的真诚所打动，同意出任这家公司的副总裁，同时拥有百分之十五的公司股权和30万美元的研发经费。于是卡切尔辞去了西方电气公司的工作，并且带走了在西方电气公司一位年轻有为的同事，尤金·麦克德蒙特，两人一起经营地球物理研究公司。他们开始在最适合地震反射技术应用的地区进行尝试，不断摸索经验和完善仪器设备。到了1928年12月，在德格勒石油公司的支持下，他们在俄克拉荷马一个碳酸岩油藏构造上用地震手段进行勘探，结果后来打井发现了石油，勘探获得了成功，成为美国第一个用地震反射方法找到的油田。

这个油田的发现也让地球物理研究公司引起了石油行业的重视，此举不仅实践证明了地震反射技术可以帮助石油勘探，而且带来了越来越多的地震测量订单，带动了地球物理勘探技术的发展。不光是美国人在从事地震反射技术的研发，欧洲人也在不断地发展地震反射技术，也有一些大的石油公司聘用欧洲的地震勘测队在美国墨西哥湾一带的产油区进行地震采集。不过，这时美国的地震勘探主要还是以地球物理研究公司为代表，1930年，卡切尔和麦克德蒙特两人在德格勒的帮助下，成立了第一家独立的专业地球物理服务公司，主要从事地震测量和其他地球物理仪器的研发。不久，公司很快把业务范围扩展到了油田生产，面临不同的经营性质，他们只好把公司又一分为二，油田生产部门由卡切尔负责，地球物理研发部门由麦克德蒙特主管。第二次世界大战期间，他们的地球物理研发部门开始研制探测水下潜艇仪器，取得了显著的成效，并积累了仪器制造方面的经验及技术优势。战争结束后，在1951年研发仪器的科研人员决定继续走研发创新路线，成立了得克萨斯州仪器公司，慢慢地远离了石油行业进入了电子行业，后来1988年哈里伯顿收购了地球物理服务公司，成为美国地震勘探的主力公司。卡切尔这个俄克拉荷马大学的毕业生，也是在俄克拉荷马成就了地震反射研究事业，1976年获得了美国石油工程师协会的卢卡斯金质奖章，以表彰他利用地震反射技术对石油行业的特殊贡献。美国勘探地球物理学家协会还在1996年专门以他的名字设立了一个奖项，纪念卡切尔和鼓励年轻的地球物理学家不断创新发明，其中先后有几位中国学者获此殊荣。卡切尔于1978年7月13日在达拉斯去世。

三、石油科技交流——AAPG，SEG，IPE

在20世纪初期，俄克拉荷马州成为美国石油工业的热点，逐渐取代了石油产量日益衰落的宾夕法尼亚州。当时俄克拉荷马州的东北部塔尔萨城周围先后发现了几个大油田，一下子吸引了美国各地的石油从业人员赶来这里，他们当中有不少是美国地质调查局和东北部几个州的地质调查局的地质工作人员，他们带来了一项石油勘探实用的地貌等高线制图技术，通过对地表的地形测量，根据地层的倾斜走向就可以推断地下的地质构造。由于当时的石油地质理论清楚地认为背斜构造是油气聚集的最有利地带，地表的地层构造填图对于寻找背斜构造是十分有利的，而这些地形测量需要大量人员到野外工作。这项技术最早在1902年由美国地质调查局的地质师威廉·格列斯伍德发明，当时他利用地表的地貌测量和煤层厚度资料，推算出了煤层下方的砂岩储层地下分布，这对石油勘探是十分有效的手段。这项技术几年之后，在美国东北部的几个州的地质普查中得到应用和推广，不少从事地质调查的地质师掌握了这项技术之后，来到俄克拉荷马进行石油勘探，他们其中一些是被石油公司聘请为地质师或者自己开办石油公司，另一些作为咨询顾问为石油勘探提供咨询服务。总之，他们这批技术人员被视为地质专业人员来到了俄克拉荷马，由于当时的油田都在塔尔萨周围，因此大多数的从业地质师们也都聚集在塔尔萨市。随着油气勘探的深入，行业开始越来越注重地质研究，比如采集钻井岩屑或岩心、古生物地层对比、岩性分析等。这些地质研究往往是区域性的，因此地质师之间相互交流就变得有必要了，加上俄克拉荷马大学对石油地质理论的研究也需要有一个讨论和统一的观点，这为成立行业协会打下了人员基础。

（一）美国石油地质学家协会（AAPG）

美国石油地质学家协会于1917年正式在俄克拉荷马州的塔尔萨市成立，从刚开始的94名成员发展成为世界上最大的地质协会。早在1928年协会的成员就接近2000人，分布在美国的41个州以及20多个国家，成为一个高水平的国际石油学术组织。协会发行的刊物从一开始就代表了最前沿的石油地质科学，始终保持着石油科技的领先地位。不仅普及和统一了石油地质理论，而且汇集了最先进的石油科技知识，一直推动石油工业向前发展。伴随着石油地质工作者的成长，成了从业人员必不可缺少的专业知识源泉。尽管这个协会的创始人有很多，但是主要推动协会成立的是三个人：石油商人埃弗雷特·德格勒、俄克拉荷马大学地质系主人查尔斯·泰勒和塔尔萨的石油公司地质师约翰·埃尔默·托马斯。可能这些创始人都没有想到，他们创建的石油协会后来成为美国石油行业最有影响力的学术组织，为美国石油工业的发展建立了不可磨灭的伟绩。

德格勒是1911年俄克拉荷马大学地质系的毕业生，后来加入了一家墨西哥石油公司成为公司的总地质师。1915年，他回到母校跟学校老师交流石油地质发展近况时，觉得学校应该与石油勘探保持密切联系，对于一个正在发展中的石油地质学科需要及时地了解实践中所遇到的难题，把新的研究成果推广普及并促进产生经济效益。这个建议得到了当时地质系主任泰勒的赞同，于是拟定了一个石油地质交流的计划，召集当地的石油地质师和地质学家开了一次学术研讨会，让学校的科研与行业的勘探开发联系起来。与此同时，在塔尔萨的地质师托马斯也跟当地的石油地质工程技术人员保持着联系，有不定期的饭局和非正式讨论会，其中讨论的内容就涉及是否应该成立一个学术组织。当时正在考虑筹建美国矿业工程师西南分会，因为美国矿业工程师协会是一个很大的专业组织。在1915年9月份的一次有27位塔尔萨的石油地质专业人员出席的聚餐时，托马斯向大家报告了泰勒教授计划在俄克拉荷马大学举办研讨会的倡议，出席餐会的人士纷纷表示有兴趣参与。就这样在1916年1月7日至8日，俄克拉荷马大学召开了第一次地质学术研讨会，这次会议古尔德也出席了，除了石油地质师，也有几位地质学家到场，研讨会上一共发表了13篇学术论文，产生了极好的反响。同时，决定次年2月9日至10日在塔尔萨举行正式的西南石油地质学家协会，会议的筹划由托马斯负责。托马斯是芝加哥大学地质专业的毕业生，十分聪明好学，在塔尔萨的石油圈子里很活跃，是当地的一家石油公司的总地质师，他热衷于组织石油地质勘探方面的交流活动。在他和其他几位会员的精心准备之下，1917年2月9日至10日在塔尔萨的肯德尔教会学院如期举办了第一届石油地质学家年会，一共有90余人出席。会议期间专家们发表了许多篇高水平的学术文章，介绍了前沿的石油地质见解，并且做出了几项重要的决定。选举了一个四人小组的执行委员会和协会会长，制定了协会的规章制度，把协会名称改为美国石油地质学家协会，这样更有代表性和包含更多的各地地质学者专家。托马斯当时年仅25岁就当选了首届协会会长，泰勒也成为四人执行委员会成员之一。出席第一届年会的人员年纪都非常年轻，思想非常活跃，反映了当时石油地质科学正处于启蒙时期，需要有科学精神的人去探索和弘扬。

第一届年会的圆满召开标志着美国石油地质学家协会正式成立，这次会议围绕着地质调查的内容、新油田的地下构造图的编制、油田开发等石油地质专业课题。会议发表的文章代表着当时石油行业地质研究的最新见解和最新的油田发现，讨论了对于石油地质调查研究的规范化形式。第一次提出了地下地层对比的概念和方法，比如古潜山、背斜油藏等地质核心概念，也把新的勘探手段如微古生物地层对比、地下地质构造成图、岩相岩性分析等在会议上进行了交流。通过参会专家学者的讨论，逐渐制定了石油地质学的标准和定义了各种概念和技术，这对整个石油行业的发展起着十分重大的意义。从那时起，美国石油地质学家协会就开始以传播石油地质知识为己任，每年年会在美国不同的石油生产城市举办，发表大量的学术期刊，搭建了石油地质的交流平台，也成为石油行业的最高学术水平的标志。协会会员不仅遍及美国各大石油公司，其期刊发表的文章也代表着从业人员先进的科技水平。由于美国没有石油地质的国家科研机构，美国石油地质学家协会逐渐成为美国石油行业的权威机构，始终站在石油地质科研的最前沿。也正是因为其高水平和高质量的学术交流，很快吸引了美国主流石油地质工作者，会员人数在头几年迅速倍增。到了1923年，协会的工作开始需要有全职人员负责。发展到1926年，一年一度的年会已经满足不了地质人员的交流。于是，把期刊改为每月一期并且设立研究审核小组，雇用专业的管理团队并在塔尔萨设置永久办公室，并且调整了会员制度，一年不缴纳会费者算自动退会。

协会也开始作为一个非营利机构运营，到了1928年协会成立十周年之际，会员人数就将近2000名。这时由于在得克萨斯州西部发现了不少油田，得克萨斯州的协会会员首次超过了俄克拉荷马州，还发展了将近200人的海外会员。尽管加入协会的专业要求比较严格，美国石油地质学家协会会员也一直在稳定增长，只是受石油价格波动和就业市场的变化有一些起伏。随着石油工业的不断发展，美国石油地质学家协会也逐步壮大，到了1953年协会会员人数超过了一万多人，而且，出现了多个海外会员分会组织，成为石油行业地质科技的标准制定者。协会举办的各种专业培训，不仅传播先进的石油地质理论，而且也为许多石油公司培养了高水平的技术人才，协会同时也出版大量的书籍，定期发表行业最高水平的学术文章，一直引领着美国石油科技的发展。进入21世纪以来，美国石油地质学家协会仍然是全球最大的地质类专业协会，会员有三万一千多人，遍及全球116个国家和地区。虽然协会早已成为一家国际性组织，但是它不仅保留了原始的协会名称，而且其宗旨和服务对象也基本没有改变，始终是为了促进石油地质科学在石油工业的发展和应用。

值得一提的是早期的美国石油地质学家协会仅限于那些有成就的地质师或地质学者专家加入，讨论主要是围绕油气有关的地质现象，以及如何提高油气勘探和开发的科学技术水平。直接一点说，就是用石油地质理论去指导油气钻井，去发现和开发油气田。在思想统一过程中也容易产生一些偏见，协会发表的文章必须通过资深会员审阅，一般大学科班出身的人员才有资格或被行业主流认可，才能成为美国石油地质学家协会会员。但是，这并不代表所有美国石油勘探的从业人员。自由市场经济形成的美国社会，有着许多的独立石油勘探商人，他们经营思想灵活。一来请不起科班出身的地质师，二来他们早期对石油地质理论抱有怀疑，也常常雇用非主流的地质师指导石油勘探，这种做法遭到了美国石油地质学家协会的极力反对，认为这些非主流的地质人员会误导石油行业发展。可是，在美国石油历史上曾经发生过一个个案，就是1930年发现的东得克萨斯油田，美国本土最大的巨型油田，这个油田就是被一位没有科班背景的自学成才的地质师发现的。当时这位自封的地质师编写的地质报告和油气预测都被大石油公司的地质师和美国石油地质学家协会的资深专家所否定，都认为他是虚构和杜撰出来的地质报告，与当地的地质现象不符，完全是为了商业炒作。结果，让那些学院派的石油地质大咖没有想到的是这样一个大油田，竟然被这位非主流的地质师在自己的眼皮底下发现。这个发现引起了石油业界人士对美国石油地质学家协会的主导性产生了一些质疑，但这并没有影响到协会的权威性和动摇石油地质学家的科学探索，整个石油地质学家协会的知识框架都是遵循科学理念为基础建立的。这个油田的发现只能说明当时的石油地质理论有需要完善的地方，东得克萨斯油田是一种新的油气藏圈闭，属于岩性变化形成的地层圈闭油藏。这是对当时的石油地质构造理论的一个补充，同时也表明石油地质科学是要不断发展完善的，这门新的学科有其独特的复杂性。石油勘探始终是石油工业最具有挑战性的领域，美国石油地质学家协会正是推动地质理论向前发展的助推器，它不仅促进了石油勘探水平的提高，而且对整个地质科学比如古生物、岩石学、沉积学，以及后来的地球物理学等相关学科起到了极其深远的影响。

（二）勘探地球物理学家协会（SEG）

石油行业的科技人员不断地探索新的方法来解决石油勘探开发中遇到的挑战。在20世纪早期可以说是石油科技发展最活跃的时期，人们借助科学知识尝试了一些新科技所带来的勘探发明创新，许多新的方法开始在美国石油地质学家协会刊物中涌现，其中最为引人注目的就是地球物理方面的应用。不少石油公司都在尝试利用地球物理的方法来获取更多的地质资料，比如电测测井、磁力和重力测量等，最为实用和有效的应属地震反射波测量。这些地球物理的手段跟传统的地质学有本质的区别，它们是通过对地层岩性的物理性质不同来获取地质资料。对于石油地质学家来说，他们跟地球物理学家的研究是不同的途径，虽然相互间有交流，但隔行如隔山，大家的兴趣不太一致。在1930年美国石油地质学家年会上，30多名从事地球物理方面的专家提议成立自己的学术组织，希望从美国石油地质学家协会分离出来。这样会更有利于学术交流，促进地球物理勘探在石油行业中的运用，于是就诞生了勘探地球物理学家协会。其宗旨跟美国石油地质学家协会很相似，主要是促进新的地球物理技术的发展，以及推广在石油勘探开发中的应用。由于地球物理勘探比传统的地质勘探有许多明显的优势，可以通过先进的电子仪器收集许多大面积的资料，而且运营成本也相对较低。这些优越性使得地球物理方法很快受到了石油行业专业人士的重视，他们在加强研究的同时增加了资本的投入。

当石油地质理论强调地质构造对油气勘探的重要性时，地震反射勘探显示出了无可比拟的优越性。这项技术不仅为石油探勘提供了许多的就业机会，而且吸引了许多物理研究人员加入石油行业，影响了大学科研的方向。俄克拉荷马大学作为石油地质最为领先的学校，就最早把地质和地球物理两门学科结合起来培养学生，后来实践证实这样的做法是正确的，符合石油勘探开发的发展趋势。石油地质人员必须要学会用地球物理手段获取地质资料，他们不一定要成为地球物理专家，但应该要了解地球物理的勘探方法，所以许多的石油地质学家协会会员同时也是勘探地球物理学家协会会员。加上一些物理和电子仪器方面的专家学者的加入，勘探地球物理学家协会也发展得很快。到了1936年开始发行自己的期刊地球物理学杂志，每年协会的年会也跟美国石油地质学家协会一起举办，这样满足了许多从业人员的双重需求。到了20世纪40年代协会也在塔尔萨设置了总部办公室并雇用全职人员。随着时间的推移，地球物理勘探在石油行业得到了质的飞跃，无论是电测手段还是地震测量都极大地提高了其精度，成为石油勘探开发不可缺少的实践工具。由于地球物理勘探的成本要比地质钻井勘探的成本低许多，石油公司也就越来越青睐地球物理勘探，勘探地球物理学家协会也跟美国石油地质学家协会一样，发展到了上万名会员，分布在世界130多个国家，总部在俄克拉荷马州的塔尔萨市，其协会的宗旨也基本上是服务于石油工业的勘探开发，这个组织也为美国石油工业发展做出了重大的贡献。

（三）国际石油展会（IPE）

如果说美国石油行业在宾夕法尼亚时期让人们了解到了石油的价值，那么，俄克拉荷马时期就是让人们学会了如何科学地勘探和开发石油。在这个转变过程中国际石油展会算是功不可没，它缩短了科技研发的时间，加速了科技在石油工业中的应用和推广，而这个作用常常被人们所忽视。早在1923年塔尔萨就举办了一个专门为石油行业开设的展销商会，起名为国际石油展会。主要目的是让石油工业设备的制造厂家和油田服务商家，有机会向他们的顾客直接介绍最新的石油设备装置和服务内容。石油工业是一个很特殊而且专业性很强的行业，不仅表现在石油地质方面的特殊性，而且石油勘探生产的设备也必须是专门定制的。石油商业展会活动帮助商家缩短了石油设备从研发到投入市场的时间，同时也可以直接得到石油勘探开发商们的信息反馈，促进生产厂家完善他们的产品，以更好地满足石油工业的需求。展销会还向大众宣传了石油行业，让更多的人了解石油工业和加入石油行业中来。

基于这些考虑，当时身为塔尔萨石油商会会长的著名石油商人威廉·斯凯利就发起了举办国际石油展会的提议。在当时有世界石油之都之称的俄克拉荷马的塔尔萨，显然是最有资格举办这个展会。它的相对地理位置在美国石油工业的中心，城市内又有许多石油公司的总部和石油供应商家。斯凯利的倡议很快得到了塔尔萨商会和城市管委会的响应，尽管有许多不利因素，如阴雨天气和不久前爆发的种族冲突等，1923年的首届国际石油展会仍然取得了超出预想的成功。这给了展会的主办单位极大的鼓励，于是决定把展会作为塔尔萨城市活动的固定年度节目。1923年到1930年，每年都定期在塔尔萨举行国际石油展会，这不仅带动了整个美国的石油工业发展，而且还吸引了世界各地从事石油行业的人员前来石油展会参观学习，把许多的先进科技传播到世界各地。每年十天左右的展会都有十几万人次的参观量，影响规模空前深远，一些有影响的行业组织比如中部油气协会和美国石油协会等社团，也把他们的年会定在塔尔萨跟国际石油展会同步，以方便他们的会员参观展会。许多从事石油行业的人员都从展会中学习和认识了美国的石油工业，其中还包括不少的青少年通过参观展会而选择投身石油行业。

1930年，美国爆发了有史以来最严重的经济危机，直接影响了美国石油行业。在整个行业都不景气的情况下，国际石油展会不得不改为两年举办一次。参展的人数和规模虽然不如经济危机之前，但是其在石油行业的影响和作用一直没有减退。每届人数和规模也随美国经济复苏而有所好转，可是到了1939年又爆发了第二次世界大战，美国全国进入了战争状态，展会被迫中断举行。第二次世界大战结束之后，1948年，国际石油展会又重新恢复，这一年的国际石油展会参展人次超过了30万，这让主办单位感到高兴的同时，也带来了成本和展销会场地选择的问题。为了保证有效地举办高水平石油商业展会，主办单位决定把国际石油展会改为五年举行一次，这样塔尔萨就有足够的时间筹集资金和布置展会中心。1966年的国际石油展会全面刷新了各项记录，成为塔尔萨国际石油展会最为成功的一次展会。之后，由于美国石油公司进军海外，美国陆上石油工业开始加速减产，导致国际石油展会参加人数下滑，规模逐年萎缩。到了20世纪70年代末期，石油价格再次回落，美国海上石油勘探开发兴起，1979年的展会成为塔尔萨国际石油展会的绝唱。美国石油行业的商业展会移到了得克萨斯州的休斯敦，成为每年五月份一年一度的近海技术会议。在每年五月的第一个星期定期举行，继承了国际石油展会的精神，促进石油行业不断向前发展。尽管国际石油展会已经退出了历史舞台，但是它对美国石油工业发展的贡献是不可磨灭的，它伴随着美国石油工业走过了最辉煌的发展时期，推动了整个工业的科学技术在实际工作中的应用。

石油工业毕竟是一个极具风险的行业，在石油的勘探开发中充满了不确定因素，即使是运用最先进的科技手段也无法确定所有的地下影响因素。美国伟大的石油专家和成功的石油商人德格勒就曾经这么描述他所认知的石油行业："石油行业是技艺与运气的结合，如果你的运气够好的话，你不必有很好的技术，但是无论你的技艺多高，你必须有些运气才行。你的技能越好，运用越多的好技术，你碰到好运气的机会就越大，无论怎样，运气都扮演一定的角色，有些时候还是主要的角色。"有趣的是俄克拉荷马州出现的两位著名的石油商人——马兰和菲利普斯就是这样的两种代表。马兰有很好的石油技艺，他在庞卡发现了油田，而菲利普斯兄弟没有什么石油技艺，但是他们的运气很好，也在巴特尔斯维尔创建了自己的石油帝国。不过，纵观美国石油发展历史，可以肯定地说，俄克拉荷马时期打下了石油科技进步的基础，极大地推动了整个石油行业全面发展，石油勘探的技艺得到了长足进步，即使石油勘探难度加大，成功率也一直在稳步提升，今天塔尔萨依然保留着美国石油工业所走过的足迹，仍然是石油科技出版的中心。

第四章

中流砥柱的得克萨斯州

在宾夕法尼亚时期，人们认识到了石油的价值。在俄克拉荷马时期，美国的石油工业提高了技能。在得克萨斯时期，美国的石油行业进入了一个风险与利益制衡的成熟完善阶段，具体表现在对石油行业风险的把控、商业利益的分配、石油生产的供需调节、各个阶层的政治平衡、市场价格与行业竞争下的制度建立。如同之前的两个时期一样，得克萨斯时期美国石油工业的崛起首先是大量的石油产出，有两个最具影响和传奇的油田被发现，它们代表了美国石油人特有的开拓精神和石油文化。此外，当有了油田产量之后，在市场经济的运作下，石油行业就出现了各方利益之争，政府如何平衡和调控石油经营成为这个时期的一大挑战。由于美国石油行业有了之前的经验教训，整个行业没有重回标准石油的垄断经营模式，而是在得克萨斯州政府的指导下，摸索出一套新的石油行业游戏规则。尽管在探索实践中遇到许多的困难，但得克萨斯州铁路委员会不断地克服这些困难，保证了美国石油工业一直在不断地健康向前发展。经过40年得克萨斯时期的探索，在美国石油生产达到顶峰和爆发石油危机的时候，美国石油工业的格局基本建立，标志着美国石油行业进入了它的成熟期。也就是说，得克萨斯时期美国石油工业得到了完善。回顾美国石油工业的发展历史，得克萨斯州的石油工业兴衰有三个最为值得讲述的故事，那就是纺锤顶油田的出现、东得克萨斯油田的发现和得克萨斯州铁路委员会的演变，它们演示了美国石油行业的进化过程。

第一节　得克萨斯州石油工业发展回顾

美国自从南北战争结束之后，开始对煤油照明的需求增加，石油勘探就走出了宾夕法尼亚。在美国各地都有人寻找石油，包括得克萨斯州，但直到1894年在得克萨斯州的东部才有工业油流发现。科西嘉纳油田是得克萨斯州第一个发现的油田，1900年时产量达到最高，年产量接近84万桶原油。这个油田的发现和开发，对得克萨斯州石油工业的开启有着十分重大的影响。不仅填补了得克萨斯州石油生产及炼油加工的空白，更重要的是吸引了许多有经验的宾夕法尼亚石油从业人员来得克萨斯州发展。这些人员的到来传播了石油勘探开发的知识技能，成就了一批石油钻井和炼油等专业人才，为后来的得克萨斯州的石油工业打下了人力基础。如果没有科西嘉纳油田的出现，得克萨斯州的石油工业不会得到后来的快速发展。尽管该油田的产量和规模都不是很大，但是，它让得克萨斯州民众认识到了石油工业，学习了石油工业的特点。1899年，得克萨斯州政府向宾夕法尼亚学习，制订了第一部石油方面的法规，出台了保护地下水资源、对废弃井施工要求、天然气的开采利用和油田生产的防火规范等条例，建立了对石油行业的有效管理制度。1901年1月10日纺锤顶油田的发现，轰动了美国石油行业，特大的单井石油产量和油田的规模导致得克萨斯州爆发了石油热潮，几乎整个美国的石油从业人员都赶到博蒙特进行石油开发。由于这个油田的地理位置优越且交通运输便利，于是，在墨西哥湾沿岸开始出现了炼油厂和输油管线，原油既可海运出口欧洲也可以就地炼制为成品油销售。此外，石油工业的迅猛发展使得得克萨斯州政府意识到这可以成为一项税收资源。于是得克萨斯州政府于1905年开始对石油生产征收百分之一的石油税，用于公共福利。第一年就收到了10万多美元的税款，到1919年已达了100万美元，1929年接近600万美元，从侧面反映了得克萨斯州石油工业发展的速度。

纺锤顶油田属于一种特殊的盐丘型油田，其特点是初始产量大，但是递减的速度也非常之快，如果没有新的油田发现，纺锤顶油田周围新建的炼油厂不久就面临油荒。幸好，盐丘地质现象在墨西哥湾一带十分发育，而且，盐丘基本上都与油藏有关。纺锤顶油田的发现同时掀起了新一轮寻找盐丘油田的勘探热潮。果然，陆续在得克萨斯州墨西哥湾沿岸发现了不少盐丘型油田，填补了纺锤顶油田产量的下跌，使得炼油加工企业在得克萨斯州东部沿岸仍然持续增长。与此同时，输油管线在得克萨斯州油田炼厂之间迅速发展，进一步覆盖了更多的新油田。到了1916年，俄克拉荷马油田的产量超出了当地的炼油加工能力，俄克拉荷马的原油开始流向得克萨斯州墨西哥湾沿岸的炼油厂。这加强了得克萨斯州石油炼油加工在美国石油工业的地位，也发展了从休斯敦到博蒙特一带的经济建设，让这个地区成为石油储运和炼油分销中心。城市人口和经济体量也随着得克萨斯州的石油工业发展逐年上升，后来休斯敦取代了之前的塔尔萨，被冠以世界石油之都的称号。

进入20世纪20年代早期，在得克萨斯州的西部又发现了一些新的油田。之后，在得克萨斯州北部与俄克拉荷马相交的地区也先后发现不少油气田，生产的油气成分变得相对复杂。1923年，在这个地区出现了得克萨斯州的石油化工企业，利用所生产的油气制作石化产品。这不仅创造了新的工业和就业机会，而且带动了得克萨斯州的经济发展，让得克萨斯州的石油工业变得更多样化。到了20世纪20年代后期，得克萨斯州的石油勘探转向了东南一带，发现了几个大的油气田之后，休斯敦西南边的科珀斯克里斯蒂炼油加工也悄然崛起，带动了得克萨斯州南部的石油经济发展。到了1930年10月6日，石油独立勘探者乔伊纳发现了东得克萨斯油田。经过四个多月的勘探，直到1931年才界定出这个油田的范围，其规模超出所有人的想象。这个超大型油田的发现立刻就引发了石油行业的震荡，加上正赶上美国经济的大萧条，石油价格的暴跌，20世纪30年代得克萨斯州的石油勘探基本停滞。主要的石油活动集中在了东得克萨斯油田的开发。由于这个油田有四分之三是由独立生产者所拥有的，油井的深度也较浅，成本相对较低，石油非常容易开采，这样就造成了油田开发以极快的速度展开，短短几个月的时间就有上千口油井出现。到1931年年底，这个油田就有超过了2000多口油井，同时建设了30几家炼油厂，油田的产量猛增到了年产一亿桶的规模。1932年增加到了1.56亿桶，一年之后，达到了2.11桶的产量，极大地冲击了美国市场的原油价格。1933年1月的油价为每桶75美分，到了4月份就跌到了每桶10美分。经过得克萨斯州政府的介入之后，那年的8月才重新回到每桶75美分，年底之前达到了每桶1美元的水平。

这期间出现了许多走私原油，一些石油生产商不按政府管委会规定生产或从输油管线上偷油，在市场上以极低的价格即每桶3美分出售，造成了美国的石油市场极其混乱。在此期间，得克萨斯州政府官员一开始就试图阻止这个油田的过剩生产，但反复争论以及会议协商未能达成协议，当时的得克萨斯州州长只好下令出动得克萨斯州国防军，进驻东得克萨斯油田关闭油井生产。之后，再由得克萨斯州铁路委员会制定定额石油生产，东得克萨斯油田才又恢复原油生产。没有想到的是1932年2月，得克萨斯州最高法院认为州长下达的军队管制是违法的，这个决定加速了野蛮开采的正当性，一度使得整个得克萨斯州石油工业又陷入极度混乱的局面。到了1933年的下半年，由于有了先进的测量井底压力的手段，科学地证明了无秩序的油田开发会造成油藏极大的破坏，这样得克萨斯州政府管理政策才开始逐渐得以贯彻，不过，利益之争并没有就此结束。即便如此，在1935年年底该油田仍然有1000多家生产商经营着将近两万口油井，生产1.59亿桶原油，1937年仍然有大石油公司和十家独立炼油公司在这个油田经营炼油厂。到了20世纪30年代后期，东得克萨斯油田的生产才进入稳定阶段，得克萨斯州西部的二叠纪盆地的石油勘探才又重新活跃起来。又发现了几个规模较大的油田，与得克萨斯州北部开发的油田一起发展了许多炼油化工。输油管线也进一步延伸到新的油田，保证了原油运输，为得克萨斯州石油工业可持续发展提供了帮助。

进入20世纪40年代，由于第二次世界大战的爆发，得克萨斯州铁路委员会开始削减五分之一的石油生产配额，增加关井的天数。到了1942年进一步限制了石油生产，把产量控制在原有产能的百分之六十，这样得克萨斯州油田的生产和石油勘探都有一定程度的降低。不过，战争期间为了配合欧洲战场的油料供应，修建了两条重要的输油管线，一条是从东得克萨斯油田到美国东部的原油管线，为东部炼油厂提供原油，另一条是从博蒙特墨西哥湾炼油厂起，到阿肯色州与原油管线并行到美国东部港口的成品油管线。这两条管线在第二次世界大战结束之前一年完成，得克萨斯州的石油供应极大地支援了盟军在欧洲战场取得决定性的胜利。从1939年到1946年战争期间，得克萨斯州石油人又发现了77个油田或油藏，虽然规模不是很大，但还是增加了得克萨斯州的整体石油储量。这些发现主要集中在得克萨斯州西部的二叠纪盆地。

第二次世界大战结束之后，美国的石油行业又迎来一个春天。由于战后的经济复苏和国家建设，对石油及石油产品的需求迅速上升，得克萨斯州铁路委员会8年来第一次取消了关井规定，加上联邦政府出台了一些有利于油田开发的政策，石油钻井勘探开发出现了新一轮的高潮。由于强劲的石油需求，油价直线攀升，不断创造历史新高。得克萨斯州的石油生产开始满足不了墨西哥湾沿岸炼油加工，首次出现了加工进口原油的现象。尽管美国国内石油产量在1948年创下了新高，但是，美国却还是石油净进口国。到了20世纪40年代末期，美国的石油进口量每年上升两位数，得克萨斯州的石油勘探，尤其是西南部的勘探明显减少。进入20世纪50年代，横跨得克萨斯州的输油管线建成，二叠纪盆地的石油可以运送到东部墨西哥湾沿岸的炼油厂，刺激了二叠纪盆地的石油勘探开发。米德兰成为得克萨斯州的另一个石油中心，二叠纪盆地也变成了美国最活跃的石油产地。50年代早期的石油勘探为得克萨斯州的石油储量增加做出了一定的贡献，到1952年估计得克萨斯州的石油可采储量达到了最高153亿桶。从此之后，得克萨斯州的石油可开采储量开始呈下降趋势，预示着得克萨斯州大油田基本都已被发现了。由于没有新的油田发现保持大规模的开采，到了1960年得克萨斯州的石油可采储量降到了不足149亿桶，1970年进一步下跌到130亿桶。不过，在石油可采储量下降的同时，天然气生产迅速上升，填补了美国能源的短缺。天然气不仅可以作为能源燃料，而且还是许多石油化工产品的原材料。早在1947年得克萨斯州铁路委员会就要求所有作业者不允许焚烧井口天然气进行生产，如果不能处理天然气生产，就必须关井阻止浪费天然气资源。在重视天然气的开发政策和市场的完善下，鼓励天然气的勘探开发，50年代天然气的可采储量一直保持上升趋势，主要是因为8个新的大气田的发现。

随着美国石油勘探日趋成熟，国内的石油勘探活动也开始萎缩，最明显的一个标志就是独立的经营生产者数量极快下降。1964年统计美国从事石油经营的独立商家比之前减少了四分之三，得克萨斯州由于是石油大州稍微减少慢一些，但也失去了四分之一的独立石油经营者。美国的石油行业进入有效的生产管理，独立石油经营商家逐渐失去了竞争力，大批小石油商家也纷纷退出石油行业。但是，石化工业在这期间得到了很大的发展，几乎每年以百分之十的速度增长。这主要是伴随着炼油加工的增长，炼油企业聚集在得克萨斯州墨西哥湾沿岸一带。由于石油进口的比重越来越大，得克萨斯州的原油炼油加工在休斯敦到博蒙特海岸需要进一步扩建，这样才能满足美国对炼制石油产品的需求。此外，美国石油生产经营公司面对生产成本的上升、进口低价原油的竞争双重压力下，不得不进行更为有效的联合开发。此时，得克萨斯州铁路委员会还正式接管了环境污染的监督，标志着得克萨斯州的石油工业全面进入成熟的运营阶段。20世纪70年代早期出现过新一轮的油气勘探，可是在得克萨斯州陆上没有什么大的发现，大部分地区石油勘探已经高度成熟了。在石油危机的作用下，美国急需本国原油生产供应市场，基于这种情况得克萨斯州政府在1972年放开了石油生产的限制，这一年刺激了得克萨斯州的石油生产，使得石油产量创下了12.64亿桶的生产记录，但是，原油的可采储量已经从20世纪50年代的最高峰逐步下降，很快也反映到了得克萨斯州的原油产量。

接着欧佩克的出现发生了第一次石油危机，六个星期原油价格从每桶5.40美元上涨到每桶17美元。得克萨斯州以加大石油钻探作为回应措施，投入的钻机数目在1974年上升了35%，1975年又上升了26%，可是依然回天乏力。得克萨斯州的石油产量和可采储量都没能扭转下降趋势，只是在下降的速度上有所减慢。石油生产商从高风险的石油勘探转为油田的二次开采，一些大中型石油公司开始进军墨西哥湾海上油田的勘探开发，得克萨斯州墨西哥湾的石油基础设施开始大规模兴建。1979年第二次石油危机发生，使得原油价格再次飞涨，从当年的每桶12.64美元到1980年的每桶34美元。尽管得克萨斯州政府和美国联邦政府都出台了许多石油生产的优惠政策，但美国国内的陆地已经没有什么可以勘探的地方了，找不到新的油气田，只能对原有的老油田进行二次和三次开采，提高可以开采的原油产量。在此，得克萨斯州石油工业对美国的石油工业的统治开始渐行渐远了，再也没有调控美国石油价格的能力。两次石油危机不仅改变了得克萨斯州石油行业，也对得克萨斯州的经济、社会、政治生活产生了深远的影响。

第二节　纺锤顶油田的出现

在人类历史的长河中，经常会由于某一个特定的事件发生而改变了整条河流的流向，纺锤顶油田的出现就是改变美国石油历史河流上的特定事件。它的发现改变了美国石油行业的格局，诞生了一批新的石油公司，打破了洛克菲勒标准石油对美国石油工业的垄断，加速了美国石油工业发展的进程。由于它喷发出的巨大原油产量，形成了一股强大的石油洪流，冲击了美国刚刚兴起的现代工业。把最新发明的汽车、飞机，以及传统的火车、轮船一下子带进了石油时代，廉价而且高效的石油，极大地促进了美国各项工业的发展。同时，石油也成为美国现代工业不可缺少的重要资源。这种相互依存的重要性刺激了得克萨斯石油工业的发展，看似偶然发现的纺锤顶油田，却包含着一个非常坎坷而传奇的真实故事。

一、梦想总是要有的，万一实现了呢

纺锤顶山丘是由于地下盐层向上涌起，在地面平地上鼓起一个十几英尺的土包。由于上面长满了水杉树，形状十分像纺织的线锤，远远看去就像线锤插在土包之上，因此，当地人习惯把这个地方叫作纺锤顶。此处靠近路易斯安那州交界的得克萨斯州东南角博蒙特市，早期是一个以木材畜牧农业为经济作物的海滨小镇，19世纪之前就陆续开始有欧洲移民来这里定居。由于地理位置重要，靠近海上通道和有河流从此处入海，美国南北战争之后，不少内战老兵选择在博蒙特定居，安家立业享受太平生活。可是，1901年1月10日纺锤顶上一口井突然发出剧烈的井喷，打破了博蒙特的宁静。出油的消息很快传遍了美国，大批石油从业人员和希望能淘到第一桶石油金的人纷纷涌到这里，在这里谱写了一段美国石油工业发展的历史，成为当时轰动美国乃至世界的惊人发现。这里的第一口发现油井就以日产近十万桶原油的记录，把原来的几千桶记录一下提升一个档次，这出乎了所有人的预料。打这口井的人安托尼·卢卡斯顿时成为人们心目中的英雄、万人追捧的对象和媒体采访的焦点。

人们几乎忘记了这里曾有一个独臂商人，九年前就向人们预言过，而且尝试证明在纺锤顶的山丘下蕴藏着丰富的石油。因为没有成功地打出油来让大家亲眼见识，所以，如今所发生的一切似乎都与他不相关，成败论英雄在哪里都不例外。但是，油田的发现并不全是最后一里路的临门一脚，它往往是一个非常艰苦和曲折的过程。就像人们在黑暗中摸索一样，需要很强大的内心和坚定的信念才能走出困境，而这位预言纺锤顶油田的人恰恰是有这样的内心和信念。当卢卡斯井喷出现的时候，这个本地商人感觉这一天终于到了，但是，一切的发生却是那么突然，让人有点措手不及。此事的出现绝非偶然，这个必然之谜还得从头说起。

这个独臂商人名叫帕蒂罗·希金斯，六岁时就随父母来到博蒙特定居。父亲在镇上开了唯一的一家修枪店，也许是经常看到那些修枪的牛仔，希金斯从小就生性好斗，爱打架斗殴，只上过四年的小学就来到社会上混。有一次恶作剧时，他与警察发生了枪战，被警察打伤左臂，不得不截肢成了单臂。之后，他改邪归正成为一名虔诚的基督徒，把精力用在正经事业上。对所做的事情，无论是手工活还是机械操作，他都用心钻研成为行家里手，比大多数有双手的人做得还好。

除了工作之外，他还在当地教会教主日学，带一群教会的小孩学习和做一些课外活动。由于纺锤顶在地形上是一个山丘，东面有内奇斯河流经过，有比较独特的风景，是一个野外活动的好地方。希金斯经常领着主日学的学生来这里野餐游玩，看见山丘上有积水的地方，用棍子插下去会有气体冒出来。如果用火去点冒出的气体还会燃烧，这个现象引起了希金斯的好奇。这个事情发生几年之后，希金斯的房地产生意做得不错，不久，购买了许多土地，也赚了一些钱。当上了小老板，有时间去做自己喜欢做的事，于是他开始喜欢上了学习。他不仅学习了圣经，而且对经济、历史、化学、哲学等都很有兴趣。也许是继承家里的遗传，他对机械和设计都特别有天赋，通过在林场土地经营和四处地理勘测的经历，悟出了两条重要的人生道理。一是一个人要成功一定要懂得机械原理和能够制作发明，二是如果别人能办到的事，自己一定也能办到。希金斯的好奇心常常驱使他来纺锤顶山丘上，看那里的奇特地质现象，比如积水的潭里水面常有蓝绿黄的晕色，冒出的气体有种煤油的味道，在风吹拂之中常常闻到一股臭鸡蛋的气味。在一些潭水中还可以洗澡，而另一些潭水可以饮用。当地还流传一些鬼神幽灵在纺锤顶山泉出现的民间神话故事，这些更加引起了希金斯求知的欲望，知道这不是一个普通的地方，决定用科学的方法去探索解开这个谜。

希金斯房地产生意主要是买卖林场土地，当时林业的木材行业是博蒙特的主要经济支柱之一。他在内奇斯的东岸买了几百英亩的土地之后，骑马巡视这片看似很好的农地成了希金斯的工作。有一次刚下过大雨，希金斯发现马在泥泞处走过时马蹄上沾有不少新的土壤，这些新的土壤呈红色。他下马到有这种红土的地方一看，那里有一大片红土层，至少有几英亩之多，土质在水泡之后很有黏性。于是，他挖了一些样品拿回镇上找人化验，结果发现这种红色黏土是一种难得的制砖优质原料。作为生意人，这很快激发了希金斯的商业灵感。博蒙特位于得克萨斯州休斯敦和路易斯安那州新奥尔良两大城市之间，靠近铁路周围又有不少小城镇，盖房子都需要用到砖头，兴办制砖厂一定会有不错的销路。想到这里，他把开办砖厂的主意向当地商人宣传，找人合伙投资来开办砖厂发展当地经济。这个主意得到了一些商人的响应，筹集了足够的资金创办一家砖厂。可是，有想法有资金还缺一样东西，就是制砖的生产技术。希金斯决定亲自去一趟当时工业发达的美国东北部宾夕法尼亚、印第安纳、俄亥俄和纽约等地，看看那里的砖厂是如何制作经营的，学习他们的制砖技术。到了那里的砖厂考察，最吸引希金斯的不是制砖工艺过程，而是那里的砖厂使用石油天然气来做烧砖的燃料。砖厂的技术人员告诉他，使用石油天然气做燃料容易安装，操作非常有效率，重要的是烧砖时还可以保持恒定的温度，生产出来的砖质量比较好。用木材和煤为燃料都达不到石油的效果，而且建议如果没有石油为燃料，最好还是不要开办砖厂，因为烧出来的砖头质量没有保证。得知这个信息之后，希金斯就前往提供石油燃料的产地，去看石油是怎样生产出来的。在油田视察中，希金斯认识了石油是怎样存在地下，又是如何开采的。观察之后，发现这些油田的地质特征跟纺锤顶很相似，无论是土壤成分还是空气中散发的气味，都让他回想起当年跟主日学学生在纺锤顶野餐的情景，心想如果在宾夕法尼亚能够发现并生产石油，那么，得克萨斯州的博蒙特也一定可以有大量的石油存在。

希金斯把在纺锤顶的经历和想法跟当地从事石油人士一讲，他们都说石油只有在美国东部这里出产，美国其他地方都没有石油，更不用说没有发现过石油的得克萨斯州了。这让希金斯感到十分不理解，因为他自学的内容中地质学完全是一片空白，从来就没有听说过这门学科。于是，在离开东部访问之前，希金斯写信给每一位地质调查局负责人，希望得到他们的帮助，提供石油地质资料，尤其是美国墨西哥湾沿岸一带的地质资料。当他回到博蒙特，办砖厂的合伙商人改变了主意，办砖厂不如办家具厂。虽然希金斯有点失望，但是，心想即使合伙人不散，在博蒙特办砖厂也不具备条件，因为这里没有石油提供。

在宾夕法尼亚和俄亥俄那里见到的油田，让希金斯很快放弃制砖的念头，全部的心思都转移到了学习地质资料上了。他花了几个星期详细地阅读从美国地质调查局要来的资料，学了很多地质理论和对地质现象的描述。对他而言真是眼界大开，觉得地质学非常有意思，只是对一些地质报告的结论不能完全接受。因为结论说美国墨西哥湾沿岸的地层不具备含油岩层，没有美国东部地区的地质沉积。希金斯对此深表怀疑，如果是那样，为什么我们这里的山丘泉中会有那些硫黄气体呢？从泉底像雨点般往上的可燃气泡又是怎么回事呢？认为那些写报告的地质师一定没有到过纺锤顶山丘看过，否则，就不会下这样的结论。想到这，希金斯骑着马又来到了纺锤顶山丘上，再次确定那些臭鸡蛋味道气泡的存在，他坚定自己的判断是正确的。在山丘上，四周望去，看见通往萨宾溢口的铁路坐落在西边，东边不远的内奇斯河上停靠着通商的泊轮，往北不到四英里便是博蒙特镇。如果能从这山丘之下开采出石油，那么这里将会成为得克萨斯州一个新的工业中心。一幅美好的愿景展现在面前，越想越觉得大自然的馈赠需要去开发出来，自己任重而道远。一番美梦之后，一阵凉风似乎把希金斯带回到了现实，时间已经不早了，该回家了。于是，他掉头往回走，此时发现一个牌子插在小道旁边，上面写着："这里1077英亩土地出售，价格低廉。"也许是上天给了希金斯某种暗示，有人为自己的梦想打开了一扇门，他很快把出售人的信息抄写下来。到镇上一打听，他得知土地的售价是每英亩6美元，还可以分几个月每月1000美元进行分期付款，不由心中大喜，仿佛觉得看到了成功的希望。

希金斯回到家中当晚就夜不能寐，反复在想心目中的那所工业城市，东面的平地湖泊森林可以延伸15英里到萨宾湖，横向宽度也有5英里之多，完全可以用这块土地去规划一个城市，越想越觉得可以干一番事业。一大早起床，他就去找人来投资这个计划，挨家挨户地跟人宣传，勾画一张城市蓝图。希金斯告诉每个人，当这块土地出产成千上万桶石油的时候，现在的投入将会是百万美元的回报。可是，梦想总是美好的，现实却是残酷的，没有一个人来投资。时间一天一天地过去，四处碰壁的希金斯慢慢产生了焦虑，镇上的人看见他如此执着的样子，开始尽量躲避他。正无计可施的时候，他突然想起在教会的领导人、自己受洗信教的介绍人、当地有影响力的木材商人乔治·卡罗尔，他们相识多年，知根知底，又是相当好的朋友。卡罗尔本人经营博蒙特最大的木材加工企业，有相当雄厚的经济实力，在当地可以算是有名的富商之一。他精力充沛，为人处世老道，曾经参选过得克萨斯州州长和美国共和党的副总统候选人，那时在博蒙特能够帮助希金斯的就只有卡罗尔了。第二天早晨，希金斯登门拜访了卡罗尔，带上了所收集的资料和绘制的地图。见到卡罗尔之后，他从地质理论的油气露头到纺锤顶山泉的可燃气泡，说明了油气存在的依据，并把如何根据油气生产规划出的城市蓝图一一做了详细说明。卡罗尔被讲述情景所吸引，于是希金斯把了解到纺锤顶山丘出售的价格和付款条件讲了一遍。由于当时卡罗尔没有投资计划，只同意出1000美元的头款，剩下的需要和希金斯一起从银行联合贷款支付。希金斯到银行申请了贷款，可是银行没有马上批准，要求卡罗尔出面担保才行。经过卡罗尔同意之后，希金斯这才拿到了购买土地的资金。

在购买了这块出售的土地之后，希金斯进行了实地土地面积丈量，调查另外一半山丘的土地持有人，因为一旦进行打井勘探和城市建造，需要整个纺锤顶山丘才行。结果发现原来这块土地的总面积是2750英亩，这户人拥有整个纺锤顶山丘。在南北战争结束之后，这家主人为这块土地打起了官司，请的是当地著名的军官乔治·奥布赖恩开办的律师所，条件是胜诉之后，要分一半的土地给奥布赖恩作为法律诉讼费。结果胜诉，这块土地被判给这户人家，按协定就把总面积一半的1350英亩土地给了奥布赖恩。另外，又在自己分得的土地中拿出了273英亩给了拉尼尔律师。如今这块土地变成了希金斯、卡罗尔、奥布赖恩、拉尼尔四人共有。希金斯把了解土地的情况跟卡罗尔一讲，卡罗尔也同意，如果要按这个计划实施，是应该把另外部分土地整合起来才行。于是，希金斯决定先找奥布赖恩商量，因为他拥有的土地面积最大，如果奥布赖恩同意出售土地，那么拉尼尔就很容易接受把土地出让。奥布赖恩在律师办公室会见了希金斯，认真听取了希金斯要收购土地的意向，询问了购买土地的用途和合伙人的情况。希金斯如实地跟奥布赖恩讲了一遍，怕奥布赖恩就地起价，没有过多地提起油气露头现象。奥布赖恩听了之后没有立即开价，说需要考虑两三天，叫希金斯过几天再来谈。奥布赖恩回家之后，在琢磨如何答复时，想起了三件往事。第一件事就是当年在南北战争期间，部队曾经在纺锤顶山丘上驻扎，士兵们都闻到硫黄气味的气体；第二件事就是战争结束之后，收到手下军官的一封信预言说在这个山丘会发现很多石油；第三件事是记得很多年前，就有人说过从落基山脉有一条巨大的石油矿脉延伸到这里。这三件事情让奥布赖恩也感到希金斯所说的地下有油之事，并非空穴来风，于是心中拿定了主意。第三天希金斯又来到了奥布赖恩的办公室，奥布赖恩告诉希金斯不想出售土地，但是，愿意把土地拿出来入股，一起开办合资公司来共同开发，建议希金斯联络卡罗尔和拉尼尔一起协商。这个意外的建议让希金斯喜出望外，万万没有想到奥布赖恩的建议比购买土地更好。

几天之后，希金斯、卡罗尔、奥布赖恩和拉尼尔四人聚集在奥布赖恩的办公室，大家交换了看法之后，几乎跟奥布赖恩所期望的一样，每个人都同意拿出自己手中的土地，组建一家合资公司，按土地的多少分配股权。尽管奥布赖恩股权最多，但大家觉得由卡罗尔出任公司的董事更合适，于是奥布赖恩选择了当副董事长。希金斯出任总经理，拉尼尔为财务总监。希金斯没有想到公司的组建这么顺利。于是，就跟在座的董事说，如果各位支持他的计划，将把各位打造成一个百万富翁。更进一步地说，如果博蒙特镇上的人愿意出资完成这个计划，他们也将成为百万富翁。希金斯把头天晚上绘制好的草图拿了出来，向董事解释纺锤顶山丘的地质构造说，那里的地形凸起在地质学中叫做背斜，是由于地下挤压产生的隆起，美国东部就在这样的地方发现了油田，显然，希金斯的这番言论超出了其他董事可以理解的程度。卡罗尔觉得既然公司已经成立，大家应该先想一想给公司取什么名字，还没等卡罗尔的话音落地，希金斯把准备好的公司设计拿到了桌面，上面写着"格拉迪斯城石油天然气制造公司"，地址为得克萨斯州格拉迪斯市，注册资本为20万美元，还有公司股东姓名和博蒙特的办公地址等。在公司名称右侧有一个小女孩的头像，这个小女孩名叫格拉迪斯·宾厄姆，是希金斯教主日学的学生。她特别喜欢希金斯的主日学，让希金斯感觉非常特别，因此，想用这个名字激励自己实现梦想。

整个图案的背景是20几个油罐和工厂烟筒，以及一些砖房，完全是希金斯心目中想象的工业城市。当董事问这些都是凭空想象的东西会有多少广告效果，希金斯解释说这些图画可以让人产生想象力，便于公司的股票出售，融资勘探开发石油。策划的城市面积是现在所有土地面积的两倍，图纸上规划了工厂区、居民区、校区、医院和公园等，其中两个区块为石油生产，表明不出售地下矿产权。董事听了希金斯一番慷慨激昂的讲述之后，被充分的准备和精心的设计所打动，同意请人把城市规划绘制成蓝图，同时，也对希金斯的过分积极表现产生了一些忧虑。毕竟其他股东都是一些成功人士，他们的事业成功使得他们做事变得更加谨慎保守，在他们的眼中，希金斯是冲劲有余而稳重不足。尽管大家都对这件事有信心，可是又担心会欲速则不达。无论怎样，这次会议让希金斯实现自己的目标向前迈进了一大步，1892年8月10日，格拉迪斯公司正式成立。

二、一波三折

在公司注册登记6个月之后，希金斯几乎一直在找卡罗尔和奥布赖恩讨论如何筹集资金进行下一步的打井勘探，他跟两位董事讲很多时候做事情就是要凭一股冲劲。希金斯试图让董事同意，在山丘周边再购置一些土地，并且找到了两处在格拉迪斯公司土地上打井的地方。这些提议都没有得到卡罗尔和奥布赖恩的采纳。于是，希金斯决定自己用贷款的方式购买这些土地，但又担心公司股东发现，影响之前的银行贷款。解决办法就是尽快打井，只要一出油地价就会飞涨，无论是自己的土地，还是公司的土地都会变得价值连城。卡罗尔和奥布赖恩觉得，推迟打井不会对公司发展有什么好处，就建议希金斯与达拉斯的一家下水道承包商联系打井。这个承包商接到打井工程之后，跟希金斯说做不了，但可以转包给一个年轻而且有经验的钻井商沃尔特·夏普。希金斯同意先跟夏普见面谈谈，没想到他们见面谈得很投机，夏普几乎跟希金斯的见解一致，只是不太相信打的这口井可以每天生产1000桶原油。

为了获得这份合同，夏普也没有跟希金斯做争辩。希金斯带着夏普来到纺锤顶山丘勘察，他们走到泉边见到了水面漂浮的斑彩油晕时，希金斯停下了脚步对夏普说，把井位就选在这里，这就是要打井的地方。一切都谈好之后，夏普回达拉斯带钻井设备来博蒙特打井。在车站希金斯见到夏普带来的轻型绳索钻时，发现这根本不是那种可以打井的钻具。如果用这个钻具打井，打不到出油所要求的至少1000英尺深度。于是，希金斯决定取消跟夏普的钻井合约。夏普就找卡罗尔要求赔偿，卡罗尔和奥布赖恩听了希金斯的解释之后，问夏普可不可以按合同规定的那样，先打1000英尺，按每英尺3.50美元计价。如果不出油的话，再打500英尺，每英尺按4美元计价。夏普说以前用这套钻具打过比这深的井，履行这个合同没有问题，如果做不到，愿意支付全额的5500美元的罚款及终止合约。董事们商量之后，觉得反正都要花钱打井，就没有必要取消合约，让夏普先把井打了再说。希金斯也只好同意董事们的意见，不过，撂下一句话说，夏普的井不会超过500英尺深。

作为公司总经理，希金斯应该无权干涉签订的合约，本应该按合约执行就好。希金斯这么一折腾，让其他董事感觉这事他做得有些过火。希金斯跟董事们坦言自己不应该插手合约的事情，一切都是为了公司的利益，再也不会阻挠夏普打井，并且会尽量给予配合。夏普把井架在纺锤顶山丘上竖起之后，就开钻打井。前面的60英尺还算顺利，但是，之后就开始遇到沙层塌陷，不得不提起井具通井。耽误数天之后，继续打井，没多深又遇到了沙层，几乎每隔30多英尺就会遇上这种以前没有见过的沙层，不得不进行通井处理。合同规定6个月的时间完成这口钻井，不知不觉6个月的时间就过去了，夏普的井只打了刚刚超过300英尺的深度。

夏普只好向希金斯要求延长履行合同时间，希金斯同意给宽限两个月。可是，两个月之后还是没有多大的进展，还要准备延期两个月。希金斯觉得8个月了，该想的办法都应该想到了，没有必要再浪费时间了，于是带着合同去公司会见董事，卡罗尔和奥布赖恩觉得，这次希金斯做得仁至义尽了，同意起诉打井承包商。跟夏普协商之后，承包商赔了一些钱就留下了一口没有完成的井走了。尽管公司的损失得到了一些弥补，但对希金斯而言，损失的时间是无法弥补的。从银行贷款是有时间成本的，为了偿还购买30英亩纺锤顶旁边土地的银行贷款，希金斯不得不把以前购买的林场土地变现。他相信有一天纺锤顶的石油会让他得到成倍的回报。不过，一个意外的打击接踵而来，当地的一个报刊把夏普打井的事情报道了，说格拉迪斯公司在纺锤顶打了一口干井，还声称是夏普的工人披露的消息。希金斯见报后十分气愤，找到了报社要求他们澄清事实。但不管希金斯如何解释，对于博蒙特的一般居民来说，他们并不觉得夏普打的井不是一口干井。因为当地居民早就了解希金斯的执着，觉得他应该放弃打井找油的想法，从事一些实实在在的工作，比如伐木、养牛和种大米之类的事情。可是希金斯根本没有打算放弃，反而更加坚信不久会用成功来告诉这些人。这次打击没有挫败希金斯的热情，但是，董事拉尼尔律师已经无法承受心理压力了，他把手中的股票转让给了卡罗尔，彻底脱离了格拉迪斯公司。

真正从口袋里掏钱来办公司的只有卡罗尔，他相信希金斯的梦想。奥布赖恩虽然没有完全丧失信心，但已经没有打井之前那么信心满满了。有一天，格拉迪斯公司收到一封来信，一份要开发公司土地矿产的租赁意向书，这家公司自称是在西弗吉尼亚的油井钻探作业的，名叫萨维奇兄弟公司。意向书声称，他们愿意支付一定的契约金和百分之十的矿产税，但是，要租赁全部的格拉迪斯公司的土地。希金斯看了意向书之后，跟卡罗尔和奥布赖恩商量，他本人不同意跟这家公司签约。因为一旦出油，萨维奇兄弟公司就控制了格拉迪斯的油气生产，意味着打造工业城市的计划就会落空，一切的努力将要付之东流，萨维奇兄弟将会主宰格拉迪斯公司。尽管公司经营非常需要资金，但是，再困难也不应该选择这条出路。卡罗尔和奥布赖恩都明白希金斯的考虑，他的想法没有错，可是，解决不了目前的公司困境。当时正值1894年美国的一次经济衰退，木材工业受到了不小的打击，木材行业的不景气，使得整个博蒙特的经济大受影响。卡罗尔公司的经营也愈发吃紧，无力给予公司更多的投入，根本不可能再出钱请人打井。卡罗尔认为，如今有人愿意来纺锤顶山丘打井，为何不把握这个机会呢？加之，前面那次打井没有到一半的深度就夭折了，现在让萨维奇兄弟来尝试，说不定也达到不了1000英尺的深度，这样公司没有任何损失，但可以了解更多地层资料。

　　最后在投票表决时，希金斯还是很不情愿地投了赞成票，跟萨维奇兄弟签订了打井合约。由于上次跟夏普的合约教训，希金斯完全不再插手打井合约。1895年春天，他见到萨维奇兄弟的钻具还不如夏普的时候，就像吃了定心丸一样，知道他们肯定打不到1000英尺。他们的钻具也是绳索钻具，就算是五十年之后制造的绳索钻具，也无法钻穿纺锤顶山丘的神秘地层。萨维奇兄弟公司还雇用了一名地质师奥特利，他认为在山丘下一定可以找到石油，理由跟希金斯的不同。奥特利的理论是从落基山山脉的石油矿脉，延伸到得克萨斯，在墨西哥湾一带形成了一个石油湖，因此，纺锤顶山丘就坐落在这个石油湖之上。奥特利是一个很健谈的人，跟希金斯谈论了许多关于石油的故事。从巴比伦的沥青到古埃及法老的木乃伊石油涂料，到中国古代的天然气烧火煮卤水和点灯等，又讲到宾夕法尼亚的早期是如何认识石油和发展炼油产业的。尽管奥特利很风趣，了解许多石油历史，但希金斯认为，这些知识对纺锤顶山丘的打井工作没有多大的用处，时间不久就会给出答案。很快就证明了希金斯的判断是正确的，萨维奇兄弟在350英尺的深度也遇上了沙层，井里也发生了大量泥沙坍塌，井无法钻进，不得不要求合约延期。希金斯知道会有这样的结果，早就把这条后路给堵死了。征得董事长的同意，拒绝给予他们延期。

　　外来打井人的失败激发了希金斯自己打井的念头，他开始在本地集资打井，又一次走向博蒙特街头，请居民投资打井。他声称这两次失败是由于深度太浅，没能达到地下油藏的深度，现在大家来投资打井就会成为百万富翁。结果，居民私下送给希金斯一个称号——"百万富翁"来讥笑他。希金斯并没有当一回事，还试图通过卡罗尔和奥布赖恩，利用他们在社区的影响力来促进集资。两人都以其他事务太忙不能抽身为借口拒绝。其实，他们也知道，就是亲自出马也很难筹集到多少资金。希金斯的执着，让镇上的人感觉像走火入魔一般。他绝不会放弃纺锤顶的探油，他偏不信邪，要闯出一个样子给周围的人看，证明自己是不一样的人。在与萨维奇兄弟终止合同之后，得克萨斯矿产公司得知消息后，他们就与格拉迪斯公司交涉打井，提出跟萨维奇兄弟公司相同的条件，这家公司是一家在得克萨斯州注册的公司。他们在纺锤顶东北25英里的酸湖打井找油，没有获得较大的成功，只是打出一口浅井，日产50桶原油，想来纺锤顶再试一试他们的运气。

这时奥特利把他的石油脉理论作为旁证，说酸湖是石油湖的末端，石油脉穿过格拉迪斯城的地方，希望博蒙特居民出资帮助他们继续打井。卡罗尔听到萨维奇兄弟并没有离开博蒙特，还想再做一次尝试，也表示了同情，于是，准备跟他们签订一口新井合约，再给他们一次机会。希金斯反对让萨维奇兄弟打井，但卡罗尔已经决定了就无法改变。希金斯非常失落，自己的建议三番五次被否决，觉得再这样混下去没有什么意思。于是，希金斯跟卡罗尔说想把格拉迪斯的股票全部出售。卡罗尔明白这是因为做了让萨维奇打第二口井的决定造成的，就对希金斯说，如果要撤资不会阻拦，愿意收购他的股票。希金斯心想自己还有银行贷款要还，不如把股票卖给卡罗尔单干，好过在这里受气，因此，把股票转给了卡罗尔。希金斯表示仍然愿意无偿为格拉迪斯服务，只要有用得着的地方，愿意出力。萨维奇兄弟获得了第二次机会，用同样的方法又做了一次尝试，结果跟上次一样，又以失败告终。两次失败的经历，使得萨维奇兄弟意识到绳索钻具应该淘汰了，这个教训让他们很快更换了设备，后来他们在路易斯安那打井发现了一个大油田。总之，兄弟俩感谢卡罗尔给了他们机会，从实践中认识自己的不足。

希金斯离开格拉迪斯之后，又回到了房地产行业，但是，保留着在纺锤顶山丘附近30英亩的区块，想去筹集资金购买好的钻井设备打井，才有可能打到1000英尺的深度。想到这里，他觉得要再去融资，必须找名人背书，因为投资商会相信有资历和名气的地质师。他找到了得克萨斯州政府的通讯录，动手写了一封长信给当时的得克萨斯州总地质师邓布尔，解释了纺锤顶山丘的特殊地质情况，邀请邓布尔来博蒙特实地考察一次。这时经济开始逐渐复苏，希金斯相信会有一些投资商投资石油行业。过了一段时间，收到了邓布尔的回信，说工作太忙抽不开身，但是可以派助理威廉·肯尼迪博士走一趟。当肯尼迪来到博蒙特，希金斯不想让镇上的居民知道有专家来视察纺锤顶山丘。他知道肯尼迪一定会为自己背书，这样就可以筹集到大笔资金，请好的钻井公司用先进的设备打井，很快就会成为镇上的英雄。

不管怎样，这三次打井失败的事实，足以让一般的博蒙特居民觉得没有什么可以期待的了。希金斯则认为一般居民不明白三次打井失败的原因，不是没有石油，而是缺乏好的设备把井打到1000英尺的深度，肯尼迪博士很快就会让大家知道这个真实的原因。希金斯亲自到车站迎接肯尼迪，他们在酒店一起吃午饭时，希金斯就向肯尼迪博士讲述了观察到的地质现象。由于松散沙层坍塌，造成工程事故不能完井，只要能找到工程师解决沙层的问题，把井打下去就会发现石油。肯尼迪博士觉得有点不可思议，不过，还是对希金斯的想法很感兴趣，仔细观察了从井中取得的岩样和在大约60英尺深度采集的气体样品。肯尼迪博士之前听说过沙层和天然气外泄，不觉得有什么特别值得可以大做文章的地方，希金斯感觉肯尼迪作为一名地质专家，竟然对这些实物不那么重视。午饭之后，希金斯带着肯尼迪来到了纺锤顶山丘，他们分别查看了每口不成功井的井位。希金斯详细地向肯尼迪解释打每口井的过程和失败的原因，并且展示了每口井的地层柱状图，指出石油要到1000英尺左右的深度才会被发现。希金斯渐渐地发现，肯尼迪博士并不是那么赞赏自己的观点，表面上显得有兴趣，但似乎对自己的判断持不同的意见，于是，他停下来问肯尼迪博士，对自己的观点解释有什么看法。肯尼迪也毫不掩饰地回答，如果要在海岸平原找油或气，那是在白费时间和金钱。希金斯听了此话大吃一惊，真以为自己听错了，自己一直在详细说明这里的特殊地质现象，仔细程度比跟格拉迪斯董事解释还要详细，难道这个受过专业地质教育的人就是听不明白吗？到底错在哪里？

肯尼迪博士继续说，沉积岩石是找油的必要条件。几年前，在博蒙特法院旁边打了一口水井，1400英尺深都没有见到沉积岩石，没有岩石哪里来石油呀！希金斯的理论缺乏科学基础，正是出于这个理由，肯尼迪博士对希金斯发现的一切都认为是空谈，根本就不值得做什么投资。一盆冰水把希金斯浇得透心凉，真想立刻把肯尼迪博士赶走，最好让他永远闭嘴才好。但出于礼节，他还是把肯尼迪博士送回酒店。他以为肯尼迪博士会赶下一趟火车离开博蒙特，就回家闭门思考自己的理论观点，复查所采集的样品，没有发现什么问题。他思来想去觉得还是肯尼迪的想法站不住脚，幸好没有让博蒙特的人知道这位地质博士的看法。跟肯尼迪博士分开两个星期之后，希金斯万万没有想到自己最担心的事情发生了，在博蒙特镇上唯一一家报纸上刊登了肯尼迪博士的文章，讲述了他在博蒙特的调查发现，说纺锤顶山丘不具备形成油藏，并郑重告诫博蒙特人和其他投资商，不要把钱投在博蒙特地区找油，因为都将会是徒劳的。肯尼迪博士连声招呼都没打就写文章给报社，这件事完全粉碎了希金斯藏在心灵深处的梦想，让希金斯永远都没有原谅肯尼迪。

几个月之后，希金斯才渐渐地明白，肯尼迪是一个政府职员，有权力和义务向公众说明他的观点。有一件事让希金斯弄不明白，为什么肯尼迪这么肯定这里没有含油岩层，油藏是埋在纺锤顶山丘之下1000英尺深处，三口井太浅是不能下定论的，想到这里希金斯觉得再也不能相信像肯尼迪博士这样的学者。从融资的角度而言，肯尼迪完全把博蒙特融资的路给堵死了，希金斯能集资的地方也只有在自己的家乡博蒙特。博蒙特人不仅听取了肯尼迪的忠告，而且，一些人还认为希金斯是一个受害人，建议他好好休息一段时间想一想。十年了，希金斯抱着这个梦想得到了卡罗尔和奥布赖恩的支持，所换来的却是一个失败接着又一个失败。希金斯从来都是抱着永不放弃的精神去面对挫折，于是决心把搜索范围扩大，到博蒙特之外的地方寻找援助。他找到了卡罗尔和奥布赖恩，请求他们允许在一份制造杂志上刊登广告，他们不仅同意刊登广告，还愿意把格拉迪斯城的土地出租给希金斯或对这里投资有兴趣的人。他们念旧情，还增加了一条，可以在打井期间允许希金斯或合伙人，有购买土地的优先权。希金斯对原公司董事给予的支持非常感激，于是，着手准备书写广告的内容。广告这么写道：在纺锤顶山丘处即博蒙特以南4英里的地方发现了石油、天然气和硫黄，希望能出租或出售这个区块土地资源，有意者必须具备一定的财力资源，这个项目几乎可以肯定会营利百万美元。广告刊登之后，一直没有回应，数月之后只收到一封信，这成了希金斯唯一的希望。不过，也就是这个回复，把美国石油历史上两位伟大的找油人给连接在了一起，谱写了纺锤顶油田发现的传奇，这个回信的人就是"队长安东尼·卢卡斯"。

三、伟大的队长卢卡斯

当希金斯看了卢卡斯的回复之后，立即跟卢卡斯建立了联系，邀请卢卡斯亲临博蒙特考察一次。盼望已久的这一天终于来到了，希金斯来到了博蒙特火车站，离火车到站的时间还早，他就在车站对面的药店找了一个地方坐下等，心想卢卡斯真能带来打开纺锤顶山丘宝库的钥匙吗？他知道自己的能力有限，但又想自己有使命感为社区指引一条致富之路，不由地产生了一种矛盾心理。一方面后悔把这个项目交给一个外来人，另一方面高兴能找到一个外来人，帮助自己跨过这道拦在面前的一道坎。这时火车一声鸣笛，把希金斯从思考中拉了回来，火车进站了。当卢卡斯走出站台时，希金斯一眼就看出了这个与众不同的高大中年男子，身材匀称，蓄着八字胡子，显示出成熟男人的气质，目光柔和但坚定，让人感觉经历丰富又年富力强，这似乎符合希金斯所想象的样子。希金斯微笑地迎上前去欢迎卢卡斯，感到意外的是当卢卡斯开口说话的时候，带着浓厚的外国口音。所请的这个外来人，不仅是外来美国人，而且，某种意义上讲，还是一个外国人。

卢卡斯于1855年9月9日出生在达尔马提亚海边城镇斯帕拉托，20岁时从奥地利的格拉茨矿山工程学校毕业后，进入奥地利海军学院学习，24岁成为一名奥地利海军上尉。不久，收到在美国叔叔的邀请来美国探亲，于是，他向奥地利海军请了6个月的假期来美国。结果在叔叔定居的密西根东部的萨吉诺市工厂，他找到一份比当奥地利军官收入高三倍的工作，于是向奥地利海军要求延期归队。又过了6个月，卢卡斯干脆滞留美国申请移民，这样就成为美国公民。1887年跟卡洛琳·菲茨杰拉德结婚，1893年儿子出生之后，决定举家搬迁到路易斯安那州从事盐矿开采。在工作中，卢卡斯观察到在盐矿的周围常常有石油天然气和硫黄矿物伴生，开始了研究路易斯安那和得克萨斯沿岸的盐丘地质，认为盐丘的隆起会产生油气，在周边聚集形成油田。卢卡斯在杂志上看到希金斯刊登的广告，琢磨这可能会是成功的机会，就对广告招商做了回应。

盐丘是一种在美国墨西哥湾地区特有的地质现象，它的形成是由于地下古老的侏罗纪盐层沉积，被后来覆盖上面的新生代地层不均匀沉积，在重力的作用下产生挤压，下面的塑性盐层沿着断层或薄弱地带向上拱起形成穹窿，就被称为盐丘。有的隆起可以到达地表，有的可以埋藏几十到几百英尺形成盐矿。由于盐层向上涌起就会造成周边的新地层发生倾斜或在上部地层形成背斜，这些地质构造可以形成很好的油藏圈闭。在路易斯安那和得克萨斯的墨西哥湾一带有很多的油田都是盐丘构造形成的，这就是为什么常常在盐矿周围有油气伴生的地质现象。

卢卡斯从路易斯安那过来就是想专门来勘察纺锤顶山丘的地质现象，希金斯带着卢卡斯来到了纺锤顶实地考察，一路上希金斯跟卢卡斯讲解他的地质背斜理论。由于卢卡斯研究盐丘现象多年，纺锤顶的地貌跟在路易斯安那所见到的盐矿很相似，提出了跟希金斯不同的观点。他认为希金斯所讲的背斜，其实是盐丘隆起所造成的凸起，不是地质学定义的背斜构造。如果是盐丘的话，卢卡斯想要找硫黄，要是发现石油那就更好了，暗示希金斯有意来这里投资，希望能做成一笔生意。看完纺锤顶山丘之后，希金斯把卢卡斯带去见卡罗尔和奥布赖恩商量土地租约事宜，希金斯向卢卡斯介绍说："可以租赁整个或者部分格拉迪斯公司的土地，我所得到的契约是每英亩20美元，一共2700英亩的面积，我建议你考虑先租赁，保留600多英亩山丘或附近的优先购买权，因为那里的地价可是50美元一英亩。"几天之后，卢卡斯签订了租赁663英亩的土地和优先购买权的合约，支付31150美元，其中11050美元的现金和7%利息的一年到期的分期付款。这就是当时的土地契约交易，卢卡斯拥有了整个格拉迪斯公司的土地和西北两侧的地质构造。希金斯从中撮合这笔交易，卢卡斯决定从自己的优先权中给希金斯10%的权益。卡罗尔听见之后，说如果这个项目成功，也同意从自己的利润当中分10%给希金斯。不过，卡罗尔的许诺是与希金斯之间的君子协议，之前，希金斯要25%

的租赁矿产税。

那年的夏天，卢卡斯从路易斯安那带来最好的钻机——旋转钻机，因为这跟之前的绳索钻机不同，卢卡斯相信应该可以打到1000英尺以下的深度。经过精心的准备之后，开始了钻井，但没有多久就遇上了一些意外，像之前的夏普和萨维奇一样，进尺变得非常缓慢。几周过去了，还是没有钻进多深，送走了山丘上的秋风，迎来了冬季的寒风，钻进仍然停滞不前。在路易斯安那打的井，两个月就打了2100英尺，这里情况真是不同。此时的卢卡斯才意识到，希金斯说过这个山丘有特殊的地方，这可不是简单轻易就能征服的山丘，幸好这时这口井打到了油砂层，还采集了三瓶深绿色的原油样品。两天之后，打井的钻工跑到卢卡斯家报告了一个坏消息。由于井下气压太大，钻杆折断在井下，无法继续施工。一个好消息接踵而来一个坏消息，卢卡斯不禁感叹自己的命运为何如此蹉跎。这时的卢卡斯想念在家里的爱妻卡洛琳，写信把自己的遭遇告诉了她。这个钻井的失败意味着没钱再打新的探井了，卡洛琳十分理解自己丈夫的忧虑，回信说道："安东尼，你已经在山丘上得到了石油，我想这很容易帮你找到投资，我知道你现在最缺的就是资金，但是，这是其他人可以帮你分担的大事。"看到妻子的鼓励，卢卡斯重新找回了信心。也是从那一刻起，卢卡斯成为一名真正的石油勘探人，改变了主意，不找硫黄而是要找石油。那天晚上，他找希金斯出来喝咖啡，把自己的情况告诉了希金斯，如果要继续打井，他已经没有足够的资金去做了。希金斯听了之后，对卢卡斯说："队长，绝对不能放弃。如今你知道山丘之下有石油，我想你可以在博蒙特寻找投资，如果不行，一定会有石油商人愿意来投资的。"

跟希金斯的一番交谈让卢卡斯茅塞顿开，卢卡斯可以先从博蒙特当地集资，手中的石油样品就是最好的推销宣传。可是，当地人似乎已经见过希金斯做太多类似的集资，没有人响应卢卡斯的筹集资金的呼救。在当地基本上没有希望的时候，卢卡斯把目光转向了标准石油。他写信给标准石油执行董事亨利·福尔杰，说明在纺锤顶山丘的发现。福尔杰回信答应约卢卡斯到纽约面谈，在从博蒙特去纽约的途中，卢卡斯顺路去了华盛顿特区，因为以前在华府居住过，有几位朋友在那里。从朋友口中听说宾夕法尼亚州国会议员西布利靠石油起家，经营石油赚了不少钱，认为可能会对纺锤顶的石油投资感兴趣，于是，就打电话给西布利约见面拜访。在西布利的办公室里，卢卡斯满怀希望地把经过告诉了西布利，拿出了采集的石油样品展示，整整15分钟西布利没能插上一句话。等卢卡斯讲完之后，西布利语重心长地对卢卡斯说："让我提醒你，没有事实依据的冲动是会产生严重后果的，寻找石油是风险很大的事情，不是你想赚大钱就能找到石油的，如果你能保证格拉迪斯城下每天能生产几千桶石油话，我就给你投资，否则，免谈。我没有兴趣。"卢卡斯听了之后，起身戴上礼帽感谢这位宾夕法尼亚州国会议员的接待，离开之前留下这段话："议员先生，你知道如果我能保证能有每天几千桶的产量，我就会怀疑自己还会向你求助。"

来到纽约跟福尔杰见面的前一个晚上，纽约天气突然气温降低，卢卡斯想借这个低温来测试一下纺锤顶原油的凝固点是多少度。他把原油样品放在窗外零摄氏度以下低温条件下，整个晚上原油都没有凝固，表明这个API密度为17的重质原油有很强的抗寒物性。

当见到福尔杰的时候，卢卡斯没有忘记把手中原油样品的测试结果告诉福尔杰，同时，跟福尔杰说，他来的目的不是为自己寻找资金，他不是在做石油区块推销，因为他是可以靠打工过日子的机械工程师。卢卡斯要融资的目的是想通过打井证明纺锤顶下面有一个油田，这是根据他对盐丘地质理论推断而来的，这个钻井对探索石油发现非常有意义。福尔杰对卢卡斯的这种专业精神很敬佩，并且，坦然承认自己不了解卢卡斯所说的地质现象，不过，会找标准石油的地质专家加尔文·佩恩去博蒙特实地考察。如果佩恩认为可行，就会对这项计划进行投资，这件事将由佩恩决定。由于标准石油刚刚拨款给库里南，在得克萨斯州科西嘉纳油田修建炼油厂，佩恩可能会对这个勘探计划有兴趣，因为这个新的炼油厂需要有更多的原油供应。1900年2月下旬，佩恩和库里南一起来博蒙特找卢卡斯，三人一起来到了打井的井场。卢卡斯向二位解释了这口井的钻井和发生事故的过程，根据在路易斯安那开盐矿的经历来看，纺锤顶的地形地貌很像地下是一个盐丘。佩恩听了之后，想了一会儿又看了看库里南，仿佛是要库里南发表一些看法，可是只见库里南笑而不答。自己就对卢卡斯说："我去世界上许多国家的油田看过，也研究过美国大多数的油田，你所讲述的地质特征，跟我见到过的油田地质情况没有类比性，我不相信这里会有商业油流发现。"卢卡斯举起手中的原油样品辩解说："佩恩先生，这是什么？这个油样就是在这里取得的，虽然这不是我要找的数量，但至少证明这里有油呀。"佩恩摇头表示不同意卢卡斯的看法，说像你手中的重质原油可以在很多地方找到，但开采的售价还不够打井的费用。佩恩接着对卢卡斯说："我听说你是一个很不错的矿山机械师，为什么不回去干你的专业，把这些风险高又复杂的石油生意，留给我和库里南这样的人吧！你完全是误入歧途了，我知道这个代价会是很大的，因为你不会在这里找到石油。"卢卡斯听了之后无言以对，佩恩可是当时美国世界级的石油专家，可是从油田的钻工开始干起，一步一个脚印地爬到这个世界最大石油公司的最高技术职位。沉默了许久之后，卢卡斯对佩恩说："佩恩先生，我很遗憾你看不到这里有石油的可能性，但是我相信这里有油，如果我能找到我需要的资金，我就会待在这里。非常感谢你专程来这里考察这个项目。"

几个星期过去了，没有任何投资的希望出现，好几次卢卡斯几乎要采纳佩恩的建议，回去做矿山工程师，如果没有老婆的鼓励他就放弃了。他觉得自己吃苦没有什么，实在不愿意让老婆孩子也跟着来博蒙特吃苦受累。这年的4月，博蒙特迎来了两个尊贵的到访者——美国地质调查局总地质师海因斯博士和该局前任总统计师帕克。他们在一家酒店里举办墨西哥湾沿岸地质讲座，卢卡斯得知后就叫希金斯和卡罗尔跟这两位政府官员到纺锤顶山丘视察，他们一行人来到了格拉迪斯城。希金斯明白卢卡斯想做的事，因为自己曾经跟肯尼迪博士做过几乎同样的事情。在纺锤顶的山丘上，卢卡斯就借助地形地貌现场讲述自己的盐丘学说，希望能打动海因斯博士，希金斯早就知道这不太可能。果然，听完卢卡斯的话之后，海因斯博士发表了不同的看法，指出在墨西哥湾海岸平原上，在没有压实的砂层和泥岩中，没有发现过石油的先例。在离博蒙特不远的西边加尔维斯敦，就打过3070英尺的井，没有发现一滴油和任何油斑迹，花费了差不多100万美元的打井费用。这是不少的钱呀，真不想看到把钱扔在这里打水漂。

卢卡斯知道加尔维斯敦井的情况，那是打一口水井，目的不是为了找油，那里没有穹窿构造，跟纺锤顶地质情况不同。海因斯博士强调在纺锤顶上没有石油露头，卢卡斯解释在路易斯安那的硫黄盐丘，出产少量的石油也没有石油露头。卢卡斯对于有没有石油露头并不是盐丘成油的指示进行了说明，但是，无论怎样讲，他还是没能让海因斯改变看法。希金斯聆听了这场争论，对卢卡斯的处境十分理解。因为自己就曾经跟专家打过交道，他安慰卢卡斯说："地质师什么都要找先例，他们不能思考原创的地质现象，应该是他们向你请教才是，你在路易斯安那的盐矿经验是最有权威性的，恐怕这个世界上没人比你对盐丘更有发言权。这些专家们来这里告诉你这是不可能的，因为以前没有发生过，你相信这里有油因为下面有盐丘，我认为你是对的。我知道这里蕴藏着前人还没有发现过的巨大石油储量，我真希望能助你一臂之力，可是我没那个能力，愿上帝保佑你能挺住，看见出油的那一天。"不过，并不是所有的地质学家都不相信队长卢卡斯的学说，得克萨斯州立大学的地质系教授威廉·菲利普斯博士就对卢卡斯的观点表示赞同，专程来博蒙特考察和看望卢卡斯，他不在乎什么联邦和州政府的地质专家，相信卢卡斯的理论有新意，对盐丘的描述和形成有道理，建议卢卡斯去找匹斯堡的格菲-加利公司，并且亲笔给加利写了一封介绍信。

约翰·加利生于1840年宾夕法尼亚的石油产地，在美国第一口石油井出现时，他就投身了石油行业，美国的南北战争都没有影响到他对石油勘探的追求。在此期间，他发现了宾夕法尼亚州著名的枫叶帘井，当南方军队入侵宾夕法尼亚时，他仍在寻找新的石油，足迹遍布了石油产地。他在阿勒格尼河河畔，打出了不少高产井，其中两口井分别起名为安德鲁和梅隆，就是用银行家好朋友的名字命名，他还参与了部分宾夕法尼亚州的布拉德福德油田开发。1880年，他跟格菲合伙打出了宾夕法尼亚州麦克唐纳县有名的马修高产井，这口井是卢卡斯井之前的高产油井纪录保持者。加利负责合伙公司的石油勘探，发现不少油田，他们的合伙公司曾经一天的原油产量超过了4万桶，成为美国最大的个体石油生产商。在标准石油总裁断言密西西比河以西没有石油的存在之后，加利在堪萨斯发现了尼奥索哈油田，又开发了得克萨斯州科西嘉纳油田。在俄克拉荷马奥萨奇县打的探井，只差半英里就发现特大的格伦池油田，结果把那里的18.6万英亩的土地契约给贱卖了，之后转战到墨西哥。由于钻井设备打不了那么深的井，遭受了巨大财产损失后折回到美国。他继续做石油勘探，基本上所打的探井都有见油，比许多大公司的业绩都要显赫，帮助公司创造了许多的财富。加利不是一个在乎金钱的人，他可以砸几百万美元用于无止境的石油勘探。金钱对他而言，只是寻找石油打井的工具。他从来不回头看，眼光总是注视未来，昨天无论得失从来不放在心上。加利对纺锤顶有油的想法一点都不觉得意外，因为他早已开始关注那里找油的潜力。

菲利普斯博士的一番话是卢卡斯第一次听到除希金斯和家人之外的鼓励，时间点上也非常及时，就像给在黑夜里找路的卢卡斯照亮了一条光明大道。格菲-加利公司在科西嘉纳油田有经营，而且加利常住在科西嘉纳，那里距离博蒙特比较近。收到菲利普斯博士的信后，加利就等待着卢卡斯的到访。当见到卢卡斯时，加利已经听说了卢卡斯的盐丘理论及佩恩和海因斯的观点，见面就对卢卡斯说："队长，那些专家们并不总是正确的，我和我的合伙人最近才开发了一口好的油井，那里专家们也都不看好，各个都说没有油，结果还不是产油了。告诉我你的想法，我喜欢原创和丰富的想象力。"这可能是最温暖的话语，让卢卡斯再次点燃了内心的希望，他一五一十地跟加利讲了一遍自己的想法，加利也听得入神。卢卡斯的话音刚落，加利就说："你的观点是革命性的，让我跟格菲谈谈，几天之内我写信给你。"几天之后，卢卡斯收到了加利的来信，约他到匹斯堡一起去见格菲面谈投资事宜。

1900年夏天的一个上午，在格菲-加利公司的办公室，卢卡斯见到了詹姆斯·格菲。他是一个金融奇才，是一个精力充沛惹人喜欢的投机商人，也是一个民主党的铁杆粉丝。曾经当过美国全国民主党委员会主席，肯为捞取政治资本投入大量的时间和金钱，喜欢好大喜功的大场面、大排场的风头人物。格菲基本上不插手石油业务，全权交给合伙人约翰·加利打理。这次卢卡斯要求的投资风险很大，加利打算谨慎行事，不敢草率掉以轻心。三人坐下之后，加利就对格菲说："我看过卢卡斯的勘探报告，基本上同意他的盐丘地质观点，勘探地点在得克萨斯州的博蒙特，地表上有油气显示，靠近海岸得天独厚的条件，在美国很少有油田可以与之相比。"格菲认真听了加利的介绍之后，转头请教卢卡斯关于他的盐丘地质学说。卢卡斯详细地讲述了一遍，并且还说在钻杆折断在井中之前，从井中采集了一些原油样品。然后，他解释自己如何尝试了各种努力去融资，以及跟格拉迪斯城公司签订的合约条件。听完之后，格菲把身体靠在座椅上，陷入了思考状态。卢卡斯看到墙上的照片，这才知道格菲跟加利都是石油行业大名鼎鼎的风云人物，有点不解的是他怎么会和加利这个性格谦和沉稳的人合伙，或许两人相异的性格形成经营上的互补优势。卢卡斯知道格菲是一个精明的推销商，是做大项目的人才，可以把表演家、政治家和资本家三者融于一身。

格菲研究了一番加利的得克萨斯州勘探图，距离纺锤顶最近的油田是向西北200英里的科西嘉纳油田。他似乎考虑到了一个全盘计划，于是，就对卢卡斯和加利说道："让我先跟梅隆银行的安德鲁·梅隆约见面谈，今天下午我们就会知道我们可以做什么了，我不想在资金不足的情况下启动这个项目。三口井加储运设施，如果我们做这个项目，假定找到了油，就需要30万美元的资金，可能会比较难得到。正常情况下，梅隆先生会询问具体细节，我提议组建一个合伙公司，我占八分之五，约翰·加利占四分之一，给你卢卡斯剩下的八分之一。"格菲直接问卢卡斯是否可以接受，卢卡斯也坦率地告诉格菲，希望自己能有更好一点的条件。格菲就对卢卡斯说："卢卡斯队长，你找过标准石油和博蒙特的投资商人，所有你能找到投资的人都拒绝了你。此外，美国地质调查局地质官员都不看好，而且已经打了四口井。你瓶子里的一点石油也说明不了什么，这样的风险如果不是加利的信心和推荐，任何情况下我都是不会做考虑的。你赌了一把输了，现在取决于我尝试的结果，你有机会在我的赌局里翻本。如果你想做的话，这就是我开的条件，我可以去银行谈贷款，你决定吧。"卢卡斯无法反驳格菲，因为他所讲的全部在理。卢卡斯想起近一年前，承诺给希金斯百分之十的利润分成，格菲的条件没有留给自己利润的空间。他知道格菲是不会理睬自己跟希金斯的承诺，这完全是自己跟希金斯之间的事情，与格菲的合作伙伴协议没有任何关系。卢卡斯有点失望，但别无选择只能接受格菲的条件。

对于商业谈判方面的事情，加利一般不参与，完全由格菲一手经办，这是格菲负责经营的部分。他明白格菲的提议是为了从梅隆那里借钱，增加格菲·加利合伙公司的规模，而且，借贷是以新分开的格菲·加利·卢卡斯合伙公司名义。梅隆家族挺尊重格菲，尤其是近年来格菲·加利合伙公司取得了可喜的业绩，但是，他们借钱完全是由于加利的报告。他们不仅认为约翰·加利是一个最伟大的石油勘探者，而且还是他们家族的朋友。两家人有世交，祖上都是一起乘船从爱尔兰来美国的，他们很高兴看见加利能和格菲这样精明的商人合伙做石油生意。安德鲁·梅隆听说了加利在得克萨斯州的勘探项目，加上格菲的支持意见，这个项目值得冒这个风险，尤其这是靠近海边的勘探。格菲对梅隆说："如果我们在博蒙特能找到可观的石油，像加利认为的那样非常可能，那么，我们有无限的发展空间。我希望没有人知道我们是幕后的操盘手，我们打算继续让卢卡斯负责，显得是独立借钱经营。"格菲说能贷到款，如果梅隆银行没有意见，决定保持沉默，梅隆表示完全理解。那个下午晚些时候，格菲和加利从梅隆办公室回来，带来了贷款批准的好消息，但所有细节都没有透露。格菲·加利·卢卡斯合伙公司冠名为格菲石油公司。格菲把拿到贷款的消息通知了卢卡斯，并且问道："队长，你手里控制多少土地？"卢卡斯回答说600英亩，格菲觉得有点太少了。如果盐丘学说是对的，所有的石油都在山丘下，控制的土地不是全部的面积，要求卢卡斯最好把整个山丘都给包下来，这可是全盘计划的关键重点。格菲对卢卡斯说："让我们知道你回博蒙特之后，到7月1日这段时间能签订多少土地契约，秘密进行不能说我们的这个交易，更不能提格菲-加利公司跟土地收购有关。如果有人知道我们参与，就是打干井的人都会以十倍的地价竞购。"卢卡斯问格菲是否可以告诉希金斯，格菲问谁是希金斯。卢卡斯告诉格菲之后，格菲告诫说："在任何情况下，希金斯都是最不能告诉的人，请记住希金斯先生不可以参与我们的项目，除非你自己愿意把你的利润分给希金斯。如果我们给你出资，这就意味着30万美元。"卢卡斯虽然觉得让希金斯蒙在鼓里有点不妥，但相信这是为了必要的融资，希金斯知道后会理解的。

1900年5月，卢卡斯偷偷地签约了山丘南边的50英亩土地。6月20日跟格拉迪斯签约一周年时，又把所有的土地签了下来，除了其中的80英亩。之后，又签下了山丘西南3800英亩地，到约定的7月1日截止日时，手中有格拉迪斯的2500英亩地，加上陆续签约的土地一共15000英亩。合约规定给土地所有人十分之一的石油矿产税或其他发现的矿产。卢卡斯对自己能在这么短的时间之内签约这么多的土地感到满意，但是，在这些控制的土地当中有一些小区块不在其中，有几块地还是穿过纺锤顶的高点部位，其中有15英亩区块不归任何人，希金斯的33英亩土地也只离卢卡斯井100英尺。格菲收到卢卡斯的报告之后，两人就跑去向梅隆贷款，卢卡斯只拿到格菲-加利公司很少的股份，但找到了资金去验证盐丘学说。合同规定卢卡斯不领公司的薪水或其他福利，这是卢卡斯自己要求的。尽管经济上并不宽裕，但这正好证明了卢卡斯的理念，这一点也让格菲由衷地敬佩。合同签订之后，加利决定写信给哈米尔兄弟，想用这家公司来打这口新井。格菲想了一下，合同上说打三口井是否有必要，如果第一口井产油或有好的油气显示，再打后面的两口井，没有必要打三口干井是不是？由于佩恩和海因斯的定论，卢卡斯没有太多的回旋余地，只能听从他们的安排，好过再去征求专家的意见。卢卡斯返回了博蒙特，一家人庆祝这个合约的签订。在欢庆之时，卢卡斯的心情依然沉重，对妻子卡洛琳说："今后手头会变得很紧，我们的存款已经所剩无几了，我不想去借钱。"卡洛琳指着屋里几件从华盛顿带过来的昂贵家私说："有好多人很喜欢这些家具，可以换钱买副食品直到打出油来。"卢卡斯对妻子的支持很是欣慰，知道可以变卖家具换成便宜的桌子板凳，可是，儿子9月份就要上学了，这意味着书本和衣服都要花钱。

　　卢卡斯到科西嘉纳去会见哈米尔兄弟的那天，约翰·加利来博蒙特勘察井位做短暂停留。卢卡斯妻子只好带加利去纺锤顶山丘标记打井的位置，加利想利用这个机会告诉她保密的必要性。两人走到山丘南边的北角上，加利发现野猪洞中有三个箱子里装满了硫黄水。卢卡斯妻子告诉他，这是当地农民用来清理猪身上的虱子用的。加利把手上的棍子插在最南边箱子旁边后，往下打了一英尺深，转过身对卢卡斯夫人说："告诉卢卡斯第一口井就打在这儿，并转告他我相信这里会打出一口高产井，无论怎样，祝福你们两个。如果需要什么帮忙，请跟我说。"加利离开之前，告诉卢卡斯的妻子，不要跟任何人提起自己来过这里，她答应了。可是，卡洛琳对加利表示的关心觉得有点好奇，知道自己的丈夫是不会让外人知道他们几乎揭不开锅了，怎么加利会主动提出帮助。加利那天定的井位非常幸运，要是再往南五十英尺，这口井就会是一口干井。整个美国的石油历史就会重写，像许多的找油人那样，真不知道是幸运还是聪明。加利雇哈米尔兄弟打这口新井时，只用跟吉姆·哈米尔说，因为他跟吉姆关系很好。加利知道前面四次尝试的失败教训，表明这口井不会是那么容易打的，建立个人信任关系很重要。卢卡斯没有跟哈米尔兄弟打过交道，当见到阿尔·哈米尔时，好一会儿才搞清哈米尔兄弟的关系。他们一共三兄弟，老大叫吉姆，老二叫科特，老三叫阿尔。阿尔作为钻井队的先遣来博蒙特办理打井的准备工作，跟卢卡斯说他们需要准备木材建井架和烧锅炉的柴火，两人一起来到了卡罗尔的木材堆放场。挑选木料之后，卡罗尔就对哈米尔说："如果这口井每天能产5000桶油，造井架的木头由他出。"阿尔心想这个门槛也太高了吧，在科西嘉纳油田见到日产50桶油已经算是很好的了，在这儿还没有出油的地方，每天生产5000桶油简直是天方夜谭。离开堆放场之后，卢卡斯跟阿尔解释说，希金斯预言纺锤顶的井每天可以生产几千桶油，看来卡罗尔对希金斯的话还是挺相信的。

　　几天之后，钻井所用的钻杆管线运抵了博蒙特火车站，卸车需要的手动吊车，司机不愿一根根起吊，有人建议卢卡斯找搬家公司。可是，搬家公司漫天要价，还要等几天才行，卢卡斯就来找阿尔商量。阿尔问清楚情况之后，要卢卡斯带他到装管线的车皮去看管线，车皮停止在山丘附近的一条铁路支线上，阿尔看了看车上装的管线和周围的地形，把上衣一脱跟卢卡斯说："我们自己可以卸车。"他爬上车皮把两根六英寸的钻杆一头搭在车边一头放在地上，形成了一个斜面，然后，从车上把一根根管线滚下来，叫卢卡斯把滚下来的管线垒起来。两人干了一个多小时就卸完了500英尺长度的十英寸管线、900英尺长度的六英寸管线、1200英尺长度的四英寸管线。这件事给卢卡斯对阿尔的做事能力留下了很深印象，这也反映出阿尔能应付打井所遇到的困难和找到解决问题的办法。哈米尔从格菲-加利公司得到的这份钻井合同，按当时的市场价格算是很不错的，管线由格菲-加利公司提供，钻井价格每英尺2美元。用他们新的旋转钻机，科特·哈米尔可以把成本降到每英尺35美分，他们购置这套新的旋转钻井设备一共才花了400美元。

在阿尔到达博蒙特一周之后，科特井架工、亨利·麦克劳德司钻、佩克·伯德锅炉工也到达了博蒙特，整个钻井队一共由四人组成。他们开始工作的第一天就遇到了挑战，在科西嘉纳油田作业都是别人帮他们搭建井架，如今要自己动手。但没人有搭建井架的经验，只能摸索地做，从地上搭一个方阵慢慢往上架，结果做完之后，发现搭建了一个很好的井架。第二天开钻时，科特发现钻井液越稠，井壁变得越牢固，于是，把牛赶进钻井液的池子里搅浑泥水，增加钻井液的黏性，这样哈米尔兄弟不仅解决了沙层难题，而且还为钻井工业发明了泥浆。钻头很快就钻穿了沙层，没有遇到任何麻烦，但是，在进尺到160英尺的深度，遇到了问题，钻遇了大颗粒的粗砂层，很稠的泥浆也止不住井壁倒塌。卢卡斯到井场了解情况之后，也没有什么办法，泥浆漏失岩屑返回不到地表，同样的难题阻止了夏普和萨维奇的打井。哈米尔兄弟决定把八英寸管线压进井内，再用四英寸小管线在井内冲洗，这样八英寸管线就像套管一样保护井壁，这个办法成为钻井中最重要的创新。新方法的应用使得钻井每天都在往深处挺进，两周后钻井打穿了285英尺的砂层和砾石层。可是，亨利·麦克劳德挨不住这个单调的钻井生活，决定离开不干了。

亨利走后，采用正常的旋转钻井打到445英尺时，又遇到上了大约200英尺的含气层，循环泥浆被井底的气压从井里顶出来，泥浆和气体混合物冲到半个井架的高度。尽管这样小规模的井喷控制住了，但需要找一个解决办法防止以后这类喷发。泥浆循环泵必须24小时不停地工作，在没有解决办法之前，他们三人实行了轮班制。三人都白天工作，晚上留一人守在井场，保证泵房运行，不钻进只是循环泥浆。这样每三天就要有一天工作18个小时。那年12月的一天，卢卡斯来到井场看望，科特告诉他由于井下气压把钻杆卡住在井里，钻杆内有100多英尺的积沙，无法继续钻进。这种现象每次换钻杆的时候，泵一停下来就会发生，尝试过许多办法都不行，用过大直径的管线也不行，因为也会被卡住拔不动。这是当时遇到最大的难题，卢卡斯非常焦虑，钻井队员也担心怕找不到解决办法。卡洛琳听到丈夫卢卡斯讲这次打井又要失败了，鼓励卢卡斯再想想办法。那天晚上，卢卡斯转辗难眠一直在想，想来想去突然发现问题的关键所在，由于泵的100磅压力降低造成回流，如果把检测阀门改装一下，反锁不让压力回流，这样就能保持井下液体压力避免卡钻。于是，起身跑进工具房动手用木板制造了一个反转阀门，赶到井场正好遇见阿尔值夜班。卢卡斯把想法跟阿尔一说，这时科特和佩克也来到了井场，大家动手把卢卡斯的反转阀门安装在套管的接头处，问题迎刃而解。

1900年12月的一个上午，卢卡斯跟科特在谈话时，突然见到鱼尾钻头上沾有一团黏土，检查一看是一块小鸡蛋大小的岩块。他对科特说这个解释我们为什么近来钻进这么艰难，科特不解其意。卢卡斯接着解释说，钻进了盐丘构造，这个证明我们预测是对的，把石灰岩上的方解石、白云石、硫黄矿给科特看。这可是一个特好消息，从现在开始任何一天都可能有好事情发生。卢卡斯急忙赶回家，把自己的发现讲给妻子卡洛琳和儿子听，他们跟科特一样不明白是什么意思，但很高兴看见卢卡斯激动的样子，知道钻井进行得很顺利，替卢卡斯高兴。就在那天晚上，又是阿尔值夜班，大约凌晨三点钟的时候，阿尔注意到泵工作比前几天顺畅多了，钻机转盘也转动自如。阿尔就让钻杆钻进地层，泵和转盘运作正常，几乎整根钻杆都钻进了井里，开始闻到油脂的气味，本想仔细查看一下，但是井场的灯光太暗。这时已经是黎明了，用不了多久就天亮了，还是等到天亮再说。天一亮阿尔跑到岩屑池一看，见到了油块浮在池边，阿尔马上叫佩克去告诉卢卡斯。当赶到井场，卢卡斯确定是打出油了，就问阿尔："会是多少产量？"阿尔回答："估计可产50桶。"卢卡斯建议再接一根钻杆往下钻，一连几根钻杆进入井里，进尺35英尺之后，开始钻进缓慢了，井深到了880英尺。卢卡斯决定立刻打电报给加利，同时，要求大家准备四英寸钻杆备用测试管线。几天之后，加利赶到了井场，开始更换清水钻井液降低泥浆比重，让原油从地层流出来，几次清洗只流出少量的原油，而且发现300英尺的松散砂子往上涌，一个星期的努力似乎也没有什么效果，4英寸管线从井中取出，6英寸管线下到880英尺的深度。这时加利觉得圣诞节快到了，让哈米尔兄弟先回家过节，把井封住就行了，如果这口井不出油，已经可以决定立刻开始打第二口井。

四、一鸣惊人

进入20世纪的第一天之后，哈米尔兄弟阿尔和科特以及他们的伙伴佩克返回了纺锤顶山丘。他们把井打开之后，准备继续把井打到合同规定的1200英尺再完井，同时，也在招聘新人增加人手。很多年轻人来到井场看见钻井工作很辛苦，纷纷找各种理由离开了，一直没有找到合适的人选。几天之后，1月9日那天井还在往下打，穿过了140英尺的压实岩层，把井深推进到1020英尺，哈米尔兄弟仍然被这个山丘钻井现象所困惑。这时，加利指示如果打到合同预定的深度，仍没有发现新的油层，就返回845英尺深度射孔试油，这应该是当时对这口井的最后安排。卢卡斯开始担心起来，知道已经发现了油砂，但是，井下的压力和砂体混合形成障碍，是以前石油钻井中没有遇见过的，也不确定纺锤顶山丘真的能不能产出石油。尽管加利对目前的发现抱有非常积极乐观的态度，但是，标准石油专家佩恩的话一直在卢卡斯耳边回荡。从自己第一口井获得的黑色重质原油看，这种原油在其他地方都有发现，但没有什么开采价值，难道纺锤顶的原油真是这样吗？第二天即1901年1月10日一个寒冷的早上，卢卡斯起来之后就到井场上看了一下，没有发现什么异常情况，问了问科特钻井有没有什么特别的地方，科特告诉他一切还算正常。听了之后，他就离开去镇上办事去了。这天阿尔也早起去镇上取从科西嘉纳寄来的新鱼尾钻头，在镇上遇见了希金斯，两人打了个照面就各自去办自己的事了。阿尔取回新钻头之后，三人起钻换上新的鱼尾钻头，计划这是这口井完钻用的最后一个钻头。这时距离合同要求的1200英尺深度只差几十英尺了，不久将要大功告成了。

当钻杆下到大约700英尺时，科特从井架上面离地大约40英尺的高度，扭动钻杆发现有点不对劲，看见下面旋转台上泥浆从井里冒出来。阿尔和佩克往后一退，突然井下的推力加大，一股泥浆喷发出来，直接打在井架上的科特，泥浆溅湿了科特的衣服。科特立刻从井架的梯子往下爬，三人各自慌忙迅速地离开钻台。尽管他们都是科西嘉纳油田的老手，可是，从来没有见过这种场景。正当逃命时，6吨重的四英寸钻杆从井里跃出来冲上井架，把井架顶部的起吊装置给撞了下来。钻杆弯折像一根意大利面那样落在地上，起吊装置也从高空摔落在地上，好像一颗巨齿钻入地下。过了一会儿一切又平静了下来，阿尔和佩克小心翼翼地返回钻井钻台，整个钻台一片狼藉，有将近一英尺厚的泥浆和污水，伴随着难闻气味。佩克跑到锅炉房把火关了，两人准备清理井场。这时井里又传出轰隆的巨响，泥浆再次喷发出来，可怕的气柱取代泥浆冲上天空，两人丢下手中的工具就往远处跑去。佩克慌忙之中，一头栽到了岩屑池中，还没等爬出来，气柱又变成了石油喷泉向外喷发，在空中像天女散花一般，看上去十分壮观。等三人回过神之后，阿尔叫佩克赶紧去通知卢卡斯，自己和科特想办法处理井场。佩克一身泥浆也没有时间清理，就跑去卢卡斯家，一路跑到那里上气不接下气。只有卢卡斯的妻子卡洛琳在家，佩克告诉她去通知卢卡斯，尽快赶到井场，转身指向井场的方向又跑回井场去了。卡洛琳按照佩克指的方向望去，远远可以看见黑色液体从下往上喷发，形成一个特别的画面。她从来没有见过这个场面，也不知道这是什么，赶紧去找丈夫卢卡斯。在镇上找到了卢卡斯之后，卡洛琳跟卢卡斯说井里有黑色液体喷出来了，卢卡斯骑上马，快马加鞭地奔向了井场，一路上在想会不会是石油呢？因为自己也从来没有见过石油井喷。

　　渐渐地靠近纺锤顶山丘，眼前一幅奇特的景象变得越来越清晰，卢卡斯简直不敢相信自己的眼睛所看见的一切。在几个小时之前，卢卡斯还在那里巡视过，这么短短的时间里发生了如此大的变化。整个山丘都可以听见喷发的呼啸声，卢卡斯来到了井场，喊着阿尔的名字："阿尔，黑色液体是什么呀？"阿尔回答："队长，这全是石油呀！"卢卡斯跳下马背搂住阿尔跳了起来，实在忍不住内心的激动，为了这一天已经付出了太多，真是苍天不负苦心人。卢卡斯心里默默地说道："感谢上帝，感谢上帝，你帮我们做到了！帮我们做到了！"阿尔指着喷向空中的六英寸粗的油柱，对卢卡斯说道："我不担心这个井架毁坏成这样，因为是卡罗尔的木材，我这回不用给他钱了。"卢卡斯不知不觉地走到了钻井台边，落下的石油像下雨一样淋撒在身上。站在石油雨之中，他亲身感受这个盼望已久的时刻，感觉真的不是在做梦，这是真真实实的石油，终于打出油了。这个时候在附近的村民、护林人见到此景观，也云集到井场来看发生了什么事情。其中一位护林人看了以后，上马就跑到博蒙特镇上报告了消息，镇上的居民听到后十分震惊，怎么可能会在纺锤顶山丘有石油。

　　在这里住了这么多年，从来没有见过有石油出产过，大家放下了手中的事情，抱着极大的好奇心走向了纺锤顶山丘。当天的下午人群达到几百人，一位当地人向人群喊话，挑选人手挖抗，把喷发的石油聚集起来。哈米尔兄弟也告诫大家不要点火，尽量不要靠近钻台，因为一旦油气遇见火苗就会引发大火。卡洛琳见到卢卡斯一身污油回到家，以为卢卡斯摔倒在泥坑里了，就急忙帮他清理。卢卡斯说是井里喷出的石油，有好多好多的石油在往外流，纺锤顶不仅有油，还会是一个特大的油田。听了丈夫的这番话，卡洛琳激动得泪流满面，终于等到这一天了。她一直相信卢卡斯会打出油来，只是一切来得太突然，感觉像是做梦一样。卢卡斯换了一身衣服之后，就到镇上打电报给加利，报告这里发生的事情，让加利尽快赶来处理井喷。当离开镇上的时候，居民在大街小巷都在议论纺锤顶的石油，在邮局的角落聚集人最多，大家议论纷纷。希金斯站在人群之中没有吭声，想起当初苦口婆心地劝人投资打井，没有人相信。若是相信的话，或许不久就会变得富有，说不定就是百万富翁。这时，奥布赖恩见到了希金斯，就起身对着人群说："帕提洛·希金斯早就说过，纺锤顶山丘下埋藏着石油，大伙应该向他致敬。"这时人群中爆发一阵热烈的掌声，希金斯没有说话就离开了。

纺锤顶的这口石油喷泉井被媒体报道为卢卡斯喷泉，一传十、十传百，像在平静的水面投了一块大石头一样，从博蒙特向外波及整个得克萨斯州之后，又席卷了整个美国。世界其他地方的重要媒体也纷纷头条转载，因为这是人类历史从来没有见过的石油壮举。9天之后，哈米尔兄弟在加利和卢卡斯的指导下，才止住了井喷。他们使用的是创新的多级阀门装置，后来演变成了今天石油工业的采油树。据估计当时每天平均喷发6万多桶原油，这可是超过得克萨斯州1900年全年一半的石油产量。几天之后，博蒙特镇上的人员明显增多，这些外来人员都是冲着石油发现而来的。到了6月，那里的人口从原来的9000人左右猛增到5万多人，火车每天还在源源不断地送人过来。做石油生产最先从购买区块开始，行业中流传着这么一句老话："没有土地契约，就没有石油的恩典。"来到博蒙特的石油商人，很快就进入了石油区块契约的争夺，这不是一般的争斗，而是完全疯狂的争夺。在镇上一家酒店里，就发生过这样的交易。有一块土地契约仅有四分之一英亩，在没有打出油之前，是用1美元购买的。出油的消息传开之后，契约持有者在酒店以1000美元把区块出售了，当时轰动了整个博蒙特。记者问这位买主，这笔买卖是否理智？买主告诉记者，这是一笔非常营利的买卖。因为几小时之后，他就以5000美元的价格卖给了下家，唯一可惜的是卖得太快了。后来下家不久又把这份契约转卖给其他人，出售价格是两万美元。

可以想象这时的石油到了多么狂热的程度，卢卡斯参与的格菲-加利公司，他们手中大量的纺锤顶山丘土地也获得了巨大的回报。卡罗尔也因格拉迪斯城的契约发了一笔石油财，希金斯自己手中有在纺锤顶33英亩的土地，随着地价的飞涨，他的个人资产也翻了好几倍。不过，希金斯始终对卢卡斯和卡罗尔承诺他百分之十的利润分成耿耿于怀。在卢卡斯跟格菲-加利公司秘密签约之后，希金斯完全成为一个局外人。后来打井的事情他几乎都一点都不知道，如今想要拿10%的利润分成恐怕难度很大。希金斯再三考虑之后，唯一能要来这笔钱的办法就是法律诉讼，于是，他于1901年5月向博蒙特法院提交了两份诉讼。一份是针对队长安东尼·卢卡斯，要求索赔400万美元，另一份是告老朋友乔治·卡罗尔，因为在三个月里卡罗尔入账了200万美元。两人也都给予了应诉，最后这两个诉讼都得到了庭外和解。卡罗尔和希金斯两个当地人还是朋友，但是，卢卡斯和希金斯从此形同陌路人，再也没有往来。卢卡斯甚至在后来的媒体访谈中都没再提到过希金斯的名字。

希金斯的诉讼引起了许多公众的关注，都认为向卢卡斯索取400万美元简直是一个天价。确实是这样，不过，如果按后来油井的生产情况来看，这也并非毫无根据。在早期打的6口油井中，其中3口的原油产量就可达年产6800万桶，相当于每天生产18.5万桶原油。由于纺锤顶油田的开发，到了1901年年底，美国的石油产量超过了俄罗斯，成为当时世界最大的石油生产国。在没有纺锤顶油田之前，洛克菲勒的标准石油直接控制了美国的原油生产，在总年产量的5800万桶原油中有4800万桶归标准石油，另外，他们还通过市场间接地控制了100万桶原油的供应。当时的美国原油产量5300万桶来自宾夕法尼亚州、西弗吉尼亚州、俄亥俄州、纽约州和印第安纳州，加利福尼亚州每年生产400万桶，得克萨斯州每年生产将近100万桶，主要产于科西嘉纳油田。此外，肯萨斯州、科罗拉多州、肯塔基州、怀俄明州也生产少量原油。纺锤顶油田出现之后，最早的6口井的产量就登上了美国油田产量的第一把交椅。仅卢卡斯发现井一口井的产量就相当于东部3.7万口油井产量的总和，是加利福尼亚州石油年产量的6倍，是当时美国第一产油州宾夕法尼亚州石油年产量的两倍，生产了美国将近一半的原油。纺锤顶油田在美国石油历史上的贡献，不仅把美国石油产量提升了一个台阶，还促进了石油在运输工业的广泛利用。还有很重要的一点，改变了美国石油行业的格局，彻底打破了洛克菲勒标准石油公司对石油行业的垄断，让许多大的石油公司借助纺锤顶油田这个契机，成长壮大起来，给得克萨斯州后来的石油工业发展注入了无限活力。

希金斯一直是纺锤顶石油热的弄潮儿，先是经营自己的公司，后来把公司卖了，又成立一家新公司。他的梦想从来都是宏伟远大的，新公司起名为希金斯标准石油公司，想效仿洛克菲勒的标准石油公司，筹划在墨西哥湾区的路易斯安那和得克萨斯一带打造一个石油帝国，在得克萨斯州和路易斯安那州建造大型炼油厂，用输油管线把油田和炼厂相连的宏伟计划。他的公司注册资本为1000万美元，每股100美元股票证券，但仅售价为50美元。他这样向股民解释："我已经有足够的钱可以退休了，我不自私，退休生活不适合我，因此，我想为别人生活得更好做点事。我对干大事很有天赋，如果把我的天赋收藏不用的话，我将要对那些没有开发或不被发现的事情负责。"公司的证券设计还是像格拉迪斯城公司那样，发挥充分的想象力，除炼厂、油田、井架和石油井喷外，还增加了标明希金斯号的油轮、油罐作为背景，几乎是十年前设计的2.0版本。在股票发行书中，还表达了对地质权威们的不满，这样说道："那些许多身居要职的地质大师，应该到农场去修铁路或跟在长耳驴后面劳动。"可是，这家新公司的股票发行不理想，未能筹集到资金的主要原因是太多油井促销、金融骗子和股票包装高手充斥了美国石油的股票市场。股票上市没有获得成功，但希金斯心中积压已久的怒气得到了发泄。50年之后，希金斯想起这次尝试的失败，还觉得自己挺庆幸的，因为许多在纺锤顶成功的石油人，都因劳累过度而短命。

卢卡斯是脚踏实地谦虚和蔼的人。在发现井完成之后，纺锤顶山丘上接二连三地传来新油井的井喷，更大更壮观，但对卢卡斯来说已经再也兴奋不起来了。在博蒙特找油的经历，让卢卡斯感悟实在太多了。他与希金斯的官司，使得卢卡斯不再为纺锤顶的石油开发而痴狂，他卖掉了格菲公司的股票，接受了格菲公司的勘探工作。卢卡斯又做回了工程师的工作，一家人悄然离开了博蒙特。他先是在得克萨斯州其他地区进行石油勘探，后来去了肯塔基州、乔治亚州、阿拉巴马州、北卡罗来纳州、南卡罗来纳州、路易斯安那州等地，最后和卡洛琳定居在华盛顿特区。卢卡斯的名字跟纺锤顶油田一起记入史册，博蒙特居民并没有忘记卢卡斯。当人们得知卢卡斯要离开的时候，大伙出钱特意在蒂凡尼高档礼品店，定制了一块纯金手表作纪念。表的一面是那口喷泉油井的图案，旁边标注了53700桶的原油产量，背面是得克萨斯州的英文字母"TEXAS"，每个字母之间有一颗星，呈圆形分布。表的中心是一颗大钻石，每颗星中心还镶嵌一颗小钻石，下方落款为："一百名博蒙特朋友赠送给卢卡斯。"油田发现50周年的时候，在博蒙特还为卢卡斯修建了一个纪念碑，至今一直耸立在纺锤顶油田第一口井的位置。无论怎样，卢卡斯毕竟是一个外乡人，而希金斯却是土生土长的本地人。当地人对纺锤顶油田发现的评价，还是很旁观者"亲"的。在博蒙特市档案里有这么一份文件，日期是1901年12月3日。这样写道：

致有关人员：

　　向你证明我们得克萨斯州博蒙特居民都很熟悉这个城市的帕提洛·希金斯，我们认识他很多年，也相信他是完全可以信赖的，他是一位得克萨斯州博蒙特原住民。我们每个人都知道在1892年希金斯先生发现了博蒙特油田，他说当油田开发之后会值百万美元，还说一口井每天将会产出上千桶石油，他指的位置正好在现在井喷的位置。

　　希金斯先生在1892年就组建了一个公司来开发这个油田，把公司命名为格拉迪斯城石油天然气制造公司，这个公司购买的大区块就在如今井喷的地方，而且他们雇用一位钻井承包商，签订了打一千五百英尺井合同，由于承包商缺乏技术和设备简陋，只能打到三百英尺再也打不下去了，不得不放弃打井。希金斯先生试图让公司另外签订打井合同，可是，他没有决定权，公司董事又拿不出办法，公司就停歇了数年。希金斯先生自己购买了油田的土地并且开始介绍其他人参与一起开发油田，最后跟队长卢卡斯签订了一份合同来开发这个油田，队长卢卡斯开始打井并且在1901年1月10日打出了油，这口井就是卢卡斯井。

　　希金斯先生享有博蒙特油田的发现和开发功劳当之无愧。

文章所讲的事实根据和给予帕提洛·希金斯的赞誉，要比一打蒂凡尼金表还要有分量。这是第一次也是最后一次自己同乡人给予的评价，重新弥补了那么多年的辛苦、委屈、失望和心碎。在自己的乡亲面前，这位预言者终于找回了一些荣誉。更值得一提的是纺锤顶油田发现几周之后，希金斯在博蒙特镇上又遇见了肯尼迪博士。这时肯尼迪加入了美国地质调查局，为海因斯工作，他们两人一个否定了希金斯，另一个否定了卢卡斯。再次见到希金斯时，肯尼迪不好意思地主动向希金斯坦言，自己错误地估计了纺锤顶的地质现象。希金斯表示：我当初就知道你是错误的，可是你的傲慢让你根本听不进去真实的地质证据，这才导致推迟了纺锤顶油田的发现。没有想到的是海因斯看到纺锤顶接二连三的石油井喷出现，又断言这里的石油将会是源源不断的油海，这个结论显然是矫枉过正。纺锤顶油田第二年即1902年产量达到了顶峰1700万桶，第三年即1903年产量仅为800万桶，产量递减速度如此之快，也是这些专家们未能预见的。

五、群雄崛起，逐油得克萨斯州

19世纪末期，整个美国掀起了一阵又一阵反托拉斯浪潮。标准石油的下属零售代理商在得克萨斯州削价竞争事件闹得沸沸扬扬，作为一个曾经独立的国家，得克萨斯州对垄断经营有一种天然的敌视。大多得克萨斯人对标准石油没有什么好感，标准石油的高层也都知道这种情况，早期没有直接参与纺锤顶的勘探开发，这恰好给其他公司提供了自由竞争发展的空间。早在宾夕法尼亚时期，石油行业就经历过完全自由市场竞争的教训，其结果是造成了巨大的石油资源浪费，这样的悲剧在纺锤顶油田又再次上演了。据当时的专业人士估计，纺锤顶油田开发生产了1.5亿桶原油，但是，也投入了高达8000万美元的资金。当时的原油价格平均只有50美分，最低时在第二年生产高峰，出售价格一度低于10美分，最低到了3美分一桶，这极大地伤害了石油工业。头两年由于生产设施不齐全，大量的原油生产出来之后无法运输，就白白地流在地表或临时挖掘的油池，造成了无法统计的浪费。估计损失的原油多于被运到炼油厂的数量，面对这么残酷的现实，人们又开始怀念洛克菲勒的石油经营模式。虽然大家不喜欢垄断经营，但还是希望油田开发有秩序有计划地进行。在这种背景之下，一些来博蒙特创业的精明商人就看准了机会，把自己的公司做大做强，利用纺锤顶油田发现开发的契机，打造出大型一体化石油公司。下面讲一讲由于纺锤顶油里诞生的几家石油公司巨头如何起家走上美国石油工业的舞台，最后影响了世界的石油格局。

（一）海湾石油公司（曾经的石油七姐妹之一，1984年被雪佛龙公司收购）

当卢卡斯在匹斯堡向格菲融资的时候，已经成为格菲石油公司的合伙人。尽管从事纺锤顶打井没有拿工资，但从商业角度讲，他是在为格菲石油公司打工。代表公司经营业务，打的那口井被称为卢卡斯井，其实产权应该归属格菲石油公司。发生井喷三天后，加利来到了博蒙特，正式从幕后走向了前台。由于井喷发生太突然，当时没有想到一切发生得这么快，虽然在纺锤顶山丘拥有了大片的土地区块，但没有控制所有的油田土地，其中还有几个地方属于别人。当加利再次出现在博蒙特时，这个局面已经无法挽回了。加利知道这些不在他们控制范围内的区块主人，一定会把手中的土地卖给石油开发商进行开发，这些石油开发商将会成为格菲石油公司的直接竞争对手，格菲的全盘计划就会有可能被撕开一个大口。

打出油的消息传到匹斯堡时，情形几乎跟博蒙特一样，众人欢呼庆贺，纷纷议论这前所未见的壮举。一夜之间，格菲被人们视为石油界的拿破仑，崛起挑战洛克菲勒的标准石油王国。格菲心里明白，自己的这一切都是建立在梅隆银行资金之上。开始每天都跑到梅隆银行谈增加借贷，这时需要大笔的资金去开发油田、修建炼油厂和铺油管线，这些都是格菲全盘计划的一部分。由于金额变得十分庞大，安德鲁·梅隆开始变得有些犹豫不决，不过，在见到纺锤顶上相继出现高产油井之后，就找弟弟理查德·梅隆商量，结果决定出资购买格菲石油公司，并以发行股票方式来进行运作。新改组公司要在得克萨斯州注册，资本为1500万美元，发行股票15万股，每股100美元。根据得克萨斯州法律，公司资本必须要有百分之十的注册资本为现金，就决定出售5万股，以每股30美元去集资130万美元，用这笔资金去收购格菲石油公司及其资产。格菲获得7万股公司股权，另外3万股作为公司股本，梅隆兄弟二人共同认购了5万股。这时格菲跟梅隆商量打算把合伙人的股权收购回来，梅隆对此没有意见。于是，格菲决定给加利75万美元买断股权，得到了加利的同意。当跟卢卡斯商量40万美元买断股份时，卢卡斯没有同意。经过安德鲁·梅隆调解之后，卢卡斯最后同意40万美元外加1000股新公司股份成交。之后，格菲挽留卢卡斯为新公司打工，可以做石油勘探方面的工作，卢卡斯接受后就离开了博蒙特。梅隆手中的5万股当中，安德鲁和理查德各自出钱买了1万股，剩下的3万股卖给了6位匹斯堡的名流，每人5000股。他们是法官詹姆斯·里德，卡内基钢铁和宾夕法尼亚州铁路法律顾问、参议员威廉·弗林，匹斯堡的政坛大佬加勒里，银行总裁、吉文，制造商、约书亚·罗德斯和马克马琳投资商。由格菲出任新公司总裁。

1901年5月16日，格菲石油公司正式成立。为了配合宣传，格菲亲临博蒙特，唯一的一次来到这里，当地报纸这样描述："热情而富有幽默感，双眼具有敏锐的洞察力。"格菲告诉媒体说，他的公司将会成为世界顶级的石油公司，像标准石油在煤油市场的地位一样。因此，媒体把格菲誉为美国最伟大的石油人，将要开创世界上最大的油田。对此，格菲也默认没有提出异议，并声称有了纺锤顶油田和格菲石油公司，现在的煤矿托拉斯可以高枕无忧了（意思是不用反垄断法了，标准石油的霸主地位就快被终结）。几周之后，匹斯堡的6位投资商把手中的3万股格菲石油股票在市场出售，每股卖到了66美元。把套现的资金从卡内基钢铁公司转移到摩根成立的美国钢铁公司，这样格菲公司股票产生了双重效应，一下子让格菲身价超过了450万美元。那年6月，公司发展到需要把炼油部分分离成为一家单独公司，公司董事们决定成立得克萨斯石油炼制公司，由麦克道威尔负责。这时麦克道威尔觉得这个名字容易跟得克萨斯燃油公司混淆，建议名称采用海湾。董事们觉得两者对当地人来说没有什么太大区别，因为这里既是得克萨斯，也是墨西哥湾，就同意了麦克道威尔的建议。

　　11月，在得克萨斯州注册登记了海湾炼油公司，公司资本为75万美元，股票基本上是由格菲公司股东持有，一共发行15万股，每股5美元，格菲成为最大的股东，拥有41673股并任公司总裁。第二大股东是梅隆兄弟，安德鲁和理查德各持16483股。其他一些股东是查尔斯·施瓦布、劳伦斯·菲普斯、詹姆斯·加利。

　　1902年年初，格菲又建议梅隆发行500万美元债券，梅隆银行认购一半之后，说服了波士顿商行认购了150万美元，其余100万美元债券没有出售。在此期间，梅隆银行跟格菲公司只是保持银行业务往来关系，没有全力投入石油行业，因为之前在石油行业上有过教训，知道石油行业的起伏和潜在风险。梅隆兄弟有一个侄儿，叫威廉·梅隆。他跟格菲之间很早就有心结，多年前格菲有一笔石油生意要从梅隆银行贷款。安德鲁和理查德兄弟征询威廉的意见，威廉反对贷款给格菲，结果格菲非常生气并记恨在心。其实，威廉很不喜欢格菲的德行。威廉·梅隆虽然年轻，但曾经也做过石油生意，从来不参与格菲公司的经营。不管格菲公司多么成功，他都不愿跟格菲公司搅到一起，格菲也不想让梅隆干预自己的公司经营，只要他们出钱就好了。可是，在得克萨斯的生意出现了问题，油价下跌到每桶3美分，格菲公司这家纺锤顶油田最大的生产商，陷入了经营困境。

　　威廉·梅隆可以算是梅隆家族里的后起之秀，深得叔叔安德鲁的喜爱，两人特别合得来。此时他30来岁正当年，在外打拼过多年后回到自己家银行挂职。大约13年前，20岁的威廉就被石油生意所吸引，花了6年的时间打造了一家公司，靠经营贫瘠油田起家，学会了石油行业的经营，把生产的原油卖给一家法国石油商。开始还赚一些钱，直到宾夕法尼亚州铁路提高运费就出现了亏损，只好跟里丁铁路签订运输合同。没想到这家铁路公司的总裁被解雇，新任总裁又拒绝了履行合同。这些都是当时标准石油在背后搞的鬼，于是，威廉决定修建输油管线，结果铁路和管线员工爆发了冲突，修建被迫停止了数月。坚持之下，终于把管线修到了东海岸港口，开始向海外欧洲市场卖油。这触及了标准石油的利益，洛克菲勒发出了收购梅隆所有石油资产的意向，梅隆家族觉得还是回归银行主业，就以250万美元把所有石油资产卖给了标准石油。威廉并没有马上离开石油行业，标准石油留任他管理收购的梅隆资产，27岁时就赚了很多钱。

有一天，威廉发现街道上出现的车辆吸引了他的注意力，就跑去做了几年车辆生意后才回到梅隆银行。换句话说，威廉曾经在石油行业里跟洛克菲勒叫过板。由于格菲公司经营石油生意，安德鲁·梅隆就自然想起这个侄儿。威廉是他们家族银行里最了解石油经营的人，去得克萨斯州纺锤顶油田了解情况是最为合适的人选，于是，就派威廉来博蒙特跑了一趟。没想到来这里一看，格菲石油公司的经营非常混乱，没有很好地利用发现油田的优势，许多该利用的区块没有利用起来。大笔的资金投入在无用的区块上，合同契约管理不善，招来许多土地拥有者诉讼，大量费用花在不该花的地方，该花的地方又变得缺乏资金。炼油厂运营不完善，需要增加投入提高效率，原油供应还需开拓新的渠道。总之，在威廉的报告中，公司的经营状态非常糟糕。此时，摆在梅隆家族面前的是1200万美元到1500万美元之间的投资决定。起初的打算是出手卖掉算了，可是，安德鲁在纽约老荷兰酒店跟标准石油的执行董事亨利·罗杰斯和总裁约翰·阿克博尔德商讨时，愿意以保本的价格转让梅隆家族和朋友手中的股票。罗杰斯直接表示标准石油无意到得克萨斯经营发展，洛克菲勒被列入了得克萨斯州的黑名单，不会在那里投资一分钱。这样，不管愿不愿意，梅隆家族又回到了石油行业。不过，这次是得到了标准石油的默许，不会受到标准石油的打压了。

重返石油行业必须要有自己的人经营，威廉·梅隆被委任格菲石油公司和海湾炼油公司的执行副总裁。威廉胜任这个职位因为他具备许多优秀条件，对外有良好的形象，决策能力强，懂得如何用人管理，知道如何扭转困境和经营石油生产。到了博蒙特，威廉才发现公司有一个巨大的黑洞。1901年6月，格菲跟壳牌贸易运输公司签订了25年450万桶原油的供应合同，价格是每桶25美分。1902年初油价已经高于这个价位，还在迅速地上涨。这个合同会让公司在短时间内破产，必须采取行动才能挽救公司。壳牌是一家贸易公司，在格菲的坚持下才进入石油交易。格菲认为跟壳牌签订这个长期合同是他最成功的交易。由于有了格菲的石油供应，壳牌购买了油轮和其他石油设施，开始在英国运营石油。安德鲁·梅隆不得不到英国去见壳牌公司的管理层，要求重新协商供油合同。如果按格菲的合同执行下去，壳牌将无法保证对顾客的承诺，因为格菲公司会倒闭在先，供应不了那样低价的原油。壳牌只好让步，按市场价格改为6个月的原油供应合同，也是因为纺锤顶油田的出现，壳牌开始了涉足于石油行业。

可是，要做到根本改变还必须进行人事调整。上任不久，威廉就逐个撤换格菲的人，启用有经验的石油专业人员和职业管理经理。比如，麦克道威尔总经理像格菲一样是一个共和党政客，威廉知道政客在公司里做不了什么实事，就聘请了南方太平洋铁路副总裁马卡姆来管理得克萨斯州和路易斯安那州的公司业务，又找到标准石油执行董事、亨利·罗杰斯的爱将乔治·泰伯加入海湾炼油石油公司。泰伯可是一个难得的人才，出身英国的鲸鱼炼油家庭，自学化学，精通炼油业务，标准石油下属大西洋炼厂的技术骨干，加盟公司之后，彻底整顿了海湾炼油厂。威廉还雇用了乔治·克雷格管理原油生产，约翰·费舍尔管理输油管线，两人都非常称职。在梅隆需要销售大量原油的时候，又得到了最佳的销售员戈尔·纳提帮忙推销原油，使得公司渡过了危机。最有意思的是有一天，威廉夫妇在博蒙特火车站提行李，车站工作人员把行李搞错了，在争执时另一个工作人员过来解释，礼貌而迅速地解决了误会。威廉自我介绍并要了此人的姓名和职位，这人叫法兰克·利维，是地区顾客运输负责人，负责专门帮助顾客解决难题。不久，威廉就聘请法兰克来海湾公司工作，由于表现突出做到了海湾石油公司副总裁职位。

当有了自己的核心团队，尽管仍然面临激烈的市场竞争，但在威廉的领导下，公司的经营逐步健康地发展起来。几年之后，格菲还是公司挂名总裁，但基本上都是威廉·梅隆在经营公司。格菲不善于经营，喜欢花费大笔金钱在形象工程上，变得债台高筑，抵押了许多资产给梅隆银行和其他匹斯堡银行，梅隆银行手上就有24000股格菲的股票。1907年，当俄克拉荷马的格伦池油田发现之后，威廉认为应该修建从俄克拉荷马到墨西哥湾炼油厂输油管线，但遭到了格菲的反对，两人产生了正面冲突。董事股东们提议重组公司，成立海湾石油公司取代格菲石油公司、海湾炼油公司和新成立的海湾管线公司，注册资本为1500万美元，同时发行同样金额的债券。格菲又极度反对，决定退出公司。梅隆银行和几家大股东支付了250万美元购买了格菲的股权，安德鲁·梅隆高兴地接替格菲总裁的位置。两年之后即1909年，威廉·梅隆接棒成为海湾石油公司总裁，做了35年之后才退休。格菲兑现公司股票之后，尝试过去做的煤生意，结果失败，损失了不少财产。老石油勘探者加利一直从事着他热爱的找油工作，最后一口探井还是当年的老朋友阿尔·哈米尔给打的。1912年，加利在密苏里乔普林找油中去世，格菲参加了加利的葬礼，回想起加利当年指导发现纺锤顶油田的情形，不禁为这位老朋友和曾经的合伙人落泪。下葬的时候，他走到加利妻子的身边说道："我们正在安葬一位我所知道的最好的人。"

（二）德士古石油公司（曾经的石油七姐妹之一，2001年被雪佛龙公司兼并）

1901年的一个夜晚，6个人聚集在博蒙特一家酒店大堂讨论石油生意，这次集会后来被认为是德士古这家大石油公司的开始，也是继海湾石油公司之后，诞生的另一个石油巨人。因此，在这里不得不了解这6位是什么样的人物，在纺锤顶油田开发中，又做了什么事情开创了德士古石油公司。他们6人是约瑟夫·史蒂芬·库里南、詹姆斯·史蒂芬·霍格、约翰·沃恩·盖茨、沃尔特·夏普、阿诺德·施莱特和詹姆斯·罗奇。

除了罗奇之外，他们每一个人都代表一个群体或财团，罗奇是一只"独狼"，一个身无分文、年轻英俊的英国人，他是来博蒙特创业的。

约瑟夫·库里南是一个相信"怀疑与恐惧是人最大的敌人"，十分具有创业精神的企业家。他认为只要不去了解学习实践，就做不成什么大事，一生也就会一事无成。

库里南是一个勇敢但又懂得适度把握谨慎与冒险的人，这种特性非常适合从事石油行业。他来纺锤顶创业就像上天安排好的一样，赶上了人生的转折点，在纺锤顶油田成就了他一番事业。不过，机会总是为有准备的人服务的。库里南出生在宾夕法尼亚石油产地的莎伦，在石油工业环境里长大，22岁时就加入了洛克菲勒的标准石油公司，13年之后，通过自己的努力当上了公司的部门经理。他因不满标准石油按部就班的经营管理而辞职，自己组建石油钢铁厂生产储油罐。有一次，库里南到加利福尼亚州办事，顺道来达拉斯参加得克萨斯州交易会，在交易会上遇见了得克萨斯州州长、几位得克萨斯州市长以及一些得克萨斯州政界要人。这时刚刚发现科西嘉纳油田，得克萨斯州人对石油没有什么了解，更谈不上开发经营油田。他们非常欣赏库里南的才干和作为，诚心邀请他到科西嘉纳来帮助发展石油工业。库里南犹豫之后，还是觉得这是一个机会，就接受了邀请。他来到得克萨斯州科西嘉纳油田，但仍然保持与标准石油朋友的联系，经常找他们商量解决遇到的难题和解决办法。经过一段时间的努力，库里南把科西嘉纳油田的工业搞得有声有色，深得得克萨斯州民众的肯定。当见到卢卡斯石油喷泉井的消息时，库里南知道科西嘉纳油田的石油生产就很快要到尽头了，就开始积极做准备迎接这次浪潮。他和弟弟库里南博士及朋友斯凯尔斯注册登记了一家公司，命名为得克萨斯燃油公司，注册资本为5万美元。几个月之后，他就和在科西嘉纳油田的几个伙计一起来到了博蒙特，希望在纺锤顶油田开发中，寻找机会发展公司并扩大经营范围。

詹姆斯·霍格是得克萨斯州一位比较奇葩的前州长，第一位在本土出生的得克萨斯州州长。他非常具有个性，是反垄断的倡议者和实践专家。在当州长期间（1891年—1895年），他把反垄断运动推向了高潮，立法制定禁止和打击垄断经营行为，是一个非常具有个人魅力的人物。他体型庞大，身高6英尺多，体重超过300磅，性格外向而且爱憎分明。由于从来不认错，朋友私底下议论，霍格是个人垄断的代表人物。在卢卡斯油井出油之前，霍格从未到过博蒙特。他有一位最忠实的朋友叫吉姆·斯韦恩，是他当州长时的得克萨斯州参议院议长，先来到纺锤顶油田看了之后，力邀霍格前来亲眼看看这里的变化。开始时，霍格只是对在达拉斯附近找油感兴趣，说服一群北方佬到那里打井，结果一无所获。霍格在斯韦恩的陪同下来到博蒙特。霍格一到博蒙特就觉得自己来晚了，后悔为什么没有早点来这里，他不光是被石油开发所吸引，大批的外来人流和让人兴奋的情景也触动了他。他所到之处都有大群人跟随，大家都喜欢听他讲故事和有趣的见闻，颇受当地人喜爱。为了利用所积累的人气，霍格和斯韦恩几个人决定搞一个霍格·斯韦恩私人集资组织，另外几名组织成员是坎贝尔、费舍尔和法官布鲁克斯。这个私人集资组织没有注册登记，也没有演变成公司，只是一伙朋友集资组织形式团伙，主要是斯韦恩和坎贝尔两人负责运作，他们为人诚实并受人信赖，主要是集资买卖土地区块来开采资源。

约翰·盖茨是一个喜欢争斗的人，绰号是"下注一百万"。盖茨不是被纺锤顶油田吸引到这块满是鳄鱼和蚊子的沼泽地来的，而是看中了正在新启的工业化港口亚瑟港。作为一个铁路行业的运营商，来这里购买萨宾溢口土地修建铁路，结识了这片土地的所有者昆茨兄弟。在朋友的帮助下，他做了亚瑟港的发展规划，说服昆茨兄弟把土地拿出来开发。盖茨在亚瑟港的萨宾湖建了一座漂亮的大房子，还和一位有钱的朋友修建了一个钓鱼打猎的私人俱乐部，当时是美国相当高级豪华的会所。盖茨天性好赌，觉得石油行业就是一场豪赌，博蒙特的赌场对盖茨特别有吸引力。虽然盖茨认为石油股票没有什么好投机的，但纺锤顶的石油开发是一个千载难逢的好机会，很快就修建了到达亚瑟港的铁路。这可是一次带有赌博色彩的投资决定，最后证明这个决定是英明和及时的。

沃尔特·夏普是那位最早在纺锤顶山丘打井的承包商，他把跟格拉迪斯城公司的合同转让给了一位钻井商人，由于钻井设备的简陋和对那里的地质条件不了解，导致了那次打井失败。后来卢卡斯打出油，夏普知耻而后勇，不仅返回纺锤顶参与石油开发，还和霍华德·休斯（钻井革命的牙轮钻头发明者，美国休斯公司的创始人）一起进行多项钻井创新，为钻井工业做出了许多贡献。其实，早在卢卡斯井喷前，他就得知了纺锤顶出油的消息，因为哈米尔兄弟回达拉斯过圣诞时，夏普从朋友那里听说，哈米尔兄弟在卢卡斯井里见到了原油，知道这是希金斯所讲的真有油，就跑到纺锤顶那里收购土地区块。夏普本人相当有钱，很快也签下了在纺锤顶到酸湖一线几千英亩的土地区块，签约之后大病了一场。卢卡斯井喷油时，夏普不在博蒙特，两天之后才赶到那里。夏普有一个兄弟吉姆，也是一个钻井高手，兄弟俩经常研究钻井难题和解决办法。在卢卡斯井喷之后，兄弟俩也改用了旋转钻机在纺锤顶打井，打出了好几口高产油井。库里南对夏普的石油开发很关注，因为他清楚在全盘计划中，需要夏普的打井技术和原油生产。

阿诺德·施莱特是一个德国裔的金融能手，拉法姆斯皮革托拉斯的代言人。纺锤顶发现之前的几年，在欧洲进行了几场艰难的商业谈判，而声名鹊起。在纺锤顶石油浪潮的初期，他来到博蒙特等待投机商疯狂过后再出手，像大多数托拉斯商人一样。他是一个极端保守的人，几乎达到了悲观的程度。他知道纺锤顶油田的影响将会是世界性的，只要耐心准备好，一定会有机会的。施莱特一直住在博蒙特关注事态的变化，有紧急事态也只是离开一两天就返回博蒙特。他知道一旦时机出现是很短暂的，如果不去把握，就要等待更长的时间。他成为库里南全盘计划的第五名成员。库里南于卢卡斯井喷油之后的第二年1月份来到博蒙特，看见霍格·斯韦恩集资开发的区块产量过剩，造成了巨大的浪费，整个油田生产陷入极其混乱状态，油价暴跌跌至每桶3美分，他开始收购石油合同。他从罗奇手里购买了100万桶原油的期货合同，据说还有更多的原油期货供应，库里南宣布他的公司将修建输油管线，为所有的石油生产商提供运输服务。这样那些没有运输设施的生产者，也可以有原油销售的渠道，几百万桶原油合同有一年到三年的交货时间，对于一些油井就是全部的生产年限，因为纺锤顶油田的油井生产周期都不长。

库里南的计划就意味着要有大笔资金去修建储油罐、装卸运输设施和整条输油管线，但他手中没有这么多的资金。第一个运输协议从格拉迪斯城到萨宾溢口，每天靠火车运送2000桶原油，使用的是标准石油下属的潮水石油公司做运输。在萨宾溢口转换驳船运往路易斯安那的糖厂，主要原因是受到火车车皮的限制，只能租用11个火车车皮运油。为了充分利用运输工具，库里南善待铁路员工，付很高的工钱和提供好的伙食，希望能尽力多运原油。在这个时候，霍

265

格·斯韦恩私人集资开始遇到经营困难，他们经营的土地合约是要求支付一部分现金，剩余款项需要用石油出售支付。可是，没有石油市场使得他们出现资金周转困难，霍格和斯韦恩都觉得要采取一些行动，四处找人出主意解决这个困难，大家都建议他们向库里南请教，因为库里南曾经在科西嘉纳油田做出了不少成绩。于是，这位霍格决定请库里南帮忙解脱困境。霍格向库里南提议私人集资团伙可以按发行价，购买一半公司的股票25000美元，并且提供贷款给他们扩展经营，包括修建输油管线。此时，夏普兄弟成立了一家公司——生产者石油公司，也正向库里南推销100万桶的原油合同。

詹姆斯·罗奇在亚瑟港得知库里南的庞大计划之后，知道亚瑟港和萨宾的土地价格一定会涨。昆茨与盖茨之间的竞争就会把这块土地价格炒起来，但不会两块地都涨价，因为一旦选择了一块地之后，另一块地就不会作为工业开发的炼油厂。罗奇故意让昆茨和盖茨双方知道自己要为炼油厂征购土地，跟盖茨的主管经理商谈时，提示萨宾会有优惠条件，这样，这个主管会给更为优惠的条件来相互竞争。果然，这位主管不知道罗奇使用了手段，给了40英亩土地价格为每亩100美元、60天之后才付款的优惠条件。没有想到几个星期之后，加入库里南公司的盖茨，又用几倍的价钱把这块土地买回去。当观察到上述事件发生后，阿诺德·施莱特认为机会来了，决定投资库里南的新得克萨斯燃油公司，相信会得到拉法姆斯公司的批准，他们公司也非常信任他，就同意了这个投资计划。

这时又有新的资金进入库里南的公司，夏普的生产者石油公司成为这家新公司的原油供应商，这很好地解决了生产运营环节，又邀请了纽约的约翰·盖茨出任生产者石油公司的董事长。这样，库里南和盖茨开始了一段相当长时间的亲密合作，盖茨提出唯一的条件就是希望持有炼油和生产两家公司各一半的股权。对于这个条件，起初一些董事像霍格·斯韦恩集资财团和施莱特不想盖茨参股炼油厂，后来盖茨的朋友詹姆斯·霍普金斯——钻石火柴公司总裁决定也投资库里南公司，加上罗奇把修建炼油厂的土地卖回给了盖茨，盖茨和霍普金斯两人就拥有了生产和炼油两家公司一半的股权。当这些资金到位之后，就开始了修建12个大型储油罐和铺设六英寸从纺锤顶到炼油厂的输油管线。这时纺锤顶油田油井突然产量骤减，夏普的油井不怎么产油，其中还有两口井开始产水，采取了各种方法和安装不同的泵之后，还是没有见效，油价一下子上涨到每桶75美分。多亏有盖茨的资金投入和库里南的有效部署，生产者石油公司才渡过了一劫。4月初，盖茨又从纽约来博蒙特讨论公司重组成为得克萨斯公司。当会议结束之后返回纽约时，他预定的专列需要等候两个小时，于是，就决定到博蒙特的赌场去玩一把。由于时间有限，觉得最高赌注限额2500美元太低，要求提高最高金额限制，遭到了赌场值班经理的拒绝。两个小时的时间，盖茨输掉了2万美元。当离开赌场的时候，盖茨还特意去感谢这位值班经理，幸好没有提高最高金额限制，不然半个公司就会是赌场的了，由此，博蒙特流传了一个绰号——"下注一百万"。

1902年5月1日，得克萨斯公司正式宣布成立，注册资本为300万美元，包括所有的得克萨斯燃油公司资产。总部设在博蒙特，库里南被选举为公司总裁，阿诺德·施莱特当选为副总裁，主管在纽约的海运业务，库里南、盖茨、坎贝尔、霍格和斯韦恩当选为公司董事。不久，这新成立的公司就经受了一次考验。

之前得克萨斯燃油公司与一家叫独立石油公司签订的每桶3美分供油合同，被独立石油公司单方面终止了。得克萨斯公司提出法律诉讼，结果败诉。公司面临倒闭之时，夏普跟霍华德·休斯的月光石油公司出来解救了得克萨斯公司，夏普和休斯发明了在油井中注入空气提高石油开采量，为得克萨斯公司提供原油，弥补了给独立石油公司供油的空缺。

1902年，酸湖油田开始了大规模生产，得克萨斯公司雇用夏普到酸湖油田打井，结果打出不少高产油井。库里南跟石油采购商签订了每桶60美分的销售合同，当酸湖油田油价跌到每桶10美分时，库里南的石油合同为公司赚了一笔丰厚的回报。这时在得克萨斯州的石油竞争开始变得激烈，得克萨斯公司也在竞争中不断成长起来，每个加入库里南公司团队的人员都为公司做出了不同的贡献，大家都很尊重库里南的领导才干，从不去挑战他的领导地位。库里南为公司制定的方针政策一直都是十分实用和有效的，大多数的董事和创始人都与公司共渡难关，一起见证了得克萨斯公司的发展。只有英国人詹姆斯·罗奇套现了3万美元的股票，分了一些给美国朋友之后，就回英国去了。当时库里南劝罗奇保留八分之一公司股份，如果听了库里南的话，他会成为百万富翁。

很多年之后，盖茨、夏普、霍格、坎贝尔等公司创始人先后去世，库里南面临一个重大抉择，即把公司总部留在得克萨斯州还是迁往别处。新的公司股东董事在阿诺德·施莱特主导下，要把总部迁往纽约，库里南知道大势已去，就辞去了公司总裁职务离开了公司。但是，库里南创建的德士古石油公司却像一个新星从纺锤顶油田升起，登上了美国石油工业的舞台。

（三）马格诺利亚石油公司（1959年并入美孚石油公司）

作为石油行业的霸主，标准石油对纺锤顶油田的惊人发现不可能无动于衷。由于之前加尔文·佩恩到博蒙特亲自视察过，跟卢卡斯讨论过是否存在石油的可能性，佩恩的定论是不看好纺锤顶山丘。如今卢卡斯在这里不仅打出了石油，而且出产石油的日产超出任何人的想象。尽管面子上有点放不下，佩恩的专业追求和公司利益迫使他承认犯了错误，需要重新认识纺锤顶的地质特征。他跟老朋友库里南联系之后，库里南又邀请佩恩来博蒙特看看这里的油田，当佩恩再次从宾夕法尼亚来到了博蒙特时，心里始终有不少内疚感。库里南看出佩恩的心事之后，就开导说："带你来看纺锤顶的高产井，只是让你意识到专家也可能会有严重的误判，请不要过多自责，误判的专家有很多，不只你一个。"在1901年4月中旬的一个早上，佩恩带着一群标准石油高管，参观了格菲在亚瑟港的炼油厂、设计的输油管线线路、泵站和在纺锤顶山丘修建的储油设施。这次访问是石油生产者协会邀请标准石油来的，希望标准石油能够给油田开发提出一些好的建议，帮助解决一些输油管线遇到的问题。显然，这一举动是善意的，表示标准石油应该加入纺锤顶油田的开发。在晚宴上，佩恩代表标准石油发言，声称纺锤顶油田是世界上最伟大的油田，无论是个人还是公司都应该考虑如何收回开发的投入，指出原油产量过剩会导致严重的后果，呼吁加强打井数量的控制和多修建炼油厂。佩恩担心油田的开发会毫无计划地蔓延开来，使得原油生产出现失控状态。

由于标准石油没有在纺锤顶投入一分钱，只能在萨宾溢口路易斯安那州交界的一侧购买纺锤顶原油，因为得克萨斯州的法律对于反垄断有明文规定，不允许洛克菲勒在得克萨斯州经营。如果让得克萨斯州人民投票的话，佩恩认为现在的得克萨斯州人会同意标准石油参加这里的经营活动。

标准石油被得克萨斯州禁止经营是缘起于下属公司沃特尔斯公司早年在得克萨斯州搞销售垄断经营。当得克萨斯州唯一的油田科西嘉纳油田开发时，沃特尔斯公司是唯一的原油外运渠道。1899年，得克萨斯州颁布反垄断法，废除了沃特尔斯公司在科西嘉纳油田的经营，这才有得克萨斯州州长和市长等政坛要人邀请库里南到科西嘉纳油田来搞开发建设。得克萨斯州人不知道的是库里南背后的支持者也是标准石油公司，没有标准石油公司的经济技术援助，库里南也没法把科西嘉纳的石油工业搞好，这些都是不能让得克萨斯州人知道的内幕。当年格菲–加利公司从科西嘉纳油田撤离的时候，库里南要是没有佩恩的帮助，不可能接手格菲–加利公司留下的合同。无论怎么说，得克萨斯州石油工业的发展，也没有离开标准石油公司在幕后的支持。从道义上讲，得克萨斯州人是亏欠了标准石油公司对得克萨斯州石油工业援助的感谢，这些援助表现在经济技术方面和间接地帮助得克萨斯州培养了技术人员。科西嘉纳油田成为得克萨斯州人才培训的练习场，哈米尔、夏普等许多的旋转钻井应用的先行者都是通过在科西嘉纳油田学习到先进的钻井技术之后，才有可能征服纺锤顶的钻井难关，发现纺锤顶油田的。得克萨斯州的政府官员想要把石油资源创造的财富留在得克萨斯州，不想让这些财富被华人街和洛克菲勒的标准石油吸取，所以才不接受托拉斯的经营形式。纺锤顶油田巨大的生产潜力引起了对垄断经营的重新认识。

石油垄断有利也有弊。有利的是消除了经营的不稳定性，建立了有序的良性经营和可靠的生产计划。石油经营者在稳定的市场中，获得合理的投资利润，股东们也分到应得的投资回报。可是，洛克菲勒为了保持垄断地位，采用了一些恶意的市场竞争，称之为适者生存法则。通过控制铁路和管线运输的价格来打击竞争对手，使得许多独立的石油经营者纷纷倒在标准石油的旗下，他们的石油商品在市场上无法销售出去，当年梅隆的石油资产就是这样被迫出售给了标准石油。加利为了逃离标准石油的控制才远走到得克萨斯州、加利福尼亚州、肯萨斯等地进行勘探。市场的保护主义是对企业活力、先行尝试和推进革新的威胁，佩恩的误判就是因为不相信卢卡斯的新观点，保守心态使得他很难接受没有先例的新生事物。在标准石油的运作中，一切新的尝试几乎都是不允许的，所以，像库里南这样的人才是不可能在标准石油有所作为的。

当卢卡斯发现井喷发时，并没有对标准石油的高层产生很大的触动。之后，接二连三的井喷才引起他们的关注，接受了石油生产者协会邀请参观纺锤顶油田，目睹了油田的巨大潜力，给标准石油拉响了警钟。源源不断的石油从地下产出，大批的人员涌入博蒙特参与石油热潮，一种不安全感油然而生，标准石油决定必须想办法进入得克萨斯州的石油开发，否则用不了多久霸主地位就会被动摇。当佩恩说标准石油对得克萨斯州的石油开发不感兴趣时，其实有些人就表示了怀疑，新来纺锤顶创业的商家都被怀疑是标准石油的代理，比如加利、梅隆、盖茨等，直到后来证明不是。很多人都在注视着标准石油公司的动向，得克萨斯州不少政客都在找机会抓标准石油进入得克萨斯州的把柄，只要有证据在手就可以大做文章捞取政治资本，标准石油要进入得克萨斯州纺锤顶必须采用非常规手段。

1901年11月，博蒙特镇上来了一位南美很随和风趣的退役军人，说是参加过巴拿马运河的修建。不久，他就跟博蒙特的上流社会混得很熟。一个多月之后，他跟当地结识的朋友说，他看中了内奇思河边的一块地，花了8.9万美元买了89英亩的土地，同时成立一家公司，把公司股票私下卖给了几位好朋友。购买土地完成之后，又宣布在那块地上要修建一个世界上最大的炼油厂，准备投资500万美元。那个地点是理想的炼油厂厂址，这可是博蒙特有史以来最大的一笔投资。不像其他商家只是说一说没有行动，这个投资项目不久请来了纽约的炼油厂设计和施工团队，工地一下子就开始动工兴建起来。为了施工保密安全，在工地四周还竖起了八英尺高的板墙，雇用从墨西哥来的不会讲英文的劳工，让德国人和在宾夕法尼亚的荷兰人做领班管理工人，为配合炼油厂的运营，还修建了1000万桶的储油设施。当时，没有人想到这里发生的一切会跟标准石油有什么关系，只是觉得这个外来商人很了不起。

到了1903年，整个炼油厂工程建设完工之后，这个商人突然离开了。由一个银行家在得克萨斯州注册的新公司接手，这个突奇而来的消息，让人们开始怀疑标准石油是不是在幕后导演这场戏。因为以前洛克菲勒就常用这样的手法进入新的市场，突然出现在竞争对手面前出奇制胜。这家新公司的名字也非常蹊跷，叫做安全石油公司。炼油厂投产之后，炼制了大量纺锤顶油田生产的原油，持公司股票的少数当地居民获得了丰厚的回报，炼厂也雇用了许多油田剩余人员，保证了当地较高的就业率。人们也就忘记了这是否跟洛克菲勒有关，认为反垄断法可能太严厉了，已经把标准石油拒之得克萨斯州外。当人们得知这位银行家是标准石油的董事身份时，一切真相立刻浮出了水面，如梦初醒般地发现原来标准石油已经进入了得克萨斯州的石油工业。由于博蒙特当地人的利益卷入了炼油厂的经营，因此，没有发生激烈的反应。不过，不少人私下议论的声音还是传到了得克萨斯州政客的耳中，要求调查这家炼油厂的经营者背景。这时标准石油宣布，如果这家炼油厂被迫关闭，将会在路易斯安那的巴吞鲁日密西西比河边修建新的炼油厂。这一消息使得这家炼油厂周围的投资项目立即停止，得克萨斯州政府官员不得不介入与安全石油公司的谈判。1906年谈判终止，安全石油公司被判违反了得克萨斯州反垄断法，罚款50万美元，炼油厂被允许继续经营直到把罚金支付完毕。1907年罚金付清之后，得克萨斯州总检察长又指控炼油厂不能在得克萨斯州继续经营。经过一番法庭争斗之后，安全石油公司败诉，工厂资产被得克萨斯州政府没收。

炼油厂资产被没收之后，标准石油知道得克萨斯州政府不会自己经营这个炼油厂，一定会以某种形式转让出去，就派人联系了加尔维斯敦的约翰·西利。西利是得克萨斯州非常有影响的人物，1900年遭遇飓风的加尔维斯敦几乎成了一片废墟，在西利的领导下人们重建了家园，很快整个城市又恢复了往日的繁荣，施政业绩深得得克萨斯州人民认可，还在科西嘉纳油田和纺锤顶油田参与过一些石油投资，主张政府把炼油厂归还给私有企业经营。标准石油就跟西利秘密协议，如果炼油厂资产拍卖，愿意为西利提供资金援助来购买炼油厂。1909年12月9日，西利以87.5万美元的最高报价获得炼油厂资产，总共资产价值应该超过百万美元，而且，西利的报价只比标准石油的报价高很少一点。政府拍卖只是让标准石油损失了一点钱财。得到炼油厂资产之后，西利把它命名为约翰·西利石油炼油厂，由标准石油人员帮助经营。到了1911年，以西利的名义组建的股份协会，成立了马格诺利亚石油公司，西利留任总裁14年，之后又做了几年的董事长，直到去世。马格诺利亚公司成为一家大型炼油公司，美国西南部主要的石油生产商之一，其炼油资产成为博蒙特的工业地标，1926年，纽约标准石油通过股票交换，获得了马格诺利亚公司的股权，1959年正式并入美孚石油公司。

（四）亨布尔石油公司（后来成为埃克森石油公司的一部分）

在新奥尔良有一家为南方太平洋铁路供煤和焦炭的分销商。由于纺锤顶油田廉价的石油，让不少铁路内燃机从烧煤改为烧石油，这家分销商的生意越来越难做下去了。这家老板就派年轻的儿子李·布莱弗来博蒙特购买石油，准备继续为铁路火车供应燃料。当李·布莱弗来到博蒙特，发现已经有许多的石油采购商云集，为制冰厂、电厂、商场、糖厂和其他工业用油来博蒙特购买石油。当时有大量的石油出售，很快李·布莱弗就找到了卖家——联合铁路公司，这家公司也提供原油的车皮运输。李·布莱弗被博蒙特各式各样的机会所吸引，留了下来一边寻找机会，一边继续采购石油。一个偶然的机会，他结识了从密西西比纳奇兹来的年轻律师威廉·法里什。两人年纪相仿，又都是从外州过来，二人就成为好朋友。法里什是冲着石油而来的，李·布莱弗虽然不懂石油生意，但看见这么多的人从事石油经营，就想跟法里什结成伙伴关系，一起在博蒙特发展。两位年轻人居住在博蒙特镇上，每天都遇见许多石油生意人，慢慢地认识了不少有名的石油人，比如埃德·普拉特、哈里·维斯等。通过这些石油人的介绍，两人也开始学着做土地区块买卖的交易，帮人介绍钻井的活或找打井承包商，对油井生产从好奇发展成钻研其中的奥秘。

　　经过一段时间的精心学习经营，他们的公司在博蒙特做出了名气，开始对一些经营不善的公司进行资产收购，经营范围也扩大到路易斯安那和得克萨斯的墨西哥湾沿岸。在两人事业发展顺利的时候，有一个当地的连锁店商人罗斯·斯特林，家族的连锁店经营也发展得很好，开始在商店里从事汽油销售，还做起了银行生意。这时的石油工业在得克萨斯州是一个新兴工业，吸引了不少投资商人的兴趣，斯特林也觉得是一个机会。当时有不少石油区块正在出售，他就决定也来尝试一下石油经营，在1911年成立了亨布尔石油公司，是以得克萨斯州南部休斯敦北面一个小镇名字命名，因为在亨布尔小镇附近发现了一个小油田。亨布尔石油公司注册资本为15万美元，5年之后增加为30万美元，公司成立时没有在纺锤顶油田有任何经营。公司的生产规模很小，无法满足大的原油供应订单，法里什看见这个情况，就去东部游说大西洋石油和炼油公司，以及其他一些大公司来参股亨布尔石油公司。但是，遭到了这些公司的谢绝，因为这些大炼厂要找的合作伙伴都是要有保证的石油供应。回到博蒙特之后，法里什组建了独立石油生产商协会来共同保证石油供给。这个举措取得了一定的效果，不过美国东部的炼油厂还是喜欢跟一家大公司打交道，不愿意跟生产商协会签订合约。

　　1917年3月1日，经过独立石油生产商协会的会员讨论，决定成立亨布尔石油和炼油公司，包括李·布莱弗和法里什的伙伴公司，由李·布莱弗、法里什、普拉特等多人控股的舒尔茨石油公司，由李·布莱弗、法里什等多人控股的环球石油和炼油公司。这是第一家为服务站提供石油产品的公司，还有方德伦钻井公司、维斯的土地资产、阿德莫尔石油公司、几乎全部的独立石油生产商协会会员。新公司的注册金额为400万美元，在得克萨斯州政府登记注册时，州务卿见到这是一个集生产、运输、炼制、采购和市场销售为一体，跨越整个石油产业链经营的公司，先是拒绝发放营业执照。没有想到，在3个多月的时间里，这个集团的资产价值猛增，凸显了联合经营的优越性，得克萨斯州立法院改变了原先的规定，允许了一体化石油公司的存在。1917年6月21日，该公司获得了经营许可。在第一次世界大战期间，法里什在美国战争石油委员会工作，直接跟当时也在委员会工作后来成为新泽西标准石油主席贝德福德一起共事，两人成为好朋友。战争结束之后，亨布尔公司决定修建大型炼油厂和输油管线网，董事会意识到这是发展成为一家大公司的必要做法。投资银行对此很感兴趣，但李·布莱弗和其他董事不愿意让投资银行参与，地方银行的兴趣大于他们的财力。这时法里什跟新泽西标准石油的朋友联系，两人对这个投资和亨布尔石油公司的资产进行了评估之后，新泽西标准石油同意出资1700万美元购买亨布尔石油公司一半的股权，这不仅给股东带来了原始投资的增值，而且给公司扩展提供了急需的资金。

在拥有充裕的资金之后，为了加强市场销售又收购了两家公司。一家是休斯敦的邦纳石油公司，另一家是圣安东尼奥的迪克西石油公司，极大加强了公司的市场经营。当时迪克西的老板选择了现金，而不要公司股票。几年之后，公司股票翻了几倍之多。1921年，法里什接替了斯特林成为公司总裁，斯特林开始了从政生涯，担任了两年（1931年—1933年）的得克萨斯州州长，正好赶上了东得克萨斯油田的石油热潮，下令出动军队进入油田制止野蛮开采，避免了一次得克萨斯州石油工业的浩劫。1922年，亨布尔石油和炼油公司的股值上升到了4300万美元。在法里什的管理团队带领下，1926年公司的市值就到达了7500万美元。1932年法里什离开了亨布尔，出任新泽西标准石油即后来的埃克森公司总裁，老朋友李·布莱弗接替亨布尔公司总裁一职。两年之后，又再度把公司资产增加到了1.75亿美元。1936年，李·布莱弗交棒给了当年在博蒙特认识的小伙伴哈里·维斯。在维斯的管理团队经营之下，1946年亨布尔公司的股值增加到了3亿美元。1959年，埃克森公司又收购了另一半亨布尔公司的股份。从此，亨布尔石油公司并入了埃克森石油公司，成为美国最大石油公司的一部分。

当一个人一无所有又想要拥有财富时候，这时的人是最具有敢于冒险、探索、发明、创新、实践和拼搏精神的。正是这种精神支撑着不少的石油商人，在纺锤顶油田的开发中逐渐发展壮大，成为后来得克萨斯州石油工业的主力军。当一个人拥有一定的成绩之后，他就会变得保守和渐渐丧失了冒险和探索精神，这在美国石油勘探中体现得十分明显。得克萨斯州的许多油田都是由独立勘探经营者所发现的，这些独立勘探者使用的设备和科技水平远远落后于大的石油公司。但是，他们敢于冒风险，思想上不受条条框框的约束，充分发挥了人的能动性去创新发明，弥补了设备和科技知识的不足，屡屡在美国的石油勘探中走在大公司的前面。继纺锤顶油田之后，得克萨斯州又发现一特大油田——东得克萨斯油田。这个油田也是由独立石油勘探者发现的，而且这个油田就是在大石油公司眼皮底下发现的。

第三节　东得克萨斯油田的发现

曾经有一位英国外交官，在战争结束之后，这么说过："盟军是乘着石油的浪潮漂流到胜利的彼岸。"在第二次世界大战中，如果真的有这么一股浪潮，那么，它的源头就是在东得克萨斯油田。1939年，得克萨斯州铁路委员会委员汤普森就向美国总统建议，铺设从得克萨斯州到美国东部1400英里的输油管线。罗斯福总统下不了这个决心。没有想到战争发展得如此迅猛，欧洲战场上法国沦陷，英国的抵抗急需美国的支援。美国在东部有许多炼油厂，但是缺少原油供应。当时美国主要的石油生产是在得克萨斯州和俄克拉荷马州，在没有输油管线的情况下，原油只能从墨西哥湾海上运输到美国的东海岸。但运油船常常受到德国潜艇的攻击，损失十分惨重。在内政部长和多位美国战略家的倡议下，1940年7月罗斯福总统下令修建24英寸直径的大输油管线，从东得克萨斯油田到东部的纽约和费城炼油中心，用了两年多年的时间，这条管线就建成使用。为了战争的需要，通过输油管线，每天供应那里的炼油厂30万桶原油，源源不断地把盟军急需的油料从美国东部港口运往欧洲战场，支援盟军在欧洲的反法西斯作战。两年之后，又修建一条20英寸直径的成品油管线，从得克萨斯州的博蒙特经过阿肯色的小石头城，再到美国东部口岸，把得克萨斯油田的原油在墨西哥湾炼油厂炼制后，再运往美国东部沿海口岸，转运到欧洲。到了1945年7月盟军取得欧洲战场的全面胜利，大约3.16亿桶原油和成品油经过这两条管线运到美国东部，极大地支援了欧洲战场的盟军。从1942年至1945年整个第二次世界大战期间，东得克萨斯油田一共生产了5.2亿多桶原油，成为美国石油工业的中流砥柱，也为早日结束第二次世界大战做出了巨大的贡献。然而，这个油田的发现却有着耐人寻味的故事。

一、穷途末路，绝处逢生

20世纪20年代早期，一位在俄克拉荷马经营过石油的商人，在几乎身无分文的情况下，来到了得克萨斯州东部。当时在那里居住的农民主要是靠原始的农业和牧业为生，可是，石油对当地人并不陌生，因为在那里往南一两百英里的地方，已经发现了纺锤顶大油田，很多人通过经营石油发家致富。发现油田的梦想始终在一些当地人心中燃烧，虽然已经有几家石油公司在那里打过几口干井，地质学家都不看好这里具备形成油田的地质条件。此人似乎根本不受这些结论的影响，来到这里到处跟人宣传不同的看法，认为这里地下就是一个石油的海洋，要来这里找油证明给世人看，让当地民众相信。他津津乐道的石油梦想，其根本原因是手中仅有的资产是320英亩这个地区的土地契约。这是他在俄克拉荷马城从一个投机商手中买的，原打算再转手卖个高价来赚取利润差价，没有想到在得克萨斯州东部的鲁斯克县视察这个契约土地时，发现这张契约根本不值钱，因为没有人相信那里地下会有石油。他只好改变主意来做土地经纪，买卖土地契约来勘探石油，把这个地区作为油气勘探的经营目标。到1926年，当买卖土地契约慢慢积累到4000英亩时，他想通过出售部分廉价收购来的土地筹集打井资金。只要一打出油，他手中土地的价格就会暴涨，那时套现的利润会成千倍增长。这种探油人英文叫"wildcatter"，一种典型石油商人的经营之道。很多抱有石油梦想的人，都是通过这条艰难又极具风险，但有极高回报之路，攀登上事业成功的顶峰。这位石油勘探者在历史的巧合之下，与这个巨大油田的发现联系在了一起，写入了美国石油工业的史册，他的名字叫哥伦布·马里恩·乔伊纳。由于他待人和气有长者风范，深得中老年妇女的喜爱，因此，被当地人称之为"老爹"。在美国很多文献记载中，又用"老爹·乔伊纳"来称呼他。那口油田发现井的地方，被命名为乔伊纳维尔，纪念这个超大油田的发现人乔伊纳。

1860年3月12日，乔伊纳出生在阿拉巴马州的一个农场，他从没见过父亲，因为父亲加入了南方军，1864年死于美国的南北战争。他8岁的时候，母亲也去世了。年长的姐姐把他带大，家境比较贫寒，12岁就做棉花生产的农活，只上过7周的学校，但在家里姐姐教他读书认字。那时他们家里只有一本书《圣经》，他每天抄写和背诵创世纪，乡村里的人见他聪明好学，就把看完的书籍给他。从那时起，乔伊纳就开始对这个世界产生了好奇和梦想。

17岁时，他再也不愿在农场待了，离家出走云游四方，主要是在美国的南部几个州，最远也来到过得克萨斯州。21岁时他又回到了阿拉巴马，跟当地的一个女孩结婚后，搬到田纳西州开了一家干货店，跟老婆一起经营。这时店铺楼上是一家律师事务所，于是，乔伊纳就跟那里的律师学习法律，最终没能成为一名成功的律师。但是，在1889年他29岁时，当选了田纳西州的众议院议员，干了两年之后又回去经商。1897年，他举家搬迁到俄克拉荷马的阿德莫尔投靠姐姐，因为姐姐嫁给了一位印第安族长。印第安人见乔伊纳勤奋好学又有经商经验，雇他管理部落出租给白人的土地。到了1906年，他名下积累了12000英亩农地和近20万美元的资产，算是捞到了人生第一桶金。一年之后，由于一场危机他的资产又归于零，又得四处买卖土地契约来维持生计。这时俄克拉荷马州进入了石油热的时代，土地契约是石油商人的立足之本，乔伊纳慢慢把土地买卖集中在石油区块交易上。

正是这个时候，乔伊纳遇见了一个人，改变了他后半生的命运。此人自称名字叫劳埃德，其真实姓名应该是约瑟夫·艾德伯特·达勒姆，为了躲避那些他沾惹过的女人的骚扰，把名字改为劳埃德。他年轻时在俄亥俄的辛辛那提学习过医药，在一家药店里打工，后来，觉得当药剂师和护理师没有什么意思，就跑到爱达荷金矿帮州政府做矿产化验。他开始对学习地质产生了兴趣，通过工作和自学

277

美国矿产局手册成为一名矿山工程师。他曾到加拿大和墨西哥去找过金矿，也到处卖过石油制成药品专利，总之，学了一些地质和推销手段。

乔伊纳遇见劳埃德时，手中有在俄克拉荷马州塞米诺县几英亩的土地契约，叫劳埃德研究那里的地质条件，写一份关于石油勘探前景的报告。劳埃德研究之后，认为那里非常有石油前景，乔伊纳就告诉别人地质师劳埃德博士是这样认为的，以此为由找人投资打井。井打到3150英尺时，把所有的钱花光了，没有钱往下打了只好被迫放弃。他放弃之后，帝国石油公司在放弃井附近多钻了200英尺，结果发现了塞米诺大油田。同样，在俄克拉荷马州的水门汀，也是用劳埃德的地质研究成果打井，见到了油气显示但没有商业油流。几个月之后，福图纳石油公司在那里发现了水门汀油田。这些失败并没有挫伤乔伊纳的热情，反而更加坚定了找油信心，他用这两个油田的发现来告诉投资人出钱去打井勘探。一般的石油契约是有几年的时间期限的，每年还要支付地主少量的租金，有时找油人要靠出售部分契约土地来换取收入打井或支付开销费用。如果出油，一般土地所有人抽取八分之一的出产石油，打井经营者获得剩余的八分之七的产量。乔伊纳在俄克拉荷马几个地区的石油区块都没有像样的发现，大多数时候他都是靠买卖区块来维持，总是把希望寄托在下一个区块的钻探，这个地方就是得克萨斯州的鲁斯克地区。

从1921年至1925年期间，乔伊纳经常往返于阿德莫尔家和鲁斯克两地，之后就干脆搬到了达拉斯，离鲁斯克地区较近，又有许多得克萨斯州经营石油商人聚集那里。在达拉斯市中心，他租了只有一张凳子和一张桌子的办公室，交完租金口袋只剩不到20美元。这时的乔伊纳已经是65岁的老人，由于早年的风寒变得有些驼背，走起路来总是像在地下寻找丢失的物品的样子。在这个陌生的城市，唯一赚钱的机会就是去出售手中部分鲁斯克区块契约的土地，而购买这些土地的潜在买家，既不是石油商人也不是职业投机商，而是那些从报纸上讣告栏中看到的老公去世的寡妇们。等她们哀伤平息之后，乔伊纳就会打电话要求跟她们见面洽谈。尽管上了年纪有些驼背，但老人身心相当健全，一直还很注重学习，常常把诗句或《圣经》中的话语挂在嘴边。有时他显得有些内向，但是，那些寡妇们都能感觉到乔伊纳积极主动的一面，有时会开门请他进屋喝点咖啡，或者在土地契约成交之后，留他坐段时间，乔伊纳也经常写点诗词给她们作为回报。基本上他都把卖区块契约的钱寄回阿德莫尔家。1926年秋天，他身上带着45美元来到鲁斯克，打算把契约区块的面积扩充到5000英亩。

在鲁克斯北部靠近格雷格县的地方活动，乔伊纳遇见了两个人。一位是基尔戈尔的商人，名叫马尔科姆·克里姆，另一位是正在惨淡经营的地产商巴尼·斯基珀。基尔戈尔是格雷格县南边的一个小镇，社区人口只有700人。克里姆在这里经营一家小商店，他的家在南边的鲁克斯县一侧的农场里，他总是希望有人到他的农场去打井找油，因为算命的讲过那里有油。住在格雷格朗维尤的斯基珀，因为小的时候听父亲说过，也相信自己的庄园地下有石油。两个人的看法都没有让人信服的科学根据，没有哪家石油公司准备到那里去打井，他们都只能每天在做石油的白日梦。克里姆在当地颇受人尊敬，做人做事都比较厚道，经常赊账给一些贫困农民买食物或衣服，周围的顾客都觉得他为人很友善。克里姆所拥有的土地是曾祖父留下来的。1844年，曾祖父用9000美元购买了1.8万英亩的土地，死后把这土地分给了几个子女。儿子继承土地之后，成为木材老板，第一个开发得克萨斯州东部的松林。临死的时候，又把财产分给了后代，其中一个女儿嫁给了克里姆的父亲，生了四个儿子一个女儿。克里姆是老大，继承了父亲开的小商店，娶了一位得克萨斯州西部的姑娘。

有一次，他在回访娘家的路上偶遇一位算命的女巫师，女巫师说他会拥有一个农场。农场的北面和西面都是以河溪为界，一条铁路从农场中间经过，在山丘上有一个大房子，某一天会发现地下蕴藏有石油，与其农场相邻的农场地下也有石油。如果可能的话，应该把旁边的土地也买下来。克里姆知道鲁克斯和格雷格两县已经被勘探过，打过井没有发现有石油的迹象。1915年，一家大石油公司就在基尔戈尔镇附近打过一口干井。克里姆是一位务实的商人，这些真实的石油勘探要比女巫师算命更令人信服一些，不过，女巫师所描述农场的情况，讲出了相邻农场主人的名字第一个字母，又让克里姆觉得有点将信将疑。不管怎样，这件事情让克里姆种下了一颗石油梦想的种子。在1921年的夏天，他果然把农场周围两万英亩的土地契约弄到手，开始向各家石油公司推销，只要来这里打井就可以随便挑选地方。几年下来，一直没有找油公司问津，他只好放弃了那些土地契约，不过，还是不死心，又收集了8000英亩的土地租约，把条件也放宽了，只要有人到这里打井，其他费用免收。就这样，还是没有人愿意来这里尝试，只好又归还了土地契约。但是，他仍然没有放弃打井找油的念头，只是改变了策略，先把小商店经营好，等待时机成熟再做新的尝试。

在乔伊纳来到这里的7年前，克里姆遇见了斯基珀。当时，斯基珀在找油公司去朗维尤打井。斯基珀是一个很会销售的地产商，但所推销的石油土地契约没有市场，没有做成什么生意。不过，他父亲所讲地下有石油的话，一直在他脑海中回荡。跟乔伊纳的经历有点像，他年轻的时候出过远门，到过美国南边许多地方，在商店里打过工。由于想家才回到得克萨斯州达拉斯，在一家服装店做销售主管，小日子过得不错，有一份好的工作和一个幸福的家庭。可是，他父亲期望找油的托付一直是他的一块心病。1911年8月的一个早晨，他决定辞去服装店销售经理的工作。当时，老板感到十分意外，试图用加薪来挽留，但是，他去意已决并告诉老板说："如果我能为你做销售，我也可以为自己做销售。"于是，他带着老婆、孩子和308美元回到了朗维尤镇，花了300美元买了一个小房子，剩下的8美元用作伙食费，就开始了创业生涯。他挨家挨户地寻找农场主出售土地，用记账的方式购买农地，然后以现金出售。开始时他都是靠双脚在朗维尤地区做生意，1914年第一次世界大战爆发，农产品的价格上涨了许多，土地生意也带来一定的利润，他赚钱之后买了一辆汽车来代步。在做土地交易的时候，他还一直告诉客户地下有石油，当人们问石油在哪里时，他总是乐观地回答："要有耐心，一定会找到的。"第一次世界大战结束之后，美国经济又进入了一个衰退期，为了生活他又增加了卖保险的生意。1924年，有一个探油人在朗维尤东面3英里处打了一口干井，这件事对斯基珀打击很大，他只能向周围的人解释，石油是在朗维尤镇的西北方向。所有人听了都觉得他是在说瞎话，但斯基珀还是像以前一样，相信有那么一天，石油会从地下流出来。

乔伊纳经常来鲁克斯寻找土地契约买卖，几乎每次来奥弗顿镇都到一家杂货店停留，买10美分的奶酪就着一些免费饼干充饥。一回生二回熟，他认识了这个商店的老板沃尔特·塔克，塔克很敬佩乔伊纳的努力，也同情他的处境。每次乔伊纳来到店里买东西，他都特别关照乔伊纳并热情接待他，因为他知道如果在这个地区发现石油，这里的经济将会发生天翻地覆的变化，他的生意也会做得更好。他见到南面不远的墨西哥湾沿岸发现石油以后，很多人都发了不少横财，所以他也希望有一天攒够了钱就去打井探油。

这次乔伊纳搭乘货运火车从达拉斯来到奥弗顿，风尘仆仆地来到塔克的杂货店时，塔克准备好奶酪之后，走到乔伊纳面前坐下。他询问乔伊纳近来的情况怎样，乔伊纳的回答总是很好。几年来乔伊纳总是非常乐观。塔克邀请乔伊纳去家里吃晚饭，在他用来准备当作钻井作业办公室的储藏房过夜。塔克和小舅子合开的这家杂货店生意不是很好，很多来买货的农户没有钱，销售有时是靠赊账，否则就没有生意，这也是为什么塔克一直想帮助乔伊纳的真正原因。塔克基本上认识镇上所有的人，也帮乔伊纳介绍了不少的农户认识。他真心希望乔伊纳能尽快地来这里打井，发现石油。塔克所拥有的资产基本上是住的房子和杂货店的股份，他自己没有土地。老婆莱奥塔在基尔戈尔镇旁边继承了306英亩的农场，每年收取一点点租金。他们一直想把这块土地卖掉，可是一直找不到合适的买家。乔伊纳了解到在这个地区有不少的土地出售，就不断地扩充签约土地的面积，积极地为打井做准备。

1927年年初，在塔克的资助下，乔伊纳来到得克萨斯州沃斯堡黑石酒店寻找石油投资商人，因为在酒店大堂经常聚集一些得克萨斯州中西部做油田开发生意的人。这些人或许会有兴趣到得克萨斯州东部的鲁斯克进行石油勘探，乔伊纳没有想到的是从几位石油商人那里，打听到了在俄克拉荷马相识的老朋友劳埃德。对于乔伊纳来说，这可是一个非常难得的好消息。如今他非常需要跟劳埃德合作，尽管当年在俄克拉荷马没有找到像样的发现，但所打的几口井都跟油田发现擦肩而过。现在在得克萨斯州东部鲁斯克，或许会是一个转折点。劳埃德跟乔伊纳在俄克拉荷马分手之后，去了墨西哥闯荡，跟墨西哥政界和商界的人打交道，成立了用他名字命名的油气公司。但经营得不是很成功，也没有在那里的石油行业混出名堂，他经常回到沃斯堡来找这里的石油投资商人。一位认识劳埃德的商人告诉乔伊纳，劳埃德这几天就会回到沃斯堡，所以，乔伊纳每天都来酒店大堂等劳埃德的出现。一天，乔伊纳在酒店的沙发睡着了，在半醒半睡之中，听到了劳埃德深沉响亮的说话声，立刻醒了过来。他见到了高大肥胖的劳埃德，在大堂中央跟人解释什么，马上走过去打招呼。劳埃德也觉得意外会在这里遇见乔伊纳，两个人就找了一个地方坐下商讨起来。尽管这些年来没有少折腾，此时的劳埃德还是没有赚到什么钱，除了一辆车外就没有什么值钱的了。商量完之后，劳埃德没有什么事情可做，决定跟乔伊纳来奥弗顿实地看看。两人开车来到塔克家。乔伊纳跟人介绍都说，这是劳埃德博士，一位了不起的地质学家。当地人从来没问劳埃德在哪里拿的学位，就开始管劳埃德叫博士，当然，劳埃德也不会向人解释什么。

乔伊纳带劳埃德来鲁斯克的目的是希望他能对这个地方进行一番地质调查，写一份石油地质报告，用于向社会集资的文件。了解乔伊纳的意图之后，劳埃德开始了地质调查工作。开着车四处查勘和绘制地图，累了就睡在车里。不少当地农民觉得很好奇，围观或者提供一些帮助。劳埃德经常跟当地人讲风流韵事，在墨西哥与匪徒格斗的英雄事迹，时不时拿出一些照片或指着头顶的伤疤向人证明。围观的人多是男性，他们对劳埃德的故事非常感兴趣，从心眼里羡慕他。劳埃德讲到地质学的东西，会一本正经有理有据地向人们解释，让人感觉他知识渊博又懂得学以致用。

5月初，野外勘察和资料准备都按计划完成了，石油勘探的地质报告只是一个时间问题了。劳埃德把工作的进程告诉了乔伊纳，这就意味着是时候准备选择地方打井了。乔伊纳觉得在打井之前，还是再去看望寡妇黛西·布拉德福德一次，因为黛西是乔伊纳土地区块中央975英亩土地的主人。这块地的合约是在1925年8月11日签订的，每亩50美分的租金，乔伊纳一直还没有支付。乔伊纳准备通过这次拜访，能给黛西·布拉德福德一个解释，缓解和避免一切不必要的矛盾。

黛西·布拉德福德农场的土地，最早由一个墨西哥军人拥有。在19世纪30年代，得克萨斯州还是墨西哥的一部分。在得克萨斯州没有从墨西哥独立之前，有大批的美国欧洲移民渗透到得克萨斯州东部和周边地区，但墨西哥政府并没有准备放弃在得克萨斯州所拥有的财富。他们紧缩到得克萨斯州南部和圣安东尼奥一带，要求这位墨西哥将军驻扎得克萨斯州东部管理土地。1835年，这位墨西哥军人来到这里，成为这块土地的主人。不久，他担心如果这里的欧洲移民起来反抗，在圣安东尼奥的墨西哥驻军守不住这片得克萨斯州东部土地。于是在当年8月31日，他以50美元价格卖给了欧洲移民，交完税和成交费用之后，仅获利4.40美元。

很快就爆发了得克萨斯州独立战争，得克萨斯州的欧洲移民获得了战争的胜利，成为独立的共和国。购买墨西哥军人土地的欧洲移民，就把这其中的975英亩的土地以近1000美元的价钱又卖给了一位将军。战争结束后，这位将军在这块土地上栖息繁衍，儿子后来成为医生，修建了一个大房子，生了三个小孩。大女儿就是黛西，黛西的两个弟弟分别叫克拉伦斯和肯尼斯。她继承了父亲的这个农场庄园，结婚刚满三年，丈夫就在1904年1月9日去世了，没有留下任何子女。丈夫走后，整个大庄园就留下黛西一人。她不喜欢一个人孤独地待在农场庄园，大多数时间都去亨德森城里，跟开旅店的弟弟肯尼斯一起过。黛西的另一个弟弟克拉伦斯喜欢当乡村卖货郎，在得克萨斯州东部一带走乡串户。两个弟弟对这个姐姐都挺好，黛西也愿意去帮弟弟做一些事。

1925年那年，54岁的黛西依然精力旺盛，她遇见了乔伊纳。当乔伊纳见到黛西一个人拥有这么大的农场庄园，知道她会对更多的财富感兴趣。乔伊纳就开始给黛西描绘一个美好的石油前景，从诗歌故事讲到上帝圣经，把过往的经历成功的一面展现给黛西，让人觉得乔伊纳是一个坚持不懈的石油商人。两人交谈得很愉快，由于从来没有什么人向黛西购买土地契约，她觉得乔伊纳算是一个好人，至少是一个跟自己谈得来的人。于是，她就同意把土地租给乔伊纳打井，矿产税也比一般的八分之一还少四分之一。

如今到了1927年5月，黛西还是觉得乔伊纳挺风趣，但对拖欠土地租金之事有点不是很高兴。由于没有其他人租用她的土地打井，就接受了乔伊纳的赔礼道歉，同意继续那份土地合约。

二、旁门左道，不择手段

早期的石油勘探都是在有石油露头或水井中有原油漂浮的地方打井。石油地质学是一门相对比较新的学科，石油地球物理勘探更是在石油地质学之后产生的。在20世纪20年代，石油人在得克萨斯州东部的鲁斯克和格雷格勘探时，石油地质理论只是解释油气生成之后，从生油岩运移到储集层中，在有构造的地方圈闭起来形成油藏。虽然不是所有的构造圈闭都会形成油藏，但是，圈闭构造是当时石油公司打井找油的基本依据。如果没有圈闭构造的地方，没有石油公司会去那儿打井。在石油地质理论中，常见的圈闭构造类型有背斜、断层、盐丘和鼻状凸起等几种。背斜就是地层发生弯曲向四周倾斜，这样就形成了一个圈闭。断层就是地层断裂发生错位，具有孔隙的储层与不渗透的盖层相连形成圈闭。盐丘则是由底部的盐层在上覆地层压力和埋藏温度的作用下，遇到地层的薄弱或断裂处就会向上挤压涌起，把地层拱起断裂和上翘形成圈闭。在得克萨斯州和路易斯安那墨西哥湾沿岸，有许多的盐丘，这些盐丘的周围形成的圈闭发现了许多的油气藏和油田。鼻状凸起是单向地层倾斜面上局部出现的凸起，形状就像人的鼻子那样，形成一个构造的圈闭。这些已知的圈闭构造在得克萨斯州东部鲁斯克和格雷格地区都不存在，而且，地质师和地球物理学家在这个地区进行过详细的调查和研究，证实没有发现任何圈闭构造。只有少数地质学家持不能完全否定形成油藏观点，因为一些其他地质现象值得进一步研究，其中一个就是在路易斯安那一侧地表称为萨宾的隆起。这个隆起构造非常庞大，大约有80英里长，65英里宽，延伸到得克萨斯州东部呈东南走向，在格雷格东面和鲁斯克的中部地层发生了倾斜。

　　一般探油人都是把井位定在构造的顶部或者靠近顶部的附近，这样如果一个构造有油的话，这口井就最有可能打出油来，这是基本的勘探原则。如果第一口探井见油，就会在构造的翼部打井，确定构造的含油面积，翼部见油的可能性要低于构造的顶部位置。尽管萨宾隆起属于一种特大的背斜构造，但在此之前，鲁克斯地区打过一些探井，没有发现任何油气显示。根据石油地质理论，在没有构造的地方再继续打井，显然是一种勘探资源的浪费。石油勘探是有代价的，地质师的好奇和不能解释的地质探索，大多数时候都得不到石油公司实际性的支持。对于乔伊纳和劳埃德的情况就不一样了。1927年，劳埃德在做得克萨斯州东部石油勘探前景研究，和乔伊纳完成土地契约之前，亨布尔石油公司在安德森和切罗基两县交界处发现了凯里湖油田。这个油田在乔伊纳的区块西南方向50英里左右，石油是在伍德拜恩①砂层中发现的，油田是一个盐丘翼部的油藏圈闭构造。早在20多年前，就发现伍德拜恩砂层有很好的储集性。这个地层在得克萨斯州的中北部是发育很好的储油层，在那里发现不少油田，是得克萨斯州找油的主要勘探目的层。

　　由于亨布尔公司发现了凯里湖油田，这一发现让亨布尔公司重新考虑鲁斯克和格雷格地区的地质评价。他们调集了地质师和地球物理师进行石油调查，地质师巴罗后来当了亨布尔公司总裁，负责鲁斯克的地质调查，另一位地质师文德兰特，负责格雷格调查小组。凯里湖油田是地下盐丘形成的构造圈闭，这两个地区的地质调查主要是针对寻找地下盐丘构造，结果没有发现任何的盐丘构造，因此，就没有改变之前的看法。在亨布尔公司的地质调查快要结束的时候，以劳埃德编写的地质报告为基础，乔伊纳汇编了一本集资书。他开始邮寄出了几百份集资书，标题是《得克萨斯州鲁斯克地区的地质、地貌和岩石地层调查》，由地质

---

①在达拉斯一带盛产地下水，达拉斯北面地表露头处的社区叫伍德拜恩，因此而得名。

师及石油工程师劳埃德为乔伊纳独家编写报告。其中还包括一些地图和劳埃德写给乔伊纳的评定意见，以及乔伊纳写给投资人的推荐信，并且，在信中高度肯定了劳埃德的地质学水平。

劳埃德的地图上清楚地标注了一个盐丘和四个背斜构造，其中一个取名为乔伊纳，另一个叫劳埃德，还画了一条断层从黛西·布拉德福德农场穿过。地质报告部分说明了他们已经在这个地区进行了彻底的地质调查，如果不了解这个地区的地质师，就会被这份地质报告所打动。文中语言和专业术语都应用得相当准确，描述的背斜、断层和盐丘都挺像一个地质权威，还专门讨论了两个投资商熟悉的地层发育情况，详细解释了凯里湖油田的发现与这个地区早期打干井地层对比的关系。同时，还描述大石油公司和一些大的独立勘探者，已经在这个地区签订了许多土地租约，花了许多大价钱购买了跟乔伊纳同样的区块。地震测量队也在乔伊纳的区块进行了勘测，油田的油气储层在乔伊纳井的周边很发育，这里的油气聚集潜力将非比寻常。劳埃德的地质报告看似一份很好的地质论述，但其所有论据和下的结论都是错误、荒谬的无稽之谈。那个地区根本就没有背斜构造，没有断层和盐丘，也没有投资商熟悉的发育地层，更不用说油田发现与干井的地层对比。而且，完全是在编造大石油公司拥有那个地区的区块契约，也没有一家公司在那个地区做地震工作，根本不存在地震剖面上有地质构造成像。油田和高产油井全都是想象出来的，事实上，在当时乔伊纳的区块上一口井都没有。当然，乔伊纳的集资书不是寄给地质师和石油投资商。这么多年下来，乔伊纳已经收集了许多想在石油行业发财人士的名单，这些人会因为赚大钱而愿意冒一些风险。他们不从事石油勘探开发，也不懂得克萨斯州东部的地质情况，只是想碰运气。因此，劳埃德的地质报告会对这些外行人有一定的蒙骗作用。

在劳埃德的报告中，他还断言乔伊纳将会发现世界上一个特大油田。预言伍德拜恩高产油层会在地下3550英尺的深度钻遇，最后，还建议乔伊纳提供钻井岩样和岩心，暗示乔伊纳已经开始钻井了。当时的日期是1927年6月15日，乔伊纳根本没有在打井。他正在达拉斯筹集打井资金，劳埃德的报告和乔伊纳的信件都是他们采用的集资套路，筹集资金才是他们真正目的。邮件寄出之后，乔伊纳还雇了一位刚从商业学校毕业的19岁貌美女子做秘书，每周只付15美元。她不仅很胜任这份秘书工作，还立刻被乔伊纳的打井发达的美梦吸引，整个身心都投入为乔伊纳工作。乔伊纳为了融资，组建了一个集资计划方案，从手中的5000英亩区块中拿出500英亩用来集资，以25美元一英亩的股权进行出售。按各个区块所在的比例计算，所打的这口井将拥有80英亩的黛西·布拉德福德农场石油权益，估计打井费用是7.5万美元。这样，每25美元的投入，就拥有三千分之一该井生产的石油和五百分之一不可分割的集资权益。乔伊纳的集资证券跟集资书一起邮寄出去，收件人有警察、邮政人员、铁路雇员、银行家、商人和他最喜欢的群体——寡妇和医生。

第一次的资金筹集效果甚微，乔伊纳就来奥弗顿找塔克，没想到塔克的商店破产关门了。塔克不想再做杂货店生意了，看了劳埃德的报告之后，完全相信鲁斯克地下有大量的石油。乔伊纳就给了塔克四分之一的打井权益，当作之前的回报和日后工作的酬劳。塔克一下子就变成了打井勘探的，变卖了一半乔伊纳给的打井股权，从一群商人和农户那里套现了900美元，大部分的钱用来买木材，做井架的材料，在黛西·布拉德福德农场搭建了一个打井的井架。之后，又跟乔伊纳到南边的城镇，用契约抵押换取钻井设备。在返回农场的途中，他意外发生了一点小事故，汽车翻到了水坑里，设备被浸泡在水里，花了两天才把钻井设备运到农场。乔伊纳风趣地对塔克说："坏的开始，好的结束。"

当有了钻井设备之后，乔伊纳返回了达拉斯去看集资销售如何，回来时带来了司钻汤姆·琼斯。琼斯在加利福尼亚州大学学过地质，来得克萨斯州之前，在科罗拉多的矿山工作过，在得克萨斯州西部学过打井。当在达拉斯找工作的时候，他遇见了乔伊纳，被乔伊纳的美好石油远景打动。30岁刚出头的他有一股闯劲，加上又有自己的车，就开着车和乔伊纳来到了鲁斯克。当下车看到钻井设备时，他恨不得马上就开车回达拉斯。这里的机械设备全都生锈了，耗损严重，用来提供钻机和泥浆泵动力的锅炉很老旧，还不配套。一个是油田用的锅炉75匹马力，另一个是轧棉机用的锅炉90匹马力，估算了一下，两个锅炉加在一起也产生不了125磅的蒸汽压。琼斯踢了一脚钻杆，倒出一堆铁锈出来。乔伊纳见到琼斯失望的样子，就过来安慰说："你可以把井打出油的，我们将会有一口高产井在这里诞生。"塔克一家人在井场旁边搭起一个帐篷，作为临时住所。他们又雇了一些当地人，支付每人每天3美元的工钱，大伙帮忙一起竖立了井架并安装了钻机。塔克和儿子约翰成了钻工，老婆和女儿帮助做煮饭和洗衣等后勤工作。整个井场只有琼斯懂得如何钻井，也只有琼斯有油田知识和钻井经验。

到了8月下旬，112英尺的井架和钻机都准备就绪了，其中一个当地帮忙的农民还拿来一罐自做的啤酒，让每人都喝了一口之后，把酒罐摔在钻台上，预祝好运。琼斯就放下了钻头开始了钻井，可惜好运持续了没多久，各个机械故障就接二连三地发生了。故障发生的主要原因是缺乏经验和设备陈旧，每次操作琼斯都要手把手地教塔克和钻井的农民工。约翰负责烧锅炉供应动力、观察锅炉的供水、钻头锻造和打磨等工作。他每天休息的时间很少，晚上吃饭都要老妈去找，这个年仅15岁的孩子，已经在干一个成人的活。尽管大伙同心协力地干着，不幸的事情还是终于发生了。在进尺到1098英尺时，钻杆卡在井里。这是乔伊纳没有预料的突发事件，只好请爆破专家来做井下爆破排除故障。几次爆破振动都没能松动，到了1928年2月，只好迫不得已而放弃，6个月的辛苦劳动一无所获。

这次打井失败并没有挫伤黛西·布拉德福德的热情，她给了乔伊纳100美元鼓励他继续干，不要灰心。乔伊纳返回了达拉斯进行第二次集资筹款，又拿了500英亩土地区块，以第一次集资筹款的方式，邮寄给社会人员。只要有人购买集资证券，他就会想尽一切办法把证券卖出去，筹够资金来打第二口井。这时，汤姆·琼斯司钻在海湾石油公司找到了工作，去了委内瑞拉。当地的农民也返回农场或者附近打临工去了，塔克的儿子约翰到附近的一个农场收棉花，塔克和老婆女儿回家等待乔伊纳回来。乔伊纳带着钱回来后，去农场找回约翰，发给约翰76美元工资，请他继续打井。1928年4月14日，乔伊纳又雇了一位新司钻——比尔大叔奥斯本来打第二口井。

乔伊纳是在达拉斯听说奥斯本，他住在路易斯安那，通过信件交换认识和雇用的。他又找回了两位之前打井的农民工，塔克的太太也回到井场帮忙。乔伊纳没有给伙食钱，她只好到杂货店赊账购买食物为大家做饭。第二口井的井位是在第一口井位的地方移动了100多英尺，像第一口井那样，钻井工作进展缓慢，总是缺少一些配件。由于没有发电机照明，只能白天干活。为了拖移井架和钻机到新的井场，乔伊纳到亨德森找了一家机械店的老板特勒，租用他们的机械。经过讨价还价之后，这个老板开车来拖了井架和钻机，干完活，乔伊纳就用集资证券支付，特勒本来不想收，但是，如果不收就白干了，只好收下，希望有一天可以兑现。从那次经历之后，无论是购物还是支付服务费用，乔伊纳都尽可能地用集资证券来当现金支付，按面值的五成或三成五打折计价。在这个时候，乔伊纳两个长大成人的儿子也来鲁斯克帮忙。他们也开始使用乔伊纳的证券，像现金一样支付费用。在当地几乎每家商店和很多农户手中都乔伊纳的集资证券，有的时候，他们之间的交易都用乔伊纳的证券，因为谁都想早点把这种证券花出去，谁都知道说不定哪一天就会成了一张废纸。

乔伊纳经常待在达拉斯筹集资金，井场干活的工人有时会收到乔伊纳寄来的情书。有一次，塔克太太看到乔伊纳的来信，当众就说乔伊纳一定是疯了。我们在这里没日没夜地干活，他在达拉斯也不找点正经事做，写这些乱七八糟的东西，非常恼火。她就当作大家伙的面拆开朗读，读着读着发现不是什么情书，而是乔伊纳写给大家激励和感激的言语，大伙慢慢感觉这个老板还是有些人情味的。在第二口井钻井的时候，发生两件跟石油行业有关的事件。一件是德士古公司租下了亨德森南边没有人签约的土地，花了两个月的时间打了一口3578英尺深的井，既没有找到伍德拜恩砂层，也没有发现一滴油。德士古的地质师也到乔伊纳的井上看过，告诉钻井工人不要浪费时间，如果能打出石油来，他就会把原油给喝了。塔克听了之后，非常生气，感谢他的忠告，请这位地质师立即离开。第二件事是在德士古公司购买土地契约时，亨布尔石油公司的地质师在奥弗顿东面发现了一个构造，这个构造延伸进入了乔伊纳的区块之中。由于发现了这个构

289

造，亨布尔公司买下了附近2000多英亩的土地，并让海湾石油公司入了三分之一的股份。后来经过仔细研究，也否定了这个构造的存在。

1927年凯里湖油田的发现，亨布尔公司有了充足的勘探资金，决定在得克萨斯州东部的泰勒设置一个办公室，继续在得克萨斯州东部地区进行地质调查研究。尽管地质构造不存在，由于所购置的2000多英亩的土地非常便宜，亨布尔公司还是没有放弃这个区块。通过地质研究，亨布尔公司的地质师发现，在鲁斯克西边的一些老井里有打到伍德拜恩砂层，储层里没有油只有水。在东边萨宾隆起的西侧，没有见到伍德拜恩砂层，由此推断，伍德拜恩砂层在鲁克斯地区发生了尖灭，即地层变薄慢慢地消失。

在格雷格县的朗维尤南部靠近萨宾河附近，亨布尔的地质师们发现了一个鼻状构造，找当地的石油预言者斯基珀帮忙购买土地契约。斯基珀终于有机会推销石油预言，非常高兴地接受了聘请，同时还告诉亨布尔的人，石油是在朗维尤的西北一侧，斯基珀已经跟当地人宣传了二十多年。亨布尔公司的人感谢斯基珀的建议，要求他去签约指定的地方就好了，其他的不用想太多。斯基珀按照亨布尔公司指定的地域，从当地人手中购买了土地，亨布尔公司跟之前的做法一样，让海湾石油公司入了三分之一的股份。签约之后，亨布尔打了几口地层调查基准井，同样没有发现油气显示，就没有继续打新探井，但在地质师的建议下，没有马上放弃这个区块。显然，亨布尔公司和海湾石油公司对在得克萨斯州东部找油还是抱有一线希望。

1929年3月的一天，比尔大叔奥斯本从钻台上下来，非常无奈和气馁的样子。因为14天前，钻杆在井里扭断，进行了各种各样的打捞尝试都没有结果。此时的井深是2518英尺，这已经超出奥斯本认为这种二手设备可以打到的深度。奥斯本告诉乔伊纳一切办法都用过了，只有用钻具打捞的专门工具才有可能把井下钻杆打捞起来。乔伊纳似乎没有听见奥斯本的抱怨，面无表情地盯着陈旧的钻机，过了一会儿，对大家说："各位辛苦了，你们先回去吧，让我想想办法。"又是一次挫折！第二天，沃尔特·塔克就去奥弗顿银行上班，每月的工资是125

美元，不是想放弃这个钻井找油，为这口井他已经付出了许多的辛勤劳动和金钱，而是为了维持家庭才迫不得已找一份工作。没想到的是这家银行总裁莫特利对塔克打井的事异常感兴趣，塔克讲了许多石油发现会对这个地区产生怎样的影响，银行的生意会成倍增长。莫特利是一个商场老手，当然，不会被塔克的只言片语所打动。他以前跟乔伊纳打过交道，卖给过乔伊纳一些土地契约，从来没有得到什么回报。听了塔克所描述的前景，他想继续支持乔伊纳，说不定有一天真的出油，可以把以前的投入赚回来，就答应塔克给乔伊纳一些贷款。

在黛西弟弟的帮助下，乔伊纳决定到路易斯安那的什里夫波特找钻具供应店租用打捞工具。1929年4月3日，他来到了什里夫波特，到处找钻具打捞工具都没有找到。听一家钻井工具公司的经理介绍，有一位司钻叫埃德·拉斯特一个月前租用过打捞工具，在得克萨斯州那边钻井时用过打捞工具，建议乔伊纳去找拉斯特。于是，两人按公司经理给的地址找到了拉斯特。拉斯特在前段时间用过一次打捞工具，之后就丢在井场的钻杆场里了，听乔伊纳要找打捞钻具，就到钻杆场来找这个打捞工具。其实，打捞工具就是一根十英尺长的钻杆，尖锥状带有螺纹，放入井里与折断钻杆接头卡住。如果卡得不是很紧，可以把钻具从井中打捞上来，成功率一般不是很高。过了一会儿，拉斯特从草丛中发现了这个打捞工具，由于长时间没有使用长满了铁锈，拉斯特没有要钱送给了乔伊纳。他们没有马上离开，黛西的弟弟向拉斯特介绍了乔伊纳的情况，拉斯特看了乔伊纳饱经沧桑的样子，非常了解这些找油人的处境。在自己23年的钻井生涯里，遇到过太多这样的找油人，都是穷极所有财力去探油，非常艰辛和不容易。乔伊纳见到这位40出头的司钻，完全忘记了打捞钻具的事，认为拉斯特就是自己要找的理想司钻。

临别时乔伊纳真诚邀请拉斯特到井场来看看。拉斯特根本不打算去，就搪塞乔伊纳说："我可能需要一两周时间把这里的事情做完，才能有时间去。"一周之后，拉斯特干完了那里的活，又没有接到新的工作，一个朋友约他去另外一个县城考察，途中经过亨德森。在一家聚集的咖啡馆里见到了黛西的弟弟，再次邀请之下，拉斯特同意与朋友顺便到井场上去看一看。这时乔伊纳返回了达拉斯，拉斯特看了之后，没有说什么，就和朋友离开了。他们考察的地方离凯里湖油田很近，拉斯特就向亨布尔公司的人询问有关乔伊纳打井的事，亨布尔公司的经理告诉拉斯特，没有关注乔伊纳打井的事，因为那里没有油，就是有油的话，也没法发现的。拉斯特基本上没有从亨布尔公司人口中听到任何希望，回家之后，有一天他突然接到乔伊纳从达拉斯打来的电话，希望拉斯特能到奥弗顿来见面。

拉斯特是一个很好的司钻，家住在路易斯那的什里夫波特，有一个老婆和两岁的女儿，钻井的活不多，拉斯特相信凭能力还是可以找到事做。他知道乔伊纳的井已经不能再打捞了，只有重新再打一口新井。在电话里，他跟乔伊纳诉说了他的看法，在乔伊纳的劝说下，同意到井场来见乔伊纳。拉斯特把乔伊纳电话里谈的事情跟老婆讲了之后，起身去了奥弗顿。塔克开车把乔伊纳和拉斯特接到了井场，拉斯特又做了一次仔细的观察，确定这口井是不能挽救了，必须要重新开钻打新井，钻机和井架还可以用于打新井。这时乔伊纳走过来跟拉斯特说："我可以给你10美元一天，6美元现金，4美元价值的契约。当我们打出油的时候，你就会跟我们一样变成富翁。"拉斯特摇了摇头，表示不能同意乔伊纳的条件。乔伊纳原想要拉斯特把这口旧井给清理好，继续往下打井。拉斯特明确告诉乔伊纳这是不可能的，没人可以挽救这口报废的井，乔伊纳大失所望，一切的努力又要付之东流。他怎么都不能接受这个结果，两人争执不下，拉斯特觉得没有办法说服乔伊纳，只好告辞返回路易斯安那。两周之后，收到了乔伊纳的电报，同意拉斯特重新打一口新井，邀请拉斯特来打这口新井。

1929年5月8日，在黛西的拖拉机和农民工的帮助下，拉斯特带领大伙把乔伊纳的井架和钻机转移到了一个新井场，距离旧的井位大约375英尺。在拖移井架时，遇上了一块石头，把井架折断成两截，只好在那里建立新的井位，比乔伊纳指定的井位相差了100多英尺。拉斯特心想如果地下有油，不差这100英尺的距离。乔伊纳在达拉斯筹款，自己做主叫农民工去木材厂买了一根新的木料，把井架修复好，一切布置得井井有条，这件事让拉斯特体会了乔伊纳的钻井设备是多么破烂不堪。黛西回到了农场，每天都来井场查看工作进展，对拉斯特的工作表现很欣赏，觉得他是一个很出色的司钻，一定会把这口井打完。两天之后，第三口井正式开钻了，很快进尺到了1200英尺的深度，比前两次钻井都顺利得多，可是，不久燃料就用完了。拉斯特只好叫农民工去镇上买点木材回来，农民工了解乔伊纳的为人，知道乔伊纳不会付钱。本来是不想去的，但拉斯特承诺说服乔伊纳付钱，如果乔伊纳不付钱，将会从自己的股份中拿钱给农民工。这样，农民工才去想办法搞了一些烧锅炉的木材。拿回来的木材是那种没有干的树枝，烧起来冒的烟比火还大，好不容易把压力增加到115磅的蒸汽，钻不到15分钟又没动力了，又得重新增加压力之后才能继续钻井。拉斯特只能忍着脾气守在钻台上，吃饭都不能离开，常常肚子痛也得坚守。在此期间，发生过三次钻杆折断，每次都是拉斯特打捞起来了。尽管事故不断，但在拉斯特的精心管理下，一直往下钻进。

乔伊纳终于从达拉斯给钻工们寄来第一张支票，没有想到在亨德森银行不能兑现，钻工们并没有觉得特别奇怪，因为这已经不是第一次了。拉斯特只好去找塔克和银行总裁莫特利说情，由于大家都比较熟悉，莫特利让银行收下了支票，拉斯特和钻工们拿到了第一份工资。第二张支票没有按时寄来，之后就开始拖欠起来，慢慢一些农民工就离开了井场，回家种地去了。井场只剩下拉斯特和一两个帮手了。拉斯特只能硬撑着打到了1400英尺，这个深度本来在前面的井里遇见了天然气，这次没有观察到气体，拉斯特就继续往下打。到了8月份，一位农民工在烧锅炉时被旧锅炉泄漏的蒸汽烫伤，幸好黛西帮忙送到弟弟的酒店护理才得以恢复。乔伊纳从达拉斯赶来，非常抱歉拖欠大伙的工钱，坦率地告诉大家，集资遇到了困难，希望大家理解，表示无论怎样，都会想办法解决，相信这口井一定会出油，讲了许多空头的承诺之后，又跑回达拉斯去了。当拉斯特返回井场时，发现身边没有钻工跟随了，塔克跑来告诉拉斯特说，前段时间在银行兑现的乔伊纳支票，没有拿到钱，是银行总裁莫特利给支付的。拉斯特只能叫什里夫波特钻具公司的特勒过来帮修理锅炉，向朋友保证以后一定会付钱的，此时，拉斯特内心十分矛盾，不知道是不是应坚持下去。

1929年10月13日，在乔伊纳井西边大约60英里处，纯石油公司发现了范油田。这是一个较大的油田，吸引了不少大的石油公司来会战范油田，造成了一阵石油开发热潮。这时乔伊纳利用一些人的狂热，筹集到了一些现金。他又回到了奥弗顿，把钱给了买柴火的农民工和修锅炉的机械师特勒。这口井一直在断断续续地钻进，到了1930年3月，拉斯特把井打到了2600英尺深，乔伊纳又没有按期寄钱来支付钻井的费用。当燃料烧完之后，拉斯特只好焚烧汽车和拖拉机的旧轮胎来烧锅炉，每钻几分钟就得停下来，打到2640英尺时，又发生了钻杆断裂，他使了浑身解数才把井给清理干净。他感觉这像是一个奇迹，居然能用如此破旧的设备继续钻井。这时，乔伊纳从达拉斯打电话到黛西·布拉德福德农场，通知拉斯特准备钻井取芯，因为乔伊纳准备带两个投资商到井场视察，希望在投资商面前钻井取芯，增加投资信心。

钻井取芯一般是在有油气显示的地层才采取的钻井方式。由于没有任何油气显示，在井场没有准备取芯筒，拉斯特找塔克和莫特利借钱去什里夫波特借了取芯筒。借回来正好赶上乔伊纳和投资商来到井场，拉斯特跟几个临时帮忙的农民工一起，在乔伊纳和客人面前表演了钻井取芯，等岩心出来之后，乔伊纳透过沾满泥浆的岩心仔细看了一下，对拉斯特说："已经很接近了伍德拜恩砂层了。"拉斯特回答说："是的，预计不久就会打到伍德拜恩砂层。"乔伊纳显得很满意的样子，就跟投资商离开了井场。

没过几天，报纸就报道一些石油公司在得克萨斯州东部进行土地收购。一些地质师还在专业刊物上发表文章，估计在这地区3500英尺的地下会有伍德拜恩砂层，似乎一切希望寄托在这个地区的伍德拜恩砂岩，只要打到伍德拜恩砂层，就可以证明这地区的油气潜力，这让拉斯特看到了打井的终点，开始把目标定在3500英尺的深度。

三、将计就计，柳暗花明

1930年4月中旬，黛西·布拉德福德农场上乔伊纳井仍在继续钻进中。由于在得克萨斯州东部陆续发现了一些油田，逐渐引起了行业情报的关注。在鲁斯克南边的斯密斯县泰勒镇，聚集了许多石油情报探员，收集石油勘探情报给大石油公司。在美国石油行业中收集石油情报是一种正当的职业，这些石油情报探员有专门的协会，经常开会交换石油情报信息。乔伊纳的第三口井距离公路大约1英里处，在一片丛林之中有几处标志指向井场。一个叫唐纳德·里斯的石油情报探员跟着指示找到了井场，见到了拉斯特，两人很快就聊得火热。里斯把最近在得克萨斯州东部石油勘探的进展告诉了拉斯特，拉斯特不知道这一段时间有这么多事情发生，感谢里斯的到访。里斯当时才25岁，已经相当有经验，见到井场的陈旧设备和钻井情况，十分同情拉斯特的处境，敬佩拉斯特的敬业精神。里斯很直接地告诉拉斯特到此的目的，因为德士古公司在亨德森的南边打了一口干井，另外一家石油公司在东边的斯密斯县也打了一口干井，乔伊纳的这口井正好位于这两口干井之间，作为石油情报探员，很有兴趣了解拉斯特正在打井的结果。

拉斯特告诉里斯，在这里买了一些土地，相信这里会打出油来。由于乔伊纳没有钱支付给拉斯特和其他人，像塔克、莫特利、黛西的弟弟等，他们都拥有了乔伊纳区块的权益，一旦出油之后，他们手中的集资证券就会立刻变得价值连城。拉斯特为了这口井做出了很大的牺牲，井的成败与自己的命运紧密地结合在一起了。从某种意义上讲，这口井已经成了拉斯特的井。里斯听了拉斯特的一番表白，心里仍存疑虑，向拉斯特请求要一些钻井岩屑拿回去找地质师化验，拉斯特同意了。一般情况下，司钻是不应该把岩屑提供给外人的。经过一番谈话后，拉斯特和里斯相互产生了好感，成为朋友，淡化了客户之间的商业关系。

从那次访问之后，里斯就经常来井场看看，有时一周之内来几次。这引起了其他公司石油情报探员的注意，随后到乔伊纳井场来访的专业情报探员慢慢地多起来。除了里斯之外，还有一位油公司的情报探员亨利·康威也经常来井场打探，这两人特别关注这口井的进展情况。拉斯特把这个情况告诉了在达拉斯的乔伊纳，乔伊纳知道之后，就跟拉斯特商量做一个大的促销活动。由拉斯特到亨德森打电报给在达拉斯的乔伊纳，说在这口井取芯，乔伊纳收到电报后，就跑去达拉斯石油商人聚会处向人宣布，告诉那些石油商人很快就会在得克萨斯州东部发现一个大油田。这样可以吸引投资商人来投资，只有新的资金投入，拉斯特才能继续打井，才有可能打到伍德拜恩砂岩。当这个消息公布时，立刻让行业炸开了锅，因为之前亨布尔石油公司和海湾石油公司在乔伊纳区块周围买了不少地，并没有准备打井。听见乔伊纳公开声称很快就会有大的发现，几乎所有人的目光都注视了乔伊纳的第三口井。这一招，差点让里斯丢了饭碗。里斯从井上得到的岩屑样品被公司拿到实验室化验，结果显示地层根本没有到达伍德拜恩的深度。里斯的情报报告被送到上司手中，老板听到乔伊纳和拉斯特现在要钻井取芯，这不就是意味着已经打到了伍德拜恩砂层或接近这个目的层了吗？这些相互矛盾的信息使得里斯的老板开始怀疑里斯的岩屑样品是否真实可靠，是不是被拉斯特给骗了，提供一些浅层的岩屑样品。里斯向老板表示，所拿到的岩样是新的，应该是可靠的，绝对没有问题。那天晚上，里斯从流水的地沟溜到井场去偷了一些岩样，跟拉斯特给的岩样进行了对比，证明拉斯特所给的岩样是新的。里斯在井场看见由于没有燃料，钻机停了下来，取芯完全是做戏骗人。老板听了解释后，不完全满意，但相信里斯是在努力收集情报。

7月中旬，拉斯特这次是真的钻井取芯了，主要是好奇测试一下钻井取芯过程。亨利·康威见到后，主动提议帮助化验取出的岩心。拉斯特在3456英尺的深度做了一次钻井取芯，康威把取出的岩心送到公司的实验室鉴定。在地质师的显微镜下，岩样中可以清楚地看见一些古生物，让拉斯特也亲眼看了看。拉斯特一点都不明白是什么意思或说明什么，地质师见到拉斯特迷惑的样子，解释说这是下泰勒地层，距离伍德拜恩砂层还有1000多英尺的深度。如果这口井可以打到伍德拜恩砂岩，估计井深要在5100英尺左右的深度，伍德拜恩砂层很可能是一个水层。听到这个专业结论，拉斯特几乎要崩溃了。之前的目标是3500英尺，这是亨布尔地质师所讲伍德拜恩砂岩的深度，劳埃德也在报告中明确说明了在3550英尺就会打到油层，用这台烂钻机能钻到3456英尺的深度已经是超出设计1000英尺了，还要打到5100英尺的深度，这完全是不可能的事。

拉斯特从来不相信劳埃德的报告或给乔伊纳的建议，他还没有见过劳埃德。在前两口井打井期间，劳埃德还有时到井场看看，自从第三口井开钻以来，一次都没有来过黛西的农场。拉斯特明白劳埃德的报告和给乔伊纳的信函都是推销用的工具，乔伊纳引用劳埃德的地质报告是因为只有劳埃德报告说这个区块有石油潜力。如今拉斯特只有自己的信念，相信打的这口井下面有油，只要打下去就能找到油，因为付出了这么多心血，情感上已经分不开。这一瞬间是拉斯特人生最为纠结的一刻，他返回井场继续打井，心想就算要放弃，也要打到3500英尺的深度，不然，所有的付出就没有任何意义了。这时拉斯特突然想起乔伊纳的契约在8月31日就要到期了，还有不到一个月的时间了，需要抓紧时间打井。康威听了公司专家的定论，同样非常失望，原以为拉斯特会停止钻井。他把这个消息通告给了其他的石油情报探员。里斯的老板得知之后，通知里斯继续关注乔伊纳井，预防万一漏网一个重大发现。

与此同时，拉斯特在几位农民工的帮助下，继续钻井的第三天，钻头好像钻遇了较为坚硬的砂岩，当岩屑上返到地表时，拉斯特从泥浆池旁捞了两桶岩样，在岩样中看到结晶状的砂粒，开始有点激动，因为砂粒在光线下发出了彩色，这通常是油砂的一种现象。这时天色已晚，拉斯特叫农民工加班钻井取芯，当岩心筒从井里出来时，外部没有任何油气显示，决定不打开岩心筒，只是把外部的泥浆冲洗干净。这时拉斯特发现有气体从岩心筒中冒气泡，就把岩心筒和钻头放在车上，告诉农民工守在井场，自己要到镇上修理钻头，一天后才会回来。拉斯特直接开车去了亨德森，到家之后，他没有打开岩心筒，想等到天亮再看。第二天一早，他打开一看惊讶地发现，这是他从来没有见过的十分饱和的原油9英寸长岩心，可以确定打到伍德拜恩砂岩了。拉斯特立刻想起留了两桶岩样在井场，这个发现石油的消息一旦走漏，后果不堪设想。他马上跳上车回井场去找那两桶岩样，发现有一桶岩样不见了。他心想这下可坏事了，对于乔伊纳石油勘探者来说，最有价值的就是这个时刻。在发现石油消息走漏之前，得赶紧把周围的土地买下来，消息公布之后地价肯定会上涨。

　　拉斯特无奈地坐在井场琢磨到底会是谁把一桶岩样拿走了呢？偷岩样的人一定知道这个岩样的价值，不然，就不会拿走。那么，这个岩样又会被拿到什么地方呢？正在这时，他听见车鸣笛声，抬头一看是康威来了，难道是康威把岩样拿走了，现在是来告诉结果的吗？只见康威手中晃动着一份电报，电报是从范油田纯石油公司地质师发来的，这家公司的地质师得出跟康威公司地质师一样的结论，要钻到5100英尺的深度才有可能打到伍德拜恩砂岩，推断将会是一个水层。这让拉斯特长松了一口气，可以断定岩样不是康威拿的。拉斯特礼貌地感谢康威为这个消息专程跑一趟。送走康威之后，心中的疑惑依然没有解开，到底是谁把岩样拿走了呢？拉斯特回到钻台收拾钻具，一边干活一边心想如何把这个出油的消息告诉乔伊纳，先报告好消息还是先报告坏消息。这时，里斯突然到访，从车上下来就对拉斯特讲："老友，我发现你的诱饵了！"拉斯特完全不明白里斯在讲什么，问道："什么诱饵？"里斯理直气壮地说道："别跟我装样子，我指的是岩样里的油砂。我知道你是从范油田搞来的，只要给油田干活的工人4美元，就可以买一罐原油是不是？"拉斯特听了之后差一点笑出声来，幸好里斯没有注意到拉斯特脸部表情。一下子心中千斤落地一般，他表现出不在乎的样子回答道："如果你这么想我也没办法，随你的便。"里斯大笑起来，拍着拉斯特的肩膀说："没有见油的井，想用瞒天过海来炒高地价，玩一个金蝉脱壳，这可做得不地道呀。"拉斯特只能苦笑目送里斯离开井场。

　　拉斯特返回亨德森打电话给还在达拉斯的乔伊纳，告诉他出油的消息。乔伊纳听了之后，十分高兴，叫拉斯特用公交车送一点含油岩心到达拉斯来，然后，说劳埃德将会来井场接手，自己也会在一两天之内赶过来。拉斯特听了乔伊纳的话后，心马上凉了一大截，做了这么大的努力，现在打出油就要被撂到一边了，让别人来插手完成这口井。拉斯特为乔伊纳所做的远远超过了自己的职责。因为农民工和镇上的人尊重自己，才给土地契约延期，不然，乔伊纳的契约早就过期了。那天晚上，拉斯特遇见了中堪萨斯油气公司的代表，私下做了一个交易，给了这家公司一些岩心油样和一些有关这口井的重要信息。其实，并不是唐纳德·里斯不相信拉斯特，几个月以来，里斯的老板一直都在怀疑，真真假假的事情影响了他们直觉的判断。乔伊纳谎称拉斯特在取芯，结果根本没有钻井。两份地质专家的报告误导了上司，让里斯相信了地质权威，他跑到亨德森法院去查拉斯特有没有偷偷买卖土地的交易，查到拉斯特在那一周里还卖了一个区块，如果真发现有油，是不会出卖土地区块的。几乎所有行业人士都忽视了乔伊纳井发生的事情，在达拉斯的乔伊纳没有宣布拉斯特报告的消息，他也有自己的盘算。

1930年7月28日，里斯跟另外一位石油情报探员到路易斯安那看一口深井，顺路经过黛西农场的井场看看。一进来就看到乔伊纳及儿子约翰、劳埃德、拉斯特夫妇、塔克夫妇、黛西、黛西的弟弟一大群人围在井场。他似乎明白自己犯了一个大错误，可能真的这口井出油了。见到拉斯特、劳埃德和乔伊纳刚从井里取出的岩心，三人拿着岩心筒开车就走了。里斯和同事就开车跟着，乔伊纳把车停在一个树荫处，里斯也把车停了下来，看了看之后又开回了井场。到了之后，里斯从车里走出来向乔伊纳走去，问乔伊纳要一块岩样，乔伊纳点了点头走到里斯车前，给了里斯同事指甲盖大小的一块岩样，告诉赶快开车回去再仔细看。开到半路两人就观察这块岩样，好像含有油气。第二天，里斯就把所看见的情况告诉了老板，又把岩样送到实验室让地质专家鉴定一下，检验结果是含水不是油，里斯又跟同事说亲眼看见乔伊纳在井上取芯，可是大家都不相信，认为乔伊纳是在做宣传，没有人关注乔伊纳第三口井的动向。

拉斯特和劳埃德两人就像天生的对头，当劳埃德接替拉斯特负责这口井时，就发生了不愉快的合作。劳埃德带了一个司钻来到井场，在井场安装了一台发电机照明。劳埃德让拉斯特晚上到井场值班，自己和司钻白天上班，并且，怀疑拉斯特的深度计量是否准确，与拉斯特争论一些钻井中遇到的问题，所用的套管尺寸不合适，等等。总之，就是相互看对方不顺眼。这时，一位农民工过来告诉拉斯特说黛西想要见他，在镇上黛西弟弟的酒店等他，拉斯特就离开了井场去见黛西。黛西告诉拉斯特，劳埃德要重新放置一组钻杆来完井，从范油田那里学来的新技术，想听一听拉斯特的意见。拉斯特开门见山地说，这个新技术或许在其他地方可行，但在这里就是自断后路，因为这里的人员设备都不具备使用这种新技术的能力。接着，拉斯特征询了乔伊纳的意见，乔伊纳想按劳埃德的想法做，黛西觉得还是相信拉斯特多一些。她就跟乔伊纳说："你的契约明天就到期了，你很久都没支付我租金了，如果你要我给你延期的话，我希望由拉斯特来接管这口井，我不想再看到第三次失败的结果。"乔伊纳只好召集几位股东开会讨论，结果黛西同意给了乔伊纳90天的延期，每30天一个阶段。这口井将由拉斯特负责完井，乔伊纳提供所需的完井物资，分给黛西的弟弟100英亩的土地契约。

此时的乔伊纳已经是七十岁的高龄，花了整整三年的时间打这口油井。没有人知道他的付出。乔伊纳知道在石油人的眼里自己是一个投机商人，不管地下有多少石油，只要能让这块地价增值，能卖好价钱大赚一笔就行了。乔伊纳心里明白拉斯特是在跟自己作对，拉斯特也明确地说了，这不是作对，这样做完全是为了这口油井。7月28日拉斯特跟中堪萨斯油气公司做了交易，把出油的确切消息告诉这家公司之后，从7月28日到8月7日期间，这家公司在黛西·布拉德福德农场的北面签下了1100英亩的土地契约，平均每英亩仅支付费用1美元。

四、好事多磨，惊人发现

当拉斯特返回井场时，发现劳埃德和司钻又向下打了75英尺。拉斯特对劳埃德怀疑记错深度十分恼火，看到又往下打了75英尺，再也忍不住怒火，因为往下打井有可能打穿油层，进入水层，这样试油就会变得很困难。于是，就把股东会决议通知了劳埃德，重新接管这口井，劳埃德离开井场回达拉斯去了。幸好还没有打穿油层，拉斯特于是就开始做井的泥浆循环，为钻杆试油做准备。这时乔伊纳在达拉斯，跟米勒以前的律师和阿肯色的石油商人联系，听说米勒兄弟发明一种钻杆试油工具，急于找地方测试这项发明。只要不收取任何服务费用，乔伊纳愿意提供油井做测试，双方就达成了一个协议。出油的消息慢慢在周围传开，很多农民工又自愿回到井场帮忙，每天都有十几名工人在井场干活，盼望早日完井试油。没有不通风的墙，黛西·布拉德福德第三井出油的消息很快在行业的情报信息组织中传开，在达拉斯的壳牌石油公司听到这个消息后，派公司一位有经验的雇员戴尔·奇斯曼亲自到井场来验证。这天奇斯曼开车来到井场，刚一下车看见拉斯特就想往回走，被拉斯特叫住了。原来8年前奇斯曼是拉斯特的打井雇主，由于拉斯特工作期间喜欢喝酒，就把拉斯特给解雇了，后来听说拉斯特结婚之后就没有再酗酒了。奇斯曼担心拉斯特会怀恨在心。事情过去了很多年，拉斯特没有再怨恨奇斯曼，把奇斯曼叫到钻井台上，伸出双手真诚地欢迎奇斯曼的到来。尽管当年是奇斯曼解雇了拉斯特，但是，在此之前也是奇斯曼提拔拉斯特从钻工成为司钻，今天看到拉斯特成为一名出色的司钻，奇斯曼由衷地敬佩拉斯特的敬业精神。拉斯特告诉奇斯曼，如果想赚钱的话，赶快去买附近的区块，因为这是一口出油的探井，给奇斯曼看了饱含原油的岩心。

回到亨德森之后，奇斯曼马上打电话给壳牌公司报告了这个情况，第二天壳牌公司的总地质师就赶到了亨德森，和奇斯曼一起查看了含油岩心，开始按每亩2.5美元的价格收购这里的土地。前几年的经济大萧条，使得壳牌公司变得非常保守，不敢冒太大的风险进行投资。跟其他大石油公司的策略一样，主要投入在下游较低风险的炼油加工。得克萨斯州当地的四大石油公司，只有亨布尔公司在这个地区有较大的投入。当奇斯曼开始收购小的区块时，亨布尔的人就一直跟着，不是跟着抢购土地，而是跟着做地质调查，弄清之前被忽视的地方。亨布尔的人不明白为什么壳牌公司会一下子对得克萨斯州东部地区感兴趣，为什么拉斯特会把有用的信息给泄漏出来。只有奇斯曼明白拉斯特的用意，就是想让这些大公司的人知道，那些他们曾经认为的不可能是有可能的，而且自己证明了这种可能性。

拉斯特把井循环到了3486英尺的深度，米勒兄弟把试油工具运抵了井场。当时只有乔伊纳和几位达拉斯的朋友在场进行了钻杆试油。钻杆试油原理很简单，就是把钻杆放入井下，在裸眼油层的位置，把工具插入油层，然后打开工具容器形成真空。地层流体就会流入钻杆之中，再关上容器取出钻杆，测量钻杆之中的原油有多少。由于没有卡到油层，第一次试油没有成功。又重新进行操作，第二次钻杆试油获得了一定的原油，证实了不仅伍德拜恩砂岩含油，还可以自产出来。

1930年9月5日进行了一次正式试油，吸引了一大群周围的农民工和石油情报探员，以及油公司的地质师来现场围观，乔伊纳跟达拉斯的朋友到场观看。在乔伊纳身边有两个陌生人，一个是阿肯色的服装商和钱庄老板皮特·莱克，另一个是阿肯色的石油商人哈罗德森·亨特。亨特认为石油行业是最大的赌博，跟乔伊纳一见如故，谈得很投机，很愿意为乔伊纳提供帮助。在钻井台上，拉斯特把试油工具放入井中，一会儿闻到了天然气体的味道，米勒对拉斯特说可以开始起钻了，希望钻杆里装满泥浆、水、气和油。当钻杆从井中取出时，钻台开始了振动并伴随着轰隆的响声。突然，气、泥浆、油的混合物从井中冲出来，几个人跑到拉斯特的跟前问怎么回事，拉斯特对大家说这是一口好油井的征兆。此时的乔伊纳已经吓得躲到一棵大树的后面，抱着头直到喷发完。围观的人们走过来祝贺，他才缓过神来。围观的人目睹了这口井所发生的事情，消息很快在四周传开了。一周的时间里上千人涌到亨德森来寻找石油创业的机会，附近的商店和酒店生意一下子火爆起来。土地区块的租约开始被人疯狂地炒卖，仅仅钻杆测试后的12天，两千多起销售土地租约在亨德森法院备案，大的石油公司和独立石油经营商并没有介入土地收购，只有亨布尔收购了一家公司，这家公司在附近拥有4500英亩的土地。对于许多大公司的地质专家和管理人员而言，钻杆测试成功并不能完全证明这个地区有高产商业油流，大多数的公司还是持观望态度。

当时有两位在现场旁观试油的围观者见到出油的情景之后，知道这地区的土地买卖会变得频繁，找人绘制了地图，又到法院收集了土地所有者的资料，制作标明土地所有人和土地面积范围，几天之内地图就供不应求。所有土地买卖者都手持一份他们的地图，结果这两人发了一笔小财。这份地图暴露了土地产权的问题，乔伊纳所购买的区块在三次集资筹款中，已经被贩卖过多次，一个区块可能会有多个权益所有者。如果真是一口油井的话，这些权益所有者必定会要求兑现集资证券，这口井和手中的区块早已不是乔伊纳能掌控的了。乔伊纳的名声和人身自由恐怕都会有威胁，他想一想都后怕，真后悔当初的承诺和不计后果的做法。钻杆试油的成功，并没有给乔伊纳带来特别的喜悦，他内心十分矛盾复杂。勘探发现的成功不等于商业利润回报，乔伊纳所关心的是后者。没有想到当地媒体把乔伊纳视为鲁斯克县油田之父，称之为"老爹乔伊纳"，开创了这个地区的石油工业，宛如圣经中的摩西一样，带领当地人走上了一条致富的金光大道。媒体的文章对乔伊纳所做出的贡献给予了肯定，得到了得克萨斯州民众的称赞，但这些都是虚的，不起实际作用，人在利益面前还是会选择利益优先。许多人发现所持有乔伊纳的集资证券不是唯一，同一份权益有不少的拥有者，显然，解决的办法就是法律诉讼途径。这成为乔伊纳一大块心病，事到如今，只能走一步算一步了。

在黛西农场的井场上，一切工作还在有序地进行之中，乔伊纳预定了三个储油罐和一组二手套管，儿子约翰从俄克拉荷马找来了做完井的朋友，劳埃德跟拉斯特的关系得到了缓解。劳埃德向拉斯特赔礼道歉后，两人又一起在井上工作起来，井上多了许多的钻工，都是之前离开的农民工又回到了井场。亨特，那位阿肯色的石油商人经常来井场察看，没有返回阿肯色，在亨德森市区租了一个地方住下。这位40岁的男人跟乔伊纳似乎有说不完的话，两人常常一聊就是半天，乔伊纳还亲切地称呼亨特为"男孩"，像乔伊纳一样，亨特从不喝酒或违反教规，似乎对女人有一种特别的吸引力。餐厅的女服务员都很喜欢为亨特点菜，有时在公共场合，一些已婚妇女走过都会回头多看一眼。亨特身材高挑匀称，穿着十分得体，每次外出喜欢戴个礼帽，非常有绅士商人的风度。跟乔伊纳不同的是亨特经常抽一根大雪茄，看上去很有钱的样子。其实，这时他并没有很多资金在手，只是他不担心做生意会缺钱。不管怎样，亨特筹集了一些钱，购买了4块在乔伊纳井周边的区块，一块在发现井的南边，其他的都在乔伊纳井的东面，这是为什么他特别关注钻杆测试和发现井的进展。

亨特于1890年出生在伊利诺斯州，父亲是一个农民和谷物倒卖商人。他没有上过一天学，12岁就离家到美国西部闯荡，之后去了加拿大，在那里成为一名林场伐木工。经过锤炼，他发现自己有一个特长，打牌很善于记牌，玩赌博游戏赢多输少。没满20岁的时候，他游荡到了阿肯色，小的时候听父亲说过，阿肯色是一块富饶的土地。因为在美国内战期间他的父亲在那里打过仗，知道那里是一个安家立业的好地方。年轻的亨特带着攒下的钱，在阿肯色做起了棉花生意。1912年他拥有许多地和生意时，棉花价格大跌，当价格回升时，他转行在密西西比三角洲做起了庄园买卖。1919年他赚了一笔钱之后，赶上了美国经济衰退，所赚的钱又流失了。这时成为他人生的一个转折点，听说在阿肯色的埃尔·多拉多发生一口油井井喷，每天喷发出上千桶原油。在井喷被控制之前，他向朋友借了50美元，亨特来到了埃尔·多拉多，靠买卖土地区块进入了石油行业。他走访农户，花25美元一英亩买下农户的土地，回到城里以35美元一英亩的价格卖给商家，获得每英亩10美元的利润差价，慢慢地积累一些资金可以打第一口油井。1921年7月，就是来到埃尔·多拉多6个月之后，他有了一口成功的油井，随后不少石油商人在周围打井也有一些发现。石油商人喜欢在亨特住的酒店里赌博，很快亨特就成为那里赌场最大赢家，1925年出售了一半的资产就获得了60万美元。亨特是一个喜欢寻找机会的人，1930年9月他来到得克萨斯州东部鲁斯克听说乔伊纳井出油了，像当年去埃尔·多拉多油田一样，来这里寻找石油生意的机会，因为阿肯色的油田快接近枯竭了。亨特的经历跟乔伊纳有许多相似之处，两人有一种相见恨晚、惺惺相惜的感觉，视对方为超级推销员。乔伊纳在亨特面前藏不住自己的经济困窘，亨特免不了听到乔伊纳集资超售了权益，但是两人都没有谈论过这些。在井场试油见到乔伊纳的反应，亨特清楚地看到了乔伊纳内心复杂矛盾的心态，相信乔伊纳是能让其打开局面的一个缺口。

经过一段时间的准备，乔伊纳的第三口井终于等来了试产的这一天。之前的试油传为了佳话，石油公司和石油商人通过石油情报组织传播了乔伊纳井的情况，这口井的试产才是真正检验是否有商业油流的发现。这天，吸引了很多各种各样人士前来见证这一历史性的时刻。1930年10月3日早晨大约9点左右，井场周围就云集了8000多人围观，公路上还有不少人陆续赶来，估计有一万人来现场观看试产。原本黛西想把试产油定在前一天，因为那天是拉斯特女儿4岁的生日，但固井一直拖到昨天下午才做完，只好今天早晨开始试产作业。拉斯特先是钻开固井的水泥，然后开始引产。井场像似举办盛大的宗教仪式或营地聚会一般，人群中不断发出喝彩或欢呼声。大家的情绪十分高昂，在等待之中，突然听见有人问："老爹乔伊纳去哪了？"大家环顾四周没有见到乔伊纳的身影，有人说他病了在达拉斯没能来，不少人发出了惋惜的叹声，这可是乔伊纳的油井呀，这么有意义的时刻，不在场真是太不幸了。其实，此时乔伊纳就混在人群之中，怕别人在大庭广众下提出权益问题，只好躲在人群里观看试油过程。

拉斯特和钻工在钻台上紧张地忙碌着，更换清水之后几次引产都没有出油，不觉天色已晚，决定第二天再继续试产。到了第二天十点，拉斯特尽可能地把井里的泥浆和水置换出来，但还是没有见油流出来。人群中有人高喊请给老爹乔伊纳让个道，这时乔伊纳从人群中走向钻台。人群里爆发一阵雷鸣般的掌声，乔伊纳被视为英雄一般，挥手向人群致意，穿过围绕的隔离线爬上了钻台，跟拉斯特握了一下手，说几句话转身离开了钻台。这时人们又报以热烈的掌声，像似鼓励加油干。拉斯特和钻工们采用了冲击式清理井壁，还是只出泥浆和水，没有出油。又是一天过去了，到了10月5日，这是一个星期天，不少人去做礼拜，在教堂心里祈祷这口井早日出油。井场上还是聚集了5000多人，拉斯特和钻工反复不断地引产，始终没有成功。乔伊纳显得疲惫的样子，在井场干活的人也有点开始焦虑起来，围观的专业人士就断定这口井即使是一口油井，也不会是一口高产井。但是，村民和镇上的居民没有放弃希望，耐心地等待奇迹的出现。在黄昏时候，拉斯特又做了一次引产尝试，听见井下传出响声，喊叫着快把烟熄灭。不一会儿响声变成了轰隆声，油和水一起从井里射向空中，打在井架的顶端散成一片，像一把巨伞盖在人群头上，原油像倾盆大雨淋在围观人的身上。人们顿时疯狂起来，手舞足蹈地抱成一团，庆祝这个期待已久的奇迹。当泥浆和水流干之后，拉斯特把原油流引向准备好的储油罐之中，乔伊纳跑上前来问测量的工人，工人看了看计量仪，就对乔伊纳说："现在这个流量可以每天产6800桶。"乔伊纳就对着人群重复了这个数字：6800桶！难以置信！

五、精心设局，坐收渔利

试产成功的5天后，所有大油公司的地质师和从业人员确信了乔伊纳的第三口井是一口油井，稳定产量每天只有250桶，而不是6800桶。在生产过程中，还经常出现产油间断性，这种现象对于石油商和非专业人员不会有什么顾虑，因为土地契约的买卖在南鲁斯克和相邻的斯密斯县已经炒得热火朝天。每天都有新井开钻的消息，大批石油从业人员和找工人士从其他油田赶往亨德森和奥弗顿，镇上的大街小巷都挤满了外来人员。在亨德森设立一个石油交易所来帮助土地契约的交易，不少律师和土地买卖记录员加班加点都做不完文案。在亨德森街上或奥弗顿，经常可以遇见这样的过路人，一手拿着支票本，另一手拿着一张地图在找土地契约。最为冷静观察这口井生产过程的要算是亨特了，在试产的油井现场，他用心观察了出油和试产的每个细节。自从9月5日钻杆试油起，他就一直在研究这个地区的地质和石油历史，现在这口油井的生产间歇性，他认为是跟井下的伍德拜恩砂岩在这个地区变化有关。如果砂体变薄，油从较厚的砂层运移聚集，油井就会出现不稳定的产量。乔伊纳的井很可能是打在砂体的边部，或许会有一个更大的油藏提供这口井的油源，在井的东边已经有人打过干井，那么，这个大的油藏就应该在井的西侧。

亨特买的四个小区块，一个在南边，三个在东边。根据这个判断，对东边的区块不看好，决定在南边这个区块上先打一口探井，并打算在发现井的西边和北边购买区块，相信这两个方向会有较好的前景。乔伊纳手里的契约现在变得越来越棘手，这对亨特购买黛西农场西北面的土地是一个好机会。另外，这口出油井的原油测试表明是很好的轻质原油，接近于炼制的汽油和其他成品油。乔伊纳把油用作烧锅炉燃料太浪费了，亨特决定将来打出油后，绝对不浪费做锅炉燃油，必须铺设一条4英寸直径的输油管线，把发现井附近生产出的原油运到3英里外的铁路支线站，在那里修建一个原油采集站。在阿肯色，亨特做过这些事，知道如何铺设油管线和建造原油采集站。他还认识一家炼油公司的采购员，曾向亨特询问过乔伊纳油井的情况，想采购生产的原油。他们在休斯敦的炼油厂正在等米下锅，同意在亨德森·奥弗顿铁路支线点接受原油。这样，亨特就有了原油的买家，开始计划修建管线和原油采集站，知道一旦管线和采集站开始运作，在这个地区发现的油井一定会需要运输服务，这个计划会变得非常有利可图。

　　1930年10月18日，亨德森法院里挤满人群，人人都想出庭旁听乔伊纳的破产管理诉讼案。乔伊纳因病没有出席，律师代出庭，几十位乔伊纳集资证券持有人联合一起指控乔伊纳，委派律师在法庭上陈述了指控的基本事实。这些事实法官之前早已听说了，当律师陈述完毕之后，法官就宣布法庭听证无限期推迟。因为相信乔伊纳花了三年半的时间才打出油来，需要给乔伊纳时间去捋顺资料，把事情整理出来再继续开庭审理。对乔伊纳来说，亨德森法院的宣告是一个胜利，还没来得及庆祝，几天之后，又一起破产管理起诉来了，这次是在达拉斯。得克萨斯州的大小报纸都刊登了这桩诉讼案，法院定于10月31日在达拉斯开庭。这时没人知道乔伊纳躲到哪里去了，破产管理案的文件需要本人签字，控告方律师到处寻找乔伊纳。有人说乔伊纳藏在一家酒店里，这位律师就来到这家酒店找乔伊纳，没想到被酒店的经理拒绝了。律师出到门口时，给了开门的人100美元打听到了乔伊纳的房号。指控律师在客房里找到了乔伊纳，签收了法院开庭的文件。出庭那天，乔伊纳脸色苍白，显得很疲惫的样子，跟律师和法律顾问坐在被告席上。当指控律师宣布听证开始时，乔伊纳的律师就向法庭提出需要时间整理乔伊纳自愿破产管理事宜，清理在得克萨斯州鲁斯克县的资产。话还没有说完，就被指控律师给打断了，两位律师当场理论起来。在得到法官许可之后，乔伊纳的律师又继续陈述道，当事人乔伊纳先生近来受到多方骚扰，没有办法处理好资产清理，无论是开发还是出售都不可能满足所有投资人的利益，祈求破产管理保护……还没有讲完又被指控律师打断了，两人又理论起来。最后，法庭指定一位达拉斯银行家临时接管乔伊纳的油井和那80英亩用于集资的土地。

　　在场的听众表示不满意这样的结果，想要有一个切实维护利益的措施。这时，亨特起身走到乔伊纳身边建议他把资产给卖掉，乔伊纳愁眉地说道："男孩，要搞清楚其价值才能卖呀。"听了亨特所开出的价钱，乔伊纳当场就回绝了。亨特10月20日就在南边的那个区块搭起了铁井架，一周之后就开钻测试地下是否有油。其他的几个作业者也纷纷在附近打起井来，亨特并不太关心其他人的井，因为知道其他区块不在产油地层走向，只是非常关心在发现井西边大约1英里处的那口探井。这口井几乎坐落在乔伊纳区块的中心，这口井的成败要么证明这是一个大油田，要么证明只是局部油藏，估计应该是一口高产井。亨特找作业者深岩石油公司商量，建议联手把乔伊纳的资产买下来，又在阿肯色联系是否有人想参与收购计划。由于大公司的地质技术人员都不看好，没有收到很积极的回应。只有做服装生意的朋友皮特·莱克表示愿意购买四分之一的权益。亨特重新调整了公司的组构，把主要成员从阿肯色调到亨德森，让三个人盯着深岩石油公司这口井的进展，自己和莱克一起来到达拉斯跟乔伊纳谈判，在一家酒店包了几间客房，替乔伊纳支付出庭费用。这个时候，从鲁斯克那边传来了打干井的结果，一口井在乔伊纳井的东南半英里处没有油气显示，另外一口在东北不到1英里也是干井，这对土地契约交易冲击很大。不过，这些都是亨特所预料的，他并不感到意外，可对乔伊纳来说却丧失了谈判的心理筹码。亨特的人不断报告深岩井的最新进展，这时，亨特一边跟乔伊纳谈判，一边注视着这口井的勘探结果。11月25日和26日两天，乔伊纳基本都是和亨特在酒店里讨论交易的细节，在26日下午4点半时，亨特的人从亨德森打电话报告了深岩井打到了伍德拜恩砂岩的深度。

在鲁斯克县这天是一个阴雨天，快天黑的时候，亨特的人守在深岩井旁边看到了深岩井在取芯，亲眼看见岩心在井场被整理描述之后包装起来，一共取了16英尺的岩心，其中10英尺是饱含石油的伍德拜恩砂岩。此时是晚上8点半，这位手下马上跑回亨德森的办公室打电话给亨特，通知这一最新消息。4小时之后，乔伊纳在亨特和律师起草的合同上签了字，合同内容大致如下，亨特同意支付乔伊纳97.9万美元收购乔伊纳在鲁斯克5000英亩的土地契约，大部分的钱是从生产原油的销售货款中来。此外，还有另外一份合约是亨特同意支付乔伊纳20.3万美元购买黛西·布拉德福德农场发现井所在80英亩区块的权益，并再支付15.3万美元购买剩余布拉德福德农场500英亩的产权，总共成交价格为133.5万美元。鲁斯克5000英亩的区块，亨特支付了2.4万美元的定金，那80英亩的权益先支付了3000美元的定金，500英亩的产权，也支付了3000美元的定金。

合约反复强调以5000英亩成交的土地生产的原油为支付资金的来源，原油生产开发时间没有明确写明，这给亨特油田开发和资金运作留下了调节空间和经营的灵活性。亨特知道不久将要面对潮水般的法律诉讼案，特别在合同中注明了如果法律诉讼关于这些土地契约权益争执，乙方即亨特可以根据情况进行法律应诉或采取其他解决办法，这跟甲方即乔伊纳没有关系，不需要承担任何法律责任。合同中很清楚地说明亨特将接手乔伊纳的土地契约和产权，就相当于一种买断形式帮乔伊纳解法律诉讼之围。在土地油气开发具体细节上并不是很清楚，因为有太多的不确定因素，亨特不想做过多的承诺，总之，这个合约在当时满足了双方所要达到的目的。

合约签署两天之后，深岩石油公司公布了那口探井的结果，展示了饱含石油的岩心图片，鲁斯克地区的土地契约又飞涨起来。据说有一家大的石油公司不知道，乔伊纳已经跟亨特签约出售区块，竟然向乔伊纳开价350万美元购买，这让乔伊纳觉得可能把辛苦得到的成果贱卖了。1930年12月13日，深岩公司的井开始投产，产量是每天3000桶，为API密度为40.5的轻质优质原油。这是一口难得的优良油井，是乔伊纳所期望的油井，是所有石油勘探人想追求的发现。12月16日，亨特在乔伊纳井南边区块的井也出油了，只是一口一般的油井，日产量不到100桶，这也是亨特所预料之中的。另外，在发现井的东北面，打出了一口低产油井，之前的干井没有出油，有气体流出，发生了一次火灾烧毁了井场。12月20日，亨特把输油管线修到了黛西·布拉德福德农场，连接了发现井和深岩井生产的原油，运到铁路旁边的采集站，再由火车运往休斯敦的炼油厂。亨特的管线公司就此开张了，一周之后，亨特的竞争对手把管线铺设到了深岩公司的井场，运输所生产的原油，这是因为亨特的管线已经不能运载那么多的原油产量，从此，东得克萨斯油田开发序幕就被揭开了，接二连三的惊人发现随后出现。

六、庞然大物，超乎想象

深岩公司的高产井唤醒了大的石油公司，睁开眼睛关注着得克萨斯州东部地区的石油勘探。当乔伊纳井钻杆试油时，北面基尔戈尔的克里姆听到亨德森传来出油的消息，盼望着有人到他的农场来探油。正在琢磨如何找人来打井时，来了两个陌生人到商店里找克里姆，他们看中了劳·德拉·克里姆农场的那块地，想跟克里姆讨论如何合作打一口探井。乔伊纳井的出油刺激了克里姆，他把土地看成了摇钱树，开口要价高达200美元一英亩，显然，这不是两个陌生人所能支付的。两人就直接跟克里姆讲了想法，不是来协商购买土地契约的，只想在克里姆的农场1500或2000英亩范围内打一口探井，如果克里姆同意的话，就可以把钻机拉过来打井。克里姆不用出钱打井，但是一旦出油，需要让出八分之七的矿产权益。克里姆想了许久，考虑到没有其他公司找上门，只要把农场周围的土地合在一起签约，收益仍然占大头，打一口井至少可以知道下面是否有油。跟邻居商量收集了1494英亩的区块，与贝特曼石油公司签约，双方同意打一口4000英尺或打到油层的井。

几天之后，10月28日，在劳·德拉·克里姆农场上开钻，井名为劳·德拉·克里姆一井。贝特曼石油公司是一家小公司，跟乔伊纳差不多，两三个人用陈旧设备打井，打井的速度很慢，还要靠不断发行股票来筹集资金，其股票销售不是很理想。因为几个月前，一家大石油公司做了一份地质调查，报告表明克里姆农场周围地下不太可能有油。当井打到3500英尺时，没有发现伍德拜恩砂岩。乔伊纳井在这个深度已经钻进了伍德拜恩砂层，贝特曼开始产生了怀疑，这口井是在乔伊纳井的北面，可能伍德拜恩砂层会埋藏更深一些。此外，合同规定要打到4000英尺的深度，就下决心继续往下打，不幸鱼尾钻头磨钝了，需要换牙轮钻头，只好向其他公司租借。亨特知道后，伸出了援助之手帮助贝特曼，主要原因是想知道贝特曼井是否有油。用亨特的钻头很快就打到了伍德拜恩砂岩，12月14日贝特曼决定在3629英尺的深度取芯，结果岩心底部全是含油的伍德拜恩砂岩。这个消息很快被石油情报探员在业界公布于众，三天之后，几家大石油公司和独立石油公司在这个地区争抢区块契约，一时间地价暴涨几倍。到了12月28日上午11时30分，这口井被证实是一口高产油井，日产2200桶原油。

当乔伊纳在奥弗顿发现石油消息传开后，朗维尤的斯基珀再也按捺不住自己内心的激动，这是实现预言的时刻到了，打算找人在手中的区块打一口井尝试一下。他跟合伙人商量用手中9300英亩区块当中的5000英亩土地去交换打井费用，以每英亩50美分的价格出售给一家钻井公司，保留4300英亩土地。由于这些土地中有土地归属权的争议，为了摆平争议，斯基珀和合作伙伴同意让出三分之一的权益，要求把这口探井打在自己的区块上。1930年12月1日，斯基珀的井在没人关注下悄悄地开钻了。这口井是位于朗维尤镇西北面大约5英里的地方，就是20年前求人打井的地方，距离当时正在钻探的劳·德拉·克里姆井北面13英里，离发现井北面26英里，位于拉斯罗普的农场之中，井命名为拉斯罗普一井。这家钻井公司有很好的钻井设备和有经验的钻井工人，这口井进展得很顺利，到了1931年1月12日，这口井就钻到了伍德拜恩砂岩，在3574英尺的深度取芯测试发现含油岩心，这一发现极大地鼓舞了当地群众。两周之后，这口井开始试产时，18000多人到井场围观见证这口井出油。从上午11时至下午1时10分，试油终于获得成功，测得320桶API密度39.6的轻质原油。按这个结果换算，相当于日产两万桶之多，斯基珀多年的梦想在这一时刻终于实现了。这家钻井公司并没有兴趣开采石油，于2月7日把这口井连同所有的权益一起卖给了博蒙特的杨特·李石油公司，售价为327万美元。

贝特曼在劳·德拉·克里姆一井出油之后，需要大量的资金开发这近1500英亩的土地，起初想找借贷，但找不到愿意借钱的人，决定把这口井和手中的区块放在市场出售。他去达拉斯和什里夫波特推销，开价为150万美元现金和60万美元八分之七的石油生产权益，但都没能找到合适的买家。正在不知怎么办的时候，有一天他接到了亨布尔总地质师华莱士·普拉特的电话。这位是美国石油地质家协会的风云人物，是当时最顶尖的石油地质商人，要约贝特曼见面商谈。在亨布尔休斯敦的办公室，贝特曼会见了普拉特和公司总裁也是亨布尔石油公司的创始人之一法里什。当时美国刚刚经历过史上最严重的经济萧条，在经济没有完全复苏的情况下，出大手笔购买资产有较大风险。经过一番磋商之后，为了亨布尔公司今后的发展，他们决定接受贝特曼的要价。1931年1月9日，亨布尔石油公司开了一张150万美元的支票给贝特曼，贝特曼拿了这笔钱之后，就离开了得克萨斯州再没有回来。塔克夫妇在靠近基尔戈尔有一个300多英亩的农场，劳·德拉·克里姆一井的发现使农场的地价增值了数倍，夫妇商量决定把农场卖给太阳石油公司，每英亩售价为100美元。当塔克夫人在奥弗顿银行存农场获利支票时，遇见了亨特在银行办理业务。亨利的公司最近资金运作临时短缺，想向莫特利总裁贷款5000美元应急周转，莫特利拒绝了亨特的请求，因为亨特贷款额度达到了许可极限。塔克夫人见到亨特失望的样子，就在门口拦住了他，说愿意借他5000美元但要收百分之八的利息，这正是亨特通常的做法。亨特高兴地接受了塔克夫人5000美元的借贷。几周之后亨特要还钱给塔克夫人时，塔克夫人说只要亨特付利息就好了，5000美元本金等需要时再还。亨特就给了他们30美元的利息。下一个月，塔克夫妇收到了30美元利息和100磅当地人最喜欢的山核桃作为答谢。

乔伊纳的发现井和劳·德拉·克里姆一井相距13英里，这是两个油田还是一块整个的油田？后者几乎在得克萨斯州没有先例，只有想象力丰富的人才会这么猜想。不管哪种看法，这两口井之间的地价已经从没有发现油井之前的几美元一英亩涨到1000至5000美元一英亩。亨布尔公司由于在这个地区一直陆陆续续地做地质调查，占据了不少土地面积，其他石油公司只得往北格雷格的朗维尤一带购地，不少独立石油经营商和投机商主动地找当地农户购买土地开矿权，有公司在这两口井之间打井证实两口井属于一个油藏。当拉斯罗普一井出油之后，人们又开始怀疑这口井跟南边相距13英里的劳·德拉·克里姆一井是否连成一片，很快这个推测就有了答案，随着各家公司打井的数目增加，探明油田的储层含油面积为45英里长，呈南北走向，从东到西在5至12英里宽，总面积达14万英亩。油田覆盖得克萨斯州的五个县郡，无法给出一个具体的地名来命名这个油田，只好称之为东得克萨斯油田。这是在北美大陆上从未发现过的巨大油田，大得用惊人二字来形容都不为过。问题是，如此大的油田怎么会被大小石油公司的地质师给遗漏了呢？劳埃德又是如何知道这个油田存在的呢？回到1927年在劳埃德写给乔伊纳的报告中说道："不要灰心，你将会成功发现世界上一个最大的油田。"当时预测乔伊纳一定会在3550英尺深度发现伍德拜恩砂岩，如此惊人的预测让人百思不解。

尽管劳埃德的报告里有众多的谬误，但事实却证明他所讲的乔伊纳将会发现一个大油田和油层的深度几乎跟后来的结果完全一致。其实，正如亨特计算的那样，黛西·布拉德福德第三井并不是打在一个很好的位置上。乔伊纳选择在黛西农场打井，是因为从黛西手中获得了最为有利的土地契约，劳埃德当时建议乔伊纳把井打在这口井西边两英里处。如果是那样，那就会正好打在这个大油田的中轴线上，会是一口非常高产的油井。劳埃德始终没有得到石油界的认可，石油地质学家都异口同声地说劳埃德是好运，其他从业人员说劳埃德只是一位兽医。对于这样的指责，劳埃德很少做任何解释，只是偶尔跟周围的人讲，自己不是从正规学校毕业有学位的专业地质师，但比科班出身的地质师钻研地球科学更深，比任何一个专业地质师所知道的石油勘探知识更多。

东得克萨斯油田的发现不仅让石油商人感到十分意外，对石油专业人士尤其大石油公司的石油地质师们更是一个巨大的冲击。石油地质师抱怨公司的分工和规定，想多花一些时间研究得克萨斯州东部的地质条件，往往被限制在纯地质科学范围。石油勘探主要还是依靠地球物理手段，通过当时发明不久的地震反射技术寻找构造来指导打井，早期的地质和地球物理研究是比较脱节的。1922年，得克萨斯州第一次引进了重力测量，两年之后，马兰石油公司率先在得克萨斯州进行地震反射测量，通过地球物理手段找到了很多构造，尤其是盐丘构造，从而发现了许多油藏。地球物理测量被认为是石油行业发展的趋势。大多数石油专业人员把注意力都集中在寻找构造上，认为只有构造才能产生油气圈闭，忽视了石油地质的基本要素。生储盖圈闭是形成油藏的基本条件，而圈闭并不只是构造可以形成，地层的岩性变化在水动力联合作用下也可以形成圈闭，比如，一个良好的储集层发生了地层变薄尖灭之后，被上面的致密岩层覆盖，在储集层有充足的底水供应下，就会产生一种地层圈闭。得克萨斯州东部的地质条件就具备了地层圈闭的因素，良好的伍德拜恩储集层在得克萨斯州东部地区发生了地层尖灭之后，被上面的致密盖层奥斯汀页岩所覆盖，形成了地层圈闭油藏。该油田之所以巨大就是因为没有受到构造的控制，整个伍德拜恩砂体充满了油气。不知道劳埃德是否真正了解石油地质科学，他没有使用过地球物理勘探手段，更没有被地震资料所局限。地质研究或许是基于石油地质最基本的要素，用生储盖圈闭来判断得克萨斯州东部地区油田的形成，突破了只有构造圈闭的框框，看到了石油专业人员所没有看到的东西，这是一种创新。东得克萨斯油田的发现，在石油地质理论上开创了一种新的油气藏类型——地层圈闭油藏。

七、苦尽甘来，方见真情

当东得克萨斯油田的面貌逐步在人们面前变得清晰，乔伊纳的内心越来越不平衡了，向亨德森法院指控司钻拉斯特私通中堪萨斯油气公司，把有价值的商业秘密泄漏给这家油气公司，导致失去了购买廉价的土地契约。乔伊纳的理由是拉斯特应保守所有的钻井信息，而拉斯特把出油的消息告诉了中堪萨斯油气公司，换取该公司购买的1100英亩土地的四分之一权益。根据乔伊纳的指控，如果拉斯特不告诉这家公司取芯结果的话，他会先把这块土地买下来。当时是每英亩1美元，现在出油之后，变成了每英亩3000美元，至少价值为330万美元，愿意按中堪萨斯油气公司购买的价格赎回这个土地契约。拉斯特的回复是跟乔伊纳之间没有合约，可以在任何时候买卖土地契约，没有在告知乔伊纳之前告诉过中堪萨斯油气公司或其他人。黛西·布拉德福德第三井发现的消息是乔伊纳自己在泰勒大街上把岩样展示给公众看泄露的，乔伊纳从来没有准备购买这个有争议的区块或其他任何区块。当时他没有资金购买，相反还在出售土地区块。拉斯特承认跟中堪萨斯油气公司有交易，但没有获得那1100英亩土地四分之一的权益。实际上经过一番争取，中堪萨斯油气公司给了他1万美元和一小块土地区块，但不在这1100英亩土地之中。拉斯特又声称乔伊纳没有兑现承诺打井时要给拉斯特的契约产权，当时协议是6美元一天的现金和4美元一天价值的契约产权，按此计算，乔伊纳应该欠370英亩契约产权和14.9万美元。乔伊纳和拉斯特达成了庭外和解，具体内容没有向外公布，乔伊纳撤销了对拉斯特的起诉。

中堪萨斯油气公司则向法院提出移交联邦法庭审理，原因是当事人原告和被告不在同一个州内。法官同意了中堪萨斯油气公司的申请，把这个案子交到了泰勒的联邦法庭，联邦法庭很快做出了回应，判决指控案件不成立。中堪萨斯油气公司继续在得克萨斯州作业，成为东得克萨斯油田的最大生产商之一。乔伊纳和拉斯特之间的分歧从根本上讲是一个道德问题，乔伊纳觉得拉斯特背叛了自己，可是没有什么证据可以证明这一点，即使可以拿出证据，也很难赢得这场官司。拉斯特显然把重要的信息给了一家有能力购买土地的公司，购买的土地契约一夜之间变得万人争抢。石油商人不会认为这是中堪萨斯油气公司的不正当行为，只会认为这是经营的高明之处，如果拉斯特被指责的话，无非是缺乏对乔伊纳的忠诚度而已。

亨特接过乔伊纳的土地契约之后，整合了在得克萨斯州东部的石油资产，进行了整体规划和切实执行，成为东得克萨斯油田最大的独立经营者，借助油田开发的东风其资产迅速增加。此时的乔伊纳越来越相信亨特的部分资产应该属于自己，向法院提出诉讼亨特和合伙人皮特·莱克，指控其误导自己把巨大的资产给贱卖了。要求法院帮忙归还他的资产或下令要亨特和莱克赔偿1500万美元的损失，这个数字是根据资产计算出来的合理市场价值。亨特在泰勒新家的床上接到法院传票，心里清楚这一天是会要来的。为了避免法律纠纷，亨特想劝乔伊纳放弃诉讼，不过，只有不到一周的时间说服乔伊纳，1932年11月25日晚上12点是法院传票的期限。在此之前，亨特在救一个被汽车压在底下的人，跟大家抬车的时候严重扭伤了背，用铁架固定后卧床休养。收到法院传票之后，亨特忍着剧痛和不便叫手下的人把自己送到达拉斯乔伊纳入住的酒店，乔伊纳在酒店会见了亨特，见到亨特的身体状况后十分同情，表示会考虑撤销起诉。随后开始一天两次来看望亨特，没有再提是否要撤诉的打算。

11月24日下午，乔伊纳和亨特有了一次几小时的长谈，双方对各自关心的问题交换了看法，在没有达成共识的情况下，乔伊纳起身离去。亨特艰难地爬起来送乔伊纳到门口，此时，下定决心跟乔伊纳说："乔伊纳先生，我想我说的都已经说了，你可以去告我，不过我希望你最好不要那样做。"乔伊纳把手伸到亨特的肩膀上细声地说："我的男孩，我不会做那种事情的，我真的很爱你。"言语之间，老泪纵横转身离去。亨特回到床上松了一口气，觉得这一趟来达拉斯是做对了，庆幸做了一个英明的决定。可是，又突然有一种不祥的预感，乔伊纳的为人不是那种真情实意的，为什么乔伊纳会变得如此动情呢？答案只有一个，那就是他要斗一个鱼死网破对簿公堂。亨特从来不怀疑自己的判断，所剩的时间不多了，要立即采取预防措施，拿起电话打给了律师，让其带上几个速记员一起从泰勒赶来达拉斯。又打电话给在泰勒的弟弟，敦促其马上赶过来一趟，同时打电话给银行执行官，让其派一位财产评定员过来，连夜起草文件，把个人资产和公司财产分离。在个人资产300万美元文件签字之后，就让人赶回亨德森在法院门口等候，第二天法院开门就第一个冲进法院备案。一小时之后，乔伊纳的律师出现在法院，正式提出诉讼。法院接受了乔伊纳的诉讼案，亨特已经把公司和个人财产做了切割。这样在整个诉讼期间，法院就不能冻结公司的正常经营。这一天正好是亨特收购乔伊纳产权的两周年，那里已经打了900多口石油生产井，如果冻结，一天的经济损失是巨大的。

乔伊纳对亨特的起诉在石油行业中也并不少见，在巨大财富面前人难免有些贪念产生。诉讼主要是围绕在达成协议时，双方是否获得了同等的信息资料。乔伊纳的律师指控亨特通过收买深岩公司的作业者获取了非常重要的信息，证明发现井的西侧有好的油藏，表明乔伊纳区块内地下有丰富的石油，其价值远远高于亨特支付给乔伊纳区块的成交价。亨特当场否认了这一指控，在法庭听证时，说并没有收买深岩公司的作业者，只是向他们提出邀请共同收购乔伊纳的土地契约。他很关注深岩井的钻探结果，因为发现井的东侧先后打出了干井，乔伊纳的区块仍然存在相当大的风险。这个指控被驳回之后，乔伊纳的律师指责亨特在协商谈判时，为乔伊纳提供的酒店租房限制了与外界的联系，使得那段时间乔伊纳不知道发现井周围发生的情况。这个指控显然不能站得住脚，因为当时乔伊纳和亨特都住在同一间酒店，为了方便讨论协议条款，亨特并没有限制乔伊纳的人身自由。在那几天乔伊纳依然可以跟外界联系，乔伊纳本人为了躲避媒体采访或投诉才躲藏起来。

几个回合下来，乔伊纳看见种种证据都不利于自己的诉讼，于是，向法庭提出终止诉讼程序。当庭承认诉讼之前，他没有调查清楚事实真相产生了误判，愿意承担一切法律诉讼所产生的费用，乔伊纳跟亨特之间的官司就此画上了句号。乔伊纳的这场官司支付律师费用高达1万美元，为了这笔钱他还得从亨特那里预支，亨特只同意给3000美元，其他要到合同规定支付时间才能给，此时亨特还欠乔伊纳66万美元。这场官司并没有影响到两人的私下交情，仍然像之前那样，乔伊纳还经常到亨特公司走访，很多时候是为了月底之前让亨特预支下个月的款项。好几次到了近月底的25日，乔伊纳的资金就周转不过来了，亨特基本上都满足了乔伊纳预支的要求。在把所有得克萨斯州东部的资产卖给亨特之后，乔伊纳没有完全退休，继续转战到了得克萨斯州的东北部和西部地区勘探，再没有什么新的石油发现。他耗尽了亨特给的钱财，在东得克萨斯油田发现的17年之后，1947年死于达拉斯，终年87岁。在此之前，黛西、劳埃德、拉斯特、塔克夫妇都先后去世，其他的油田发现者也没有见到这个油田枯竭的那一天。亨特在购买了乔伊纳区块契约之后，迎来了250多起法律诉讼，幸运地赢得了所有的官司。不少拿着乔伊纳集资证券的人找亨特兑现，都被亨特收购回来，这些证券收购金额都没有超过250美元。在所有风波过后，亨特发现所购买乔伊纳5000英亩的土地契约中，只有其中两英亩半的土地是在乔伊纳的名下，其余的4997英亩产权已经归属他人。亨特一直拥有东得克萨斯油田的那口发现井，黛西·布拉德福德第三井生产了很多年，在亨特心中留下了许多回忆。亨特石油公司成为东得克萨斯油田最大的经营商，公司资产在油田开发生产中高速增长，不断进行石油勘探并取得了傲人业绩。在1957年美国富人榜上，亨特的个人资产高居榜首，成为美国当时最富有的富豪。亨特很感恩东得克萨斯油田成就了自己，怀念那里的人们给予过的帮助。在1941年得知劳埃德在芝加哥酒店去世的消息时，感叹"他是一个赋予伟大梦想的思想家"。亨特的一生也是充满了传奇色彩，有3个老婆15个子女，1974年死于达拉斯，当时遗产分配也成为美国民众关注的头条新闻。

第四节　得克萨斯州铁路管委会

早在20世纪30年代历史就选择了得克萨斯州州府奥斯汀作为美国石油政策的制订和代管地，由于得克萨斯州在美国石油工业举足轻重的地位，生产多少石油、美国国内油价应该是多少、谁该生产多少以及生产者之间的相互调节等，基本都是得克萨斯州铁路管委会委员们选择决定的。这些选择涉及重要资源的供应和定价，影响数十亿美元的财富分配，因此，这些选择决定一直充满着激烈的政治斗争。

奥斯汀远离美国首都华盛顿，不太被国家政策导向的记者、社会学家所关注，许多政治内幕变得鲜为人知。得克萨斯州铁路管委会一直是美国最重要的监管机构之一，跟州际商业委员会和联邦通讯委员会等联邦政府部门一样，给美国国家的经济运营产生了许多影响。美国一体化大石油公司基本上在得克萨斯州都有经营，得克萨斯州铁路管委会所制定的管理条例同样指导着美国石油工业巨头的经营活动。

得克萨斯州一直是美国最重要的石油生产州。从20世纪30年代初到70年代末，该州每年生产的石油总量占美国石油总量的35%至45%。只是进入20世纪80年代以后，美国的石油产量降低，不得不越来越依靠国外石油进口，从而削弱了得克萨斯州作为石油资源产地的重要性，同时得克萨斯州铁路管委会的影响力也随之消减。虽然得克萨斯州铁路管委会只是一个州的政府机构，但间接地影响着美国现代工业生活的方方面面。

一、得克萨斯州铁路管委会的特殊性及历史背景

（一）石油行业与民主监管

得克萨斯州铁路管委会有一个特殊的属性，即管委会委员是通过选举产生而不是州政府任命的。在美国，无论是选举还是委任，没有一个管委会像得克萨斯州铁路管委会这么重要。管委会要定期向他们的选民做交代，而不是向他们的上级政府。不少学者长期研究国家管理委员会所发挥的影响作用，总结出一套规律。一般对于某个特定行业的管理，典型的管理机构起初建立的时候，会对行业运营进行管制。但用不了多久，这个机构就会与行业合作起来，失去了为大众利益监管这个行业的职能，慢慢变得如同虚设，行业就变成了根据自身利益来进行自我管理。这些现象多数会发生在机构委员是政府任命的，通常他们的任期较长，不需要向选民交代，有人称此为监管会被行业信息和争论以及行业和谐给俘虏了。在美国有许多这样的机构，使得美国政府不得不选择解除监管，开放行业经营，比如民用航空、卡车运输等行业。

得克萨斯州的行政机构设置，每两年至少有一个管委会委员的席位是选举产生的。早在1891年得克萨斯州铁路管委会成立的时候，当时的得克萨斯州州长吉姆·霍格自己兼管管委会，并亲自任命负责人。可后来铁路管委会的职责改变了，监管得克萨斯州的油气行业，对于一个民主社会所面临的问题就是，管委会委员是不是会像监管员那样跟石油行业同流合污呢？还是由选举产生尊重选民的意愿要求？从历史上看，得克萨斯州铁路管委会委员为了得克萨斯州石油工业的健康发展，采纳了许多行业的建议，在关键问题上支持行业的决定。得克萨斯州

319

的选举模式和管委会委员对本州的利益认同感，使得他们对行业的一部分支持远远超过对另一部分的支持。在决定上，通常是偏袒一方。具体地讲，制定政策时，总是站在小的独立生产者和土地所有者一边，来反对大的石油公司。这不仅影响了得克萨斯州石油行业，也影响了整个美国的油气生产。

（二）得克萨斯州铁路管委会管理职能

得克萨斯州铁路管委会所制定的石油管理职能主要体现在以下三个大方面。

首先，管委会是一个资源保护机构。石油不会从井里自动流出，需要有推动力，通常要么来自宝贵的天然气膨胀，要么来自岩层中的底水压力。如果石油生产过快，这些自然动力就会耗尽，残留大量的石油在地下可能很难再被开采出来。为了防止自然资源的浪费，自从1930年中期开始，得克萨斯州铁路管委会就规定了得克萨斯州对油气开采的最大产量定额。另外，石油生产可能会对人和环境产生损害，比如天然气泄漏引起爆炸、油井失控、污染河流和海滩、钻井造成地下水质污染、废弃井导致儿童被困等。为了保证安全和对自然环境的保护，管委会委员制定钻井流程规定，管委会的检查员要监察钻井过程。除此之外，管委会还制定管线运输条例，保证运营安全，这些管委会的职责基本都容易被接受，没有什么争议，很少有政治分歧。

其次，铁路管委会根据市场需求来制定生产产量。从20世纪30年代早期到20世纪70年代早期，美国石油生产基本上处于过剩状态，这个时期管委会要求每个得克萨斯州的油田控制产量，定额生产来保证市场价格稳定。油田的每一口井都规定了生产额度，按理论的最大产能来进行分配，由管委会批准从地下开采多少石油来满足当前油价下的石油需求。市场需求的定额产生了三大效果：（1）鼓励更多的勘探来满足储备的短缺，保持有剩余的产能，这个在第二次世界大战和1967年中东阿以战争以及两次石油危机时发挥了作用；（2）定额控制了石油的供应，不至于大量的生产过剩导致市场油价的暴跌，起到了稳定市场和保护行业的作用；（3）给相对高成本的独立生产者生存的空间，使其不会受到市场大起大落的打击，从而极大地改善了得克萨斯州的经济根基。

最后，管委会长期致力于保护得克萨斯州每个生产者和矿税所有者的集体权益。石油具有极高的经济价值，结合油气的流动性，在土地私有产权的体制下，生产石油和市场需求之间常常会在权益上发生冲突。每个拥有石油土地产权的人，都会尽可能地希望自己的利益得到保障。可是，油气在地下是看不见和流动的，确定所有权和利益分配，在很大程度上就只能猜测，很多时候管委会在冲突中不得不充当评判的角色，保证各方能被公平对待，不会被欺骗。当牵涉到经济利益的时候，这就变成了一个高度敏感政治选择，比如，管委会规定油气采购者必须从生产者那里购买油气时，要保证每个作业者都有市场销售，不能只从高利润的生产者那里购买；与此同时，管委会规定运输公司主要是管道公司不能拒绝石油运输的要求。

这三个方面的管理职能把得克萨斯州铁路管委会变成了一个政治活动的舞台，委员们的选择决定了得克萨斯州的经济走向，会影响美国其他地区的经济发展。

（三）一体化大石油公司①与独立经营石油公司②

从行业角度来看，管委会要面对两个矛盾冲突，即石油行业之间的内部矛盾和石油行业与公众对行业的认知差异的矛盾。在石油行业内部存在两个群体——一体化大石油公司和独立经营石油公司，两者有着不同的经济利益和政治倾向。

在1978年得克萨斯州石油通讯录上，登记的有6000多家独立经营石油公司，其中三分之二的公司每月产量在1000桶原油和1000万立方英尺天然气。这些独立经营石油公司很少在得克萨斯州以外作业，基本上只在一个油田里，主要从事石油生产，规模较小，管理政策对他们有较大的直接影响。独立经营石

① 一体化大石油公司：经营石油勘探生产、石油运输、石油炼制和石油成品销售四个领域的公司。是行业的主力军，形成了政治利益集团，体系健全、机构庞大、资金充裕、业务广泛，公司的股价稳定而且比较好预测，喜欢规避风险和主导行业秩序，掌控行业发展，有行业的长期规划。

② 独立经营石油公司：独立经营石油公司指经营四个领域中不超过三个领域。少数独立经营石油公司只经营油气运输，主要是管道运输，大多数独立经营石油公司是指那些仅从事石油勘探生产的小公司。

油公司是一批敢于冒风险的开拓者，不重视公司的远景规划，只注重短期的经营效益。独立经营石油公司在得克萨斯州经济中扮演了重要角色，他们的主张和观点得到众多的小经济实体的赞同，如个体土地所有者、钻井公司、小油田作业者等相关经营商，都团结在独立经营石油公司阵营，在油气管理政策制定上，形成利益联盟。

总的来说，铁路管委会对得克萨斯州的经济发展是有促进作用的，有些作用是建立在美国其他地区的利益之上，管委会委员传统上是从保护石油工业出发，在自由竞争中保护独立经营石油公司一方。有时这样的保护导致独立经营石油公司和土地所有者们从石油行业中获取更多利益。考虑石油生产者多于石油消费者的利益，政策制定大多数时候，都是偏向小的经济实体。这样做并不见得就违背了国家利益，管委会的政策是应该被赞赏还是被谴责是一个很复杂的问题。由于政治大环境的影响，委员们的选择还是追寻一定的模式规律。在得克萨斯州特定的经济政治构架下，独立经营石油公司对石油管理政策的影响发挥了巨大作用。

二、得克萨斯州铁路管委会发展阶段

从20世纪30年代至80年代，得克萨斯州铁路管委会主要经历了以下四个发展阶段。

（一）树立权威（1930年—1935年）

在19世纪末期，得克萨斯州是土地激进主义的温床，几乎全部的经济资源都来自农牧业的牛羊和棉花种植。得克萨斯州居民对商品的运输价格非常敏感，认为铁路运输蚕食了他们的劳动果实。南北战争造成的经济地区差异，许多农民认为铁路给他们带来了更多的苦难，开始对铁路产生愤怒，具体表现在1875年和1879年，农民组建联合阵线发起了民粹主义运动。这时得克萨斯州的政治人物吉姆·霍格正好赶在这个风口浪尖上，作为得克萨斯州总检察长赢得了对铁路的官司，获得了巨大的政治资本。1890年他竞选州长，承诺当选后成立一个机构来监管铁路行业。结果不出意外，这个承诺在竞选中获得了广泛选民支持，他高票当

选得克萨斯州州长。当选之后，在兑现选举承诺的时候问题出现了，他觉得铁路行业太有钱了，可以操纵选举来左右铁路管委会委员产生。于是，霍格想委任管委会委员，不从选举中产生，铁路方面同意了这个想法，成立了铁路管委会，通过了任命委员的提议。但是，在政治上遭受了挫折，他失去了任命委员的资格。在竞选州长时，霍格向农民联合阵线许诺，当选之后，会至少任命一位农民代表为管委会委员。由于种种原因这个承诺无法兑现，一下子激发了农民组织要求成立选举机构。三年之后，得克萨斯州立法院修正法律，制订每6年要选举一次管委会委员资格。从此，管委会委员在处理铁路运输方面所能发挥的作用十分有限。

1901年，得克萨斯州纺锤顶大油田的发展改变了这个制度的格局。纺锤顶大油田吸引了大批各种各样的人员从美国各地来到得克萨斯州，这些人员成为石油生产者，建立了得克萨斯州重要的石油工业。在墨西哥湾沿岸陆续发现油田，得克萨斯州境内渐渐形成不少城市，身无分文的农民摇身一变成为富有的矿税所有者，石油行业的发展改变了得克萨斯州的农业经济。到1929年时，得克萨斯州生产超过20亿桶原油，成为世界最大的石油产地之一。以一个迂回的方式，铁路管委会被授权管理这部分石油生产经营。在20世纪初期，得克萨斯州有反垄断法规定，这是由民粹运动带来的。规定禁止任何公司从事多个石油领域的经营活动，只能参与生产、运输、炼制、销售领域其中的一两项经营，这样，得克萨斯州法律使得外州大石油公司难以插足。一体化大石油公司只好申诉要求修改法律，这个申诉遭到了独立经营石油公司的反对。

十几年之后，在1917年达成了妥协，同意一体化经营，得克萨斯州政府有权管理管道运输。管道运输石油是一种运输工具，铁路管委会又被授权监管管道经营。两年后，得克萨斯州立法院通过严禁浪费自然资源，特别是石油资源的法律规定，这样铁路管委会自然成为这项决议的执行机构。在20世纪20年代，管委会制定了实行井距规定防止石油浪费开采，当时基本上没有贯彻执行。那时的得克萨斯州石油工业处于健康发展阶段，行业本身和管委会都希望不要做过多的干预。到了1930年，美国经济出现大萧条，使得整个石油工业都饱尝痛苦，大家把目光投向了管委会，期望能进行有效的行业整顿。

1.生产过剩与资源节约

1930年10月3日，乔伊纳在得克萨斯州东北部发现了当时美国最大的东得克萨斯油田。这个油田的发现有三个不寻常的地方。

第一，油田有超大的储层，南北长度为45英里，东西长度为12英里，面积超过14万英亩，可采储量为55亿桶石油，是当时世界上发现的最大油田，占美国石油生产总产量的三分之一之多。

第二，该油田的地质条件并不被当时的地质科学所认知。在此之前的油田都是构造圈闭形成的，往往可以从地表或地震勘察来确定，东得克萨斯油田是一种新型的油田，叫地层圈闭油田。在基尔戈尔地下3600英尺处，储层伍德拜恩砂体倾斜尖灭，当时的常规勘测手段不能有效地勾画油田的范围。

第三，由于这个新型油田未能被之前的石油地质理论所概括，导致大石油公司没能购买这个地区的土地区块。油田发现一年之后，大石油公司在这个地区的契约区块不超过20%，大部分油田被独立经营石油公司和土地所有者拥有，这决定了后来得克萨斯州几十年的石油政治之争。

石油行业不像其他行业那样很容易受市场的自然调节形成供需平衡。比如，制鞋工厂可以预测未来一年市场销售多少双鞋，然后根据这个数量进行生产。如果市场需求大幅度增加，工厂就会增加生产，新的商家也会加入市场。如果市场需求下降，工厂就会减少生产，经营不好的商家就会关门。在没有垄断的情况下，鞋的生产厂商和购买商家都是追逐自己利益最大化的，厂商的目的是盈利，而商家的目的是实用性。这基本上就是经典经济学的理想市场学说，人们都是理性地按市场规律和社会福利来行事。可是，石油行业是没有管制的供需经济，常常会导致市场紊乱和剧烈震荡，主要是两个方面的原因。首先，石油行业不像制鞋工业对自身的资源可以预控，鞋是可以制造生产的，石油是在地下被发现的，没有人知道地下有多少石油，在什么地方蕴藏，无论怎样做勘探计划，石油的发现都是具有随机性和不确定性的。经典经济学的理论是不适用的，无管控的石油行业不会有理性的市场行为。其次，在一个允许私有产权的社会里，不寻常的石油发现就会导致经济和物质市场的非理性动荡。如果石油生产过快，气体或底水驱动能量就会锐减，残留大量原油在地下无法再开采。石油开采需要有合理的方法，应该由工程师对储层进行研究，找出一个有效的开采速度来减少地下石油资源的浪费。

如果一个国家只有一家公司开采石油或者整个油田是由一家公司拥有，生产几乎都会以一个合理的速度开采石油。油田会在统筹安排下，按经营者的利润最大化和社会整体利益最大化有机地统一起来，这是因为把储层作为一个整体就会促使一个理性的油田开发。假如有多家公司拥有油田的话，要有政府机构出来协调统一生产和利润分配，油田的开发就会像只有一家公司进行开发那样接近于最佳合理开采。在美国，很多时候是许多土地所有者和多个石油作业者拥有同一油田的产权和开发权，这样，个体利益与社会利益就会发生冲突。石油在地下是流动的，可以从一家的区块流动到另一家的区块去。如果任何一家开始开采石油，周边的也会进行开采，否则，石油就会流到先开采的地方，去填补被开采的油气。这样就会造成各家一起打井比赛，避免自己的石油被邻居开采。由此就会有越来越多的井打在同一储层上，当生产速度加快之后，油田的最终采收率就会降低，个体的利益行为就会与社会利益相违背，无法做到油田资源开发的合理性。

在石油工业发展的初期，竞争开采的问题被美国的司法体制搞得更为糟糕。当初石油在宾夕法尼亚生产时，在开采问题上就有过法律诉求，土地所有者告其周围生产井的主人，开采了自己的地下石油。当时，宾夕法尼亚法官没有办法认定石油是不是流动到周围的井里，没有任何科学技术可以提供有力的证据，于是，就去查以前的案例。那时石油工业是新兴产业，此类的问题以前根本没有遇见过。在没有办法的情况下，法官按英国通用法即捕获规则裁定，其结果可想而知。石油作为地下流体，像一个野蛮游戏的猎物，很快从一个地方移动到另外一个地方。在法律上，被称为难以捕捉或易逃逸的。英国通用法明确阐述，虽然一头鹿出生和成长在某人的土地上，但是，当鹿越过界限进入其他人的领地时，这只鹿就成为这家人的猎物，谁捕捉到就归谁所有。同理推论，石油在地下沉睡了上百万年，只要流入谁的地方，谁把它开采出来就该归谁所有。尽管得克萨斯州法官从来没有按这个不太符合实际情况的捕获规则判案，但是，这种思维却在石油生产者心中埋下了开采周边石油开脱的理由根据。

捕获规则从某种程度上可以阻止土地所有者从别人土地上开采石油，但前提是要用统筹法规把所有油田的土地所有者和作业者统筹为一个整体，采用统一的开采方案才能最终解决。不过，在得克萨斯州法律中从来没有统筹法规，没有法律明文规定，对于土地所有者而言，唯一的自我保护就是打井，尽快开采地下石油。在这些独特的经济、物质、法律属性作用下，石油行业自由发展，就会导致要么竞争性的自杀，要么白白浪费自身依存的物质资源。当一个油田有众多的拥有者时，无管制生产很快就会变成抽油竞赛，每个个体都会尽可能地多打井，尽快把石油开采出来。自从纺锤顶油田诞生以来，得克萨斯州已经有一代人都按这个原则进行石油生产经营，对每个油藏的野蛮开采，使得储层能量很快丧失，导致大量的石油资源浪费。仅有5%或10%的原始石油储量被开采出来，水或气驱能量消耗殆尽，油井就停止生产。最有代表性的地方就是得克萨斯州的博格小镇，仅仅几年的时间，对油田的野蛮开采把油藏的能量耗尽，从一个欣欣向荣的城市变成了一座鬼城。此外，尽管在无管制条件下，石油会很快被开采出来，但是，石油未必能很快销售出去。未能出售的石油需要储存起来，石油储存有诸多的麻烦，比如石油有挥发、泄漏、起火等潜在危险，就算把石油储存于地下也会造成相当大的损耗。不仅如此，在一个大油田的无计划生产，大量石油在短时间内涌入市场，就会导致石油价格战，各家都会降价销售，最后使得整个石油行业的经营者都无利可图。

石油行业在无管制或者说竞争开采下，对社会整体和行业中大多数公司都会产生一种非理性后果。油田越大就会有越多的生产者，越会造成可能的物质浪费和经济自损。这种非理性行为对大的一体化公司影响更深，作为一家大的公司有许多不同行业的投资者，需要一个稳定的环境、可预见的供需市场和长远的发展战略，大量的石油所带来的大幅度削价竞争是一种巨大的威胁和灾难。当石油价格过低时，整个公司的投资结构会变得十分危险。历来大石油公司总是试图控制石油资源，这样经营就可以有预见性，总是支持管控石油的市场供给，确保没有过多的石油在市场上流通，影响石油价的稳定。可是，公众却经常谴责这种行为是邪恶的市场垄断，其实这关系到一体化大石油公司的生死存亡。在20世纪30年代，小独立经营石油公司和矿产税所有者投资相对很小，生产相对较多。他们一般只是注重短期生产，愿意把有幸发现生产出来的石油以低价销售迅速套现，从而短期成功致富。小的土地所有者也希望尽快地获得矿产税收，这两个群体对稳定市场价格没有多大的兴趣。在美国经济大萧条之前，独立经营石油公司和小的土地所有者通常都是跟广大的公众站一边，谴责一体化大石油公司定额生产操纵石油价格。在20世纪30年以前，一体化大石油公司与小独立经营石油公司之间的矛盾已经产生，只是从来没有被激化。当东得克萨斯油田发现之后，这个情况发生了改变，矛盾不仅被激化，而且到了难以调和的地步。

2. 治理行业混乱

东得克萨斯油田作为得克萨斯州油田的庞然大物，产生了美国石油工业历史上最极端的非理性行为。对于经济大萧条幸存的农民来说，一口油井就是维持生存的生命线。当时的土地所有者急于涌入基尔戈尔，各类商人签订大量的土地契约，随后见到的就是到处都是钻机。因为没有大石油公司主导进行全面开发，所以没有一个统一的打井计划。在油田发现不到一年的时间里，这个油田每天生产100万桶，平均每小时就完成一口生产井。到1931年年底，官方公布在油田中的井数是3540口，一年之后，这个数字上升为9400口，到1933年年底接近了12000口。在没有发现石油之前，基尔戈尔的土地价格是每英亩1.5美元，发现石油之后两年，地价涨到每英亩3000美元，该城市成为黑金历史上发展最快的地方之一。这对基尔戈尔有好的一面，但对石油行业还是不好的影响多一些。此时美国经济大萧条刚刚开始，油价和市场变得相当疲软，又受到俄克拉荷马一些大油田的影响，对东得克萨斯油田开发产生了连锁反应，得克萨斯州的石油工业被推向了毁灭的边缘。在1930年10月，最好等级的原油只卖1.10美元一桶，第二年这个油价竟然跌到0.25美元一桶。大石油公司试图希望得克萨斯州原油维持在0.67美元一桶，但独立经营的炼油厂无视这个呼吁，不断购入更低价格的原油。到1931年年底，东得克萨斯油田的原油卖到0.10美元一桶，随后成交价格还在继续下跌。这时，美国的许多油田如得克萨斯州西部的油田都被迫关井停产，无法赔本生产来跟东得克萨斯油田竞争，经济灾难威胁着大的石油公司。

在这危机四伏的紧要关头，解决办法就是由政府出面，推行定额生产进行管控。在20世纪20年代，大石油公司通过控制产量来减缓储层压力下降，取得过一些经济效益，但没有作为一项公共政策推广。在20世纪20年代后期，几个得克萨斯州西部的油田进行过自愿定额生产计划试点，可惜没有立法强行实施，没有达到预期的效果。在危难时刻，一体化大石油公司、较大的独立经营石油公司和自然资源保护者统一了认识。为了保护储层和挽救行业，必须马上行动起来在得克萨斯州实行定额生产。

定额生产是根据市场需求进行额度分配生产，这样就赋予了政府机构紧缩每个油田的产量，保护储层压力，还要调控全州的单井生产来满足当前价格下的供需平衡。把产量控制在最大效益的速度生产，是一种保护和节约资源的手段。可是在20世纪30年代，对是否要按市场需求进行定额生产供应是一个非常有争议性的话题，焦点在于是要保守经营，还是要经济开放，需要深入探讨。

在20世纪30年代的头5年，东得克萨斯油田可怕的高产能使行业见证了建立市场需求、定额生产和政府机构监管所发生的争斗。定额生产之争表现在技术、法律和政治三个不同的层面。

（1）技术上的困惑。

在经济大萧条开始时，油藏工程科学还非常不发达。储层的流体动力原理只是被了解，大多数人不是很清楚，仅存于地质师、地球物理师和工程师心中的认知。大多数小的经营者不能也不愿意雇用科技人员，他们对油藏的好奇都是试图通过打井来验证，自然听不进去大公司的地质师呼吁不要野蛮开发油藏的忠告。另一方面，科技人员自己对东得克萨斯油田的驱油机理也不是很明白。在1930年以前，只认识到两种驱油机制。一种是溶解气驱动，像可乐饮料一样，一旦瓶盖被打开，饮料就会被加压的二氧化碳气体带出，同样的原理，天然气把原油从地层带到油井生产出来；另一种是气顶驱动，像喷雾器一样，压缩瓶子上部的气体，下部液体就会被挤出。但东得克萨斯油田的驱动机理不是这两种行业已经熟悉的驱动方式，而是第三种新的驱油机制——底水驱动。这种新的驱动形式当时还没有被完全认知，在油层之下储层底部的水来源于150英里宽的伍德拜恩砂体，把原油推进到东边的地层圈闭，形成了这个巨大的油田，储层的初始压力超过了1600磅每平方英寸。

当1930年东得克萨斯油田被发现时，底水驱动机理简直就像一个谜。在科技人员之间产生了争论，到底是否有底水驱动存在，技术上的分歧比其他问题更难解决，因为这个领域的科学知识直接影响到关于定额生产的政治之争。对于那些为自身利益反对定额生产的人来说，承认底水驱动就是一种潜在的经济威胁，如果底水存在就意味着需要生产管控。东得克萨斯油田的原油对流动的阻力或者叫黏度大致跟煤油相当，如果东边储层的压力降低，石油中的溶解气就会释放出来，原油就会变得黏稠，更接近沥青的黏度而不像煤油那么容易流动。当压力不断下降，底水就从西边高的压力地层侵入到东边砂体。由于石油的黏度增加和水的阻力加大，石油就会变得更加被吸附在岩石层的微小空隙之中。水侵现象在渗透率好的砂岩中比渗透率差的砂岩中要快，最后储层中的水侵就会形成水窜，阻止石油从储层中流出。水的流动性比油大，当水窜出现后，油井就会慢慢地被水淹，产油量开始降低。

如果生产速度被控制，天然气就不会很快被释放出来，原油就会有较好的流动性。在地层中，西边的底水只会缓慢地均衡地推进，地下原油就会被推向东边，最终采出的产量要大得多。由于控制生产保护油田必须是强制性的，焦点就在于是否承认底水驱动机制。在油田发现的第一年，管委会有人到油田去做调研，由于技术结论的政治影响，遇到许多群体怀疑底水驱动理论，更糟糕的是管委会竟然没有油田的基本资料。在1931年，管委会人员还不知道东得克萨斯油田有多少口井或者谁是作业者，没有油田地图，更没有油田地质构造图。在那年年底，管委会下决心要解决资料问题，要求东得克萨斯油田的工程师让每位矿产税所有者提供油井记录、每口井的运营者和土地测量数据。当有了这些资料之后，管委会的工程师就可以绘制油田地图。

1932年12月，管委会的工程师关闭了油田的生产，利用从大石油公司那里借来的压力计，测量了28口油井的井底压力。这些井是从油田的东边到西边分布，第一次测试得到的压力是西边1400磅每平方英寸，而东边700磅每平方英寸。关井72小时之后又测，西边的压力几乎没有变化，而东边的压力翻倍了。这个测试非常有意义，正常的气驱油藏的压力一旦下降之后是不会回升的。只有一种解释油田东边的压力会上升，就是承认底水存在。接受底水驱动理论，意味着生产需要管控来保护油田，这是当时保守派在定额生产斗争中取得的第一场大的胜利。当然这对于那些为自身利益要反对定额生产的人来说，认同这个油田的流体动力机理就是一种威胁，一些人仍然拒绝相信管委会所得的结论或者仍然支持那些相悖的科学解说。

1934年春，在地方刊物上又出现了油田底水存在的解释，这时底水驱动理论已经相对成熟，保证了一些相关的规定实施。但当全面推行定额生产时，管委会还不是那么确定能够顺利贯彻。

（2）法律上模棱两可。

在没有立法要求土地持有人必须统筹开发土地之下的石油时，得克萨斯州法院只得依照捕获规则来处理石油开采所引起的产权纠纷。管理机构不能强迫土地持有人分享开采出来的石油。因此，统筹开发必须是在油气没有生产出来之前实施管理规定。为了达到这个目的，得克萨斯州铁路管委会遭遇了物质和经济环境所产生的困境。生产管控的赞同者认为定额生产是保护自然资源，是合理合法的。生产管控的反对方认为定额生产是操纵市场价格，违反了自由市场经济原则。但生产管控的支持者在这个问题上并不是非常正确的。在20世纪30年代，当时要求定额生产的主要原因是经济方面的因素，定额生产就是保守和操纵价格的阴谋手段。在20世纪30年代早期，得克萨斯州法院和联邦法院宣称要加强对管理机构权力的监督，这样管委会的工作就变得更难展开了，法官的监督可以随时作废下达的管理条例。虽然在20世纪30年代后期，法院放宽了监督，给予了管委会更多的自主权，但在管委会最脆弱期间，管委会每项决定都要事先自我评估是否会被法官否决，有没有越权或者管理规定是否依法行使。

得克萨斯州的立法权力不断改变。1919年管委会授权管理防止资源浪费，可到了1929年这项权力被修改成除了"经济浪费"之外的管理，这被解释为只防止物质上的生产浪费，不能涉及经济影响。每次管委会试图管控石油生产，独立经营石油公司就上法院申诉，许多上诉得到了法院的支持，还赢得几个重大的案例。当法院赞同管委会的管理时，由于不能确定管委会定额生产规定的合法性，生产者有时无视或者不遵守管委会规定，大量生产石油，导致石油供应过剩，市场泛滥。1931年4月，得克萨斯州铁路管委会为东得克萨斯油田发出第一条定额生产条令，限制该油田每口井每天生产不能超过1000桶。四个月之后，在麦克米兰事件上，联邦法院认为管委会限制条令无效。原因是没有证据证明大量生产石油形成了物质浪费，相反，限制生产会造成操纵价格。同年8月12日，得克萨斯州立法院通过反浪费法，针对麦克米兰事件，要求管委会不允许根据市场需求限定生产。5天后，一天100万桶原油从地下产出，东得克萨斯一下子疯狂起来了，原油售价只有一年前油价的60%。

当时的州长罗斯·斯特林不得不颁发戒严令，并派国民卫队到油田接管。1931年9月，在斯特林的戒严令和部队进驻油田的行动下，得克萨斯州铁路管委会再次推行定额生产。规定东得克萨斯油田的产量每天不能超过40万桶，无论油井的产能如何，每口油井的产量每天不能超过225桶。12月，管委会委员见到州长的命令被完全执行之后，让军队负责执行实施定额生产的规定。可是，1932年2月18日美国联邦法院裁决得克萨斯州州长斯特林的行为违反了美国法律，下令撤销油田的戒严令。2月25日管委会只好颁布定额生产规定，每口井日产量一律75桶，10月联邦法院又把这个规定取消了，原因是该项规定违反了一年前得克萨斯州颁布的反市场需求条令，每口井的产量限制必须根据井可以生产的潜能而定。没想到由于联邦法院的干预，第二个月东得克萨斯油田的大量产油又出现了。州长斯特林只好召开立法院的特别会议，授权铁路管委会按市场需求进行定额生产。1933年4月22日管委会颁布新规定，东得克萨斯油田每天的产量不得超过75万桶。按这个油田定额，根据单井的井底压力多少来分配其产量。直到1934年1月联邦法院才批准这项规定，管委会的正式合法权利才被真正认可。可是，这个时候光有合法权利是不够的，在合法性争斗中，大量生产石油是得克萨斯州东部居民的一种生活方式。为了解决管控产量的难题，得克萨斯州和联邦政府都不想让克萨斯州铁路管委会负责，表面上是法律的合法性，其实质却是政治争斗的过程。

（3）政治上进退两难。

20世纪30年代开始，得克萨斯州铁路管委会委员的职位很大程度上是得克萨斯州政客的一个虚职。州内运输管理工作既不用实际收税，也不用筹划税制，完全是给机会让那些曾经担任过重要职位的政治人物发挥一下余热并保持在得克萨斯州政治圈的影响力。当1930年发现东得克萨斯油田时，三位管委会委员没有一个有能力敢于面对棘手问题，这三位委员分别是：67岁的查尔斯·特雷尔，担任过得克萨斯州法官、州财政厅厅长和州立法委员；61岁的朗·史密斯，担任过得克萨斯州立法委员和审计官；58岁的帕特·内夫，得克萨斯州前任州长。在处理东得克萨斯油田问题上无所作为了几个月，直到1931年4月才颁布第一次定额生产规定，延误时机导致事件失控。当时的铁路管委会是一个无能的政府官僚机构，每位管委会委员负责调动三分之一的工作人员，每当管委会委员更换，三分之一的人员都要更换。这些新人基本没有技能来管理石油行业，都是某个管委会委员的朋友或者委员所在选区的联络人。

这样的用人方针最后的结果就是形成了一个无能无效的机构。1930年的管委会里，没有雇用一位石油地质师，仅有一位工程师，这就是为什么当时这个机构不能有效地评估管理及鉴别是否执行了管委会规定，这些基本上跟管委会是否具有合法权利没什么关系。更为不利的是，在东得克萨斯人赚钱发财的时候，当时油田视察员的工资很低，每月不到200美元，没有多少人愿意去管委会工作。1934年，东得克萨斯地区的视察员主管帕克，由于解雇没有能力或者不尽责的雇员而被迫离职，取而代之的是一位不会挑战管委会权利的主管。这次人员变动使得管委会在州内和国内整治野蛮生产的能力大打折扣，其政治影响涉及管委会能否得到尊重。当时管委会正面临生产管控支持与反对的激烈争执，一体化大石油公司、大的独立经营石油公司、大的土地所有者和资源保护主义支持市场需求定额生产，而独立的炼油厂、众多小的独立经营石油公司和矿产税所有者都反对定额生产，这种争议总是异常激烈，有时甚至还会有暴力冲突。定额生产的支持者有较好的经济条件和科学依据，得到美国国内政客的赞同。但是，反对定额生产者控制着多数的政治选票，反感大的集团公司，不愿意进行石油行业管理。

　　作为政客，管委会委员无视成千上万得克萨斯州人的经济支柱推行定额生产，无疑是政治自杀行为，摆在管委会面前的重大决策似乎是一个无法解脱的窘境。在美国的政治斗争中，定额生产包括一系列组织和公众的争斗，一体化大石油公司早期受到人们普遍的仇视，大多数人都会同情独立经营石油公司。正如亨布尔石油公司总裁法里什所描述的那样："我们要吸取以往的教训，最容易让我们失败的事情就是去要求定额生产。"1932年，得克萨斯州油气资源保护协会试图推行定额生产主张，这个协会几乎全是行业的独立经营石油公司，但其技术资源和财政支出大部分都是由石油大公司提供。一体化大石油公司和这些独立经营石油公司在杂志上发表反对大量开采石油，目的是想要宣传定额生产。这时激起了反对方的激烈反击，他们也有自己的刊物，如《独立东得克萨斯油气新闻》、当地报纸专栏、宣传册子，在文章和公开演说中一致抨击定额生产是垄断和操纵价格行为，只为自身利益而不顾小生产者的利益。这些小的独立经营石油公司组织起社团来保护自身利益，最出名的是得克萨斯州东部租约矿税持有人和生产者协会，他们进行大量的石油开采。估计在1932年至1933年期间，每天生产了大约十万桶非法石油。开始时，独立经营石油公司认为政府机构对油田管控是大石油公司在背后操纵，目的是铲除小的生产商。这种猜测并非空穴来风，几位关键人物的背景很容易让人产生这样的猜疑。1931年8月，颁布油田戒严令的州长斯特林是原亨布尔石油公司的执行官，他任命执行戒严令的将军雅克布·沃尔特斯，其民事身份为德士古石油公司在州府的游说人，沃尔特斯手下其中一位上校也是海湾石油公司的生产主管，几位管委会的工程师之前也在大石油公司服务过。

1932年6月，帕特·内夫接任得克萨斯州州长，委任欧内斯特·汤普森接管得克萨斯州铁路管委会。汤普森曾经在一个支持定额生产组织当副主席，很多得克萨斯州东部人怀疑汤普森会是大石油公司的代理人，不久，他们发现错怪了汤普森。汤普森是一位了不起的政治家，为人公正，处理问题十分注重各方的感受。在汤普森的努力下，管委会从政治困境中解脱出来，把得克萨斯州的石油工业从自我毁灭中挽救出来。汤普森很清楚，定额生产可以强制执行，但必须事先征得小生产者的同意，否则得克萨斯州的石油工业就会陷入一场内讧。汤普森在明确保护独立经营石油公司利益的条件下，推行了定额生产措施。第一步是做到在得克萨斯州东部由铁路管委会的油田办公室人员负责油田管理，第二步实现赢得独立经营石油公司的支持，主要是通过正面地赞扬独立经营石油公司的贡献，负面地抨击大石油公司。汤普森给一体化大石油公司一些可以感觉到的定额生产，又给独立生产经营石油公司一些象征性的保证，让双方各让一步，从而推行定额生产。在打开这个局面之前，管委会经历了三次生死考验，每次都差点让它失去了管理权。

1933年3月，大量无限制开采在得克萨斯州仍然是一大问题的时候，美国迎来了罗斯福新政府。在罗斯福新政的第一个春天，大多数石油和天然气生产商都赞成联邦政府成立"石油沙皇"来下令管理，这个想法被罗斯福总统和内政部长哈罗德·伊克斯所接受。伊克斯负责管控石油生产，本来很容易会得到国会批准通过，可是，独立经营石油公司和一体化大石油公司对东得克萨斯油田联邦管制条款的具体措施产生了分歧。当时的联邦众议院议长山姆·雷伯恩被州际与对外贸易众议院委员会的联邦法案缠身，无暇顾及联邦政府管理石油行业的提案，一群独立经营石油公司说服伊克斯和罗斯福相信一体化石油公司是危险的，要求联邦立法拆解管道运输部分。于是，4月3日罗斯福就致信给16个产油州的州长说明这一诉求。由于一体化大石油公司会被这个诉求所拆解，立即收回支持联邦管控的主张，加上雷伯恩的联邦众议院的反对，原本会通过的成立石油沙皇方案就胎死腹中。

取而代之的是罗斯福新政支持的各州建立定额生产。1933年7月，国家工业管理恢复了行动，授权罗斯福总统颁布执行令，禁止在洲际贸易中运输违反法规所生产的石油。联邦机构派遣人员到东得克萨斯油田实施管理，经过漫长和复杂的对峙，在得克萨斯州铁路管委会的帮助下，才成功地禁止那些无视规定大量开采的生产者，定额生产才暂时生效。不管怎样，在这个时候，管委会几乎就失去了得克萨斯州石油管理权。1933年春，管委会被批评说是无效机构，因为其委员不是选举产生，成为一个非独立政府机构。尽管汤普森和同盟者尽力游说，得克萨斯州政府不要相信这个说法，但是，州议员们还是希望有其他机构来管理石油生产危机。这时的州长弗格森和所有一体化大石油公司、大部分独立经营石油公司都赞成取消铁路管委会对石油管理的权力，组建一个新的自然资源委员会来接管。5月2日，表决勉强在得克萨斯州众议院通过，预计第二天会在得克萨斯州参议院轻松过关。可是，当晚众议院代表戈登·伯恩斯反对该项提议的领导人，被4名反对管委会的独立经营石油公司在州府奥斯汀酒店大堂打成重伤。消息传出后很快引起了公愤，州参议员支持新自然资源委员会被认为是石油游说暴力的纵容者。第二天参议院投票时，伯恩斯坐在轮椅上亲临现场，投票结果是20票对10票，保留了铁路管委会的石油管辖权。

1934年下半年，又有一次联邦政府可能接管石油管理权的风波。在美国国会提出了托马斯·迪士尼提案，基本上是原先建立石油沙皇的主张。这次反对联盟的行动比上次要快且更充分，一部分原因是这时一体化大石油公司知道如何团结独立经营石油公司，另一部分原因是反对提案更有效地组织起来。

在得克萨斯州的石油政治斗争中，汤普森是抗争联邦接管的核心人物。他一直都与支持管委会的石油人保持电报和信件联系，在得克萨斯州的行业聚集会上，发表了几十次讲演，反复强调两个主题内容。一方面强调定额生产是资源保护措施，符合一体化大石油公司、独立经营石油公司、大小土地所有者的长远利益；另一方面声称得克萨斯州机构了解石油问题，知道怎么处理解决矛盾。托马斯·迪士尼提案原本可能在雷伯恩不支持下被轻易否决，可是，1934年11月内政部长伊克斯在达拉斯美国石油学会发表演讲，毁掉了提案被否决的可能性，抨击得克萨斯州缺乏对防止资源浪费的管制，应该对石油行业进行监管。这一言论立即遭到美国石油学会的反击，派代表到国会出席听证，撤销对提案的支持，同时独立经营石油公司随即跟着抨击。这样提案终于被否决了，管委会再次在威胁中生存下来。1935年年初，管委会与联邦政策制定联合行动，制止了大量无政府生产。

1935年1月份美国最高法院宣布大量开采不违法，得克萨斯州定额生产再次被推到流产的边沿。一个月之后，国会不得不通过康纳利反对大量开采法案，成为最终的法律决议。法案禁止非法生产的石油进行州际交易，对最高法院的决议进行修正。授权各州根据自己情况制定定额生产计划，除了加州之外，其他各个主要产油州都按这个法案行事，产生了州际石油契约委员会，康纳利法案的通过为铁路管委会和其他州政府机构管理美国国内石油生产奠定了基础。

托马斯·迪士尼提案的否决和康纳利法案的通过，使得所有定额生产成功实施变为了可能。1934年铁路管委会说服了大多数独立经营石油公司，统筹管理符合他们的利益。从专栏作家卡尔·埃斯特斯的态度转变可以看出独立经营者的思想变化。在东得克萨斯油田开发早期，埃斯特斯作为《泰勒信使时代报》的编辑抨击大石油公司，赞扬小作业者，成为反对定额生产最有名的生产者协会财务总监。1934年年初，他成为东得克萨斯石油刊物的主编，这时他的文章开始支持定额生产和谴责大量无管制开采，随着独立经营石油公司对定额生产看法的转变，铁路管委会终于赢得了这场政治斗争的胜利。这些独立经营石油公司只代表生产者和矿税所有者，小的独立炼油商绝大多数都是靠大量廉价石油生存的，一直都不接受定额生产。当管委会管理条令生效之后，大多数独立炼油厂纷纷倒闭。不管怎样，绝大多数独立经营石油公司在定额规定下正常运营生产，那些小的炼油厂倒闭对其他独立经营石油公司的利益没有损害。

（二）监管矛盾（1935年—1950年）

赢得对定额生产的授权，标志着得克萨斯州铁路管委会向美国石油政策的制高点攀登迈出了第一步。从1935年至1950年，美国的石油政策大部分是由产油州制定的，得克萨斯州铁路管委会则是最重要的州级石油管理机构，其影响力远远超越其他任何机构。由于得克萨斯州的石油储量占了美国石油储量接近一半，管委会委员对石油供应的掌控就会起决定性作用。石油的定额生产只是管委会最直接的责任，当获得管理石油生产授权后，一系列的问题就开始出现，管委会要花更多的时间和精力去处理。在大量无节制生产的日子里，一口井、一个油田的生产产量是由自然条件决定的，当人为地去限制生产时，必须有人来确定每个经营者需要生产多少。在石油生产管理规定被接受之后，管委会委员就肩负着这个特别任务，监管每个油田每口井的生产。比如，政府机构做了定额生产规定，这个定额产量必须分配到每个油田。

管委会委员在20世纪30年代至40年代期间，慢慢地摸索出石油产量的分配原则。最初只有东得克萨斯油田需要定额生产，到了20世纪30年代后期，管委会开始把所有州内的油田纳入定额生产。在第二次世界大战期间，由于战争的需要，定额产量只限制在战争所需的原油生产。到了1950年，管委会采用尺度法来制定定额生产，开始在州内大多数油田中实行。尺度法是1950年时对原来1947年临时给新生产井制定配额规定的修正，主要是一套根据油田的深度和生产井的密度不同，制定油井的最大产量限制。比如，一个油田的产油层在2000英尺的深度，油井间距必须在20英亩，理论最高产量必须不超过每天55桶。如果油藏深度是5000英尺，井间距40英亩，单井产量不得超过每天102桶。如此类推，尺度法的规定是公开宣布的，生产者可以根据油田的情况计算出所允许的生产产量。当然，在定额生产要求下，油田的生产井从来都不允许最大产能生产，无论最大产能是研究出来的最有效生产速度，还是按尺度法计算而来。从第二次世界大战结束到1972年，除了1948年以外，管委会都限制定额产量低于油田可以实际生产的最大产量，主要是为了得克萨斯州的石油产量与市场需求相匹配。

虽然没有对1947年尺度法的经济后果进行很多的研究，但行业一般认为这个尺度法是有利于低产油田进行大量开采。当时独立经营者比较集中在储层不太好的油田，尺度法的实施从某种意义讲是管委会给予独立经营石油公司在定额生产做出让步的一种政治补偿。生产配额在得克萨斯州实施引起了一些政治争议，与定额生产的斗争相比，这些争议算是温和很多了。一个比较棘手的问题是，按定额生产出的产量能否保证能外运，同时又能发展得克萨斯州的整体经济，这让管委会委员面临一系列复杂政策的选取，每一个选项都会引发整个行业或部分经营者的政治争议。当这些争议慢慢铺开后，发现一连串的矛盾，这些矛盾表现了美国监管方面的相互冲突的一面。其中一个示例，就是对市场需求定额生产支持的转变。20世纪30年代早期，一体化大石油公司倡导定额生产，小的独立经营石油公司和土地所有者反对定额生产。当政府管控生产推行之后，支持定额生产的重心开始发生了逆转，一体化大石油公司希望阻止井喷式生产。那种在20世纪30年代导致油价暴跌的行为，并不想要铁路管委会进行干预生产的自主权。大家都要遵守市场需求定额生产，限制了市场的经营，迫使一体化大石油公司要满足独立经营石油公司的需求来安排生产。曾经发生过几起事件，当管委会制定的生产产量高于主要购买商的采购量时，一体化大石油公司就制定了管线运输定额，只把自己油田油井生产多余的部分运走，不管独立经营石油公司的生产石油，这样做对大公司而言既经济又便利。可是，对于许多独立经营石油公司而言，不能把产品运到市场销售就意味着要破产倒闭。管委会出于这个考虑，把制定的油田产量下放到每个油田时，要求一体化大石油公司提供运输管线给每个油田的生产商。如此一来，市场需求定额生产原本是保护一体化大石油公司，不被独立经营石油公司过度生产冲击市场油价，如今却变成了迫使一体化大公司为独立经营石油公司提供市场的渠道。此外，管委会所制定的许多特别规定，不可避免地照顾小的经营者多于一体化大石油公司。

20世纪30年代后期，石油行业的人都差不多原则上接受政府管控生产。当实行起来时，大多数人发现有许多特别规定的地方是跟自身利益相抵触的。管委会委员发现许多长远方针必须要在许多短期利益之上才能发挥效益，不得不对政策进行修改才能平息对出台政策的不满。前20年管委会的职责是保护资源开发，这引发了许多的利益冲突。管委会所采取的策略是先与小生产者和土地所有者协商，损失一些经济效益接受定额生产，然后，管委会通过政治施压，用政府的影响来实现资源保护开采。

自从1919年起，得克萨斯州铁路管委会就负责制定油田的井距。20世纪20年代这项规定被放宽和放松执行了，注重于生产的潜能多于管委会的执行力。到了20世纪30年代，管委会恢复了得克萨斯州石油生产的管控，把井距规定作为管理机制的一个重要环节，与生产配额一同出台。管委会的井距和配产政策目的是为了整个行业的最大利益，所产生的政治影响却是暴力和让人困惑的。一部分原因是管委会的决定影响了几十亿美元的利益，另一部分原因是运用政策的标准不是很明确。

1. 配额和井距规则之争

井距和配额问题的根源在于资源保护的概念不容易被解释清楚。铁路管委会作为一个政府机构和政策导向引领者，负责防止物质和经济资源浪费，一直强调它是一个资源保护机构。可资源保护的定义却是模棱两可，可以有很多种解释，取决于解释人的立场和利益。这些各种不同的解释造成了在钻井规定上的政策分歧，在定额生产号召里没有确切的石油损失要求，只要不对油藏快速开采，防止所生产的原油流入河溪和蒸发，避免一般讲的浪费就是做到了资源保护。除此之外，资源保护的含义就不是很清晰明确了，具有争议性。尽管经济学家对资源保护的定义在文字上和强调的内容有些不同，但基本上是指对资源的价值最大化，在实际运用中，可以被解释为用最少的投入获取最多的石油。

一般说来，经济学家的观点代表了一些人对资源保护的理解，认为资源保护就是防止在石油开发和生产中避免不必要的支出。这样对资源保护的定义就会产生一些言外之意，如果最小的投入能生产石油，那么，对于一个油田而言，就是尽可能在油田上少打井。要实现少钻井，必须整体对待油藏才行。在同一个油藏有多个所有者时，必须合作才能达到经济有效的开发，只要有一个油田所有者多打井，这个多打井的人就会从土地上多产油。这样，其他人为了保证自己的资源不受侵犯，也会多打井，资源保护就无法实现。经济学家总是建议最好的开采方式是统筹开发，用最小的投入得到最大的产出。这是最佳的资源保护之道，与之相应的是要配合尽可能大的有效井距。一体化大石油公司正常情况下生产规模较大，大区块大投资一定会按经济学的理念进行资源保护开发。

一体化大石油公司都是倡导油田进行统筹开发，在不能做到统筹开发参与的油田，要求管理机构实行宽井距规定开发。当油藏作为一个整体开发，技术手段的运用可以生产出比分块生产更多的原油，比如，在油田的二次开采，油田边沿的井可以改为注气或注水井。这样就可以增加储层压力，在油田中心部位生产出更多的石油，要做到这点，边部的生产者要放弃生产，改为注气或注水，而中部的生产者要把产量分给边部的生产者，否则，是不可能实现的。油田的二次开采经常会使油田的产量翻倍，合作就会体现出资源保护的经济效益，工程师们支持统筹开发，二次开采增加了可开采的石油产量。可是，小的运营者和土地所有者经常会对统筹和井距的资源保护意义有不同的解读，无论是所有权还是财务原因，通常是愿意独立资源开发，反对统筹开发。很多人不放心让别人来经营，对一体化大石油公司怀有敌意，觉得等到其他人进行二次开采时，通过讨价还价可以增加产品分成份额。小作业者认为打井密度就像插针一样，越密集的井就会生产出越多的地下石油。这样就做到了资源保护的合理利用，坚持只有足够的钻井才不会把应该开采的石油遗留在地下，实现油田的经济效益。这些不同的看法让铁路管委会作为管理机构，推行定额生产产生了矛盾。当整个行业都表示支持生产管控时，许多小的生产商特别积极要求小井距，反对统筹开发。当然，生产井的数目也影响单井的生产配额，生产井越多每口井的配额就会越少，配额是按油田的总生产量制定的，管委会就陷入大小生产商和矿产税所有者在配额和井距规则上的争斗之中。

2. 施政风格与实效

管委会在井距和配额的政策推进中受到了个人决策风格的影响，定额生产规定的前十年，从1919年第一次成立资源保护机构之后，管委会就制定了大致的井距公式，称为条令37条。这个条令在20世纪20年代经过不断地修改，把井距限定为每两英亩一口生产井，每口井距离领地边界不得小于150英尺，与其他井的距离不得小于300英尺。这个规定可以有例外情况，只要一位管委会委员批准就可以破例。当东得克萨斯油田发现之后，这个规定就严格起来了。在东得克萨斯油田开发的早期，许多作业者基本上无视这条规定，只要是有租约地块就打井，去州府申请例外，从来没有被拒绝过。到1933年，管委会修改了流程，凡是申请例外情况，需要经过听证会说明。但这个修改几年期间都没有得到有效的贯彻，一部分原因是管委会习惯了不正规的决策过程，另一部分原因是管委会委员之间个人性格上的冲突。管委会委员的个人影响成为条令37条例外批准的依据。1934年之前，一个作业者要打井，先去找其中的两位管委会委员，非正式地说明要求批准的理由，这样请求就很容易在听证会上通过。1934年，管委会委员汤普森和史密斯闹翻了，在随后的几年里，两人之间的不和影响了管委会的运行。1934年之后，申请人打井必须说服汤普森，如果汤普森同意了，委员查尔斯·特雷尔就会自然同意，而史密斯会反对，但管委会是少数服从多数的原则，两票就可以办成事了。如果得到史密斯的批准，就得不到另外的一票，没有机会获得批准。汤普森不是批准所有的申请，办案中可以看出同情小的作业者打井的请求，这是在定额生产上政治妥协的结果。一体化大石油公司控制生产，小的经营者获得更多的井数来开发油田从中盈利，一体化大石油公司抱怨管委会委员批准这么多的例外情况钻井。可谁都知道，小的经营者是管委会委员选举的票仓，资源保护的经济

341

因素就变得次要了。

汤普森对管委会的统治持续到1939年。那一年，新委员杰瑞·萨德勒取代了查尔斯·特雷尔。萨德勒很快就与汤普森发生了冲突，开始跟史密斯联手成为多数。聪明的作业者或律师不得不避开汤普森，找另外的两位委员。1941年，奥林·卡尔伯森继任史密斯的委员席位，这种个人决断才有了一定的缓解。卡尔伯森跟汤普森不和，但也不喜欢萨德勒，没有形成两个对一个委员联手的情况下，条令37例外情况审批变得正规了许多。到了1942年博福德·杰斯特取代萨德勒，个人因素主导又重新回到管委会。卡尔伯森加入委员会审批之后，审批流程并没有朝向管委会制定政策方向发展，卡尔伯森比萨德勒和汤普森更加同情小的生产商，不顾影响公开跟独立经营石油公司站在一边，在行业争论中没有保持政府的公正性。卡尔伯森所关心的跟汤普森一样，想要保护小作业者的心情表现得太过激，极力想把石油所产生的财富分散给得克萨斯州人民。有效生产会形成一体化大石油公司主宰的局面，从而不能造就得克萨斯州家乡的繁荣。他觉得提高开采效率就是让一体化大石油公司在石油行业中占有更多的份额，得克萨斯州就会减少就业机会，得克萨斯州的土地所有者就会减少矿税所得，因为井数和契约是合同规定的，一体化大石油公司包括在纺锤顶油田诞生的一体化大石油公司都是由北方外州资本所控制。如果想要把石油财富留在得克萨斯州，就要为小的本地作业者提供尽可能多的钻井和生产机会，这基本上代表了卡尔伯森在条令37条例外情况许可的立场。

3. 政策执行的摇摆

20世纪30年代处于容易获得批准条令37条例外情况和相对自由的经营环境，这对所产生的经济后果有极大的影响，东得克萨斯油田就是那时的一个缩影。到1935年，29家一体化大石油公司拥有10410口油井，而1000多家小公司拥有12000口油井，其中大约65%的油井是条令37条的例外情况。亨布尔石油公司的主管估计，为了保护区块不被周边的作业者开采，公司在1934年不得不花5500万美元打一些没有经济价值的井。1937年两位美国石油学会的委员估计，东得克萨斯油田花了两亿美元打没有必要的井来开采石油。

自从20世纪30年代之后，井距的规定是在一个油田里每10英亩允许一口油井。可是，到了1939年由于太多的条令37例外情况的批准，该油田打了超过2.5万口井，平均每4英亩就有一口油井。许多1英亩的地方甚至有5到10口油井，最高的是在基尔戈尔1英亩的区块竟然有27口油井。按定额生产的规定，东得克萨斯油田的配额产量是日产要少于50万桶，如果按这个数目分到每口井，就是每天最多只能生产20桶。对于这个世界级的高产油田而言，一口井每天可以生产将近一万桶产能就得限制到其产能千分之二的水平。不仅如此，在高产井受限的时候，周围又会出现其他井，同样具有高产能。

为了解决经济浪费问题，铁路管委会在设置帮助小的生产者的前提下，想办法制定一个切实可行的油田井距和产量配额政策。当时的法院立法机构和管委会都同意这一基本原则，无论租约区块多小，任何一个人都可以在这个区块打一口井来保证产权不被剥夺。这个规定就鼓励了把租赁区块分割成很小的面积，这样就可以多打很多油井。20世纪30年代早期，管委会就出台了非法分割区块规定，补充条令37条例外情况审批来完善井距措施。规定不能有土地租约小于地主的土地和规定的井距许可面积。如果其租约土地面积小于规定的井距许可面积，那么，这个土地必须是油田发现之前购入才行。如果在油田发现之后将土地分割，只有原有的区块面积才适用于至少一口油井的原则，这个方案在1937年11月获得了法院认可。在东得克萨斯油田发现之前，这个地区已经有几百个小区块，土地分割并没有形成许多小区块，小区块上的油井给大区块地主带来了极度的不安，想方设法来保护自己的地下石油资源。假如有一个农民，在东得克萨斯油田拥有40英亩的土地，按井距配额规定每10英亩一口油井的计算，只能在土地上打4口油井。如果农场的周边，有20个半英亩大的租约区块，每个区块允许打一口井，那么，这个地下的石油一定就会被周围的小区块经营者所瓜分，只有在大区块多打井才能减少石油流失。为了对大区块所有者和生产者公平起见，管委会又出台一个等距间隔规定。如果邻居的领地上有一口油井，任何一个生产者都可以在自己的土地上增加一口井，条件是这口新井距离领地界线必须与邻居井到界线的距离对等。这样，大区块与多个小区块相接，就会允许多打几口等距的新井。

这个等距规则在应用时又出现了新问题。假如一个大的租约人或者土地所有者，没有与小的区块接壤，那就不适合使用等距间隔规定，相对有与小区块接壤可以多打新井的大区块而言，就失去了多有生产油井的机会。按上面所讲的案例，这个与20个小区块接壤的农场，理论上说，可以拥有24口油井。相比之下，同样是40英亩的区块，若只能按10英亩一口井的原则，那么只能有4口油井。东得克萨斯油田的限产为每口井产量只有20桶，这样有小区块围绕的40英亩土地，可以每天生产480桶，而没有小区块接壤的40英亩土地每天只能生产80桶。显然，这个规定引起了许多大的地主们申诉。管委会委员们也认为申诉有道理，符合科学逻辑的解决办法就是实行强制统筹开发，不批准小的土地所有者和区块所有者打井，迫使把区块拿出来统一计划安排，然后，把生产出的利润按土地面积大小进行分配。这个解决办法就是一体化大石油公司、石油工程师和经济学家呼吁管委会应该做的事。每次管委会委员拒绝批准小土地所有者拥有第一口油井，这些人就会上法院控告，法庭裁决都是要管委会给予批准请求，统筹开发这个科学理性的方案就这样被搁浅了。因此，管委会只得调整政策来寻求其他解决办法，其结果就是把政策变得更加复杂化。

20世纪30年代后期，管委会出台"八倍区块"法来解决小区块集中油田地段的井距规定。假如一个作业者要求条令37条例外情况，按这个申请的区块为中心向外延伸八倍，以这个八倍的土地面积来计算井的密度。如果计算的井的密度大于作业者现有井的密度，那么，申请就会获得批准，否则，申请就会被拒绝。当任何一个作业者增加井数来与周围区块井的密度持平的话，整体的井密度就会提升，这样附近的作业者就可以按"八倍区块"原则增加新井，这个地区井的密度就会增加，又会有新的破例申请出现。如此循环反复，油田里的新井就像波浪一样，不断波及油田新的地方，最后的结果还是形成了经济浪费。

不仅井距如此，而且配额产量也是如此。起初，管委会委员打算制订单井的定额计划，法院坚持必须考虑每口井的生产潜能来制定定额生产，大的生产者要求应该按面积来配额或者以储量来定额。按井数配额比重越高，对小生产者和小区块就越有利，产生偏差就会越大。到了20世纪40年代中期，管委会采取了一个折中的办法，一半按石油生产量，另一半按土地面积计算配额。由于一个典型的气井可以开采比油井更大的面积，因此，产量的比重为三分之一，而面积的比重为三分之二。这样对大区块有损害，但是，至少这个政策能做到客观和一致性。

定额生产的难题被保护边际或低产井生产变得更为复杂，这些井都在相对产量较低的地区，生产有限的石油。如果一口2000英尺深的井，每天生产不到10桶油，或者4000英尺深井，每天生产不到20桶油，或者6000英尺深井每天生产不到25桶油，这样的油井就是边际低产井。这些井几乎所花的运营费跟一口高产井的费用一样，其单位产油的成本就相对较高。为了让这些油井有利可图，油价就要相对较高。经济学家认为边际低产井是非理性产品，应该关闭和放弃，让更多的高产井生产，石油成本就会变得便宜。这种认为遭到了许多拥有边际低产井的所有者反对。这违反了资源保护主张，在油田生产的后期，产量下降，所有井都会变成边际产量井。虽然这些井在大量开采期间，所生产的数量占油田的总采收量不大，但其累计的生产量还是很可观的。有些油田的边际油井产量比一口井高产期的产量还大。此外，把所有的边际油井产量加起来的话，占美国石油储量相当大的比重。经济开发效益不能无视这些储量的损失，加上边际油田所有者人数众多，在社会组织呼吁下，得克萨斯州立法机构法院和铁路管委会都统一采取保护措施。

1931年，立法通过边际低产井不受定额生产规定的限制，管委会试图补充这些井不受市场行为影响。随后，那些高产井生产单位成本低的井实行了配额生产限制。其结果是到1941年得克萨斯州10万口油井的31%是定额之外的边际油井，生产了得克萨斯州6%的石油产量，再次引起大的石油生产商对管委会规定的不满。

大石油生产者采取法律上诉，没有达到诉求的目的。从20世纪30年代到40年代，大石油生产者对管委会的油田井距和配额管理规定一直向法院上诉，法官则要求鼓励资源保护的同时，管委会不得出台灵活政策保护小的土地所有者。1938年，法律历史学家统计了关于得克萨斯州油田井距有关的案子有75次法院裁定，没有一次裁定明确说明管理规定流程。法院通常认可管委会有制定井距和配额规定的权力，几乎不提供任何解释这些规定如何制定才是公平合理的。1946年之后，大的石油生产者放弃了法律诉讼。这一年得克萨斯州民事法庭受理了霍金斯油田案，这个位于东得克萨斯地区的油田，按管委会50%产量和50%面积公式分配定额生产进行裁决，法官不仅认同管委会的规定，而且明确地说明了保护小土地所有者利益主张，不计算给大公司或美国其他州带来什么成本。在这个判决出来之后，大公司就不再申诉了。十多年里，再也没有在配额生产规定上跟法庭与管委会抗争。

1946年，政治商谈让得克萨斯州铁路管委会赢得了定额生产的合法管理权，通过按市场需求来制定得克萨斯州的石油生产。管委会委员稳定了石油工业，在井距政策方面优惠小的生产者和土地所有者，保证他们在石油行业中能有一席之地。对小生产者的祖护，让后来的观察者怀疑管委会委员是否成为独立经营者们的政治傀儡，是否有能力做出让行业和另一群体觉得公平的决定。总的来说，管委会多数的决定是给行业中小经营者提供了保护伞，对于得克萨斯州资源的有效开发没能做到最好，也未能站在较高的高度去看所有问题。

4. 天然气的经济特性

在生产石油的早期，天然气伴生产出是一个难题。其难处在于当时的天然气没有商业价值，1930年当石油仅卖1美元一桶时，天然气的价格是3.6美分1000立方英尺，6000立方英尺天然气才相当于一桶石油的热当量，这就意味着石油的价值是天然气的5倍。只有在有天然气市场时，天然气才会有一点商业价值。不像石油可以短期储运，天然气容易泄漏、燃烧、爆炸，很难储运，石油的用途可以用于润滑、汽车燃油以及房屋取暖，天然气只能用于房屋取暖或煮食物。假如租约人拥有一口油井生产70%的天然气，遇上低油价就是最倒霉的事情了。在石油工业早期，发现气田通常就把井封了继续去找油。天然气只有一点点的用途，就是在油田附近的房屋，可以接管线到家里取暖或煮食物。在得克萨斯州，一些企业用天然气来烧锅炉，或者燃烧制成黑炭做橡胶的原料。

进入20世纪30年代，一些公司学会了用天然气制作化学产品，当时天然气所带来的主要经济难题是生产一种液体叫凝析油。当天然气突然在井下膨胀流入井内，大约10%的气体凝析成为液体，组分跟炼油厂炼制的汽油差不多，这个过程叫汽提气。凝析油可以像汽油一样用作汽车燃料，公司可以开发气田盈利，而产生凝析油要释放90%的天然气。起初这样生产造成大量的空气污染，于是，生产商就用管线外排气体燃烧。在20世纪30年代早期，生产商生产10%的凝析油要焚烧掉90%伴生的天然气，这对铁路管委会来说又是管理上的新难题。提取凝析油焚烧伴生气摆明就是一种严重的资源浪费，从资源保护角度考虑，节约伴生天然气最直接的方法是把伴生的天然气回注到储层去。可实际操作并不那么简单，资源保护难题远远比这复杂。

地下储层中伴生天然气总是溶于原油之中，在含油岩层中的顶部通常会有气顶出现。当石油被开采时，不可避免地带出溶解气，没有办法只生产石油而不生产大量的伴生气。经验表明，大约有30%的天然气会跟石油一起产出。在井内石油通过一根金属油管被带到地表，这根油管又是在套管之内，顶部有一个金属装置叫套管头，是连接套管和油管的装置。当原油上升到井口，伴生的溶解气就会释放出来，进入套管从套管头出来，称之为套管头气。在20世纪30年代，这些生产出的套管头气没有什么用处，作为石油生产副产品其产量没法控制，数量很大程度上取决于石油生产。对天然气管道公司来说，套管头气没有什么经济价值，因为只有数量稳定的天然气才会形成运输产量合同。由于没有什么市场，套管头气回注储层的费用又太昂贵，只好点火焚烧掉。

从20世纪30年代到20世纪40年代，得克萨斯州油田上焚烧的伴生气可照亮几英里长的公路，井场晚上看报纸都不用点灯。历史学家估计在得克萨斯州北部潘汉德尔地区大约每天有10亿立方英尺的天然气被产出和焚烧，这个数字应该跟东得克萨斯油田的套管头气的情况相当。也就是说，一年里有7500亿立方英尺的天然气被浪费掉了。更为准确的数字是20世纪40年代早期的估计，每天得克萨斯州大油田出产15亿立方英尺的套管头气被焚烧了。如果算上所有油田，得克萨斯州每天焚烧大约25亿立方英尺的天然气，一年接近900万亿立方英尺，相当于20世纪70年代美国天然气消费的5%，这么大的一笔资源被浪费掉了，直到1949年天然气焚烧才被控制。

这些资源浪费的数据表明为什么会有那么多的人呼吁禁止焚烧天然气，其中还有一个技术原因，工程师和科技人员发现，回收套管头气可以增加得克萨斯州的石油可采储量。在大多数储层里，驱油的能量来自气体的压力，压力越高和持续时间越长，开采石油越多。相反，压力衰竭得越快，石油产出越少。20世纪30年代早期回注套管头气的方法发明后，油田的生产年限被延长了许多，但保持压力变得十分昂贵。从长远看，保持压力生产可以产出4倍左右的石油。不过，多数人关注的是短期效益，短期生产者花钱维持压力见不到直接效益，因此拒绝采取必要步骤来保存储层的气体压力。铁路管委会作为得克萨斯州负责油气资源保护和节约开发管理的机构，整个三四十年代，多位管委会委员和工作人员都试图解决天然气保护节约的技术和经济难题。这个争议把管委会推到了一个非常艰难的处境，在行业中推行不经济的资源保护措施，必然会招来行业的强烈反对。几位倡导禁止焚烧天然气的政客都在选举中败选，管委会委员就不敢再引火烧身得罪广大选民。不管怎样，管委会的工程师们经过二十年的努力，终于找到了消除天然气浪费的方法，创建有利的政治环境为管委会成功地禁止气体焚烧奠定了基础。

（1）攻克保护天然气难题。

早在1899年得克萨斯州就通过了资源保护法，随后进行过7次修改，其中包括禁止焚烧从气井生产出的非伴生天然气。1925年，得克萨斯州立法院通过允许燃烧从油井中生产出的伴生气。理论上讲，铁路管委会执行这些法律容易简单，禁止焚烧从天然气井中生产的天然气，允许燃烧从油井中生产的伴生天然气，可是，这两条法律却给管委会带来了令人头疼的噩梦。实际上，一个天然气田，会附带生产一些油，从技术角度来看，天然气不是石油的伴生气，因此，只能从流体含量上去定义。在发现的气田里含石油的多少变化范围很大，这就意味着管理机构必须先回答一个问题，在一口井里生产多少油，才能不算气井而定义为油井？天然气本身在不同的温度压力下，会膨胀、收缩和变化组分。在一些特定条件下，天然气会变成液体或从液体变为气体，这些物性使得定义一口井是油井还是气井变得非常复杂。如果允许生产者焚烧从一种类型的井产出的天然气，而不允许另外的生产者焚烧井里生产的天然气，这个原本划分油井或气井的技术问题，就会变成一个政治问题。得克萨斯州法律规定一口井每生产一桶油时，有10万立方英尺以上的天然气产出就是气井，如果油气比小于100000比1的话，这口井就算是油井。在套管头出来的气体就可以焚烧了，如果高于这个比率，就被认为是气井，所生产的天然气是不能被焚烧的。这样，油气生产的经营者就会尽可能地把井申报为油井，从而不会有任何顾虑去焚烧天然气。

为了达到这个目的，他们经常会跟管委会的巡视员玩起猫和老鼠的游戏。1934年就曾经发生过一起重要的相关事件，当时有一些油田生产大量的浅色石油液体被称为白水油。它是跟常规的油气一起产出的，经营者把白水油液体当作油，这样生产的油气比在40000到50000比1，按规定生产井算是油井。生产少量的油后就焚烧了大量的气体，如果不把白水油液体当油去计算，其生产的油气比就会高于100000比1的划分界限，生产井就算是气井，不能焚烧天然气。为了解决这个难题，铁路管委会请了得克萨斯州大学的化学家尤金·肖奇教授来进行调查分析白水油。肖奇就把这项调查交给了学生杰克·鲍梅尔去做，杰克后来成为管委会的总工程师。他先到靠近科珀斯克里斯蒂的阿瓜·杜勒斯油田取白水油样，然后带回到得克萨斯州大学实验室化验，尤金和杰克把样品放到高压分离器里，加温到247华氏度，压力在3700磅每平方英寸，模拟地下储层条件，这时白水油样从液体变成了气体，实验证明白水油在储层里是气体，当被带到地表时变成了液体。根据这个实验结果，管委会的工程人员建议把出产白水油的井划为气井，下令要求作业者停止焚烧气体。管委会的指令遭到了作业者的拒绝，随后一系列的官司纠纷案上诉到得克萨斯州法庭，最后，法院以管委会的决定作为判决结果。这时作业者的处境变得十分艰难，要么为所生产的气体找条出路，要么关闭生产。管委会的工程师建议作业者继续生产，把所产的气体进行循环处理做液体分离，这样分离出来的液体就是凝析油，可以当作石油产品出售。分离后的干气可以回注储层，这样可以保持地层压力生产更多的石油。作业者要继续生产，只好采纳了管委会工程师的建议，开始了循环处理天然气。

1938年3月，得克萨斯州东北部的卡尤加油田诞生了第一家商业循环处理厂，事情才得以圆满解决。到了1942年，在得克萨斯州有29家循环处理厂，一年加工处理440亿立方英尺天然气，显然，铁路管委会赢得了这场技术挑战的胜利，那些石油生产商获得了实际的经济收益，天然气焚烧争议得到了圆满解决。在科技的帮助和长远方针的指导下，铁路管委会攻克了天然气保护的难题。

（2）潘汉德尔难题。

1918年发现的潘汉德尔气田在天然气行业的地位就像东得克萨斯油田在石油行业的地位一样。气田长125英里，平均宽25英里，估计气储量15万亿到25万亿立方英尺。尽管1899年颁布了资源保护法，但20世纪30年代一些作业者就试图获取气中提油和焚烧天然气的许可。20世纪30年代的头5年东得克萨斯油田的石油定额生产斗争正处于高潮时期，潘汉德尔的天然气资源保护问题相对没有那么引人关注，其复杂程度也一点不亚于石油定额。

随着石油定额的斗争展开，资源保护措施却出师不利。1933年在气中提油的利益游说下，得克萨斯州法院通过了特别法案，允许潘汉德尔的作业者气中提油和焚烧天然气。在这个法律保护下，大量的天然气被释放到空气中，数量超过了每天10亿立方英尺，导致这一决定被公众和管线公司支持的政客们猛烈的抨击，恳请得克萨斯州立法机构对1933年的法律进行修正。1935年得克萨斯州众议院颁发了266法案，禁止任何浪费地下资源的天然气生产，制定了天然气定额生产制度，铁路管委会被授权负责执行。法院批准了大部分众议院266法案提议，管委会迅速执行了禁止在潘汉德尔气田的气中提油和气体焚烧规定。可是，天然气定额生产没能在联邦法院通过，管委会未能执行在那里的定额生产制度。在美国的最高法院支持联邦法院决定下，管委会就不明确是否有权可以进行天然气定额生产管理。随后的十年里，管委会委员就一直不能确定天然气生产属不属于管理范围。

尽管管委会对定额制度的推行有困难，1935年通过的266法案有效地终止了非伴生气焚烧的生产。可是，期间的套管头气焚烧却上升了许多。在20世纪30年代期间，得克萨斯州陆续发现了几个大型油田，每个新油田的开发都意味着套管头气的猛增。当焚烧非伴生气问题变得没那么重要时，伴生气的浪费就显得越来越凸显了。没有实际可行的禁止套管头气焚烧规定，从20世纪30年代后期到20世纪40年代早期，管委会委员们试图鼓励资源保护。比如，颁布在得克萨斯州建立油气比的许可，如果生产原油每桶焚烧超过2000立方英尺天然气的话，这口井就会被定为非有效生产。进行听证后，该井的许可生产产量可能会被减少。这种做法的出发点是好的，可是，对套管头气问题解决没有什么帮助，原因有以下两点。

第一，管委会的人手有限，不能执行有效管理。石油生产实际上是可监控的商业物资流通，天然气是副产品，没有监控的商业价值，唯一的管理办法就是不停地测试几万口生产井的油气比。显然，管委会委员没有这样的人员配置。

第二，假如有办法控制油井生产在2000比1的油气比之内，这也只是划定浪费的界限而已，被焚烧的天然气永远丧失了，根本的解决办法就是完全禁止焚烧天然气。

20世纪30年代和20世纪40年代早期，管委会委员拒绝采取行动，只是鼓励天然气的保护开发，没有考虑要求行业强行实施，直到石油工程师出身的委员加入才改变局面。

（3）天然气管理之争。

1939年，一位名叫威廉·默里的石油工程师带领一班人在得克萨斯州南部和西部为铁路管委会测定油气比，在观测几千口生产井和测试了几百口井之后，发现通过套管头气焚烧，大量的天然气被浪费掉了。许多的浪费没有被写入管委会的报告中，原因是作业者懒得坚持记录，而管委会又没有人手去监督。对于这样的浪费，默里做不了什么，因为所测试的结果大多数都在规定标准之内。可是，这个经历让他获得了在管委会工作两年的机会。之后，默里离开管委会，受雇于战时联邦石油管理局，1943年转到一家私营企业工作。战争时期，石油是极为重要的战争物资，联邦政府的官员开始对得克萨斯州天然气浪费报告重视起来。在美国国会构架下，联邦权力委员会有权对各州的行业进行管理。三位得克萨斯州铁路管委会委员都出来捍卫得克萨斯州油气管理权，试图阻止联邦政府干预得克萨斯州资源保护政策，想方设法让联邦权力委员会相信得克萨斯州已经管控了天然气问题。

1944年12月，管委会拟定特别听证会讨论天然气焚烧问题和其他议题。官方公布那一年在得克萨斯州产生超过4000亿立方英尺的套管头气，只有不到百分之一的套管头气被焚烧。汤普森委员质问这些数据的可靠性和对资源保护是否有威胁。威廉·默里作为一名公民出席听证会，他说根据自己的亲身经历，估计这些数据被低估了，真实的数字要比这个官方统计大10到25倍，事实上，资源保护问题十分严峻。

这个指控被部分采访的媒体报道，让管委会委员十分难堪。天然气焚烧被新闻报道说成是大众容易明白的焚烧自然资源，这样管委会不得不至少做一些象征性的行动。管委会委员成立了行业委员会来调查天然气焚烧问题，并邀请默里来负责这个委员会。由于发言得罪的委员是这个行业委员会成员之一，于是，他拒绝了担任这个行业委员会负责人，建议组建一个工程师小组，自己担任组长，向管委会报告。1945年11月，默里小组的报告发布，一下子引发了震惊，许多得克萨斯州的名流被视为每天15亿立方英尺或者说57%得克萨斯州生产气量浪费的纵容者。大的生产者私下向报告小组工程师抱怨管委会，在公开场合下，他们认为需要下令停止焚烧天然气，否则会毁了石油工业。在众多的公共舆论呼吁下，管委会委员感觉到再不采取行动就会变为很被动，于是，开始了整治行动。与此同时，行业的一些成员被问题的严重性唤醒，默里小组的报告给出了天然气浪费数量的准确数据，让行业人士都觉得震惊，有远见的生产商同意这是要节约利用的资源。最有代表性的是大陆石油公司的执行官兼工业委员会委员丹·莫兰，他赞同停止天然气焚烧，呼吁支持默里等工程师。

当在与焚烧天然气斗争时，石油工业向有利于资源保护方向发展。在第二次世界大战期间，技术的进步成就了循环处理流程，为彻底解决套管头气打下了基础。此外，为了避免德国潜艇攻击，美国修建了两条从得克萨斯州到美国东北部的输油管线。第二次世界大战结束后，石油回到了海上运输，这两条管线用来输送天然气了，发现难以处理的天然气有了市场，战争促进了石油化工业的发展，让天然气变得越来越重要起来。这些变化的结果表现为天然气价格慢慢爬升。1940年，天然气价格为每1000立方英尺1.8美分，到了1947年价格上升为每1000立方英尺3.7美分。虽然这个价格还不足以保护天然气资源营利，但为消灭气体焚烧解除了行业忧虑。

联邦要取代得克萨斯州机构管理天然气问题一直是得克萨斯州人的心病。1946年，联邦权力委员会召开了一系列天然气浪费的听证会，显然准备以资源保护为理由插手管理得克萨斯州石油工业。2月，在休斯敦听证会上，6名得克萨斯州官员包括2名管委会委员告诉联邦权力委员会，在消灭资源浪费方面已取得突破性进展，不需要联邦政府的帮忙。如果默里的报告是真实的话，那么，得克萨斯州官员说的进展是很有限的，了解报告数据的人都会为得克萨斯州资源浪费担忧。

各个方面的因素迟早会汇集成制止天然气焚烧的力量。1947年1月，管委会委员杰斯特当选为得克萨斯州州长，当选后做的第一件事就是提名威廉·默里替他完成管委会委员任期。他认为石油行业所面临的最大问题就是天然气焚烧浪费，默里是解决这个问题的最佳人选。原本默里的管委会委员资格不会在得克萨斯州参议院审批通过，主要原因是在行业树敌太多，但是反对方必须代表全部得克萨斯州生产商的意愿。在很活跃和有影响的独立经营商的支持下，防止了那些反对意见占据参议院多数，默里的任命顺利通过了。随着默里的加入，铁路管委会的态度发生了大转变。由于担心给行业造成经济负担，卡尔伯森和汤普森委员只是尽半力去禁止气体焚烧。当决定要解决气体焚烧问题的新委员加入后，同时天然气价格开始走高以及联邦政府的号召，摆在卡尔伯森和汤普森面前只有两条路可选，要么下决心解决气体焚烧浪费，要么失去领导地位。政治导向与政治情操突然汇集一致，两个人别无选择地投身天然气资源保护运动中，管委会变成了资源保护的雄狮。1947年3月17日，管委会发布通知要求得克萨斯州南部的西里格森油田关闭全部615口油井，直到循环处理压缩厂修建完毕后再恢复生产，这样避免了套管头气焚烧。当时整个石油行业都震惊了，油田的大经营者立即上诉法院，前州长丹·穆迪作为壳牌的律师认为官司一定会赢，可是，得克萨斯州最高法院维持管委会的条令。赢得这场胜利之后，管委会发布一连串通知，要求17个气体焚烧油田停产整顿。此之后的几年间，还有许多法律和政治角逐。从那以后，除了相对小的例外，套管头气体的去向要么是进入管线，要么被回注地下储层。

（4）解析成功要素。

在得克萨斯州消灭气体焚烧应该算是美国历史上资源保护最伟大的胜利之一，延长了油田的生产年限，节约了国家上亿的资源，推迟了需要进口天然气的时间，但这个主张的推行给行业经营带来了经济负担，增加了行业的成本。在开始的许多年里，循环和压缩工厂处理套管头气的开支都是远远超过其回报的。分析其最终成功的因素，有以下几点。

第一，行业没有完全联合起来抵制管委会的决定。因为天然气市场的改善减少了禁止焚烧对生产商所产生的严重经济后果。在最早的西里格森油田发布规定前，管委会在得克萨斯州多地举办了天然气问题的听证会，管委会的工程师在听证会上作证，以当时的气价循环处理厂可以在两年内运营收回投资，但是在禁令下达之后，这个作证引来不少抨击。

第二，行业很难联合起来反对管委会。由于一体化大石油公司无意在定额生产上挑战机构管理权威，独立经营石油公司不想搅黄有利的井距和配额决定，加上汤普森主宰了管委会，赢得了行业的尊重。当倡导消除焚烧条令时，对于行业而言，很难想象会有人在政治上与他作对，只能在法律上挑战，管委会相对比较安全。

第三，管委会在管理规定争议上罕见地得到法院的一致支持。1947年和1949年的三个重要案件裁定没有模棱两可、反转、定性或自相矛盾，不像之前在定额和井距的判决左右摆动，在内外政治环境都有利于管委会的规定下，法官的批准使得焚烧条令难以抗拒。

第四，工程师出身的管委会委员的参与增加了消除天然气焚烧的紧迫感，让另外两位委员无法拒绝推行。默里对油气管理的技术手段，让卡尔伯森和汤普森无法阻止，加上在各种对焚烧争议的背景下，默里的坚持没有什么可以阻挡。最后，管理问题聚焦在管委会委员赋有保护公共利益的责任，由于没有政治野心，就不怕得罪行业的反对派。

管委会委员在处理1935年和1950年两起重要冲突事件时，表现非常不同。在井距和配额问题上，选择站在小的经营者一边来反对大的经营者。为了获取政治支持，损失了经济效益和大生产者的利益来帮助行业中的小经营者。在焚烧问题上不能这么做，因为争端不是发生在行业内部，而是存在于石油工业与社会公众利益中，管委会委员起初是无视焚烧问题的迫切性，到后来主动带头，强制摇摆不定的石油行业执行资源保护措施。在每次斗争中，管委会的决定部分是受政治环境所影响，部分是受管委会委员的个人风格所影响。到了1950年，其决定的结果是管委会掌控了得克萨斯州石油工业，创建了所有生产者和矿税所有者都需遵守的制度。在随后的十年间，这个制度的优劣性开始展现出来。

（三）供需平衡（1950年—1965年）

20世纪50年代对于铁路管委会来说是一个黄金十年，得克萨斯州的石油工业变得举足轻重。50年代中期，43%的得克萨斯州土地要么在生产石油，要么有石油租约。1953年，得克萨斯州的石油产量到达了一天生产275百万桶，有6000多个大小油田，占美国石油总产量的45%，是当时苏联石油产量的两倍，多于中东的全部石油生产量。管委会委员被认为是石油行业的主宰，这个时候的委员汤普森已经在管委会工作了18年，卡尔伯森也工作了9年，只有新委员威廉·默里是1947年才加入的。尽管默里缺乏经验，但他的石油工程师专业背景弥补了经验不足。管委会15年的艰苦努力，解决了定额生产难题，并消灭了天然气焚烧，工作业绩获得了崇高的荣誉。

20世纪50年代，行业和学者们认为铁路管委会是美国石油工业最重要的管理机构，这三位委员没有一位在这黄金十年离开，从而加强了管委会对石油工业的统治地位。在这期间，管委会的主导权似乎操纵在汤普森手中。他扮演了得克萨斯州石油行业中纠纷的仲裁人，国内石油生产者的发言人。在各种聚会包括军队、新闻媒体、国会委员会，以及普通大众宣传，汤普森做了几十次的公开演讲，内容根据听众和当时的议题不同而变化，基调总是一个，告诉大家强大的石油工业是对美国有利的，得克萨斯州铁路管委会会尽一切努力来扶持这个行业。到20世纪70年代和20世纪80年代基本上还是这个论调，消费者与生产者或者得克萨斯州与美国其他州之间的根本冲突，从来没有在汤普森的言论中提起，他坚持声称健康的石油工业是所有人的最大利益。20世纪50年代卡尔伯森和默里也发表过自己的看法，他们的言论主要都限制在得克萨斯州的石油行业，风头和赞誉都留给了汤普森。汤普森成为石油行业最有影响力的人物之一。

管委会管控制度机制是相对比较简单和非正式的，制度就是两种类型的听证会。一种是现场听证会，管委会委员收集信息资料为油田制定井距和配额产量，另一种是州级听证会，管委会讨论决定未来月份得克萨斯州的石油产量。这两种听证会管委会委员都不需要主持。现场听证会往往轻松友好，发言极少被记录保留下来，委员跟到会的律师和工程师都保持良好的个人关系，讨论严谨但生动活泼，有点像家庭聚会而不像法庭咨询那么严肃，管委会委员和工作人员、律师、行业专家意见表达很开放和直接，但十分友善。州级产销定额听证会比较有程序，每个月主要的石油购买公司派代表到州府奥斯汀，每家公司有要购买原油的数量，这是根据未来月份销售预算制定的，最后实际生产额度是汇总出来的，而不是由各个公司决定的。

管委会从1947年起，实行全州统一定额生产，油公司代表需要相互合作协调所要购买的石油数量。比如，亨布尔石油公司估计下个月需要购买50%的生产定额，而海湾石油公司只需要购买30%的生产定额，全得克萨斯州的生产定额都必须是一个比例。在听证会的前一天晚上，各家代表会先聚集讨论要求的定额比例，比方说40%的生产定额，那么，海湾公司就会同意让亨布尔公司购买按理论分配的10%需求超额部分。在下个月可能情况发生反转，海湾公司会需要多的生产定额，那么，亨布尔公司就会调整自己的生产定额来满足海湾公司。

以此类推，在各大主要原油采购商之间先进行交易协调，避免听证会上管委会给出的定额生产导致行业生产失衡。在听证会上，先是各家石油购买商代表陈述公司计划要求购买的原油数量，管委会根据美国矿产局预测的美国全国未来一个月的市场需求，来考虑所要求的购买数量。除此之外，还会考虑行业的经营情况和天气的变化，主要经营情况要看四项产品——取暖重油、汽油、成品油和原油的库存变化，综合这些数据指标，管委会估算未来一个月对得克萨斯州原油市场的需求。整个州的定额许可通常低于原油购买商要求的数量，但在前一天晚上有过协商交流之后，各家的期望数量就容易得到满足。得克萨斯州的定额额度总是低于全州可生产的产能，管委会委员就可以进行定额生产。20世纪50年代常见的做法是确定最大产能的一半，能满足市场需求的话，就会公布下个月15天的得克萨斯州许可产量，这就意味着只有半个月的经营额度。作业者都知道油井的理论最大产能，根据1947年几口东得克萨斯油田特殊井制定的尺度法计算而来，知道了生产井最大生产量和管委会给的下个月最大许可量，作业者就容易计算出每口生产井应该生产的数量。管委会在州府奥斯汀收集每口井的产量并监控生产的变化，确保每个月的生产量不会有供给过剩。

1935年，康纳利热油法案要求联邦政府防止违反本州石油管理所生产的石油被运往外州进行交易。理论上讲，加州和伊利诺斯州没有市场需求定额，可以被大量无定额生产的石油涌入破坏石油生产。加州虽然是一个产油大州，但生产限制在自己的市场地区。伊利诺斯州的石油生产规模很小，产油周期短。这样，加州以东美国其他州的定额生产成为美国石油供需平衡的杠杆。作为超大型产油州，得克萨斯州自然成为国家定额生产体系的重要力量。当其他州的产量起伏时，管委会就调整得克萨斯州的定额生产计划，来满足全美国的石油供应平衡和石油市场的需求，得克萨斯州成为美国石油供需平衡的管控机关。

1946年，霍金斯案法院判决允许小区块要求的利润许可生产之后，管委会优惠小经营者的方针制定下来。当发现一个新油田后，作业者就要按规定开发生产，管委会的视察员会收集相关资料，发几页纸的资料，提供一些建议。如果油田有几个小区块，视察员一定会在备忘录中提及，管委会就会发布规定。表面上是根据工程数据资料，但实际上是根据是否存在小区块而制定的。如果油田没有小区块，管委会通常就会按油田作业者的建议，按含油面积制定大井距和配额生产。从1959年开始，大体上是根据区块下含油面积和产层的厚度而定。如果油田包含有小区块，管委会就会发布规定，保证小作业者和小的土地所有者有一份利益，必须允许小的作业者打第一口生产井，截至1956年共批准了1538个条令37条例外许可，仅仅拒绝了19个申请。如果是油田，配额产量一半是按含油面积，一半是按生产井的产能。如果是气田，配额计算是三分之二按面积和三分之一按产能，这种规定导致了小区块上的井抽取了邻居大区块的油。大的生产商总是劝说小的生产商做联合开发，这样可以少打井和分享利润。管委会的方针优惠较小的生产商，小的生产者没有做联合开发的积极性，收到相反的效果。尽管管委会一直不断地修改基本政策，加大生产井距，但小区块的油田却不断地加密井距。按管委会规定的井距为40英亩一口井，1958年结果是75%的生产井井距为20英亩或者更小的井距，对这些现象三位管委会委员各有各的看法。虽然卡尔伯森和汤普森的个人态度不同，但在小生产者的政治压力下，管委会的政策很难有太大的不同。

1. 石油进口与国内生产

毋庸置疑外界压力在业内产生对违反井距规定的呼声很大。进入20世纪以来，一体化大石油公司开始把外国原油运到美国炼油厂炼制，起初其进口数量还不至于与美国生产商相竞争。可是，在20世纪30年代后期和整个20世纪40年代，大石油公司在中东发现了许多大油田。从20世纪50年代开始，进口外国石油的数量猛增，主要原因是外国生产的石油便宜。对大石油公司来讲，从中东油田或者南美油田生产的外国石油，运到得克萨斯州休斯敦炼制仍然比在休斯敦周边生产原油的成本要低。1960年中东油田生产一桶油的成本为0.20美元，委内瑞拉生产一桶油的成本是0.80美元，而美国生产一桶油的成本却高达1.75美元。有些中东油田会更便宜，大石油公司进口国外石油炼制能获取更高的利润，很自然大石油公司就试图尽可能地进口石油。到了1958年，美国炼油厂所加工的石油中，进口原油就占了12%。每进口一桶石油，美国国内就要少生产一桶原油，随着进口数量的增加，美国各产油州就得不断削减定额生产量，避免生产供需失衡和油价下跌。到50年代末期，铁路管委会只允许生产理论产能的三分之一的定额。一体化大石油公司当然不在乎这个，因为主要利润来自外国进口原油，可是，过低的市场需求威胁着美国国内独立经营石油公司的生存。如果油井经营不下去，就无法生存。50年代后半期，独立经营石油公司开始感到疼痛，到了60年代早期，变得绝望了。

这时爆发独立经营石油公司与一体化大石油公司之间的政治斗争，比25年前的定额生产还要尖锐和持久。不像定额生产的抗争，这次的政治角逐大部分发生在首都华盛顿，独立经营石油公司认为美国国内石油工业必须受到保护，要求实施进口限额管理。一体化大石油公司和其他社团反驳说，便宜油价给消费者带来好处，石油进口不应该受到限制。20世纪50年代至20世纪70年代，管委会委员在得克萨斯州和华盛顿反复强调健康的美国石油工业关系到国家安全，必须由联邦政府实行原油进口管制。管委会委员都知道公开表示愤怒改变不了一体化大石油公司的进口政策，这种象征性的举动可以赢得独立经营石油公司对铁路管委会的忠诚。当只有美国石油生产的时候，生产成本跟油价几乎不相关，行业人员不在乎生产成本。随着海外石油的流入和国内石油生产的紧缩，行业领导者开始寻求如何增加经济效益和降低生产成本。20世纪50年代后期，高密度井和边际生产井单位生产成本较高，开始成为经济治理的对象。关于边际生产的治理相对没有什么冲突，小区块的井控政策却被经济学家和大的生产者反复要求修正，变得越来越关系到美国石油工业的健康发展。由独立经营石油公司和一体化大石油公司代表组成的1958年石油工业保护论坛，呼吁大井距开发油田，石油的报刊文章都催促得克萨斯州和路易安纳州修改井距规定。两位著名的独立经营者——米歇尔·霍尔布蒂和约翰尼·米切尔发起了个人呼吁，劝说统筹开发提高油田的整体效益。在50年代后期和60年代早期，得克萨斯州的油气报刊和行业集会都反对小区块多井开发，当美国国内生产者的处境越困难时，这个要求主张就变得越有说服力。

1957年9月，管委会给科珀斯克里斯蒂附近的诺曼那气田发出条例规定，同以往一样，巡视员在报告中这样写道：该气田有数个小区块，申请人计算表明一口井可以抽取450倍到500倍的气面积储量，来统一周围的区块。当时这个气田最大的生产者阿科公司要求管委会批准100%的气田开发，其中一块地的所有者代表，加起来有28英亩面积土地，要求合理对待，并且考虑打井，其余在气田有土地的所有者也赞同。于是，管委会按大井距批准气田开发原则，强调会考虑三分之一井产量的配额计算，这样就给条例37条破例开了后门。阿科公司立即提出上诉管委会。两年之后，当诺曼那气田需求法律解决的时候，管委会又批准了位于得克萨斯州东南角的另一个气田。该气田最大的生产者要求按地下储量制定配额，小区块所有者又提出抗议，这样管委会改为三分之一的井产量、三分之二的含气面积计算配额，结果允许了20口条例37井，开采65%的油田面积，抽取大约14.6%的气产量，这次米歇尔·霍尔布蒂控告管委会。不知道是否是因为人事变动的影响，那年3月得克萨斯州最高法院推翻了霍金斯案的裁决，宣布了诺曼那规定无效。不能用三分之一的井产量计算配额，要求管委会下令不允许小区块所有者在临近地方打井开采，以前的政治形势有利于小生产者的现象开始发生了转变。

　　大多数生产者都意识到捕捉法则和霍金斯决定，让每口井的生产者获利已经不是合理开发的趋势了，认识到在小区块上打井会导致影响整体经济效益，知道无论是法院还是铁路管委会在当时的政治压力下，是不会容忍再多打井低效开采。政府决定颁布法令进行统筹开发，这个决定对得克萨斯州的油气生产产生了有利的影响。法院之所以颁布统筹开发的法令，很大程度上是由于社会舆论的要求和大的生产者的支持。

　　1962年，得克萨斯州的石油工业受到了很大的冲击，只有降低生产成本才能与进口原油竞争。无论是州立法机构还是铁路管委会都不能再袒护小区块拥有者，法院被迫卷入这场争端。上面两个气田的纠纷得到和平解决，表明捕捉法则需要进行修改，管委会不得不制定新的政策标准，管委会开始了新的井距和配额方法。虽然法院判决的是气田案，但预示油田也不会例外，管委会开始按含油气面积或面积×厚度来计算配额，这个新的计算方法出台，条例37例外情况就变得无利可图了，小区块难题迎刃而解。小的独立经营石油公司自然会到法院投诉这些新规定。到1964年，没有法院判决偏护小的独立经营石油公司，为了小的土地所有者不会被大的作业者掠夺地下资源，1965年得克萨斯州立法通过强制统筹开发必须按油田所有者平等分配原则为基础。在各种压力下，管委会修改了特别有利于小区块的规定，还修改了井距的原则。用1965年法令取代1947年的法令许可新油田的开发，这个做法得到了经济学家的赞同。自从20世纪60年代中期，得克萨斯州的石油工业没有在井距和配额上偏护小的土地所有者和生产者。这个改变来自外部，不是铁路管委会缺乏民主，而是相对隔绝的施法对得克萨斯州油气工业流程进行了简化。

　　2. 斜井风波

　　1920年，加州官员惊讶地发现在南加州海滩太平洋一侧，一些生产者把井从靠近海边的地方斜延伸到州政府的水域抽油。这是美国最早的斜井记载，是石油工业的技术创新，也给个别生产者提供了偷油的手段。

把井眼弯曲的方法叫造斜，打井时在钻具的底端加一个金属套，导致钻头在旋转时，对井的一侧挖得更深一些。这有点像划小船用力划一边小船就会向一边偏离，这个造斜器使得井眼慢慢偏离垂直线，变成了向下加深时也朝水平延伸。在地表上，跟垂直井没有区别，同样可以生产原油。有一些情况需要打斜井，比如，在湖边打斜井不用把钻机放到水中。但也有人利用斜井偷采别人的地下资源。最早有斜井技术时，法院明文规定禁止利用斜井侵入他人领地，但由于没有特别的仪器检测，没有阻止打斜井。

各种原因使得东得克萨斯油田地区成为斜井的理想场所，斜井技术被广泛地应用在偷油上面，在那里大小区块上有两万多口井。对一个作业者而言，几乎不可能了解周边的作业者在做什么。油田的地质构造给斜井产生提供了需要，油田的东面是由一条45英里长的直线分隔，伍德拜恩砂岩储层的延伸和深度被研究得很清楚。作业者只要在油田紧挨的界限东边购买区块，朝西方向打几口斜井生产石油就可以致富。在界限的西边偷油比较困难些，但还是可以做到。底水压力是从西向东推进，原油从东边的井里产出，底水慢慢地流向油田的东边界限，逐渐地西边的井开始不出油而产水，这时作业者可以进行修井把井眼向东斜来采油。许多井生产一定时间后需要修井，更换坏掉的油管和清理堵塞的流砂等，见到老井上有井架出现，没人会怀疑是在打斜井。油气生产需要钻工、井场工人、工程师等人员合作，需要周边的社区容忍，斜井在东得克萨斯油田不仅被容忍，而且某种意义上被提倡了。

20世纪40年代早期，一体化大石油公司在油田购买了不少区块，尤其是在东边的好区块。当行业后来意识到铁路管委会的井距和配额规定允许周边小区块抽油时，会对小生产者产生一定的影响。假如小区块的作业者鼓励打垂直井去瓜分相邻的石油资源，那么，为什么不打口斜井呢？另外，不少当地独立经营石油公司认为在一体化大石油公司地下的石油原来不在那里，是由于底水推动到东边区块下的，难道能出大价钱买东边的区块就应该多开采那些本该属于当地人的石油资源吗？这样当地人觉得从一体化大石油公司租地下偷油不是什么犯罪行为，正像许多乡下社区鼓励私自做酒和讨厌政府收税一样，得克萨斯州东部的居民鼓励打斜井和抵制一体化大石油公司。

由于钻井工艺不是十分精确，在东得克萨斯油田打的许多井都有一些倾斜。大约在第二次世界大战期间开始有人故意打斜井，在1946年的时候斜井开始多了起来，铁路管委会慢慢关注和寻找这些斜井，钻井工人和生产者联合开发了定向钻井技术。到20世纪50年代末期，地下油藏可以从垂直或水平钻井到达，一口4000英尺深的井可以从东西南北方向斜伸4000英尺。当管委会全面展开调查时，发现一口井眼有65度斜角，另外一口有57度斜角。

作业者找到一个躲避探测的方法。比如，装一口假井口用塑胶管连接斜井口，金属探测仪无法测到。在管委会记录上，这些假井都是成功的生产井。有时石油作业者会把边际井改造成斜井。根据得克萨斯州法律，如果像东得克萨斯油田深度的一口井，每天生产少于20桶石油就不受定额产量限制。到1960年铁路管委会只允许那些定额产量井每个月只能生产8天，就是一口日产21桶石油或更多的井，一个月只能生产168桶石油。而一口不受限制的边际井日产19桶石油，就可以一个月生产多达589桶石油。在油田西边油藏被水淹的部分，假如每天生产3桶石油，修井或改成斜井后每天能生产19.75桶石油，一口斜井可以生产比限量井更多的石油。无法知道在东得克萨斯油田曾经被斜井偷窃了多少石油，在1961年大公司报告的数据显示大约每天6万桶，假如这个数字接近真实的数目，那么整个20世纪50年代十年中被偷窃的非法原油约有22亿桶。

3. 改进技术管理

在铁路管委会历史上斜井事件是唯一没有在管委会委员之间产生异议的重要决策。从20世纪40年代起，汤普森、卡尔伯森和默里都完全同意故意打斜井是犯罪行为，应该尽可能地防止斜井出现。如果阻止不了，就要检测出来。对于这方面的决策主要是管理技术层面，如何避免被非法的斜井所欺骗。管委会委员从来没有打算关闭东得克萨斯油田所有的斜井，知道在油田开发初期很多井打得太快，没有那么精准造成了一些斜井，尤其是在小区块上小作业者打的井都不是完全垂直的。有不少井斜伸到别人的区块，要试图把这些井找出来，不仅花费很大，而且还会让一些无辜的人蒙羞，也会造成当地居民仇恨管委会。管委会一直没有明文禁止在东得克萨斯油田打斜井，只是尽量阻止那些故意打斜井来偷采别人石油的行为。由于管委会没有足够的技术力量和人员配置，这项任务变得十分艰巨。管委会只能靠对从下面油田报上来的生产数据资料进行核查，同时，在油田上管委会雇用巡视员视察安全和落实规定的执行。比如，是否按规定要求封井、对地表和地下水的保护等，这些工作既不需要大量资金，也不会引起什么争议。若是包含检测斜井，管委会的人手显然是不够的。

管委会很多年一直没能掌握足够的资料。1947年春，管委会委员在条例37条中增加了一条要求，在东得克萨斯油田东边的井必须是垂直井，还需要有管委会人员在场的情况下进行井的斜度测量，需要把测量报告寄到州府奥斯汀。到了1949年4月，管委会又颁布条例54条，要求所有需要打斜井的申请，要附有定向测量报告和说明斜井的目的是什么。到了20世纪50年代，测量斜井的仪器变得越来越先进。尽管颁布了条例54条，一段时间之后，管委会发现仍然不能有效地在东得克萨斯油田阻止斜井，利用斜井偷油事件仍有发生。有一次管委会的工程师在监督定向测量一口新井之后，当天晚上又听到钻井开钻，于是报告管委会领导。领导指示要展开调查这口井的施工过程，结果发现是钻井公司和测量公司合伙作弊来隐瞒管委会监督。这口井是先打直井进行测量后，再安装造斜器重新开钻打斜井，这样测量报告和交给管委会的记录都是合格的垂直井。管委会委员严肃处理了这口井的管线公司并起诉钻井公司。之后又出台了一系列关于在东得克萨斯油田东侧定向测量的补充规定，弥补条例54条的一些漏洞。

首先是要求定向测量要在井实际开始生产48小时之前进行测量，当一口新井不能等两天的时间，必须保证测量报告是使用规范的仪器装置。其次，管委会购买了测量仪器设备开始自己测量。此外，经常轮换管委会的油田视察员。理论上讲，在一个油田待久了就会跟油田的人混熟，不利于严格执行规定。到了20世纪

50年代后期，在东得克萨斯油田打一口新井要经过一个复杂的程序才能满足管委会的要求。具体的是两个斜度测量：一次由管委会测量，一次由钻井承包商测量，外加一次管委会批准的私营公司测的定向测量，所有这些测量都呈交给奥斯汀管委会办公室，再由管委会雇员进行相互比较。

4.监管破绽与漏洞

在临近20世纪60年代，管委会委员汤普森和卡尔伯森身体病痛严重，1961年卡尔伯森去世。管委会迎来了没有经验的新委员拉姆齐，他反对斜井但缺乏对斜井的了解。由于汤普森经常缺席听证会，管委会处理斜井的重担就落在默里一个人的肩上。

1961年4月，壳牌雇员在东得克萨斯油田的西边修理一口老井时，见到新鲜泥浆从老井套管头中冒出来，显然这些新泥浆是从其他井来的。在壳牌的区块上没有打井，只有在半英里外别人的区块有一部正在作业的钻机。这时正好遇上管委会的工程师经过，看见此事立即报告给在奥斯汀的默里。此事一年之后才曝光，这个事件有力地证明了斜井没有被完全杜绝。几家一体化大石油公司联合起来开始了私下调查，几家报社也知道到了隐情，这时默里委员认识到两点。一是斜井技术已经发展到科班工程师还没有学到的水平，那时学校的石油工程教授学生25度倾角是斜井的上限，没有想到如果钻工把钻具朝向一个大致的方向，井的倾角可以远远大于这个理论值。二是默里认识到在油田的西侧跟东侧一样都有斜井出现。伴随着新的认识他开始怀疑斜井问题依然存在。管委会工作人员抽出一些井，进行重新测量，怀疑管委会油田的视察员可能被贿赂了，其结果表明测量的垂直井还是没有变，仍然是垂直井。油田管理变得复杂和困难。

1962年1月，管委会委员默里得到启示，发现那些打斜井的生产商都会做到油气开采最大化，把井的日产量控制在规定的20桶以下进行生产。当一口真正的边际井，随着时间推移其产量不能保持缓慢下降，通过每年的产量记录就可以比较出来哪些是斜井了。根据这个想法，默里雇用了得克萨斯州大学的学生对3895口边际井的产量复查，找出那些每年产量持续保持在每天20桶水平的生产井。大约在东得克萨斯油田有几百口这样的井，默里拿着这些受怀疑井的资料到得克萨斯州总检察长办公室要求进行调查，结果检察长告诉他不能靠推断行事，需要提供更确切的证据。

本以为这件事会平息下去，可是记者吉姆·德拉蒙德于1962年4月11日在《石油日报》上发表了一篇文章引起了公众的注意，斜井问题一下子又变成了热门话题。随后有更多的关于斜井的报道陆续刊登出来，在公众的关注下，斜井就不再是怀疑存在不存在的问题。得克萨斯州总检察长办公室被迫开始积极行动起来，之后的两个月，在铁路管委会、总检察长、得克萨斯州立法院和美国内政部要求下，调查斜井丑闻的真相，整个得克萨斯州石油行业都关注这个事态的发展。调查牵涉许多细节，那些违法人员总是试图逃避惩罚。当地法官都会同情当地人，有的得逞了，更多的发起政治运动反对一体化大石油公司和管委会，扬言管委会是大公司的代理人。

1962年6月6日，有大约80位生产商在基尔戈尔集会，成立了得克萨斯州东部生产商组织。呼吁斜井调查不具备可信度，认为是一体化大石油公司打压独立经营石油公司的伎俩，同时要求美国监察机构进行反垄断调查，当然这些都没有阻止丑闻的真相被揭开。那年的夏天，真相才被默里所了解，斜井钻井的人在管委会探测仪上做了手脚。由于测量工作需要测量人员把双手放在泥和油脂中，会弄脏双手，油田的视察员通常在卡车上等测量人员读数。当测量人员把测量记录的磁盘交给视察员时，这个视察员在测量人员擦手时把磁盘给调换了，测量人员擦完手在管委会的表上签字后，再把被调换的磁盘和表一起寄到奥斯汀管委会办公室。这样铁路管委会的记录便是假的资料，显然这个视察员是被人收买了。

5. 管理中存在的纠结

斜井丑闻是由于铁路管委会不能有效地监督得克萨斯州的石油生产，一部分原因归结于机构缺乏足够的经费，另一部分原因是公职人员很难保证忠于职守、不受贿赂。此外，作为一个管理机构需要不断学习新技术。管委会的失职使得斜井问题泛滥长达两年之久。

在20世纪30年代，铁路管委会能够建立对行业的管控是因为行业需要管理，一体化大石油公司总是希望行业有人管理，独立经营石油公司是清楚了管委会井距和配额政策后才希望有行业管理。可是，斜井生产者不想被人管理，想办法躲避不让人发现。1961年的壳牌井事件和之后发生的一系列事情才让这个问题被重视起来。最后的调查没有解决所有问题，斜井依然在东得克萨斯油田里存在。

虽然在东得克萨斯油田斜井问题比较严重，但实际上其产生的破坏并不是很大。最后确定了一共有380口斜井，大多数在油田的东侧，23口斜井在霍金斯油田附近。由几家一体化大石油公司为原告方，法庭判决结果是赔偿两年的损失。许多诉讼都是庭外和解，有160人被告有罪，但只有1个人认罪，后来又翻供了。这些主要的盗油贼依旧幸福地生活在基尔戈尔社区，当中的许多人还受社区人民的爱戴。付出重大代价的不是盗油贼，而是管委会。默里早在20世纪60年代初期就树敌众多，一个原因是在东得克萨斯油田寻找真相，另一个原因是推行天然气定额制度。一些作业者就先下手为强，对默里的个人资产来源展开了调查。早在50年代初期，默里曾经加入过一家钻井公司，虽然管委会不直接管理钻井，而且在这家公司成为生产商后，默里把股份全部出售了。不管怎样，这层关系让人联想到利益冲突，此外，50年代末期，默里参与了一笔土地租赁交易，账面显示赚了100多万美元。

这本不关管委会的事，但由于身为公职人员，这些利益关系让选民对默里的公正和忠诚产生了怀疑。得克萨斯州的几家大刊物陆续连载了默里的这些交易细节，虽然政府报刊没有转载，但是，《达拉斯新闻》在1963年春把默里的商业行为与斜井丑闻等同起来报道。尽管民事交易是在几年前发生的，得克萨斯州大法官也同意不需要默里出庭说明，但是，默里和管委会在公众心目中所造成的损害已经无法挽回。1963年4月，默里不得不辞去管委会委员的职位，这或许就是这次斗争最大的代价。

默里可以说是管委会委员中最有技术背景的委员。早在20世纪50年代，管委会委员的年薪还不到7000美元，另外两位委员都有其他的生意，拥有酒店和杂货店等，对于默里一个石油技术背景的人很难找到石油行业以外的生意。委员的薪酬让人要么贫穷度日，要么在利益冲突边沿挣扎，默里的纠结让其他人对管委会工作望难却步。当然，如果委员不再委任也不用选举可以保证委员忠诚度的话，那么，只有忠诚没有技术能力又如何管理石油行业呢？到70年代，许多行业人士都私下抱怨管委会委员的水平下降，当中没有一个是有技术背景的。正如油田视察员在1978年时这么说过："我们每次见到管委会委员，我们都得跟他们从头说一遍。"关于默里的利益冲突指控有点戏剧性，但所提出的真正问题是：如何发现管委会德才兼备的人才？管理石油行业但又不能跟石油行业有瓜葛。

（四）能源危机（1965年—1980年）

1965年1月，汤普森辞去了铁路管委会委员，第二年夏天就去世了。得克萨斯州州长约翰·康纳利委任得克萨斯州众议院发言人拜伦·特内尔接替汤普森。汤普森的离开正好处在得克萨斯州石油由鼎盛辉煌开始走向紊乱动荡的时代。

1963年，得克萨斯州州长委任吉姆·兰登接任默里的委员职位，兰登像汤普森一样有激情和自信，但没有汤普森的军人风范。他主动向小生产者和矿产税所有者保证，管委会仍然会替他们做主。1960年至1970年，他到华盛顿争取得克萨斯州石油工业的利益。1977年兰登离开管委会的时候，管委会委员成了人们心目中的代表，能源危机使得美国人把目光聚集在得克萨斯州的石油生产者。20世纪70年代任职的委员都轮番到美国国会演讲和听证，管委会在石油行业人人皆知，并且由于对石油的需求，美国民众越来越关注这个机构。

自从1972年3月起铁路管委会就不再根据市场需求定额了，除个别情况外，油田的生产许可都是100%的产能生产，管委会的决定对美国的石油供应就没有那么重要了。由于得克萨斯州生产的天然气仍然占美国产量的三分之一，对天然气的定额管制就像之前的石油定额一样开始变得尖锐起来。

管委会委员的管理风格为随和并注重个性化。在石油过剩的日子里，没有人在乎这样的管理风格。但当石油短缺时，很多人上街抗议，在电视媒体聚焦和联邦政府干预下，这种管理作风就被认为缺乏紧迫感。

20世纪70年代中期，得克萨斯州立法院通过了管理流程规定，禁止管委会委员私下与任何人讨论管理政策，委员之间的政策讨论必须在公开情况下进行。很多委员的沟通交流方式是多年已经养成的，不习惯这些新的工作方式，个别委员只好辞职不干，大多数委员只能尽量忍受。随着公众的关注度增加，管委会的责任范围加大，油气价格上涨增加了人们对能源的关注和开发新能源的投入。比如，开发更多的石油或可替代矿产，这些都会造成环保问题，并要求更多的政府管理。20世纪70年代得克萨斯州立法院把这个责任交给了铁路管委会，在此期间，管委会委员面临着有关天然气的两大挑战：一是对于得克萨斯州境内的天然气市场出现过剩问题，需要加强定额生产制度管理；二是天然气的基础设施已经难以满足供应用户的需求，需要加强改善进度。

天然气的定额比原油的定额更难管控，主要是由于以下几个方面。

第一，只要占有天然气市场的三分之一就能控制市场，这个占有率比石油低，就是更容易影响市场。

第二，天然气很难运输和存储，不像石油可以有多种储运方式，天然气主要是靠供销合同关系。

第三，对天然气的需求变化很大，一般而言，冬夏需求量大，春秋需求量小。

第四，天然气价格长期处于低价位，同等热量值的天然气价格只有石油价格的五分之一。

这些因素造成了天然气与石油工业不同的经济结构，天然气生产者必须把生产的气卖给管线公司，不像石油生产者可以有多种选择。通常一个油田只有一个天然气买家，这样天然气生产者就要承担比管线公司更大的风险。因此，天然气生产者需要买方提供出售保障，否则很难在银行贷款进行钻井生产。天然气生产都是与管道公司签订一份长期合约，几乎不存在短期的购销竞争。一旦签署了合同，生产运输保持几年不变，防止天然气工业受市场波动的影响。天然气生产跟石油生产一样会出现过剩的情况，会遵循捕捉法则的生产制度，像石油生产商一样，天然气生产者希望定额生产，保护地下资源，可天然气的生产定额模式与石油生产有很大的不同。

早在20世纪30年代，铁路管委会就试图管理天然气工业，本想跟原油的定额生产一样，去限定天然气。几次石油定额规定被法院否决之后，加上天然气生产有与石油生产不同的地方，经济价值不高，于是管委会把重点放在石油生产的管理，让天然气生产自行发展。到了20世纪40年代，出现了气田生产分配的纠纷，得克萨斯州司法机构再次授权铁路管委会管理天然气工业。这时的天然气私营企业已经开始了自我管理，在气田生产中制定生产规则，但不同于管委会是以得克萨斯州生产量来拟定计划生产。这主要是三个方面的原因：首先，在得克萨斯州各地缺少天然气运输的管线网，不像石油的运输纵横交错四通八达，可以把石油运送到销售市场，这一点天然气不可能做到，只能以气田为单位来组织营销；其次，天然气销售价格的变化比石油价格变化更大，天然气购销合同是由管线公司与生产商签订的长期合约，短期的天然气价格变化不会反映在购销合同上，对生产商而言，不存在天然气市场价格，这是跟石油行业不一样的地方；最后，因为20世纪30年代一系列的法院判决使得生产商和管线公司对政府管理天然气生产失去了信心，只得自成体系以一个气田为单位安排天然气生产。

当1945年管委会正式授权管理天然气生产时，委员们只得在已有的私营生产系统基础上进行一些调整。当时管委会的主要目的是要求管线公司对气田中所有的生产者一视同仁，以气田为单位，按气采购量根据比例平等地分配给所有生产者一定的份额。

不同用于其他气田，得克萨斯州没有一个统一的天然气生产定额。每个气田的地质条件和所建立的经济合同关系不同，加上作业者的期望和管委会委员认为是否公平合理等因素，常常在天然气管理上会出现一些混乱。通常情况下，气田的作业者要求管委会介入制定一些天然气生产规则，让大家共同遵守，管委会会根据上述因素，制定一些规定来避免生产者之间的利益冲突。如果气田有几个主要作业者或者一家生产商独自经营整个气田，那么，管委会一般就不需要介入。

如果多个生产者在一个气田生产，要求管委会帮助进行生产管理，管委会通常会建议大家用都能接受的配额生产计算公式，这种计算公式可以是多种不同的计算。比如，按气田面积以及各个区块所占的面积来计算，或者按面积乘以井底压力计算等，如果气田中有小的区块，管委会就会按三分之一的井底压力和三分之二的面积加权平均来计算配额，这样就免不了小区块会抽取邻近区块的地下气资源，造成一定的利益纠纷。

单井天然气生产的配额是由气田承运管线公司按市场需求来决定的，气田只有一家管线公司，管委会就不需要规定其生产配额，让气田的管线公司自己安排生产。如果两家以上的管线公司在一个气田外运，这样所拥有的天然气生产商就会根据管线公司的需求不同，制定不同的开采速度。当导致利益纠纷时，管委会就需要介入进行协商调节，通常的做法是折中来公平解决生产配额。打一个比方，假定管线公司甲需要在气田的生产商生产70%最大理论产能的气量，而管线公司乙只需要气田生产商生产30%最大理论产量的气量，如果不进行生产协调，那么，大量生产的生产商就会把气田的气多抽取，生产慢的生产商就会失去一部分资源。为了做到合理生产，管委会就会要求双方的生产商都按50%最大理论产量进行生产，当天然气生产出来之后，甲乙双方再进行交易。公司甲向公司乙购买20%生产的天然气，到达供需平衡的目的。可惜的是这个解决方案只能是理论上的，不能用于天然气管理的实践，因为在实际操作中会遇到许多技术难题，联邦规定使得简单的问题被复杂化。天然气生产不能像石油生产那样做到各气田之间配额许可量达到平衡，主要是两大因素造成的。

第一，当勘探公司发现小型气田时，如果远离市场或者没有管线公司愿意铺设管线进行外运天然气，管委会不能要求一家管线公司去气田连接输气网。如果是一体化大石油公司，可以决定是否要进行管线投资开发气田，不存在生产配额问题。对于独立经营石油公司而言，没有天然气运送管线，就无法开发这样的气田。

第二，以气田为单位制定生产许可给生产者留下很大的解释空间，管线公司的采购量有特别的要求，需要季节调整和生产供需平衡。加上州内和州与州之间的商业贸易是受到联邦机构管控的，铁路管委会只能管理部分生产，也就是说仅限制在气田范围内。

由于涉及联邦法律，发生过许多法律诉讼案，判决结果与铁路管委会的主张不一致，使得在天然气生产管理出现了许多混乱局面。直到20世纪70年代中期的能源危机时，天然气定额生产才再次引起人们的关注。当1973年美国天然气第一次出现供应短缺，天然气价格在得克萨斯州迅速攀升，每1000立方英尺从1970年的14.4美分涨到1973年的20.4美分，再到1975年的51.9美分。可是，很多的天然气长期合同是按短缺出现之前的低价格签订的，价格突然大幅度提升导致天然气勘探生产成为有利可图的生意，业内人士纷纷增加天然气的钻井开采。1968年得克萨斯州气井完井的数量为763口，1973年上升至1473口，到了1975年这个数字增加至2135口，上升速度之快从未有过。由于美国联邦权力委员会继续维持相对低的天然气州际市场成交价，使得得克萨斯州新发现的气田只能在州内较高气价市场销售。得克萨斯州的天然气需求很旺盛，得克萨斯州天然气公司一下子签订了几百个购销合同之后，仍然不能满足其对未来需求的展望。

到了1975年，得克萨斯州的天然气发生逆转，天然气价格升高，人们又关注了资源保护。铁路管委会早些时候要求行业减少天然气用于烧锅炉的用量，加上先前的天然气勘探大量投入，转变了天然气生产的下滑趋势。这时得克萨斯州州内的管线公司发现所生产的天然气开始大量过剩，但是，整个美国的天然气供应仍然不足。到了1977年，得克萨斯州的天然气过剩量达到了6060亿立方英尺，仍在呈不断上升的趋势。随着剩余量的增加，管线公司已经不能销售所生产的全部天然气，只得削减采购数量和采取管线定额政策。出于经济利益的考虑，管线公司优先选用长期合同和低价格生产商的天然气，尽量不履行新发现生产的高价天然气合同，收购那些规定运输的合约或者交付罚款的天然气生产，挑选效益好的气田收购天然气，这样一些生产商的天然气出现了滞销。

管线公司不提供运输就没有任何的销售渠道，只能关井并向铁路管委会投诉，寻求解决办法。管委会试图在得克萨斯州实行定额生产天然气，这就不可避免地出现人为的降低天然气产量。1977年2月，管委会下达对得克萨斯州的天然气进行定额生产。当时美国许多地方的天然气严重供应不足，华盛顿的新闻媒体就宣称得克萨斯州在缩减天然气产量是为了操纵市场。

　　1978年2月，参议员亨利·杰克逊在全国电视节目上公开指责得克萨斯州铁路管委会故意限制天然气市场，建议联邦机构取代管委会行使得克萨斯州天然气管理。3月，美国能源部官员威胁要取而代之，在得克萨斯州境内有消费者抱怨天然气的供给。当然，要把这个复杂的问题跟外行人和那些美国东北部忍受寒冷的民众解释清楚是一件十分困难的事。得克萨斯州的天然气定额生产不是想操纵市场价格，而是一系列保护生产者的措施。管委会委员试图这样向民众解释，可是收到的效果甚微，加上这时卡特总统的能源计划正遭遇挑战，天然气消费州的代表们在石油政策制定上开始怀疑铁路管委会及其管理主张。

　　尽管有外界的批评指责，天然气定额所遇到的最大难题还是在管委会内部，一方面是由技术造成的。1977年年底，管委会要求其工作人员把所有得克萨斯州气田定额制定出来。每个气田都要进行听证，有几百个没有定额的气田，整个过程远远超出了预期的进度。到1979年年底都没能把所有的气田资料输入系统中。另一方面是系统结构问题造成的，比技术问题还要棘手。20世纪70年代管委会继承了20世纪50年代以油田为单位的天然气定额体系，没有重新建立新的体系，导致整个系统变得很复杂。在此基础上制定了一个更为复杂的气田定额安排，要求每个生产商申报未来月份的生产计划，购买气的管线公司申报未来的销量预测。通过运用计算机运算，理论上讲，可以根据申报的生产销售数据计算出气田的许可数量。但在实际运行过程中，这个系统完全行不通。主要原因是生产商和管线公司预测都过于乐观，申报的数量大大超过了实际生产数量，管线公司不愿意申报少了而限制了潜在消费者的需求量，这些不切实际的申报数据让管委会的整个定额系统失去了设计的功能，正如一位计算机程序员所说的那样："垃圾进来，垃圾出去。"

早在20世纪50年代，管委会委员就知道生产商和购买商会高估市场需求的倾向，在审批时会做适当的调整。可是，这些新的管委会委员还没有学会如何进行需求调整，当天然气产量许可定得太高，政府的定额就会失去意义。管线公司不能吸收所生产的天然气，就会按市场预测来安排天然气的购销，这就造成一部分生产商的天然气不能销售，导致较大的经济损失。管委会的天然气管理政策在20世纪70年代后期一直倍受指责，没能起到稳定天然气供应的效果。这个难题到了20世纪80年代才开始有所改善，有趣的是解决方案却是来自管委会之外。

1978年3月，美国国会通过了天然气政策法规，清除了管线公司跨州运输障碍。过剩的天然气产量可以通过州际管线运送到得克萨斯州以外的地方，这样就平衡一部分天然气短缺供应，天然气价格由市场自行调节。天然气生产过剩问题得到部分解决，但得克萨斯州天然气定额生产并没有完全解决，天然气的定额又给管委会带来一个法律问题。当某个气田的定额产量低于生产商与管线公司合同规定的合约销售量时，管线公司所接受的定额生产数量就少于合约销售量，按合同规定管线公司就会被罚款处罚。管线公司是根据管委会的规定执行的，生产商就会投诉管委会无权修改合约，因为管委会没有司法权力，只是代表政府管理油气行业。管委会委员在回复天然气生产商关于定额问题时这样说道："管理行业是我们的工作，但是，也是要我们干涉私营企业，不让个别合同取代各方的利益。"由此可见，天然气生产的管理之复杂性。

三、是非功过谁与评说

自从20世纪30年得克萨斯州铁路管委会被授权整治得克萨斯州的石油工业起，管委会就与石油行业结下了不解之缘分。管委会委员们与石油业界人士有密切往来，通过各种渠道了解行业的信息动态，交换看法，在达成互信共识的基础上，陆续出台那些行之有效的管理政策，逐步完善对石油工业的管理。现将管委会的政策与反思总结如下。

（一）石油工业与资本主义

众所周知，美国实行资本主义经济制度，这个制度最大的特点就是每个个体在市场自由竞争下追求自身的经济利益最大化。资本主义的拥护者总是喜欢强调在自由市场竞争下，追求个人利益最大化的结果就造成了社会需求得到满足，而持反对意见的人则认为没有社会协调的经济决策就会损害社会大众的利益。美国石油行业的人士都认同自由市场竞争的必要性，如果在完全的市场经济下经营，得克萨斯州的石油行业可能会难以生存和发展。

20世纪30年代，东得克萨斯油田的开发清楚地告诉人们，在石油生产中毫无节制地追求个体利益的结果是把石油行业推向崩溃的边缘，给石油这种不可再生资源造成了巨大的浪费。无管制的石油市场最终经受不了石油工业固有的周期变化，没有得克萨斯州铁路管委会的介入，得克萨斯州的石油工业就会被资本主义的自由市场经济所扼杀。铁路管委会的市场宏观管控并不意味着排除资本主义市场下的竞争，无论是一体化大石油公司还是独立经营石油公司，投资经营决策都是企业自身的决定，仍然是市场经济行为，管委会作为政府机构只是为石油行业提供合理的经营环境，限制影响经营环境的一些生产选项。

（二）资本主义与改革创新

20世纪40年代奥地利著名经济学家约瑟夫·顺彼得就指出，资本主义的发展需要不断地改革创新，改革创新又是一种不循规蹈矩的行为，突破已有的条条框框各种束缚才能实现。资本主义的生存发展基于两大因素——企业创新精神和理性的管理制度（或者叫官僚机构）。约瑟夫·顺彼得进一步指出，随着企业的发展壮大，企业就会像政府一样变得越来越官僚主义，其最后的结果就是官僚主义窒息了企业的创造发明，扼杀了企业精神，导致企业走向崩溃。或者说，没有了非理性的企业文化，资本企业就会变得难以想象的死板和僵化，改革创新的路子就行不通，整个行业就会停滞不前。最后，行业就会变成民主政府平息公众诉求的压舱石。因此，成功的资本主义企业会发展组织结构，其组织结构越完善，其改革创新的企业精神就会越难生存，顺彼得的结论是在资本主义制度下的企业成功将会导致其自我毁灭。

根据经济学家的观点来回顾得克萨斯州的石油行业的发展过程，几个相关的问题就会摆在面前，得克萨斯州的石油行业有没有不求改变的大集团主导整个行业？石油工业有没有被理性经营引向停滞或者没落？石油行业是否存在自我毁灭的可能性？所有这些问题的答案都是否定的。在一定程度上其主要原因是由于得克萨斯州铁路管委会管理政策的制定，避免了上述问题的出现。具体地说，管委会保护和扶持行业里的非理性和非高效生产，即那些独立经营石油公司和小土地所有者，免于残酷的市场竞争生存下来，整个行业始终保有企业精神和充满着生产活力，远离了僵化的停滞不前。值得一提的是，这里讲的经济非理性和非高效生产，不是指独立经营者不善于管理或者依赖政府救济，缺乏在自由市场竞争下的生存能力，而是指由于石油工业特有的结构所决定的，独立经营者的经营规模小，不能做到经济规模化的有效生产经营，不得不投入更高的单位生产成本。加上，他们多数集中在低产油田的边沿区块，注定会是相对多投入少产出的命运。另外还有一点，绝大多数的独立生产者都是在美国国内经营，没有开发国外廉价石油的条件，所生产的石油成本就会有较高的投入，从经济学的理论来看，这样的生产是非理性经济行为。

管委会在得克萨斯州石油管理上做的最重要决定是按市场需求定量生产。通过限制石油产量维持市场价格的稳定，合理调整市场供应，这样保证了非高效的独立经营石油公司不被一体化大石油公司在市场竞争中所吞噬。此外，管委会其他的井距配额政策、边际井免于定额限制、管线运输管理等规定都有利于独立经营石油公司和小土地所有人，在石油行业中给他们保留了一片生存空间。这看似矛盾的做法，一方面保护行业中小公司免于自由市场竞争残酷，另一方面为整个行业提供了最有价值的服务。由于独立经营石油公司的存在，给整个行业带来了活力和生机，因为他们是最敢于冒险和最具有创新精神的群体，这就是为什么美国石油工业能保持持续的高速发展。从某种意义上说，管委会为独立经营石油公司提供的保护和扶持，挽救了美国石油工业的衰落，给美国国家利益做出了贡献。在美国公众眼里，石油行业是由几家一体化大石油公司所主宰，这几家一体化大石油公司被称之为石油七姐妹。事实上，整个美国石油工业十分零碎化，一体化大石油公司主导着石油产品的市场销售，石油的生产、运输、炼制依然有数以千计的中小公司参与。与其他行业相比，石油行业还是相对适合小公司生存和发展的，作为州政府机构负责管理这个行业，铁路管委会应该算是得克萨斯州石油工业的福星。

在许多重大决策上管委会都能替小公司着想，创建有利于小公司生存发展的经济环境。跟加州和蒙大拿州相比，由于这两个州没有实行石油的定额生产制度，独立经营石油公司只能在恶劣的市场竞争中挣扎，而得克萨斯州的独立经营石油公司在管委会的政策保护下，创新发明和推动石油行业的发展所起的作用，美国没有其他任何一个州可以与其相提并论。当然，保护相对效率低的生产者来促进行业的创新发明会带来一些短期的生产浪费，大多数的独立经营石油公司都不是改革创新发明的经营者，但那些不具备创新发明的独立经营石油公司却是创新发明独立经营石油公司的后盾。短期的生产浪费只是企业精神发扬光大的微弱代价，与行业存亡相比，是微不足道的。

（三）独立经营石油公司与风险承担

研究表明技术创新通常会整装成商业开发的创新，这样最先使用新技术的公司被视为技术创新的发明者。由于一体化大石油公司拥有众多的科技研发部门，往往会成为新技术的优先使用者和被认为的某项技术的发明者。对此，很多独立经营石油公司持有不同的看法。因为许多新技术的发明是由独立经营石油公司创造的，后来一体化大石油公司掌握之后才广泛推广应用。因此，那些发明了新技术的独立经营石油公司成为行业中的无名英雄。不过，这还不是低效的独立生产商对行业的重大贡献，他们的最大贡献是敢于冒更大的风险开辟行业的新领域和新发现。一体化大石油公司都是股份制的，公司管理层只是对股东负责，不愿承担任何风险，经营上追求平稳和可预见性的投资回报。可是，石油工业本身就是一个极具不确定因素的行业。一体化大石油公司总是遵守传统智慧的经营理念，一般不会采纳那些非正统理论或者任何奇思异想的建议。无论是使用新技术还是发现新油田，都是在有足够证据证明会成功的基础上做出的，没有把握或者要冒风险的事都留给了独立经营石油公司去尝试。独立经营石油公司的决断比较简单，不愿意被传统思想和官僚作风所束缚。所以，美国石油工业的稳定发展要靠一体化大石油公司，创新发明却要依赖独立经营石油公司。

石油工业的根基在于油田的发现。勘探活动本身具有许多不确定性，每一口新井就是一场赌博。历史资料表明，大约40%的钻井都没能开采石油，如果是勘探井的话，成功率还不到10%。一体化大石油公司往往在勘探中表现得非常谨慎，钻井勘探都比较保守，尽量规避风险。根据美国石油勘探统计显示，一体化大石油公司所发现的石油储量刚好占美国石油储量的一半，发现的油田都是相对低风险类型油田。

由于石油地质理论总是不完善的，每个地质条件都不尽相同，历史上真正的勘探发现都是那些敢于冒大风险和突破性的创新结果，这正是独立经营石油公司所固有的特征。最有力的证明就是得克萨斯州的纺锤顶油田和东得克萨斯特大油田，它们都不被大石油公司看好，不具备当时认知的石油地质条件，独立经营石油公司敢于承担风险，创新尝试完成了一次又一次的突破。

1963年，美国油气杂志统计过美国241个一亿桶以上的大型油田，其中122个是独立经营者发现的，占了总数的51%，只有111个是一体化大石油公司发现的，占总数的46%。在得克萨斯州的油田发现中，独立经营石油公司的贡献就更大了，1976年统计的12个大油田中6个是独立经营石油公司发现的，5个是一体化大石油公司发现的，一个是共同发现的。这些数据足以说明独立经营石油公司比一体化大石油公司更勇于承担风险，更富有创新精神。而且，创新不仅表现在石油勘探，在开发生产上一样表现出色。比如，20世纪40年代，一家独立经营石油公司就率先尝试注水开采石油，在得克萨斯州一个老油田获得成功后，一体化大石油公司才纷纷效仿把注水开采在行业全面推广。如今注水开发已成为行业油气生产的常规手段，类似这样的创新事例绝不是少数个案，业内人士都知道独立经营石油公司在石油行业所创造的奇迹。

另外，几十年之后的页岩气革命也是在得克萨斯州一家独立经营石油公司手中诞生的，所有这些都是出于"为了成功敢于承担风险"的创新精神。美国石油工业得以长足发展，部分原因是在这个行业里，有那么一群人和公司看重机会胜于危险。经济学家约瑟夫·顺彼得关于资本主义企业的周期性预测，可能适用于其他行业。在美国的石油工业，由于政策方针对小公司和"非理性"经营形成了保护和扶持，铁路管委会让企业精神在石油行业得以发扬光大，在短期生产看这或许不是最有效的开发生产。但是，长远来看这却保证了行业的健康发展，美国石油工业能有如此辉煌的业绩，得克萨斯州铁路管委会可以说是功不可没。

勇于承担风险并不只是独立经营石油公司唯一的有效特征。由于经营规模小，独立经营石油公司常常可以填补一体化大石油公司不适合或不愿意做的经营领域。比如一体化大石油公司不感兴趣的陆上成功率低、规模小的油田或者开发生产后期的低产油田，独立经营石油公司利用经营规模小和费用低的优势正好填补了行业中的空缺。若是把美国小公司的石油产量累计起来，其数目是相当可观的。

（四）边际井生产与国家利益

得克萨斯州铁路管委会在石油行业保护小规模经营者引起强烈争议的两件事，一件是小区块上的打井特别许可，另一件就是边际井免于定额生产的限制。在实施定额生产制度下，生产成本相对较低的高产井被限制生产，而生产成本相对较高、日产20桶以下的边际井却可以无限制生产。在定额生产的保护下，边际井的高成本可以被市场价格所接受，这种现象被经济学家认为是反经济规律的作为。经济学家批评说："那些没有被开采的石油最终不可避免地会成为最低的边际成本油。"其中一位经济学家形象地比喻这种做法是"用鲜花的养分去养育杂草"。类似这些指责，在五六十年代十分普遍，就短期而言，反对边际井政策是可以理解的。毋庸置疑，扶持边际井的生产会导致成本增加和油价上涨，或许会影响到勘探的热情。可是，到了20世纪80年代再回顾边际井的政策，就会有不同的看法和认识。

当打一口井的时候，泥浆用于钻头的润滑和保护井壁坍塌，在钻井压力下会把泥浆挤入地层，在储层空隙小的地方形成堵塞，专业用语叫储层损伤。在新开发的油田，油藏压力大时可以把泥浆排挤出来不会发生堵塞，随着开发时间的延长储层压力开始下降，不能生产大量的原油，一口生产井就会变成边际井。在老油田开采到了末期，通常会有很多边际井。这些低产边际井一旦停产封井，储层中的底水就会侵入，由于水的流动性比油大，这样残余的地下原油就很难开采出来。因此，只有继续保持边际井的生产，才能增加井的最终采收率，实现资源的最大开采量。当然，产量降低时边际井的单位生产成本就会升高，经济效益就不会有高产井那么好。

假如按照经济学家呼吁的那样，在五六十年代就放弃边际井的生产，那么，相当大的一部分原油就会残留在地下永远不会被开采出来。当时不少人以为廉价可开采的石油总是存在的，没想到几十年后，美国出现了石油危机，石油资源一下子变成短缺资源，美国能源安全需要那些成千上万的边际井生产来弥补石油的供应。即使在油气资源丰富的美国，石油开采依然是国家利益所在。1976年，边际井的产量占美国油气生产量的11%，得克萨斯州的比重更高，是储量的20%。从长远来看，保留边际井的生产是符合国家利益的，边际井的开采和资源的合理开发利用的实现，功劳应该归得克萨斯州铁路管委会。

（五）民主管控的纠结

管委会委员认为小石油生产商是得克萨斯州经济利益群体的一部分，或许想到了美国的国家利益来制定长期管理方针。在政策规定上，他们刻意地保护小石油生产商和土地所有者免于激烈的市场竞争，通过按市场需求定额生产和维持稳定油价的方针政策，优惠行业中小公司的作为，打造了得克萨斯州石油生态的经济天堂，让这个行业里的小石油经营商能跟大石油公司一起生存。这个经济天堂不是没有代价的，对经济效益而言，用最佳的生产方式进行最优的资源开发为标准来衡量，管委会的政策显然没有达到经济效益的标准，其代价就是在政策制定和执行中有不少非理性的经济行为，没有做到最佳的经济效益生产。可是，正是这些非理性的经济行为扶持了行业中的独立经营者，使得在石油工业管理中一直保留了企业精神，确保了油气资源合理开发利用的最大化，对边际井的特免政策在应对石油危机时发挥了一定的辅助效应。尽管管委会的方针政策在当时饱受经济学家们的指责，但历史给出的答案却表明管委会所制定和执行的政策规定都是正确的。从管理者的角度看，管委会更注重的是得克萨斯州石油行业生态的建立和维护，对于为了达到这个目的其做法在经济上是否理性并不重要，有趣的是实践证明了管委会非理性的经济行为更为智慧。

从长远的角度来看，管委会制定的政策基本上是正确的，但有许多纠结的地方。在美国这样一个民主的国度里，一个超级重要的行业如石油行业，应该纳入国家民主管控范围，可事实上，铁路管委会的政治制度并没有遵循民主监督的模式，几乎没有受到美国民主的管制。

首先，半个世纪以来，那些手握美国石油供应和决定市场油价的管委会委员们，几乎独立在得克萨斯州以外的美国政治圈，直到20世纪70年代才出现管委会委员，由于能源危机被叫去国会听证。之前很少美国人听说或了解得克萨斯州铁路管委会。管委会所制定的管理规定对美国人民生活有很大影响，可是，除了得克萨斯州以外的美国人，对管委会委员和所制定的政策基本上没有什么发言权。1935年美国国会通过法律授权各州自行管理本州的石油行业，从那时起直到1973年美国石油产量达到顶峰，管委会委员们只需集中精力管理好得克萨斯州的石油生产，不需要搭理美国其他州的选民和那些石油消费者，只需要对选举的得克萨斯州人民负责，是美国的民主监管不到的。进入20世纪70年代，影响石油的决定权从管委会转移到了欧佩克，美国的石油进口对消费者的影响远大于美国各州的市场需求定额。得克萨斯州铁路管委会和欧佩克组织都有两个共同点，一个是通过控制产量来提升油价，另一个是按市场需求定额生产来维持油价。不管怎样，作为石油管理机构采取的方式都是控制石油的供应来左右市场的油价，管理者不会考虑消费者的需求。欧佩克毫不掩饰地拒绝考虑任何消费者的民主诉求，甚至把石油当作与发达国家对抗的武器。得克萨斯州铁路管委会多少还会照顾到美国国内油价对消费者的影响，但是，不会接受外州的民主监督和美国联邦民主管制。

其次，得克萨斯州的政治格局与石油工业结构二者相结合是对管委会民主作用的体现。得克萨斯州独立生产商的政治影响力足以决定重大事务上的政策制定，缺乏有力的党派竞争，很难对管委会的政策在选择上构成挑战，独立生产者的社交圈能够对候选委员选举私下达成共识，共同推举各方可以接受的候选委员，提供大量的竞选经费帮助候选人当选。于是，当选的管委会委员便成了独立经营者的代言人，自然在决策上会倾向独立经营者一方，问题不是管委会委员的职业忠诚度的问题，而是在于所管理的公共事务上，独立经营者不需要收买管委会委员，知道只有符合个体利益的建议，才会得到管委会的认同批准。总的来说，铁路管委会在石油行业管理近50年，没有做到石油行业的全体利益的公共管理，只有在公众认可下的石油行业管理，得克萨斯州的石油行业基本上独立于美国联邦民主管控之外。这种情况在美国政治生态中并不少见，许多研究表明政策的管理机构倾向于被管理的行业所主导。对于政府任命的机构，可能会认为通过选举制度就会有所改善。其实，委任或选举两者唯一的差别在于所管理的行业。

20世纪70年代中期，得克萨斯州颁布了政府管理程序条令和公开会议规定，目的是杜绝私有企业对公共机构的影响，明确规定禁止管委会委员私下讨论管理事宜，讨论管理政策必须在公开会议上。尽管如此，这都不可能完全禁止管委会委员和工作人员与行业人士的非官方接触。同样，问题不是管委会委员被贿赂或者拉不下情面，而是长期在这个行业打交道，被这个行业的特点所影响，这些影响就会反映在制定方针政策上。每个管委会委员至少结识上百个从事石油经营的人员，如果要问谁代表公众利益，管委会委员就会回答都代表了公众利益，这样的回答不是所有人都会接受。假如问题是出在管委会委员与行业接触过于密切，那么，由选举产生的民主制度会更为严重。由于石油行业在选举中大量捐款，这些捐款使得候选人当选后更加倒向石油行业。在民主选举的政治环境下，金钱的力量会决定选举的成败，几乎任何改革都无法改变这个现实。20世纪70年代联邦法院曾明确表示绝不容忍私人向选举候选人捐款，即使禁止私人捐款，也只是把问题转移了，没有真正地解决问题。在得克萨斯州铁路管委会委员选举的关键是在民主党内的初选（所有的委员都来自民主党，没有共和党人当选管委会委员），党内初选不会给任何选举人经费，假如实行禁止私人竞选捐款，那么，在党内初选中就会是谁有钱谁就有巨大优势，这样的选举结果不可能对管委会的政策制定或者民主监督起任何改进作用。

此外，还有一种可能性就是把得克萨斯州油气田的管理工作交给联邦政府。按民主的理论，联邦政府会代表更广泛的美国民众。得克萨斯州的石油工业对于美国很重要，应该由国家管控才是最民主的体现。但这只是很理想化的想法，不可能在现实中实行。联邦政府管理石油行业会比得克萨斯州铁路管委会更远离政策的影响中心，加上联邦政府的官僚体制，可以肯定地说，会更习惯于优先考虑自身组织利益多于公众利益。不仅如此，至少管委会的工作效率还是被广大公众所接受，而联邦政府在政策的施政记录显示，他们没有能力有效地管控能源生产。简而言之，假如让联邦政府接管得克萨斯州的石油工业，将会比得克萨斯州铁路管委会管理要糟糕许多。

总之，石油工业管理归根结底是一个选择问题，历史选择了得克萨斯州铁路管委会，管委会做出了石油政策方针的选择，大部分的政策制定是正确和明智的，符合公众的整体利益。尽管很多政策选择是把行业利益放在首位，更多的是考虑那些石油经济相关的选民集体，并不是所有受政策影响的美国民众，但是，无论怎样，管委会所做的重大政策方针基本上还是受美国民众欢迎的，只是过程让那些信奉民主的朋友有些失望。随着美国石油产量的下降，得克萨斯州铁路管委会在美国石油政策的重要性没有以前那么重要了，可是，管委会所经历和遭遇的纠结，不会在得克萨斯州或者美国就此消失。石油供给、政治利益，以及公共政策，仍然是人们继续关注和议论的焦点。

第五章

海陆并进再创辉煌

20世纪70年代是美国石油工业的分水岭，彻底地改变了整个美国的石油行业。经过激烈的动荡之后，很长一段时间里石油成为人们关注的焦点。影响美国石油工业的因素不仅来自行业本身，很大程度上更多的是来自美国的外交、政治、经济等多个方面。期间有两个最为重要的事件直接对整个美国石油行业产生了极为深远的影响。一个事件就是美国石油产量像金·哈伯特在50年代中期预测的那样，在20世纪70年代初出现了峰值。另一个事件就是中东的石油输出国组织发起了对美国实行石油禁运，导致美国的石油危机和石油价格的暴涨。这两个事件的综合效应反映在美国人民生活极大地依赖石油生存，美国政府又无法在短期内有效地应对这场石油危机，美国国内出现了通货膨胀和经济衰退。经过两届美国政府，才让美国经济慢慢恢复元气，走出这场危机的阴影。但是，美国石油产量一直没有恢复到70年代初历史最高水平。到了21世纪初美国石油工业迎来页岩油气革命，美国的石油生产才再次出现了高速增长，把石油产量重新带到了新的高度，基本实现了能源自给，可以说，这是在人类石油历史从未有过的奇迹。

在石油危机之后，美国的石油行业大力发展石油储备的勘探。首先是把目光投向了美国的墨西哥湾海域，因为那里是陆上含油气盆地的自然延伸，有优越的油气形成的地质条件，只是遇到了海上恶劣作业环境的挑战。通过技术的不断创新和美国政府给予的一些优惠政策，一些大的石油公司在墨西哥湾深水领域取得了许多突破性的进展，发现了许多大的海上油田的同时又成功地进行了大量的商业开采，成为美国石油行业继70年代石油危机之后新的油气增长点。但更重要的是美国墨西哥湾的海上石油勘探开发给石油行业的技术创新提供了良好的试验场，吸引了世界各地的石油公司、油服企业及海上工程技术精英们来这里施展才能，开发新的先进技术之后又传播到世界其他地方，让美国的石油行业技术保持其领先地位。不过，常规的石油勘探开发始终没有根本扭转美国石油产量的递减，由于美国对石油的消费需求巨大，需要有革命性的突破才能再现其石油行业的辉煌。具有创新勇于探索的美国石油人，在得克萨斯州的巴涅特页岩中使用水平井压裂技术，又一次成功地突破了人们认识上的禁锢，把大量的页岩气资源变成了可商业开采的油气储量，引发了一场史无前例的页岩油气革命。短短的十来年时间就彻底地改变了美国石油生产的局面，这场页岩油气革命使得美国许多陆地含油气盆地又焕发了新生，为美国的石油产量重返世界第一打下了物质基础。

第一节　美国石油危机后的格局

早在20世纪三四十年代，美国大石油公司就开始派遣石油地质师到中东地区去勘探石油，在那里发现了大量的石油资源，其数量是美国石油储量的数倍之多。第二次世界大战结束之后，西方大石油公司，以当时被称为"石油七姐妹"为代表，对中东的石油进行了大规模的开发生产，美国作为石油最大的消费国，自然成为大部分中东石油出口的目的地。从50年代开始，美国大石油公司开始把廉价的中东石油进口到美国墨西哥湾沿岸的炼油厂加工，满足美国成品油市场的消费。当时美国的石油工业有较强的生产能力，得克萨斯州铁路委员会实行油田定额生产，中东进口原油只是美国石油市场的一个补充，对美国的石油工业的影响还不是很大。随着时间的推移，得克萨斯州和美国本土陆地石油勘探成熟度不断提高，发现新的油田越来越少，石油的储备也随生产的增加而逐步减少，这也是哈伯特能在1956年就能预测出美国石油产量将会出现峰值的科学依据。石油生产离不开石油储量，而石油储量又必须依靠石油勘探去寻找。

早期一般的美国人意识不到石油是不可再生资源，对石油资源的消费几乎没有节制，使得美国经济第二次世界大战后高速发展的同时，石油消费一直在不断攀升。美国从20世纪50年代开始少量进口中东石油，数量逐年上升。到了70年代初，由于得克萨斯州的勘探没有新油田发现，只是找到了一些新的气田，石油产能慢慢被每年的大量开采所耗尽。当得克萨斯州铁路委员会解除石油生产定额，颁布条令鼓励石油生产时，美国石油产量到达了历史最高，可惜仅仅维持了不到一年就快速下跌，美国石油需求的满足就不得不依赖中东的廉价石油。

中东产油国早在60年代就认识到石油资源的重要性，可以给本国带来巨大的外汇收入，发展本国自身的经济建设。因此，必须要掌控自己国家的石油资源，逐步开始从西方石油公司那里增加对石油开发生产的控制，通过资产国有化进程，把石油资源从西方石油公司手中抢过来。同时为了增加对国际石油市场的控制，亚、非、拉石油生产国联合成立了石油输出国组织，简称欧佩克。

世界上的一切最终还是靠实力说话。当得克萨斯州铁路委员会丧失了对石油生产的调控能力之后，美国石油市场价格的话语权就转移到了欧佩克手中。由于美国在中东外交上始终跟盟国以色列站在一起，1973年再次爆发的阿拉伯国家跟以色列的战争，美国公开表示支持以色列，从而激怒了中东的产油国，决定利用石油禁运作为武器来反击美国。以实际行动支持跟以色列作战的埃及和叙利亚，具体的做法是在欧佩克石油产量中减产5%，同时不向美国等几个西方国家出口石油，石油价格从当时的5美元一桶立刻涨到了12美元一桶。这个突袭而来的价格上涨，在美国称之为第一次中东石油危机，随后不久，原油价格又再度翻倍达到了30美元一桶，形成了第二次中东石油危机。这两次危机改变了美国石油政策，对石油工业产生了四个方面的影响。

第一，原油供应变得不稳定和不安全。欧佩克国家操纵石油供应的主动权，美国的石油供应依赖于这些产油国的生产，而几个主要的欧佩克产油国位于世界冲突的热点地区，油田生产设施暴露在战火之中或战争的边沿地带，随时都有可能失去石油供给导致美国石油市场的短缺。

第二，石油价格的定价权从得克萨斯州铁路委员会移交到了欧佩克手中。美国的石油价格不再受美国人所掌控，面临的后果就是石油价格持续上涨，影响美国经济发展并造成经济衰退，减低了购买力和企业收入，减少了投资，增加了通货膨胀。

第三，美元成为石油交易结算货币后的大幅度贬值。由于大量石油流入石油生产国，美国无法按黄金本位发行美元来平衡贸易赤字。1971年尼克松政府让美元与黄金脱钩，大幅度贬值美元来应对石油价格的上涨。对于当时世界上最大的石油消费国和经济大国，欧佩克和其他石油生产国无法摆脱被美元的绑架，尽管失去了相当部分石油赚取外汇的购买力，但是，仍然可以享有较大的国际市场选择性，从与西方发达国家贸易中获得经济发展。

第四，美国的外交政策开始向中东倾斜。这加强了与中东产油国的关系，尤其是最大的产油国沙特，军火和工业商品的出口可以减少进口石油所产生的贸易赤字。

美国政府同时采取了一些应对政策，来减少和降低对进口石油的依赖程度。主要是积极寻找新的替代能源，如从页岩中生产加工人造石油、节约能源利用、管制石油进口及关税等。在新能源开发方面，重点集中在页岩油的开采，从煤炭中提取甲醇和加快太阳能的利用。当时许多能源政策专家错误地认为油气资源即将枯竭，需要调整美国的能源结构，逐步减少石油在能源消费的比重，更多地使用和发展昂贵的替代能源，如太阳能和核能。结果给美国经济带来了沉重的负担，阻碍了美国经济的发展。无论如何，节约能源利用和减低石油进口，有两个事实是始终没有改变的。一是美国石油产量从70年代早期就开始逐年下降，进入80年代由于阿拉斯加油田过了鼎盛期，美国石油产量下降的速度加快。二是美国的石油消费并没有减少，反而有所上升。这两者结合的后果就是美国需要进口大量的原油。到90年代早期，美国的石油进口总数超过了美国国内的石油生产总量。美国石油产量直到2006年才开始止跌回升，2015年美国国内石油产量首次超过进口总量，两年之后，这个产量又成为历史新高，很快美国又重新回到了世界第一的产油国。石油危机和高油价对美国石油工业起到了积极的促进作用，表现在美国政府和民间对发展美国石油工业有极高的热情，政府先后出台许多优惠政策帮助石油工业发展，民间积极开展石油勘探和非常规资源的开发，努力增加美国国内的石油储量。

在石油危机发生之前，美国有一个巨大油田发现，超过了东得克萨斯油田的储量。不过，该油田不是位于美国本土大陆，在靠近北极的阿拉斯加北坡，远离美国的炼油厂和成品油消费市场。为了开发阿拉斯加油田，必须把原油从北坡运到南边港口转海运到美国西海岸炼油厂。当时修建横跨阿拉斯加的输油管线时，受到当地环保等组织的强烈反对，但在美国政府的倡导下，这条输油管线在石油危机爆发之后不久建成，阿拉斯加原油源源不断地流向美国本土，一时极大地缓解了美国对进口原油的需求。阿拉斯加油田是美国最大的油田，但是它没能转变美国石油产量下跌的趋势。进入80年代后期该油田产量开始下降，美国石油行业更进一步依赖中东石油进口。为了寻找石油储量，美国石油勘探者只能把目光投向南部的墨西哥湾海上区域，具体地说，是美国墨西哥湾深水的石油勘探，水深大于600英尺。那里当时有极高的技术和经济风险，只有高油价才有可能支撑石油公司进行那里的勘探开发。感谢石油危机所带来的高油价时代，把壳牌公司等大石油公司推向了墨西哥湾深水勘探，让美国大石油公司在那里发挥其技术和规模优势，闯出了一片新天地。

在石油危机的冲击下，美国政府鼓励在墨西哥湾海域进行油气勘探。从地质条件来看，墨西哥湾海域是最有潜力的石油勘探地区之一。1973年4月，美国政府宣布计划开放600到2000英尺水深的招标区块，其勘探风险超出了许多公司所能承受的范围，只有一些大的石油公司竞标购买了区块。美国政府希望这些中标的石油公司进行海上勘探开发，先后出台优惠政策来降低作业者的经济风险。壳牌公司积极准备和大胆实践，率先使用1000英尺水深的生产平台，当时造价高达8亿美元。幸好20世纪80年代的总体油价是上升的，壳牌公司竟然实现了海上油田开发盈利。这让几乎所有大的美国石油公司看到了墨西哥湾深水油田开发的希望，纷纷加入美国墨西哥湾深水勘探开发之中。进入20世纪90年代墨西哥湾海上油田成为美国石油产量的新生力量，产量从1975年日产82万桶，占美国石油产量日产820万桶的10%，到2000年日产136万桶，占美国石油产量日产580万桶的23.4%。而且，墨西哥湾海上石油产量还一直不断增加。十年之后，墨西哥湾海上生产的原油占了美国原油总数的30%。美国墨西哥湾海上石油的勘探开发，不仅弥补了美国急需的原油供应，更重要的是巩固了美国石油科技领先地位，它为石油工业的技术创新提供了极佳的试验场，几乎所有的海上油田开发新技术都是最早在墨西哥湾实践。成功之后，在世界其他地方推广运用。技术创新是墨西哥湾石油勘探开发的法宝，比如三维地震、定向钻井、随钻测试、水下完井、平台设计等都是最先在墨西哥湾产生的。这些创新不光是来自于石油公司，也有不少是来自石油服务公司和海洋工程公司，美国墨西哥湾的海上油气勘探开发，把整个美国的石油行业推向了一个新的高度。

　　石油危机之后，石油价格波动比之前的幅度大了许多。在油价低谷时期，美国石油行业出现了两轮大的公司兼并潮，一次是在80年代中期，另一次是在20世纪末期和21世纪初期。公司兼并潮都发生在油价相对低迷的时候，收购资产比勘探开发更为经济划算，而且公司的兼并可以实现经济规模效应，降低成本费用的同时，减少行业之间的激烈竞争和增加抵抗风险的能力。20世纪80年代中期的兼并有两起最为引起行业关注，一起是德士古收购盖蒂石油公司，尽管德士古遭到了巨额罚款，此次兼并增加了德士古公司的石油储量和公司规模，为后来的发展打下了基础。另一起是雪佛龙收购了石油七姐妹之一的美国大石油公司海湾石油公司，极大地增加了雪佛龙的竞争实力，这两起大兼并对开发墨西哥湾高风险石油都有间接的影响和帮助。到了20世纪末期，由于世界范围内的金融危机，导致石油价格暴跌，石油勘探开发费用变得相对较高。1998年年底，英国石油公司率先与美国大石油公司阿莫科合并，之后1999年4月又兼并了美国另一家大的石油公司阿科，极大地加强了英国石油公司在美国境内的运营规模，尤其是在墨西哥湾海上的石油勘探开发。在1999年年底，埃克森和美孚宣布合并，这两家曾经是

391

洛克菲勒标准石油最大的子公司，1911年分离之后终于又走到了一起，成为美国最大的石油公司。2000年，当年标准石油第三大子公司——雪佛龙石油公司宣布收购曾经叱咤风云的石油七姐妹之一的德士古石油公司，组建美国第二大石油公司。2005年，由于美国政府干预中国海洋石油集团有限公司收购优尼科公司，雪佛龙又以低于中国海洋石油集团有限公司5%的标价将优尼科公司收入旗下，这样雪佛龙一跃成为墨西哥湾海上主要作业的石油公司之一。在大兼并的浪潮下，2002年，大陆石油公司和菲利普斯石油公司两家俄克拉荷马诞生的石油公司，也不得不选择合并，成为美国第三大石油公司——康菲石油公司。除此之外，2006年，美国一家中型石油公司阿纳达科石油公司，为了加强在墨西哥湾海上作业的实力，收购了墨西哥湾海上勘探先驱科麦奇。从此，墨西哥湾海上勘探开发进入了更深的海域，勘探开发费用变得极高，只有相当规模的石油公司才能在那里经营。

墨西哥深水区域高额的勘探开发门槛，把美国那些小石油公司挡在了墨西哥湾深水海域之外。但是，并没有阻止美国中小石油公司在石油行业中向前发展的步伐。在20世纪末，一家美国独立石油公司米切尔能源公司实现了页岩气的商业开采，揭开了美国本土陆上页岩油气革命的序幕。同样是在石油危机的影响下，美国政府采取了税收优惠政策，鼓励开发各种油气资源，增加美国的油气产量，降低对中东石油进口的依赖。到了20世纪90年代，乔治·米切尔利用这个优惠政策在得克萨斯州的巴涅特页岩中，进行水平钻井和水力压裂开采页岩气，大大提高了页岩气的开采数量。经过几年的实践摸索，在20世纪90年代后期，终于实现了页岩气的商业开采。水平钻井水力压裂技术的成功运用，立刻引发了一股页岩气开发热潮，不少美国的中小石油公司比如切萨皮克能源、阿帕奇、德文能源、诺布尔能源等公司纷纷跟进。把水平井压裂新技术大面积推广，使得美国天然气产量迅速增长，导致美国国内天然气市场价格下跌。当时页岩气开发变得无利可图，开发页岩气的公司开始转为非常规页岩油的开发。由于这些中小公司掌握了水平井压裂技术，美国非常规油气的发展也得到了极快的提高。进入20世纪以来，美国石油产量开始逐步回升，不仅仅是因为墨西哥湾海上油田产量一直在稳步上升，更主要的是由于美国非常规轻质原油产量的快速增长。短短几年内，美国国内石油产量就超过了进口原油数量。2017年年底，尽管全球油价持续走低，美国的原油产量又重回新高，超越了20世纪70年代初期的峰值产量，基本满足美国石油消费。

美国石油工业开始呈现出海陆并进的崭新局面。但整个美国石油行业不再像石油危机之前那样，在美国石油工业作业的公司早已变得国际化，许多外国石油公司也加入了美国石油行业的经营，学习美国先进的石油勘探开发科学技术，其中也不乏中国石油公司的身影。2010年10月，中国海洋石油集团有限公司出资21.6亿美元购买了切萨皮克能源公司得克萨斯州南部鹰福特60万英亩三分之一非常规页岩开发权益，成为切萨皮克在鹰福特的作业伙伴。2012年1月，中国石油化工集团有限公司花了22亿美元购买了德文能源公司5个美国陆地非常规页岩气区块三分之一的权益，2013年2月又向切萨皮克公司购买了价值超过10亿美元在俄克拉荷马非常规资产一半的股权，成为这两家美国页岩油气生产公司的合作伙伴。2013年，中国海洋石油集团有限公司以151亿美元收购了加拿大的尼克森石油公司，该公司的美国子公司是壳牌和赫斯在墨西哥湾深水油田开发的非作业伙伴，分别拥有赫斯刚刚投产的"Stampede"油田25%的股份权益和壳牌即将投产的"Appomattox"油田21%的股份权益，这两个油田将会成为墨西哥湾深水油田的主力产地。除了中国的国营企业之外，还有几家中国的民营企业也在美国从事了陆地非常规的油气开发，有的还成为作业者，直接实践和摸索着美国石油开发的诀窍，已经是当今美国石油工业发展潮流的一部分。

第二节　进军墨西哥湾深水

美国墨西哥湾地处油气盆地的高产地区，墨西哥湾沿岸早在20世纪初就发现了许多油田，但直到第二次世界大战结束之后，石油勘探才开始由海岸进入墨西哥湾浅海。美国墨西哥湾由西向东分别为得克萨斯州、路易斯安那州、密西西比州、阿拉巴马州和佛罗里达州，油气勘探开发主要集中在墨西哥湾的西侧，即得克萨斯州和路易斯安那州的海域。由于墨西哥湾东边的佛罗里达州对环境的保护，不允许在那里进行油气勘探，因此，那边没有海上油气勘探作业活动。美国法律规定由海岸线外延三海里以内为州管辖，三海里之外属于联邦海域，由联邦政府负责油气勘探开发管理，1983年当时的美国总统里根签署了200海里经济专属权。由于墨西哥湾的南边是墨西哥，基本上北部海湾一半归美国，南部海湾一半归墨西哥。

在墨西哥湾海上油气的勘探开发主要由联邦政府内政部的下属机构负责，最早归属于国土管理局。1982年1月，里根政府成立了矿产管理机构，管理墨西哥湾海上油气勘探开发。到2010年英国石油公司海上油井爆炸事故之后，撤销了矿产管理机构，成立了海洋能源管理局来履行政府监督管理。一般来讲，海上石油勘探开发分为4个阶段：勘探、开发、生产和弃置。整个过程从获得联邦海域区块开始，在区块上打探井，一旦勘探成功发现油气，探井通常被封存，项目进入评估开发阶段，开始设计生产平台、打生产井、架设油气管线等。之后，开始投入油田生产直到产量低于经济极限，进入开发的最后阶段，弃置油气设施要尽可能地还原自然环境。墨西哥湾海上区块招标一年进行两次，每年3月和8月各一次。海洋能源管理局把联邦海域划分为3英里×3英里面积的区块，采用公开招标的形式进行，符合规定的石油公司才会收到投标邀请。投标区块以最高标价获得区块的勘探开发权，但联邦政府机构有权拒绝低标价出售矿产开发权，因为政府负责评标机构有自己内部区块油气评估。当认为投标价格低于内部评估价时，政府机构往往会考虑不出售区块，等到下一轮的海上投标，这个做法被视为保证国有资源不被贱卖了。

一、美国墨西哥湾海上勘探开发回顾

美国墨西哥湾得天独厚的地质地理条件给石油工业创造了良好的油气开发机

会，同时也带来了严峻的技术挑战和经济风险。从地质的角度来看，之前就有不少油田在得克萨斯州和路易斯安那州沿岸被发现，墨西哥湾海上跟这些油田同属一个地质沉积盆地，不存在缺乏油气生成的条件，也就是说，石油勘探的地质风险相对较低。但是，在海上作业环境的改变给早期施工技术带来了诸多困难，加之这个地区夏季有飓风入侵，海上石油设施需要极高的安全防护。很多时候，一个石油开发项目要投入巨额资金，经济风险超出了企业可以承受的限度。没有政府的扶持和帮助，企业很难在这个领域进行勘探开发，不断地改进发展先进技术，降低成本和减少油气勘探的不确定性。最早在墨西哥湾海上打井的是科麦奇公司。在1947年二次大战结束之后，科麦奇利用改装的军用船只，在路易斯安那州海岸以南10海里处打了一口探井，标志着石油勘探进入了墨西哥湾海上。美国墨西哥湾地势平缓，从陆地向海洋延伸坡度非常小，离岸十几英里的水深不到20英尺，给早期的油气勘探提供了尝试和适应海洋环境的良好场所，加上海底的松软沉积，让搭建海上独立油田勘探开发设施变得相对容易一些。大部分墨西哥湾浅海地区属于美国联邦政府管辖，使得在这个地区开展地质调查和地球物理测量流程变得简单许多，不像陆地上需要跟众多的土地所有者打交道，计划安排审批也都相对容易许多。

　　早期油气勘探开发使用可移动钻井船或潜式船舶装置，如果勘探没有发现，移动到新的地方继续进行打井勘探，可以节省一些勘探成本费用。一旦要进行生产，往往利用泊轮把原油运送到墨西哥湾沿岸的炼油厂。当时海上还没有铺设油气管线，一是成本费用太高，二是海上管线技术不是很成熟。油气勘探以地质方法为主，盐丘构造是主要的勘探目标，地球物理测量还只是作为辅助手段，因为测量的结果精准性太差，不能作为很好的判断依据。科麦奇是第一个进入墨西哥湾海上勘探的，但到了五六十年代，大石油公司像德士古、亨布尔、壳牌、雪佛龙等成为这个地区的主要作业者。这时美国的石油勘探在陆地上没有大的发现，几乎所有的陆上油气盆地都已经是较高的勘探成熟度，墨西哥湾海上是含油气盆地中唯一没有被勘探过的地方。虽然这里的勘探开发成本相对很高，但这是美国石油公司唯一可以选择发展的地方。像以前的石油发现一样，墨西哥湾海上勘探开发所承担的风险获得了有偿的回报。壳牌、雪佛龙、埃克森等石油公司都分别发现了一些浅海油田，勘探的成功率普遍高于陆地，同时还发明了一些创新的海上钻井装置，比如支撑式平台、钻井船、潜式钻井驳船等作业手段，为日后更好的发展打下了扎实基础。尽管取得了一些勘探开发油田的成绩，但是，这时期的低油价高成本的海上石油生产并没有给这些油田开发带来良好的经济效益。

随着勘探开发的深入，作业范围进入了更深的海域，生产成本的增加快于油气生产收入的增加。美国政府为了帮助石油行业渡过难关，采取了一系列的减免税政策。同时，对中东廉价石油进口加以限制，保证美国石油市场有较高稳定的石油价格，让墨西哥湾海上高成本石油经营能够继续。20世纪60年代美国的石油市场是世界上最受保护的市场之一。除此之外，美国政府还把海军的声呐和雷达定位系统等军用设备开放给石油行业使用，促进了海上石油工业的发展。在政府的支持鼓励下，一些海上石油服务公司像雨后春笋般地出现在墨西哥湾的沿岸，尤其是集中在路易斯安那州海岸。这些公司都有一个共同的特点，走的是更加专业化道路，专注于石油行业的某个领域服务。比如，地球物理测量公司有"Geophysical Services Incorporated""Western Geophysical""Petty Ray Geophysical"，工程建设公司有"Brown & Root""J. Ray McDermott"，供应运输公司有"Tidewater""Petroleum Helicopters"，海洋工程设计"Friede·Goldman"公司，以及海上钻井公司和各种类型的船舶修理厂在墨西哥湾一带的港口兴起。专业化使得海上服务水平和质量都有了极大提高，更好地帮助了墨西哥湾海上的油气勘探开发。

进入20世纪60年代之后，海上作业手段有了突破性的发展。可以在以前不可想象的水深处钻井，可是在高成本运营之下，还是离不开政府的大力支持和石油市场保护，只有在政府的帮助下才能勉强维持。近乎不盈利的海上油田开发让许多业内人士认为墨西哥湾海上石油发展达到一个极限，水深超过60英尺被视为海上勘探开发的禁区。当整个行业停滞不前的时候，壳牌公司率先打破了这个心理障碍，成功地发明了一种浮动钻井平台，可以在水深600英尺条件下浮在海上钻井，这种半潜式钻井装置把水深极限提高了10倍，让海上作业范围变得更为广阔。同时，又创新了水下完井技术，使得深水石油生产变为可能。为了让美国政府拿出更多的海上区块进行油气勘探开发，壳牌把这些新技术发明与同行分享，保证政府海上深水区块招标能有其他公司参与，海上石油工业能够健康持续地发展。有了钻井完井技术的突破之后，整个行业兴起了各项领域的技术创新发明，比如，动态钻井船定位、深井钻探的测井运用、优化海上钻井降低作业成本等，最为显著的创新应用是把磁带储存用于地震数据采集，导致了"等深点"叠加地震处理技术的产生，极大地提高了海上地震数据采集的质量和地震解释的精度，为石油公司在深水区块投标提供了有力的技术支持。

在20世纪60年代的海上招标中，深水区块销售屡创新高，扩大了勘探范围，找到了不少新的海上油田。但开发这些油田的难度也进一步加大，几次席卷墨西哥湾的飓风，把海上勘探开发成本推向了新高。尽管有美国政府的减免税优惠，还是不足以回收海上勘探开发成本，一些石油公司开始退出墨西哥湾海上经营。幸好进入20世纪70年代，情况发生了根本性的转变，欧佩克对美国实行石油禁运造成石油价格飙升，刺激了墨西哥湾海上石油勘探开发的复苏。加上地震资料采集和解释水平的提高，海上油气勘探变得更有针对性，尤其这时诞生了实用的"亮点"技术。据发明这项技术的壳牌公司和美孚公司透露，"亮点"技术的应用可以提高钻井的成功率40%以上。这是一个了不起的飞跃，意味着石油公司可以节省大笔的钻井费用，去投资海上区块和新技术的创新研发，为20世纪80年代跨越到1000英尺水深起到了积极作用。攻克水深度极限之后，墨西哥湾海面陆续出现了更多更大的石油生产平台。

在20世纪80年代发展的基础上，进入90年代，墨西哥湾海上石油生产真正迎来了高速增长期，石油公司和作业承包公司实现了生产钻井平台革命性的飞跃，能够在几千英尺水深作业，开采生产石油。美国政府在80年代还专门设立了矿产管理机构，负责墨西哥湾海上油气开发，出台许多对整个行业的优惠政策，定期举行海上区块招标，完善各项监管事宜，促进了许多新技术的研发和应用。最具有代表性的是三维地震、悬浮生产平台、定向钻井、随钻测井、海底采油装置，加上多年累计形成的油气管线网，极大地提高了这个地区的生产效率。墨西哥湾深水成为当时美国石油勘探开发增长的热点，引起了整个行业的高度关注。但是，海上深水油气勘探开发项目并不适合所有的石油公司，由于勘探开发的高投入、高风险、长的投资周期等特点，这些超出了许多石油公司所能承受的风险，除了许多作业者自组合资经营之外。2000年前后的石油公司兼并潮，形成的超大石油公司帮助了墨西哥湾海上经营。超大的石油公司有更强的抗风险能力，也会有更好的经济规模效益，这使得墨西哥湾海上深水油田开发能在油价起伏之中保持稳定的资金投入和产量持续增长。当然，深水油田的回报也是丰厚的，单井产量超出了许多业内人士的意料，平均日产都可达到几万桶之多，这让不少大作业者能够从高投入中获得好的经济效益。不幸的是，2010年英国石油公司在墨西哥湾海上发生了严重的漏油事故，轰动了整个美国乃至世界石油行业。奥巴马政府下令停止所有海上钻井两年，墨西哥湾的石油产量出现了明显下滑，表明高产的深水油田产量递减速度很快，需要不断地进行打井勘探开发，补充石油后备储量。墨西哥湾深水油田早已成为美国重要的油气产地，但这里的作业者都是以国际大石油公司为主，他们的经营是全球化战略。墨西哥湾海上开发或许不是他们全球石油发展的重点，但这里始终是各家石油公司包括石油服务公司新技术发明创新的试验田。

二、政府机构的职能

美国联邦政府早在20世纪50年代中期进行了三次墨西哥湾油气区块拍卖，引起了路易斯安那州政府的不满，认为联邦政府侵占了本州的权益，要求明确联邦与州的管辖划分。在美国最高法院不好裁决之下，新当选美国总统的艾森豪威尔建议解决方案以海岸外延三海里为界，之内属于当地州政府，之外归属联邦政府。

从20世纪60年代起，墨西哥湾海上区块招标都是由联邦政府的内政部下属机构负责，内政部的国土管理局和地质调查局共同组建了一个办公室，各派几位工作人员负责海上招标工作。早期的墨西哥湾海上区块招标都是在华盛顿举办，由负责海上招标的政府官员安排时间、区块范围、评审投标等简单的商业运作，海上招标还是不定期举行。墨西哥湾油气勘探开发进展较快，许多石油公司愿意花越来越多的资金购买区块。于是，墨西哥湾海上招标开始受到美国政府的重视。到了70年代石油危机之后，美国政府更加认识到墨西哥湾海上油气开发对美国能源安全的重要性。1982年，里根政府成立了矿产管理机构，专门负责墨西哥湾海上油气勘探开发，并且在路易斯安那的新奥尔良设立办事机构，定期举办墨西哥湾海上区块招标，不断扩大墨西哥湾海上区块范围和完善整个招标流程。

尽管矿产管理机构做了大量的工作，但2010年英国石油公司在墨西哥湾作业中，还是发生了严重的漏油事故，造成了巨大的财产损失和严重的环境污染。当时的奥巴马政府备受公众指责，决定重组墨西哥湾油气管理机构，成立了现在的海洋能源管理局，更加明确政府对海上油气勘探开发的管理监督职责。其机构仍然隶属于美国内政部，主要职能是在经济和环境有保障的前提下，管理国家海上能源和矿产资源的开发利用，具体负责海上区块招标、资源的经济评估、审批和管理油气的勘探开发方案、地质和地球物理调查批准、新能源开发、国家环保政策分析和环保研究。无论怎样，墨西哥湾海上油气开发每年给联邦政府带来数十亿美元的财政收入，是美国政府最大的税收来源。

作为政府的管理部门，美国海洋能源管理具体针对油气管理工作部分大致可分为四个阶段，两个阶段发生在区块中标之前，另外两个阶段发生在区块中标之后。

第一阶段是制定五年招标方案。

（1）征集各方区块招标意见：听取公众对招标区块的建议，邀请投标公司提议感兴趣的区块等，对即将招标的地区进行环保调查，公布调查结果。

（2）拟订招标方案书：由海洋能源局技术管理人员，编写招标内容报告和计划方案。

（3）审议决定招标方案：政府部门审议招标方案是否符合要求，需要进行那些修改和完善。

（4）公布五年区块招标计划：审议决定的招标方案要公布给大众，让投标的公司了解五年之内的投标情况和具体细节。

第二阶段是实施区块招标计划。

（1）收集资料信息：在联邦海域中对没有出售的区块和租赁过期的区块进行统计，作为新一轮区块出售的基础。

（2）确定招标范围：根据掌握的区块资料，确定哪些区块可以进行招标。

（3）发布招标通知：招标日之前三十天通知所有合格的投标公司，书面邀请来投标。

（4）区块竞标：所有的竞标书都必须在开标二十四小时之前呈交到有关部门，标书必须是密封的，在招标之日当众开封宣读。

（5）发放中标区块：在海洋能源局的公平市场评估和符合司法部及联邦商业委员会反垄断法之后，最高竞标者就可以获得竞购区块。

第三阶段是勘探计划审批。

（1）勘探计划申报：中标的作业公司必须向管理局申报勘探计划和提供有关资料，在报批之后才能进行海上作业。

（2）申请钻井作业批准：管理局对作业公司申报的钻井计划进行严格的审查，如有不合格的地方，需要进行修改，有时会要求提供一些相关的补充材料。

（3）勘探钻井作业监管：在每口井的钻井过程中，重大决定如下套管固井操作、油气出现的程度等，都需要报告给管理局和接受监管人员验收。

（4）第一口探井完钻验收：无论有无发现，探井完井之后都必须有管理局监管人员到现场视察，必须符合各项标准。

（5）评价井的审核：如果第一口探井有油气发现，需要打评价井来确定储量，评价井需要申报和管委会审核批准才能进行。

第四阶段是开发生产计划审批。

（1）开发生产计划申报：作业公司必须把整个油气开发计划申报给管理局，同时提供一些相关资料。

（2）开发生产计划审批：管理局根据作业公司呈交的开发计划进行评审和批复。

（3）生产井方案上报：开发所需的生产井作业计划安排需要管理局审批备案。

（4）开始油气生产监管：当油气投产之后，管理局会定期派人去视察，作业者必须及时向管委会通报任何异常情况。

海上区块的有效期一般是10年，如果需要延期，必须有特殊理由。一旦期限届满，只有不断连续作业才能保留区块的所有权。不过，如果地质条件与相邻区块同属一个地质构造，可以与相邻区块合为一个联合区块，只要其中一个区块上有作业，这个联合区块可以保留作业权。当油田开发结束之后，作业者必须遵照海洋能源管理局的要求，进行油田设施的弃置处理，详细要求可以在海洋能源管理局官方网站查询。

三、墨西哥湾海上油气开发现状与展望

在墨西哥湾海上油气勘探开发可以分为四个阶段：勘探、评估、开发、生产。一个成功的油田取决于众多因素，比如水深、储层深度和面积大小、开采难度、开发类型等，整个油田开发生产周期会跨越几十年。在开发阶段的巨额投入，一般不会受到短期的油价波动影响，投资成本的控制直接左右油田项目的经济效益。为了降低海上设备成本，很多石油平台设施建造都迁移到在造船成本低的亚洲国家，比如韩国、新加坡等。相比美国陆地和世界其他海上油气开发，美国墨西哥湾的深水油田开发属于高成本地区，油价要高于每桶50美元才有可能盈利。因此，当油价走低的时候，石油公司会调整勘探策略和经营方针，钻井服务公司也会降低钻井费用来保持竞争力。尽管墨西哥湾海上作业有较高的成本，但

是，这个地区也有自己的发展优势。墨西哥湾处于一个长期政治稳定安全的地区，发展了近于完善的油气管线，靠近美国的炼油中心，生产的油气不存在运输和市场销售的顾虑。在油气合约方面，美国政府有效的管理，保持长期稳定的政策连续性，为墨西哥湾海上油气开发提供了有利条件。联邦政府的海上区块油气生产只有两种税：18.75%的矿产税和35%公司经营所得税。在市场油价过低时期，政府还会出台矿产税减免优惠。

经过20多年的深水勘探开发，墨西哥湾的油田开采水深越来越大，开发难度也越来越大。尽管采用了行业最先进的科技手段，这个地区的勘探商业发现成功率基本上保持在20%上下，也就是说，5口勘探井才会发现一个商业油田，勘探风险仍然相当大，随后油气开发的经济风险也比较高。这需要有先进的技术和优秀的科技人员在这个地区不断地努力，在目前经营好的公司，比如英国石油、壳牌、雪佛龙、阿纳达科都在墨西哥湾深水不同地区的不同储层开发中，发展了自己的技术竞争优势，他们会在今后一段时间内继续引领墨西哥湾海上深水油气的开发生产。由于受到近两年来的低油价影响，墨西哥湾海上区块招标没有了以往的火热，勘探程度也日趋成熟，从某种程度上讲，表明行业对这一地区的油气开发前景有所担忧。墨西哥湾的油气生产可能还会在今后几年有小幅度的增长，但是，可以肯定不会在美国石油产量中占据重要位置，因为美国陆地的页岩油气的产量几乎近于直线上升，其风头远远盖过了墨西哥湾海上的油田。

第三节　页岩气革命

科技是指科学和技术两个领域，科学是研究事物的内在联系或成因，而技术是提高生产效率的方法或生产工具，包括软件和硬件两个部分。美国石油工业的发展就是科技在石油行业的运用和进步，这是美国石油工业引领世界石油行业的核心法宝。石油科技的进步是离不开创新发明的，从经济学的角度来看，创新发明在石油行业中可以具体表现为以下四种类型。

（1）技术创新。引进一种设备装置或工作流程，这个过程可以是发明新的设备或工艺、第一个实践应用和大规模开发推广，比如套管、泥浆技术、输油管线使用、石油地质理论，以及地震反射的广泛运用。

（2）公司改组去适应经济需求的变化。一些公司的内部结构不能适应外部经济环境的变化，使得经营跟不上形势而陷入倒闭困境，一些公司进行重组让经营变得更有效率，更符合公司发展的需要，比如标准石油建立的托拉斯组织。

（3）资金流动的结构。创造性同样可以体现在财务管理中，经营企业的创造性很大程度上取决于个人努力去改变收益，在石油行业的流通环节把资金回流变得更便利，比如哈里伯顿与石油公司服务客户融资入股。

（4）承担风险。在石油行业经营中，常常会有成功的可能性很小，但是一旦成功所产生的回报非常大的情况，是否愿意去尝试这种把握低但回报高的不确定情况，这也是一种创新发明，比如石油勘探，并不是发明什么新技术，只是否定旧的认知，不过，这样的尝试是有成本代价的。

在美国石油行业发展过程中，这四种类型的创新发明都得到了很大程度的进步。石油公司在不断追求技术创新的同时，改变了其经营结构和资金流动投入。

在实际经营中，大的石油公司和小的石油公司表现得有所不同，比如，在技术创新方面，大石油公司有雄厚的资金和优秀的研发人员从事理论实践研究，而小石油公司只能在实践中摸索探寻。一旦一项新的技术产生，大石油公司有很好的人力和物力进行推广应用，而小的石油公司会受到条件所限不能做大规模开发，这表现了大石油公司的优势。但在承担风险方面，小石油公司就突显其经营的灵活性。美国的石油资本市场，从某种意义上讲是优惠小的石油公司，因为大的石油公司都是上市公司，公司经营需要对股东负责，往往追求稳定和可预见的投资回报，造成了公司的本位主义，而缺乏了冒险精神。大石油公司的组构就是鼓励公司人员按规章行事，尽量避免那些不确定的因素和做没有把握的事情，可是，这恰巧是违背了石油勘探开发精神。因为石油勘探开发本身就是在不确定条件下，去证实一些确定的油气因素，无论如何都要承担一定的风险。每家石油公司对待风险的态度不同，直接反映在公司的勘探经营活动。一些公司的管理层有较强的风险承受力，明白勘探失败是公司经营的一部分，这样的公司会有较大的发展机会，因为石油勘探开发是石油工业的根源。一般来说，小独立石油公司比较愿意去冒勘探风险，而且，他们对传统的理论知识具有较强的批判性，往往愿意去尝试证明发展的地质理论局限性，表现在许多油田的发现，比如本书中讲到的得克萨斯州纺锤顶油田和东得克萨斯油田的发现，它们都是小独立石油公司发现的，而不是大的石油公司或者资深的石油专家的杰作。

大石油公司不擅长那些突破性的尝试，指导他们的石油勘探开发都是在认知基础上得以充分论证，在比较有把握下进行的，这种经营模式比较适合后来的海上常规油气勘探开发。在20世纪80年代，美国石油工业大步迈向墨西哥湾海上勘探开发，石油行业对其地质条件认识相对比较清楚，石油地质理论学说肯定了墨西哥湾的含油气盆地，加上地球物理勘探手段的改进和应用，石油勘探是在比较有把握的条件进行的。因此，美国海上油田的发现几乎都是大石油公司的杰作。当然，由于海上石油勘探开发的成本十分高昂，没有独立小石油公司能够承担得起。不过，这并不表明大石油公司变得更愿意承担大风险和更强的技术创新，美国小的独立石油公司没能进军墨西哥湾海上勘探，但是，他们在陆地上的创新发明从来没有停止过。

乔治·米切尔就是其中一个独立石油公司的优秀代表，运用水力压裂和水平井技术的结合，经过多年的尝试终于成功地创新了美国页岩气革命，把之前没有商业开采价值的页岩气变成了潜在可采储量。这项创新发明扭转了美国油气生产的下降趋势，给整个石油工业带来新的气象，再次表明了独立小石油公司的创新和承担风险能力。小的独立石油公司经营者通常具有自己独特的见解，不像大石油公司的管理层受到许多制约，很多独特见解的实践变成了创新发明，石油行业就是需要有新见解和新思想涌现才能不断地向前发展。换句话说，新的认识是石油行业创新发明的动力，而这个行业实践一直在产生新的认识和新的见解。其实，这种现象是具有普遍性的，中国大庆油田的发现也是一个创新发明的范例。在大庆油田发现之前，没有多少人相信和承认陆相生油理论，就像米切尔用水力压裂开发页岩气成功之前，也是没有人看好和相信他会成功。但是，这个创新揭开了页岩气革命的序幕，仿佛让人们又一次看到推动美国石油发展的真正动力，再一次由得克萨斯州独立石油人谱写了美国石油发展的新篇章。

一、页岩油气开发的成功要素

中东石油危机之后，美国能源部就尝试在页岩中利用水力压裂开采天然气。最早1977年，在科罗拉多页岩盆地中做了大面积的水力压裂，但没有达到商业开采的水平，主要是开采成本太高，无法达到美国天然气市场可以接受的价格。20世纪80年代早期，得克萨斯州的米切尔能源公司不断在得克萨斯州巴涅特区块购买矿权，这时出现了短期的油价回落，不少大的石油公司像英国石油、壳牌、道达尔等纷纷撤离这一地区，原因是巴涅特的油气开采成本太高，产量太低，留下一些小石油公司像切萨皮克、阿帕奇、德文能源、诺布尔能源等，继续在这块陆地低产油气田上耕耘。米切尔能源由于在巴涅特拥有大量的土地区块和天然气供应合同，这个地区的油田资源成为该公司的重要资产，他们毫无选择地想办法提高产量和降低生产成本。有幸的是在此期间，有两件外部事件在财政上帮助米切尔能源公司进行研发。一件是该公司跟美国天然气管道公司有一份长期的天然气供应合同，所订的销售价格比当时的市场价格每1000立方英尺高出1.25美元，超额的天然气销售收入，可以投入公司天然气生产的研发。另一件事是自从中东石油危机之后，联邦政府为了鼓励发展美国天然气勘探开发，减少对进口石油的依赖程度，给予非常规油藏开发免税优惠，巴涅特页岩气生产研发符合减免税条件，享受政府优惠政策获得部分研发资金。

1982年，米切尔公司就开始了水力压裂实验，利用二氧化碳黏液为压裂剂获得了气产量提升一倍的效果，这让该公司的研发人员看到了希望，继续不断地进行各种类型的压裂尝试。同时在钻井方面，加深原有的生产井以节约钻井成本。

从1987年至1997年十年间，对304口生产井进行水力压裂，实现了天然气产量和财政上的收支平衡，使得页岩气生产研发能够继续进行。其中，1991年在美国天然气研究所的帮助下，进行了水平钻井和完井的实验，结果表明水平钻井和完井比垂直井的经济效益更为显著。1998年，米切尔公司在两口垂直井中进行水平钻井加深，外加采用细砂混合在水力压裂溶剂之中，利用砂粒撑开压裂缝隙提高地层孔隙和渗透，取得了意外的气产量大幅度提升，这种当时被认为是违反教科书的做法却成为页岩气革命最重要的突破。

随着在巴涅特页岩中的进一步实践，不仅天然气产量得到大幅度提高，而且水力压裂的成本也大幅度降低。到了2000年，米切尔公司把水平井压裂技术在巴涅特盆地推广，仅两年之内产量就增长了250%，产生了巨大的经济效益。同时，米切尔公司又率先采用微地震技术来监测巴涅特页岩的压裂和层位定向，使得水平钻井压裂变得更有针对性和更好的使用效果。2002年，德文能源公司意识到巴涅特页岩的巨大生产潜力，这时年老体迈的米切尔无力继续经营，加上政府的天然气优惠期限届满，于是，就把米切尔能源公司出售给了德文能源公司。之后水平井压裂技术被运用在了其他含油气盆地，不久，一些中小型石油公司比如切萨皮克能源、XTO能源、EOG资源公司等纷纷效仿。几年之后，页岩气开发就出现在阿肯色的"Fayetteville"页岩、路易斯安那的"Haynesville"页岩、宾夕法尼亚和俄亥俄的"Marcellus"和"Utica"页岩等各个盆地。从2006年至2011年的五年期间，美国的天然气产量出现了高速增长，导致产量相对过剩，美国市场的天然气价格暴跌。这时气价与油价开始脱钩，美国市场的原油价格仍在持续上扬的情况下，这些成功开发页岩气的公司把水平井压裂技术应用在页岩油和致密油的开发，如北达科他和蒙大拿的巴肯和三叉盆地，开始生产轻质致密原油。很快得克萨斯州南部的鹰福特和西部的二叠纪盆地也成为轻质致密原油的重要产地，美国的石油产量再次出现了回升，而且以极快的速度每年递增，大量的页岩油气的生产让整个美国的石油行业认识到一场真正的页岩气革命已经在美国大地上悄然兴起。

美国页岩气革命产生和发展同样离不开美国这个特定历史机遇，其成功要素可以总结为以下几个主要方面。

（1）得天独厚的地质条件。美国的含油气盆地多为海相中新生代沉积，页岩是这些盆地里的生油岩，富含有机质成分且分布广泛，有很好的油气资源潜力，埋深较浅，相对比较容易开采，地质条件比较简单，成功的经验可以在盆地之中复制和推广。

（2）技术创新的研发和应用。美国能源部早期进行的水力压裂给米切尔公司许多启发，在此基础上不断地摸索各种水平井压裂的实验成为技术创新的依据，与美国天然气研究所的水平钻井指明了水平井压裂加支撑剂是开发非常规页岩气最为可行实用的方向，加上三维地震和微地震的手段，给新技术推广和应用提供了有力的支持。

（3）政府税收优惠和有利的市场价格。美国政府鼓励本国能源开发优惠和较高的天然气价格促进了页岩油气的研发和生产，调动了公司和科研对页岩油气开发的积极性，主导了投资市场向页岩油气开发的倾斜，让一些小石油公司能有资金进行页岩气开发的实践，使生产技术不断得到完善。

（4）矿权和水源的供给。美国陆地上矿产权大多数都归私人所有，由于美国油气经营许多年，形成了一套比较完整的矿产开发模式，让石油公司比较容易地获得开采油气权益，而且在早期技术不先进的情况下，土地的矿产权低廉使得矿产开发变得较为有吸引力，相对风险较低，压裂所需水源供应也比较充足，这些有利条件给页岩气开发带来了极大的便利。

（5）天然气市场和运输管线配套。自从石油危机之后，美国的天然气市场就变成了开放市场，天然气价格完全由市场供需关系决定，多年的油气生产建立了较为完善的天然气运输管线网，从产地到销售市场的基础设施建立，让页岩气增产的效率能很快反映到经济效益上，帮助小石油公司在资本市场上的融资。

（6）法律制度的健全。美国的公司破产保护法给小石油公司提供创新和承担风险的能力，当尝试失败或经营不善时，会有其他公司接管或改组公司管理，公司的资产和知识产权仍然存在，可以在破产保护下重新启动，提高生产效率和改善公司经营。这一优越性让美国页岩油气在抗衡欧佩克石油增产降价中体现出强大的生命力。人们普遍以为在低油价之下，美国的非常规油气将会被终结，事实证明这些页岩油气企业却在逆境中成长起来。

（7）高素质的人力资源和敢为人先的创新精神。美国石油工业的发展成就了一代又一代的石油开拓人，他们相互交流取长补短，不仅掌握了前人积累的经验，同时也继承了先驱者的企业家精神，大胆采用各项新技术的研发尝试，摸索出一条全新的路子。在大石油公司撤离高成本低产出地区时，总有一些敢于冒风险和独特坚定的人在做着各种尝试，推动美国石油行业向前发展。人通过对科技的掌握所能产生的创造力是很难被正确评估的，页岩气革命的成功就是这些人对整个行业做出的巨大贡献。

页岩油气在美国大陆的成功并不是没有阻力和代价的，今天美国能源接近自给和油气进出口贸易持平，原油产量又重回高峰，成为世界最大的石油生产国。这些辉煌的业绩背后存在着一些严峻的挑战，部分来自行业内部，部分来自行业外部。

二、非常规油气开发环保问题的思考

美国地质调查局很早就把非常规油气当作资源看待，在没有水平钻井压裂技术开发之前，这些资源被认为是不能经济或商业开采的资源种类。科技水平的提高降低了这些资源开采的门槛，把这些丰富的资源变成了可商业开采储量。页岩油气开采经营的实质就是生产成本与油气价格的管控，对于经营者而言，油气的价格是由市场决定的，超出了个体经营者所能掌控的范围。他们能够做到的是控制生产成本，但影响生产成本的要素有很多，除了地质因素之外，每一道工序和每一个流程都有不同的成本价格。总的来说，质量要求越高其成本价格就越大，越多的限制或环境的保护都会给生产作业带来额外的成本开支。早期巴涅特页岩气开发时，作业者主要注重的是利用科技手段来尽可能地增加产量。随着开采实验的成功和技术工艺的推广，大面积的水力压裂所引起的环保问题渐渐地引起社会各方的关注，人们看到页岩气革命带来经济增长的同时，发现了一些影响人们生活环境的副作用。在美国这个言论自由的国度里，如果一部分人所获得的利益是建立在另一部分人的损失之上，这样就会遭到很多的反对声音。即使获利的人数占社会的绝大多数，那些少部分人也一定会为自己的权益而抗争，受害者的声音会远远超过受益者的声音。自从水力压裂在美国各个含油气盆地展开以来，这项技术创新一直在美国社会上备受质疑和争论，始终都能听到反对非常规油气开发的声音，而且这些反对的声音都是通过正当的公开辩论和政治角逐传到公众视野，通常美国各级政府都会被卷入利益争论之中。

页岩油气开发所引起的环保问题主要反映在三个方面：水质量、空气质量和开采诱发地震。

水质量：早期页岩气开采由于生产井的井身结构不合理造成了一些井里的液体泄漏，导致地下水源被污染，在社会上给页岩气开发造成了非常负面的影响。政府随后出台了钻井作业标准，要求在所有钻井都要下表层套管保护地下水层。可是，生产中的大量水力压裂返排液无法及时处理，常常在井场周围挖池临时储蓄。这些返排液中含有大量的化学污染物，在井场外露受到蒸发和渗透造成了地表水的污染，后来也引起了环保人员的批评，返排液开始要及时处理或注入地下深处，加强了对返排液的管理。页岩油气开采中的污水处理始终还是一个没有根本解决的难题，由于水中含有许多污染物，处理和重复使用都是非常昂贵的做法，最常用的办法是运送到特殊的水处理厂或者打深井注入地下。水力压裂也有人尝试过但始终没有采用自然淡水来开发油气那么经济。此外，水力压裂不仅需要很多的化学物品，而且要用大量的淡水，在地表水源不足的地区，水供应成为非常规油气开发的瓶颈。

空气质量：页岩油气生产安全需要降低过高的井口压力，常常在井口释放一些出产气体，通常是把这些气体在井口焚烧，尽管这样可以减少一定的污染程度，但这些气体燃烧之后在空气中残留的杂质仍然会对大气产生污染。除此之外，漫长的输气管线和加压设备的气体泄漏同样也会造成对井场生产周围地区的污染，有周围居民出现奇怪的病情都认为是跟非常规油气开发有关。

开采诱发地震：有资料显示，在页岩油气开发的地区地震发生频率明显增加，大面积打水平井和污水注入地下被认为是引起这些地震增加的原因所在，因为原始的平衡被打破。尽管没有足够的科学证据能证明这种推论，但是，当地居民的直觉普遍相信是由非常规油气开发引起的，因为在没有页岩气开发之前，地震发生的频率没有这么高。

总之，天然气可能是一种清洁能源，但页岩气开采可是有污染的工业。美国联邦和州及县政府都出台了各种非常规油气开发的规定，这些规定只能降低或者减少页岩油气开发所产生的环境破坏，对环境的影响是非常规油气开发不可避免的。一些影响不是能马上会察觉的，尤其是对居住在页岩油气开发地区的人们而言，这些影响是一个累积过程。尽管有很严格的开发作业规定，但非常规开采留下的大量地面装置、运输车辆打破了宁静的乡村生活，水力压裂用水与居民和农牧用水发生冲突等。因此，赔偿诉讼屡屡发生。很多地方政府采取公民投票的方式来决定政策的选取。美国有些州明确表示不欢迎非常规油气开发，明文规定禁止水力压裂开采地下资源。

毫无疑问，页岩气革命对美国石油工业产生了巨大的推动作用，其影响程度早已波及世界各地。近些年，中国的石油工业对页岩气及非常规油气的开发高度重视，中国的石油科技人员也在不断地努力探索。

无论石油行业发展到什么程度，始终存在着可以不断改进和完善的地方。随着今天数字化及人工智能的应用，石油工业依然像以往一样被科技创新推动着向前发展。石油工业中的挑战还是很严峻的，比如：在美国页岩油气的开采需要大面积的水平井压裂，用大量的钻井资金投入来抵消快速递减的油井产量，这样的开发方式是否具有高速增长的可持续性，在业内有不少的争论和探讨。作者认为，油气作为一种不可再生资源是有限的，油气的储量会随着开发生产而减少，以下几个因素会对美国的石油行业有着直接的影响。

（1）石油勘探和生产的技术进步（改变可采储量数量）。

（2）环保对石油勘探和生产的限制。

（3）国际石油价格的变化和美国能源进出口限制改变。

（4）与清洁能源（如太阳能、风能等）价格的竞争优势。

（5）能源政策和碳排放税的实行。

（6）未来能源资源结构的改变（如水电、核能、再生能源等）。

（7）石油的用途（电动车不用油，减少石油化工原料的使用）。

此外，美国的对外贸易也会间接地影响石油行业。美国地处北美大陆，加拿大和墨西哥都有丰富的油气资源，与邻近国之间的贸易或石油技术的输出会对美国本身的石油工业产生一定的影响，这很大程度上取决于美国政府的方针政策。以下是一些值得行业人士思考的石油工业前景的问题。

第一，从国家层面，能源安全等于能源自给吗？

（1）如何解释能源安全，只要做到在可承受的价格范围内有充足的能源供应就算能源安全了，那一定要有能源自给吗？

（2）美国作为大的石油生产国和消费国，要做到石油自给的后果是什么？

（3）美国政府还会大力发展石油工业吗？

第二，行业层面，当石油需求的峰值出现后，该怎么应对？

（1）石油像任何商品一样都存在供需关系，当需求减少时，公司和投资商还会继续投入吗？

（2）是什么导致近期石油价格长期处于低迷？油价还会回到新高吗？

（3）新能源汽车只是喊喊"狼来了"吗？

第三，从个人层面，石油行业是否接近夕阳？

（1）美国的石油会枯竭吗？还有多少石油可以开发？

（2）史克·亚玛尼（沙特前石油部长）曾经这么说过："石器时代的结束不是因为人们缺乏石头，同样，石油时代的结束也不会是因为没有了石油。"

也许人们从思考这些问题中可以看见美国石油工业的未来。

参考文献
REFERENCES

[1] An Energy Revolution: 35 Years of Fracking in the Barnett Shale, How North Texas Fracking Turned America Into an Energy Superpower [R/OL]. A North Texans for Natural Gas Special Report, June 1, 2016.

[2] Bini E., Garavini G. and Romero F. Oil Shock: the 1973 Crisis and Its Economic Legacy [M]. I. B. Tauris & Co. Ltd, London, New York, 2016.

[3] Blum Anthony. Petroleum Where and How to Find It [M]. Modern Mining Books Publishing Company, Chicago, Illinois. D. Appleton & Company, London, England, 1922.

[4] Bower Tom. Oil: Money, Politics, and Power in the 21st Century [M]. Grand Central Publishing, New York, 2009.

[5] Boyd R. Nelson. Petroleum: Its Development and Uses [M]. Whittaker and Co., New York,1895.

[6] Budget Justifications and Performance Information Fiscal Year 2018 [R/OL]. The United States Department of the Interior, Bureau of Ocean Energy Management, 2018.

[7] Burrough Bryan. The Big Rich: The Rise and Fall of the Greatest Texas Oil Fortunes [M]. Penguin Press, New York, 2009.

[8] Burwen Jason and Flegal Jane. Unconventional Gas Exploration & Production, Case Studies on the Government's Role in Energy Technology Innovation [R/OL]. American Energy Innovation Council, March, 2013.

[9] Clark James A. and Halbouty Michel T. Spindletop: The true story of the oil discovery that changed the world [M]. Gulf Publishing Company, Houston, Texas, 2000.

[10] Clark James A. and Halbouty Michel T. The Last Boom: The exciting saga of the discovery of the greatest oil field in America [M]. Shearer Publishing, Texas, 1984.

[11] Eaton S. J. M. Petroleum: A History of the Oil Region of Venango County, Pennsylvania [M]. J. P. Skelly & Co., Philadelphia,1866.

[12] Henry J. T. The Early and Later History of Petroleum, with Authentic Facts in Regard to Its Development in Western Pennsylvania [M]. Jas. B. Rodgers Co., Printers, Philadelphia,1873.

[13] History of the Offshore Oil and Gas Industry in Southern Louisiana [C]. OCS Study MMS 2008·042, U.S. Department of the Interior, Minerals Management Service, Gulf of Mexico OCS Region, September, 2008.

[14] King Loren, Nordhaus Ted and Shellenberger Michael. Lessons from the Shale Revolution, A Report on the Conference Proceedings [R/OL].Breakthrough Institute,2015, www.thebreakthrough.org.

[15] Linsley Judith Walker, Rienstra Ellen Walker and Stiles Jo Ann. Giant Under the Hill, A History of The Spindletop Oil Discovery at Beaumont, Texas, in 1901 [M]. Texas State Historical Association, Austin, 2002.

[16] Mathews John Joseph. Life and Death of an Oilman: The Career of E. W. Marland [M]. University of Oklahoma Press, Norman. 1951.

[17] McDonald James. Practical Techniques, the Beginning of Professional Practice, and the Founding of AAPG [J]: Oil Industry History, 2017, (18): 153-168.

[18] McLaurin John James. Some Accidents and Incidents of the Petroleum Development [M]. University of Michigan Press, Ann Arbor,1896.

[19] Priest Tyler. Extraction Not Creation: The History of Offshore Petroleum in Gulf of Mexico [C]. Oxford University Press on behalf of the Business History Conference,

2007: 227-267.

[20] Priest Tyler. The Dilemmas of Oil Empire [J]. The Journal of American History, 2012, (6): 236-251.

[21] Priest Tyler. The Offshore Imperative: Shell Oil's Search for Petroleum in Postwar America [M]. Texas A&M University Press, College Station, 2007.

[22] Powers Sidney. History of the American Association of Petroleum Geologists [J]. AAPG Bulletin, 1929, (13): 153-170.

[23] Powers Sidney. Oil and gas in Oklahoma [J]. Oklahoma Geological Survey Bulletin 40, 1926: 5-24.

[24] Prindle David F. Petroleum Politics and the Texas Railroad Commission [M]. University of Texas Press, Austin,1981.

[25] Quadrennial Technology Review 2015, Unconventional Oil and Gas [R/OL]. U.S. Department of Energy, 2015.

[26] Ratner Michael and Tiemann Mary. An Overview of Unconventional Oil and Natural Gas: Resources and Federal Actions [R/OL]. Congressional Research Service, www.crs.gov, 2015.

[27] Redwood Boverton. Petroleum: Its Production and Use [M]. D. Van Nostrand Publisher, New York, 1887.

[28] Rodengen Jeffrey L. The Legend of Halliburton [M]. Publisher's Cataloging in Publication Prepared by Quality Books Inc. Write Stuff Syndicate, Inc, 1996.

[29] Shellenberger Michael, Nordhaus Ted, Trembath Alex and Jenkins Jesse. Where the Shale Gas Revolution Came from, Government's Role in the Development of Hydraulic Fracturing in Shale [R/OL]. Breakthrough Institute Energy & Climate Program, 2012, http://thebreakthrough.org/energy.shtml.

[30] Tarbell Ida M. The History of the Standard Oil Company, Briefer Version edited by David M. Chalmers [M]. Harper Torchbooks, the University Library, Harper

&Row, Publishers, New York, 1966.

[31] The Offshore Petroleum Industry in the Gulf of Mexico: A Continuum of Activities [R/OL]. Bureau of Ocean Energy Management, 2008.

[32] The World Oil Market in the 1980s: Implications for the United States [R/OL]. The Congress of the United States Congressional Budget Office, May 1980.

[33] Wallis Michael. Oil Man: The Story of Frank Phillips and the Birth of Phillips Petroleum [M]. Doubleday, New York, 1988.

[34] Walker Geo. T. Petroleum: Its History, Occurrence, Production, Uses and Tests [M]. Imperial Printing Company, Minneapolis, 1915.

[35] Wang Zhongmin and Krupnick Alan. A Retrospective Review of Shale Gas Development in the United States, What Led to the Boom? [R/OL] Discussion Paper of Resources for the Future, www.rff.org, 2013.

[36] Yergin Daniel. The Prize: The Epic Quest for Oil, Money, and Power [M]. A Touchstone Book Published by Simon & Schuster, 1992.

[37] Yergin Daniel. The Quest: Energy, Security, and the Remaking of the Modern World [M]. The Penguin Press, 2011.

[38] Zhiltsov Sergey S. and Semenov A. V. Shale Gas: History of Development [M]. Springer International Publishing Switzerland, 2016.

后 记
AFTERWORD

　　最近几年在中国流行一句话叫"不忘初心"，我时常问自己什么是自己的初心。从字面上理解，应该是自己初始的心愿，那么，我来到美国这个异国他乡的初始心愿是什么？在中国改革开放的初期，我是大学毕业后到广东南海石油工作接触到了西方石油公司的海上作业，开阔了自己的眼界才决心踏上来美国留学之路。当时就是好奇美国石油工业的发展和领先的石油科技，想去了解和学习，简单地说，好奇的求知欲望算是自己的初心吧。当人经历了二三十年的历练，有时会觉得人生太理想化会活得很辛苦，要是太现实的话又会活得很没有意义。两年前，突然有想写一本书的冲动。因为在很多年前，我就对美国石油工业发展史感兴趣，开始进行了深入研究，了解了许多非常有趣的美国石油历史事件，并且，在国内大学做过许多美国石油行业发展的讲座，颇受广大师生的好评。这隐隐约约地唤起了自己来美国留学的初心，觉得是时候把自己在美国学习工作的见闻写成一本书，算是对自己的初心做一个了结。

　　当开始编写此书时，才发现写书是多么艰难，而且，知道写书的付出与回报是远远不成比例的，好几次都试图打消这个念头。作为一个学经济的人来说，要战胜非经济行为的做法需要多么强大的精神力量。老实说，能坚持把这本书写完改变了我对一些事情的看法，明白了一些精神的东西是要比能用金钱衡量的物质更有价值。我想起曾经一起共事的印度教朋友，他们教会在我们家附近修建了一座印度庙，我这位印度教朋友每天下班就去那里做义工，出钱出力修建他们的庙堂。我当时很不理解地问他，这样做值得吗？他告诉我人的一生不过百年，能给后人留下的是什么？对于他而言，修建的这个庙堂在美国这块土地上至少可以屹立三千年，有什么能比这件事情更有意义的呢！我顿时明白了精神的信仰是不能用金钱和物质去衡量的，当人的初心成为一种精神力量，也许就是自己内心真正坚持不放弃的动力根源，这是我对不忘初心的理解。小时候我曾经听大人说，和尚修行就是从看山不是山到看山又是山的一个过程，一直不是很明白其含义。经过编写此书现在懂了什么是真正的修行，它是要改变自己的内心而不是外在的世界，这本书不一定能改变什么，但它改变了我，让我看到了自己的初心。

当今流行的音频之类的快餐学习，喜欢读书的人可能越来越少。虽然现代的网络通信给人们带来了许多的便利，但是，我始终认为书籍给人带来的知识是深刻的，也是许多音频传播的基础，而且，音频的传播有时会让人们了解知识变得肤浅了许多。在我看来，音频与书籍有点像水中的浮萍与荷花一样，由于浮萍没有根，在风吹或流水中漂移，而荷花是由根在土壤中生长起来，不会随风和流水移动，可以生长高出水面，自由绽放。通过音频学习的知识有点像浮萍，人们的认知相对比较肤浅，在一些事情辨别中容易找不到感觉，随波逐流。书籍有点像为人们的知识提供土壤，通过吸取土壤中的营养，你的思想就会像荷花一样有根基，在辨别事情上会有自己的观点，看许多问题就会有一定的深度。我自己总觉得写这本书的意义，就是把一些大家不了解的美国石油行业的变迁告诉大家，因为知识和经验只有分享才变得有实际意义。通过阅读此书，希望读者能吸收一些石油工业发展变化的知识，提升自己的一些认知，增进对石油工业和美国文化的了解。

人们常说"一个成功的男人背后一定有一位成功的女人"，我不是成功的男人，但我背后却有一位成功的女人。在编写这本书期间，我的妻子张丽芬给予了我极大的帮助，她能够做到事业和家庭两兼顾，没有她的默默支持，也许这本书可能永远完成不了。此外，我在广州居住的父母也十分关心这本书，他们时常给我不少鼓励和资助，在此，我要感谢他们这些年来的教诲和帮助，希望这本书的出版也能给他们带来一些欣慰。除了感谢自己的家人之外，我要特别感谢石油工业出版社，尤其是王海英编辑，她教会了我如何在中国出版图书，而且，她也为本书的出版付出了许多努力。同时，我也要感谢David Fang和袁圣强博士，他们认真阅读书稿，给出了许多很好的建议，为我出版此书增添了很多信心。最后，衷心感谢所有为本书出版付出的人员。

刘牧于美国得州休斯敦

2019年7月13日